一
九
色
鹿
一

渤海国
政治制度研究

程妮娜　王万志　辛时代　孙　佳 / 著

社会科学文献出版社
SOCIAL SCIENCES ACADEMIC PRESS (CHINA)

绪　论

　　渤海国是唐代以粟末靺鞨人为统治者，联合高句丽遗民、汉人和邻近部族建立的东北边地政权，从698 年大祚荣建国，到926 年为契丹所灭，传国两百余年。渤海国鼎盛时期，其辖区范围涵盖了中国东北的中部与东部地区、朝鲜半岛北部及俄罗斯远东的南部地区，被誉为"海东盛国"。

　　渤海国初称"震国"，国号取自唐武则天对建国者粟末靺鞨大祚荣的父亲乞乞仲象的封号。713 年，唐玄宗册封大祚荣为渤海郡王、忽汗州都督，大祚荣遂改国号为"渤海"。渤海国作为唐朝的忽汗州都督府，被纳入唐朝羁縻府州体系，直至唐末未曾有变。在唐朝羁縻府州体系下，渤海国政治制度的建构以唐朝制度为模板，实行中央集权的统辖体制，中央设立具有渤海国特点的三省六部制度，地方设置 5 京 15

府 62 州。与唐制相同，渤海国既有一般府州，也有羁縻府州，在一定层面上保留了首领制度。作为唐朝的羁縻府州，渤海国建立了一套朝唐制度，以及与周边政权和族群的交聘制度。渤海国政治制度既有宪象唐制的一面，也有保有本国特色的一面，不仅展现了大唐边疆羁縻统治的特色，而且揭示了古代中国多元一体格局发展历程中的一个侧面。

渤海国政治制度，是渤海史研究领域最为重要的一部分。本书研究的的渤海国政治制度主要是渤海国的政治体制，它是中外学者最早涉及的渤海史研究领域之一。自 20 世纪初以来，中外学者在有关渤海国政治制度的诸多方面取得了丰硕的研究成果，尤其自 20 世纪后半叶以来，随着新的考古学资料的不断发现，渤海国政治制度的研究又有新的推进。但是，有关渤海国的史料匮乏，关于渤海国政治制度的直接记载更是寥寥无几，这使渤海国政治制度的研究具有较大的难度，至今没有一部渤海政治制度研究的专著问世。然而，学界已有的与政治制度相关的研究成果，为对渤海国政治制度进行整体的细致研究奠定了重要的基础。

1. 渤海国中央政治制度研究

学界关于渤海国中央政治制度的研究起步于 20 世纪初，下面从三省六部制、寺监院局机构、章服制度、军事制度等方面，对中外学界相关研究成果加以介绍。

三省六部制研究 日本学者鸟山喜一『渤海史考』（奉公会、1915）探讨了渤海国中央三省六部设置与渤海国赴日使者的职官。金毓黻《渤海国志长编·职官考》（初版为辽阳金氏千华山馆丛著本，1934；《社会科学战线》杂志社重印本，1982）细致考察了渤海国三省六部制的设置、分工及职官的职掌。朝鲜学者朴时亨《为了渤海史的研究》（《历史科学》1962 年第 1 期）提出渤海国三省六部制形成于大钦茂时期，对三省六部的职掌与架构进行了考察，但文中存在一些误读之处。俄罗斯学者Э.В.沙弗库诺夫《渤海国及其在滨海边区的文化遗存》（中国社会科学院民族研究所历史研究室资料组编译《民族史译文集》第 13 集，

1985）指出渤海国的行政权力集中于左右相府，左相府主管忠、仁、义三部和爵、仓、膳三司，右相府主管智、礼、信三部和戎、计、水三司。显然沙弗库诺夫混淆了宣诏省、中台省与左右司政的区别。张高等《渤海国管窥》（中国社会科学出版社，2003）认为宝应二年（763），唐晋封大钦茂为渤海国王，渤海国确立了三省六部制、寺监院局、诸卫等政治制度。

20 世纪中叶以来，唐朝中枢体制研究的重要成果比较丰硕。日本学者砺波护「唐の三省六部」（『隋唐帝国と東アジア世界』汲古書院、1979）利用唐制敕文书和出土告身等文献，论证了中书舍人是敕命的起草者，给事中是封驳职权的承担者，分析了在使职发展的背景下尚书省六部之尚书、侍郎、郎中、员外郎的职掌与地位变化。罗永生《唐前期三省地位的变化》（《历史研究》1992 年第 2 期）指出唐太宗时期有意架空仆射的职掌，三省长官并重的局面被打破，中书令处于主导地位。唐玄宗开元初，三省制终结。刘后滨《唐代中书门下体制研究——公文形态·政务运行与制度变迁》（齐鲁书社，2004）提出唐政治体制前期为三省六部制，后期为中书门下体制，变化的节点是开元十一年政事堂改为中书门下。严耕望《论唐代尚书省之职权与地位》（《严耕望史学论文集》，上海古籍出版社，2009）认为唐玄宗时期，左右仆射被摒弃于衡轴之外，尚书之职渐废，左右丞、侍郎以佐贰代行省务。安史之乱后，左右丞、侍郎当省务，议政事，凌驾于仆射、尚书之上。王孙盈政《唐代"敕牒"考》（《中国史研究》2013 年第 1 期）将敕牒视为中书门下体制标志性公文，认为敕牒是由中书门下发出的奉"敕"而牒的公文，颁布诏令权逐渐由尚书都省转移至中书门下手中。这些研究成果虽然不是对渤海国制度的研究，但对厘清渤海国中枢体制的构架与演变轨迹具有重要的参考价值。

寺监院局机构研究　黄维翰《渤海国记》（成书于 1929 年，《渤海国志三种》，天津古籍出版社，1992）对渤海国中央事务机构中寺、监、院、局的设置和职掌进行了初步探讨。金毓黻在《渤海国志长编·职官考》中结合日本文献记载的"兵署少正"，认为渤海国不设卫尉寺，而以少正领之。魏国忠等著《渤海国史（修订版）》（黑龙江人民出版社，2014）据《王黄华墓志》补充了翰林学士和翰林院的设置情况，指出渤海国并非机械地照搬唐朝制度，而是根据国情灵活变通设置。

章服制度研究　金毓黻在《渤海国志长编》中对渤海国服色、佩鱼、执笏制度进行考订，指出渤海国聘日使者章服皆为渤海国王自赐，而非受之于唐；着绯者为六秩、七秩的品官，着绿者为八秩品官。张高等著《渤海国管窥》、魏国忠等著《渤海国史（修订版）》也论及渤海国章服制度。

军事制度研究　金毓黻《渤海国志长编》对渤海国（南衙）诸卫的设置、神策军和（北衙）左右六军略有论述，认为渤海国（南衙）诸卫共有十卫，并简要分析了果毅、别将、少将、都将、将军等官职。张高等著《渤海国管窥》提出渤海国禁军分南衙禁军和北衙禁军两大系统，并梳理了渤海国南衙十卫与府兵的关系。魏国忠等著《渤海国史（修订版）》探讨了渤海国从十卫到神策军、左右六军的军事制度变化。韩国学者金镇光《渤海的军事制度》（韩国东北亚历史财团编《渤海的历史与文化》，香港社会科学出版社，2009）将渤海国军事制度的发展变化分为三个阶段：认为高王、武王时期是草创时期；文王到宣王时期设置中央机构和十卫是发展时期；大彝震即位到渤海国灭亡是全盛时期和衰落时期。

2. 渤海国五京制度研究

五京是渤海国的统治中心，在渤海的政治、经济、文化、对外交往方面都发挥了重要作用。早期学者对五京的研究主要着眼于五京地理位置的推定。20世纪80年代前后，中外学者开始关注五京制度的渊源与构建、诸京的地理位置、城市布局等方面的问题。现择主要成果介绍于下。

早期王都研究　关于渤海早期王都东牟山故址的地点，清人曹廷杰《东三省舆地图说》（《曹廷杰集》，中华书局，1985）提出敦化敖东城说。由于1949年敖东城附近六顶山渤海贞惠公主墓的发现，敖东城说几成定论。但随着考古发掘对敖东城为金代遗存的判定，这一观点受到质疑。侯莉闽、李强《渤海初期通往日本陆路部分的研讨》（《北方文物》1994 年第 4 期）提出敦化永胜遗址说。韩国学者宋基豪《渤海的初期都城及其迁都过程》（《历史与考古信息·东北亚》1998 年第 1 期）认为渤海早期王都当包括城山子山城和敦化永胜遗址。上述观点皆主张在敦化境内。王禹浪、都永浩《渤海东牟山考辨》（《黑龙江民族丛刊》2000 年第 2 期）主张在今延吉市东郊城子山山城。近年来，王培新《磨盘村山城为渤海早期王城假说》[《新果集（二）——庆祝林沄先生八十华诞论文集》，科学出版社，2018]推定为图们市长安镇磨盘村山城。

五京故址研究 关于渤海上京龙泉府故址所在地，清乾隆年间阿桂等撰《满洲源流考》（辽宁民族出版社，1988）最早将黑龙江宁安东京城认定为渤海上京龙泉府城址。20 世纪 30 年代，日本东亚考古学会对东京城进行了调查发掘，进一步确认了东京城城址是渤海上京龙泉府。60 年代以后，中朝联合考古队、黑龙江省文物考古研究所对渤海上京城进行了系统发掘，相关成果主要有中国社会科学院考古研究所《六顶山与渤海镇——唐代渤海国的贵族墓地与都城遗址》（中国大百科全书出版社，1997）以及黑龙江省文物考古研究所编著《渤海上京城——1998~2007 年度考古发掘调查报告》（文物出版社，2009）等。

关于中京显德府故址所在地，李氏朝鲜后期学者丁若镛《大韩疆域考·渤海考》（成书于 19 世纪初，现代实学社，2001）提出在吉林敦化的"旧国"；清人曹廷杰《东三省舆地图说》提出在吉林省吉林市那丹佛勒城；1942 年日本学者鸟山喜一、藤田亮策「間島省古蹟調査報告」（『「満洲国」古蹟古物調査報告』第 3 编「満洲帝国民生部」、1942）提出在吉林和龙西古城，与卢州同治。李健才、陈相伟《渤海的中京和朝贡道》（《北方论丛》1982 年第 1 期）虽赞同西古城为中京显德府，但认为是与显州同治。李氏和陈氏的观点为多数学者所赞同。21 世纪以来，考古学界对西古城遗址进行了大规模的发掘，主要成果有吉林省文物考古研究所等《西古城——2000~2005 年度渤海国中京显德府故址田野考古报告》（文物出版社，2007）。

关于东京龙原府故址所在地，金毓黻《渤海国志长编》最早提出珲春八连城说。李健才《东北史地考略》（吉林文史出版社，1986）经过实地踏查进一步认定了金氏的看法，目前为学界普遍认同。吉林省文物考古研究所与吉林大学边疆考古研究中心对八连城遗址进行考古发掘，出版了《八连城——2004~2009 年度渤海国东京故址田野考古报告》（文物出版社，2014）。

关于南京南海府故址所在地，李朝后期学者韩致奫『海東繹史續』（朝鲜古書刊行会編印『朝鮮群書大系』第 23 辑、1911）提出在今朝鲜咸镜南道的北青。丁若镛《大韩疆域考·渤海考》认为在今咸镜南道咸兴市。日本学者松井等「渤海国の疆域」（『满洲歴史地理』第 1 卷、南满洲铁道株式会社、1913）提出在今咸镜北道的镜城。20 世纪 80 年代，朝鲜学者李俊杰《关于咸镜南北道一带渤海遗物的调查报告》（《朝鲜考古研究》1986 年第 1 号）提出在咸镜南道北青郡青海土城，该观点得到学术界的认同。

关于西京鸭渌府故址所在地，韩致奫『海東繹史續』提出在今吉林集安。日本学者箭内亘「元明時代の满洲交通路」（『满洲歴史地理』第 2 卷、南满洲铁道株式会社、1913）认为在吉林临江。自 20 世纪 70 年代以来，中国考古学者在临江多次发现渤海时期的遗物，目前中外学界多持临江说。

五京制度研究　　在该领域，学界主要对渤海五京制度的渊源、五京地理位置、城市布局、行政建置、政治功能、交通路线和历史作用等进行了考察和分析。20 世纪初，日本学者鸟山喜一『渤海史考』认为渤海五京制是受唐朝影响。中国学者多认同这一观点。40 年代，金毓黻《东北通史》（初版于 1941 年，三台东北大学；五十年代出版社，1981）认为五京制源于中原五行五运之说，为渤海首创。韩国学者李万烈《渤海史研究中存在的几个问题》（《民族史译文集》第 13 集）提出渤海五京制是效仿高句丽五部制。韩国学者金基燮、金镇光《渤海上京的建设与迁都》（《韩国古代史研究》第 45 期，2007）提出渤海五京是受新罗小五京的影响。韩国学者韩圭哲《渤海五京的性质与职能》(《东北亚研究论丛》第 3 辑，2009) 认为渤海五京是兼受高句丽、新罗和唐制的影响。韩国学者宋基豪《渤海五京制度的渊源与作用》[郑永振主编《渤海史研究》(九)，延边大学出版社，2002] 对此提出反对意见，认为渤海五京与高句丽五部、统一新罗五小京制存在根本区别，渤海五京从唐朝引入的可能性较大。目前中外学者多持渤海五京制源于中国古代五行思想，仿唐制而设的观点。

关于渤海五京制度的创建时间，日本学者津田左右吉「渤海考」(東京帝国大学文科大学编印『满鲜地理歴史研究报告』第 1、1915) 认为在大钦茂时期渤海已初定 5 京 15 府 62 州之名。鸟山喜一『渤海史考』提出渤海具备五京之制稍晚于唐朝四都并存之时，当在康王大嵩璘之世。金毓黻《渤海国志长编》认为渤海厘定五京制的时间在宣王大仁秀时。佟柱臣《〈渤海记〉著者张建章〈墓志〉考》(《黑龙江文物丛刊》1981 年第 1 期) 推测渤海五京制确立于第十一代王大彝震时期。

五京形制与功能研究　魏存成《关于渤海都城的几个问题》(《史学集刊》1983 年第 3 期) 认为渤海国的上京、中京和东京皆效法长安城，但三京互有异同，只有上京城符合长安城整体布局。孙玉良《渤海迁都浅议》(《北方论丛》1983 年第 3 期) 提出五京是行政区划，并非皆是渤海王都。宋基豪《渤海五京制度的渊源与作用》提出五京是渤海国统治内部的重要据点。宋玉彬、曲轶莉《渤海国的五京制度与都城》(《东北史地》2008 年第 6 期) 提出了界定渤海都城的三个标尺：城市设施的中轴线布局、大型宫殿建筑、釉陶建筑构件。

此外，魏国忠等《渤海国史（修订版）》推测渤海五京职官的设置，与唐制相比员额当有所压缩。有关渤海诸京衙署和职官的研究成果非常有限。

综上，学界关于渤海五京的研究，多着力于五京故址的考订，关于五京制度方面的研究也多集中在对五京渊源、设置时间方面的讨论，对五京制度层面的机构、职官、职能的研究则较为薄弱。

3. 渤海国府州县制度研究

中外学界关于渤海府州县的研究，长期以来着力于相关历史地理的考订，取得了丰富的成果。20 世纪 80 年代以来，开始探讨渤海府州县的地方统辖机制。现将中外学界的研究成果介绍于下。

府州县治所研究　18 世纪起朝鲜学者开始涉猎这一领域，柳得恭《渤海考》（成书于 1784 年，弘益出版社，2011）、丁若镛《大韩疆域考·渤海考》、韩致奫『海東繹史續』、徐相雨《渤海疆域考》（求恕斋丛书刊本，1925）等对渤海国部分府州县的所在地进行了考证。清朝《嘉庆重修一统志》（上海古籍出版社，2008）、阿桂等《满洲源流考》、曹廷杰《东三省舆地图说》等书对渤海国部分府州县的地理位置进行了考证。20 世纪 30 年代，金毓黻编撰的《渤海国志长编·地理考》对渤海地方行政建置的地理方位进行了系统的考订。黄维翰《渤海国记》中篇"地理"对渤海历史地理也进行了研究。20 世纪初，日本学者白鸟库吉监修的『満洲歴史地理』、鸟山喜一『渤海史考』、津田左右吉「渤海考」、和田清「渤海国地理考」（『東洋学報』第 36 卷第 4 号、1954）都对渤海府州县的历史地理问题有所涉及。

随着渤海考古的深入开展，中国学界开始将史籍记载与考古资料相结合，对渤海国府州县的地点进行了更为具体细致的考证，并发表了一系列研究成果。如张泰湘《唐代渤海率宾府辨》（《历史地理》第 2 辑，上海人民出版社，1982）将渤海率宾府故址推定为黑龙江东宁大城子古城。李健才《桦甸苏密城考》（《黑龙江文物丛刊》1983 年第 2 期）认为吉林桦甸苏密城是长岭府故址。董玉瑛《宽城子初探》（《博物馆研究》1985 年第 2 期）认为扶余府在吉林长春宽城子。李健才《唐代高丽长城和扶余城》（《民族研究》1991 年第 4 期）则推定扶余府在今吉林市龙潭山山城。王承礼《渤海简史》（黑龙江人民出版社，1984）结合清末以后的相关研究成果和自身研究，对渤海各级地方建置的方位进行推定并制作成表。张锡彤等著《〈中国历史地图集〉释文汇编·东北卷》（中央民族学院出版社，1988）在吸收前人成果的基础上，对渤海国府州县的治所进行了考订和推测。但目前仍有相当数量府州县的方位、治所存在较大的争议或无考。

府州县制度研究　日本学者河上洋「渤海の地方統治体制——一つの試論として」(『東洋史研究』第 42 卷第 2 号、1983)认为渤海国地方行政机构由府、州、县组成，长官分别为都督、刺史、县令，但其内涵与中原不同，与高句丽大城—城—小城的地方组织相近。王承礼《渤海简史》认为渤海在 8~9 世纪形成了 5 京 15 府 62 州 107 县三级行政管理体制，府设都督，州设刺史，县置县丞。韩国学者宋基豪《渤海的地方统治及其实况》(《韩国古代社会的地方统治》，1997，译文见杨志军主编《东北亚考古资料译文集·高句丽、渤海专号》，北方文物杂志社，2001) 将渤海地方统治制度的发展历程划分为三个阶段，建国初期继承了高句丽地方统治制度，通过都督、刺史—首领—百姓来实现地方统治；8 世纪中叶引进唐制建立起府州县制度，并推测渤海当设有 200~250 个县；宣王以后渤海地方制度经历局部调整，可能出现了郡、道的建置。魏国忠等《渤海国史（修订版）》认为渤海建国初，在高句丽旧领地区继承了原安东都护府的地方建制，在靺鞨地区仍实行部落体制；从文王后期开始模仿唐朝地方政治体制，到宣王之世划一地方行政区划，形成 5 京 15 府 62 州及 200 个以上的县；大彝震以后渤海地方制度进入最后调整阶段，可能出现过郡、道建置，府设都督，州设刺史，县设县丞。中外学者关于渤海地方制度发展演变的探讨已取得较为深入的研究成果，但在地方政治制度层面，特别是关于府州县的机构、官属、职能方面的研究则明显不足。

4. 渤海国地方首领制度与羁縻统辖制度研究

渤海国初期基层组织实行首领制度，在统治北部黑水靺鞨后实行羁縻府州制度，其下保持原有的社会组织不变。首领制度与羁縻统辖制度是渤海地方政治制度的重要内容。现将中外学界的研究成果介绍于下。

靺鞨诸部分布研究　学界对于北部靺鞨部落的研究，以讨论其分布地为主。日本学者津田左右吉「渤海考」考察了渤海建国前靺鞨部落的分布地，以及大祚荣部落的所在地。金毓黻《渤海国志长编·地理考》对靺鞨诸部的分布地进行了大致推定。和田清「渤海国地理考」提出拂涅部在呼兰河流域。张博泉等《东北历代疆域史》（吉林人民出版社，1981）、都兴智《唐代靺鞨越喜、铁利、拂涅三部地理位置考探》（《社会科学辑刊》2003 年第 4 期）根据考古和文献资料，对拂涅、虞娄、越喜、铁利的分布地进行推定。马一虹《靺鞨部族分布地域考述》（《中国文化研究》2004 年第 2 期）在总结前人观点的基础上，认为拂涅部在张广才岭以东牡丹江流域地区；虞娄部在绥芬河流域以西、锡霍特山脉南部滨海地区；越喜部在兴凯湖、密山以北一带；铁利部在今张广才岭北、通河县、方正县以西一带。杨军《渤海国民族构成与分布研究》（吉林人民出版社，2007）认为黑水部在牡丹江与松花江合流处以下，率宾、越喜、虞娄在兴凯湖以东至海的区域内，铁利在拂涅部西北、牡丹江与松花江合流处以上。

首领制度研究　渤海首领制度比较复杂，中外学界争议比较大。日本学者铃木靖民「渤海の首領に関する予備的考察」（『朝鮮歴史論集』竜渓書舍、1979；后修订为「渤海の首領に関する基礎的研究」『古代对外関係史の研究』吉川弘文館、1985）提出首领相当于都督、刺史等之下的部落或村的首长。渤海在地方行政区划方面效仿唐制，实行府、州、县制，但在社会基层是依靠靺鞨诸部的首领阶层统治居民，渤海地方政治制度是府、州、县制与首领制并行。这一观点为多数中外学者所赞同。大隅晃弘「渤海の首領制——渤海国家と东アジア世界」（『新潟史学』第 17 号、1984）赞同首领是都督、刺史之下渤海基层部落的酋长，并从朝贡贸易的角度分析了渤海维持首领制的原因。河上洋「渤海の地方统治体制——一つの試論として」认为渤海继承了高句丽的城邑制度，社会基层既是靺鞨部落，也是高句丽城邑，渤海将靺鞨首长任命为首领，从而将其纳入地方统治体系。森田悌「渤海の首領について」（『弘前大学国史研究』第 94 号、1993）则提出不同观点，认为首领即渤海赴日使团的水手，承担基层役人的工作。韩国学者宋基豪《渤海的地方统治及其实况》认为渤海社会不论是高句丽人还是靺鞨人系统，其基层都是首领制，即便在厘定地方政治制度之后，这种基层的统治实态也并未发生实质性改变，只是北部靺鞨势力的独立性要比高句丽人更强。其后他在《渤海国首领的性质》（《东亚古代和中世纪的历史——渤海国成立一千三百周年》，2001）中进一步指出，"首领"意为藩国酋长，渤海通过首领统治当地百姓来实施间接管理，首领虽在政府官员序列之外，但社会势力强大。中国学者魏国忠等《渤海国史（修订版）》论述了渤海国的基层政权和部落体制，认为在渤海建立府州县地方制度后，首领制度并非普遍实施于基层社会，而是实施于远离五京腹地、部落实力强大的地区，首领对渤海政权负有贯彻政令、征集贡赋、统率胜兵等义务。范恩实《渤海"首领"新考》（《中国边疆史地研究》2014 年第 2 期）认为渤海初期的政治结构是中央（国王）—诸大部落（大首领）—诸小部落（首领），随着渤海强化中央集权，厘定京府州县政治体制，首领阶层的政治权力被压缩，首领群体处于品官之外，其构成除了上层的各大、小部落家族之长外，还衍生出船头、傔人等专门性人才。此后，他在《渤海早期政权建设研究》（《中国边疆史地研究》2020 年第 3 期）中进一步指出，渤海早期并不存在完整的职官系统，首领就是对渤海内部宗族、部落之长的汉文称号。孙昊《制造"夷狄"：古代东亚世界渤海"首领"的历史话语及其实践》（《史学集刊》2017 年第 5 期）提出新说，他认为唐朝、日本、渤海三方文献中关于渤海"首领"的记述立场不一，其指涉对象并非同一范畴，渤海地方社会并不存在一个"首领"阶层。

羁縻府州制度研究 关于渤海国吞并南黑水靺鞨地区后设置的府州的性质，学界很少有专门研究。河上洋「渤海の地方統治体制——一つの試論として」提出渤海后期在黑水靺鞨地区的统治类似唐朝的羁縻制度。程妮娜《古代东北民族朝贡制度史》（中华书局，2016）明确提出渤海在黑水靺鞨地区设置的府州属于羁縻性质，保留了靺鞨各部原有的会社组织和习俗，实行自治特点的统治。

中外学界虽然对渤海首领的性质问题展开了深入讨论，但并未厘清渤海前期社会基层的首领与渤海在北部靺鞨地区羁縻府州统辖下的首领的区别。关于渤海对靺鞨诸部羁縻统治的具体运作亦探讨不足。总体而言，渤海"首领"问题与羁縻统辖机制问题仍有待于深入探讨。

5. 渤海国朝唐制度研究

渤海与唐朝的朝贡关系研究主要集中在两方面，一是唐朝管理渤海朝贡制度角度的研究，二是渤海国对唐朝贡制度角度的研究。前者是中外学界研究的主流，不仅起步早，而且成果丰硕。后者则成果寥寥，有待深入研究。现将中外学界两方面相关研究成果介绍如下。

唐朝对渤海册封研究　这是渤海国史研究的重点也是持久的热点，中外学界关于渤海国史的论著中对此多有涉及。有关册封的专题研究，一是围绕唐朝首位册封使崔忻及鸿胪井石刻的研究，发表的成果多是对石刻的研究。主要有日本学者渡边谅著，姚义田译《鸿胪井考》（原文发表于『東洋学報』第 51 卷第 1 号、1968；译文发表于《辽海文物学刊》1991 年第 1 期）认为唐朝派崔忻为使者册封大祚荣为渤海郡王，其行至今辽宁旅顺提议打新井，完成使命再次路过这里时井已竣工，为纪念这两件事而在井边立碑。中国学者孙绍华《旅顺鸿胪井题记刻石——唐与渤海关系的信物》（《社会科学辑刊》1979 年第 4 期）认为石刻既可以与两《唐书》记载相印证，也可补充其中的缺失和纠正某些讹误。二是关于唐朝对渤海王和王子封号的研究。日本学者石井正敏「第二次渤海遣日使に関する諸問題」（『朝鮮歴史論集』）认为渤海第一次赴日本使高斋德等自称"渤海郡王使"，说明渤海承认自己为唐封郡王的身份。西嶋定生『中国古代国家と東アジア世界』（東京大学出版会、1983）认为册封渤海储嗣为桂娄郡王，是唐对渤海继承高句丽的认可，以及对构成渤海上层的高句丽人的安抚。中国学者孙玉良《唐朝对渤海的经营与管辖》(《黑龙江文物丛刊》1983 年第 4 期)认为唐朝册封渤海王为郡王或国王,可视其功过加封或削爵,其并不具有独立的含义。刘晓东《关于唐册封大钦茂为渤海国王的两次敕命》(《北方文物》1989 年第 3 期)据日本《续日本纪》的史料考证认为,唐至德二载(757)派遣王进义持"唐王赐渤海国王敕书"册封大钦茂为渤海国王,但渤海王认为其事难信,并未当即接受。四年后,唐再遣韩朝彩赴渤海册封大钦茂为渤海国王。日本学者金子修一「中国から見た渤海国」(『しにか』第 9 卷第 9 号、1998)指出,唐朝授予渤海王的郡王封号通常是用来册封内属唐朝的民族首领或降唐的少数民族人士的,而且渤海郡王是唐国内原本就使用的封号。渤海第一次赴日本使高斋德自称"渤海郡王使",是向日本表明自己在唐国内的属臣身份。还指出在献鹰鹘之事中,渤海、新罗与唐朝内各州处于同等的位置。两国当中新罗更具独立性,渤海则在许多方面从属唐朝。马一虹《唐封大祚荣"渤海郡王"号考——兼及唐朝对渤海与高句丽关系的认识》(《北方文物》2002 年第 2 期)认为唐朝册封大祚荣为渤海郡王,与渤海高氏、渤海郡望有关,目的是切断其与关系密切的高句丽之间的关联。魏国忠、郝庆云《从渤海"王"位称号的演变看其政权性质》(《东北史地》2008 年第 5 期)认为渤海"王号"经历了"靺鞨王"或"靺鞨国王"到"渤海郡王""渤海国王"的变化,说明渤海不是拥有完整主权的独立国家。魏国忠等《渤海国史(修订版)》认为渤海前王去世,嗣君遣使至唐告哀,请求册封,推测渤海在行吊唁仪式后,再举行册封典礼。日本学者古畑徹『渤海国と東アジア』(汲古書院、2021)将日本学界有关大钦茂晋爵"渤海国王"考论中存在的分歧归纳为六点:(1)与日本征讨新罗计划的关联性;(2)册封使者到达的时间;(3)册封、晋爵的理由和背景;(4)册封、晋爵前渤海与唐朝的关系;(5)册封使韩朝彩去新罗的理由和路线;(6)名分的位置。作者认为大钦茂晋爵国王,是代宗即位后给百官加官晋爵时将其视为内臣而实行的晋爵,但这一政治措施是应对安史之乱而实行,故不能简单地视为唐把渤海作为内臣的措置。可是,唐在大嵩璘袭位时降其为郡王，则是按照唐官僚的事例进行操作的。

渤海对唐朝贡活动研究　学界关于渤海国朝贡活动的研究起步早，研究成果多见于渤海通史类著作。唐晏于 1919 年撰写的《渤海国志》（《渤海国志三种》，天津古籍出版社，1992）整理出渤海对唐"朝贡表"和渤海对唐、辽的"征战表"。金毓黻《东北通史》统计制作出较为详细的"渤海朝贡表"，指出渤海大祚荣始受唐风，为其藩属，自此历世执礼颇恭，朝贡不绝。王承礼《渤海简史》整理的"渤海与唐王朝交往一览表"较前人之作有所补充，指出渤海对唐执臣子之礼，经常派使节向唐王朝贺正旦、献方物，派王子、王弟到唐朝宿卫，表示对唐王朝的忠诚。他的另一部著作《中国东北的渤海国与东北亚》（吉林文史出版社，2000）进一步细化了渤海对唐的朝贡活动研究，提出渤海以朝贡的形式与唐朝进行宫廷王室间贸易、官方贸易，以及民间商业贸易。日本学者酒寄雅志「渤海の遣唐使」（『東アジア世界史研究センター年報』第 4 号、2010）简要叙述了渤海遣唐使的人数从 6 人到 120 人不等，使团无定员的现象；使者身份以王弟为首，有王子、宰相、首领等；使者有朝贡、贺正、端午使等，以及谢册命、叙礼、告哀和报告王位继承的使者，此外还有贺平定战乱使。

渤海质子研究　魏国忠撰写两篇文章，《大祚荣"遣子"侍唐时间考》（《北方文物》1985 年第 4 期）认为大祚荣派出侍子出发的时间不晚于景龙元年（707），该侍子为大门艺。《渤海质子侍唐述略》（《求是学刊》1986 年第 1 期）认为有记载的渤海质子共计 12 人，只限于高王、武王、文王和宣王等四王时期。渤海质子担任品级和待遇较高的官职，他们在唐期间的处境较其他诸族为好，但这不能改变质子身份并不自由的实质，非经朝廷恩准，他们不许擅自回国或离开长安。何钰《浅析渤海国质子"盗修龙衮"一事》（《黑龙江史志》2014 年第 9 期）考证后认为这位渤海质子极有可能是渤海文王的嫡子大英俊，他虽得到唐代宗宽恕，但回到渤海后与最高权力再无缘。杨希义《唐代宾贡进士考》（《中国唐史学会论文集》，三秦出版社，1993）论及渤海遣使入唐应宾贡试及第的高元固、乌炤度与乌光赞父子，认为乌炤度及第后奉使回国，入仕从政，官至相国。

唐朝管理渤海朝贡事务研究　孙玉良《唐朝对渤海的经营与管辖》（《黑龙江文物丛刊》1983 年第 4 期）指出唐朝对渤海国王的册命、排解纠纷等重要事务，往往遣官亲赴渤海，晓谕处理；日常事务则由边地府州官吏节度，渤海先后隶营州都督、幽州都督、平卢淄青诸州节度。其后他在《中国东北史》第 2 卷（吉林文史出版社，1998）中进一步梳理出自唐玄宗开元七年（719）到渤海灭亡，唐朝押渤海使 33 人；后梁到后唐押渤海使 9 人。马一虹《渤海与唐朝押蕃使关系述考》（余太山主编《欧亚学刊》第 4 辑，中华书局，2004）认为唐朝只有平卢节度使和淄青平卢节度使对渤海拥有押领职能，唐设置押蕃使的意义在于明确押领机构与押领对象。宋卿《渤海忽汗州都督府朝贡唐王朝述论》（《史学集刊》2006 年第 5 期）认为渤海对唐朝贡分为三个阶段，具有政治、经济、文化等多方面目的。

渤海与唐朝纷争研究　金毓黻《东北通史》考察了唐渤纷争期间，渤海兵进攻路线有二，一出鸭绿江口，越海而攻登州，一出营州，南至马都山以窥幽州，并指出二路非同时并进。马一虹《渤海与后东突厥汗国的关系——兼及渤海建国初期的周边环境》（《民族研究》2007 年第 1 期）认为渤海大武艺出兵征讨黑水靺鞨背后可能有突厥支持。当唐朝与突厥关系相对平稳时，渤海可能有过两属的短暂时期。745 年以前渤海与突厥的关系是影响渤海与唐朝关系的重要因素。孙炜冉《渤海王子大门艺移民唐朝史事考》（《北方文物》2016 年第 1 期）认为大门艺入唐寻求庇护时带来了一定数量的随众。其后，被大门艺"弃"于国内的随众也陆续归附唐朝，被安置在幽州地区生活。

渤海对唐的贡道研究　金毓黻《东北通史》考察了两条贡道：一是鸭绿朝贡道，使者在西京鸭渌府舍陆登舟，出鸭绿江口，渡海至登州，到达长安；二是长岭营州道，由营州达长安。安史之乱前，营州道是渤海使往来之道。唐上元二年（761）平卢节度移于青州后，渤海贡使悉出鸭绿朝贡道。王绵厚、李健才《东北古代交通》（沈阳出版社，1990）考证了隋唐时期营州到安东（辽宁辽阳）的南道、中道、北道，从山川地理形势和渤海古城、历代交通线的角度详细考察了由安东经旧国（吉林敦化）到渤海上京龙泉府（黑龙江宁安）的交通线。朝鲜学者张国钟《渤海交通运输史》（朝鲜社会科学出版社，2004）、尹铉哲《渤海国交通运输史研究》（华龄出版社，2006）利用中、朝、日三国的考古和文献资料，对渤海水陆交通路线，以及五京与交通道的关系进行了系统研究。

6. 渤海国与日本交往制度研究

中外学界关于渤海国与日本交往关系的研究结实累累，现从渤海国与日本交往关系发端背景、交往活动内容、交往活动目的、规模与聘期、国书制度、信物和赠礼制度、使节制度、交通路线等方面，将相关研究成果介绍于下。

交往关系发端背景研究 日本学者鸟山喜一『渤海史考』认为渤海国最初派遣使节赴日本是由于黑水靺鞨成为唐朝的羁縻府州以及大门艺亡命事件所导致的渤唐关系恶化。新妻利久『渤海国史及び日本との国交史の研究』（東京電機大学出版局、1969）认为渤日交往的展开是基于唐朝与黑水靺鞨、新罗结盟并对渤海国采取远交近攻的包围政策，同时渤海国与新罗敌对，意欲摆脱孤立无援的困境。古畑徹「大門芸の亡命年時について──唐渤紛争に至る渤海の情勢」（『集刊東洋学』第51号、1984）、「日渤交渉開始期の東アジア情勢──渤海対日通交開始要因の再検討」（『朝鮮史研究会論文集』第23号、1986）认为渤海国与日本交往的主要原因是其与新罗的对立，而非与唐朝的对立。马一虹《浅论渤日邦交的历史条件》（《日本研究》1993年第4期）认为渤海国与日本通聘是建立在独立国家意识、对抗唐朝民族政策及对周边各族关系基础之上。

交往活动内容研究 日本学者鸟山喜一『渤海史考』和『渤海史上の諸問題』（風間書房、1968）探讨了渤海国与日本在奈良时代的通交和平安时代的交涉问题。黄维翰《渤海国记》考察了渤海国使团访日的到达地、通聘情况。金毓黻《渤海国志长编》"大事表""丛考"、《东北通史》"渤海之事大与交邻"部分以表格的形式展现了渤日通聘情况。王承礼《渤海简史》考察了渤日往来活动、交往的作用和意义。日本学者上田雄、孙荣健『日本渤海交涉史』（六興出版、1990）考察了渤海国使团出访的事迹。孙玉良编著《渤海史料全编》（吉林文史出版社，1992）整理编辑了渤日交往活动的相关史料并展开了讨论。日本学者上田雄『渤海使の研究——日本海を渡った使節たちの軌跡』（明石書店、2002）对渤日交往的内容与过程考察得最为细致，同时分析了渤海国遣使的目的以及对日本的影响和历史意义。

交往活动目的研究　　学界大部分学者主张渤海国与日本交往前期以政治目的为主，中期、后期以经济贸易目的为主。日本学者稻叶岩吉『満洲発達史』（大阪屋号出版部、1915）认为渤海国与日本交通在于输出本国产品而求售于日本。金毓黻《渤海国志长编》《东北通史》认为渤海国通聘日本含有市易之意。孙进己《东北亚研究——东北民族史研究（一）》（中州古籍出版社，1994）则认为渤海国与日本交往最初是为了对付新罗，不宜夸大贸易在渤日关系中的作用，渤海国对日本采取谦逊而不要求平等地位、对唐朝忠顺而不向日本称臣的方针，二者并非臣附关系。日本学者酒寄雅志「渤海王権と新羅・黒水靺鞨・日本との関係」（『アジア遊学』第 6 号、1999）探讨了渤日在政治、经济上的交通。韩国学者具兰憙著，中野高行译「8 世紀後半日本の対外関係に関する考察——渤海との関係を中心に」（『史學』第 76 編第 2・3号、2007）认为安史之乱以后日本要求渤海国使团走筑紫线和以六年为聘，说明 8 世纪后期的渤日交往兼具政治意义和经济意义。王承礼《中国东北的渤海国与东北亚》将双方的交往活动划分为以政治和军事联盟为目的、以贸易活动为中心、以贸易和文化交流为主导的三个阶段，同时将渤日贸易划分为宫廷贸易、官方贸易、民间贸易三种形式。田玉娥、刘舜强《从"和同开珎"钱谈渤海国与日本的经济往来》(《中原文物》2012 年第 1 期)通过对出土的日本"和同开珎"钱的研究,认为渤海国对日本出口狩猎、农业、手工业产品等,双方有大量的商业贸易往来。

规模、聘期制度研究　学界在渤日遣使次数与规模方面研究成果较多。其中,日本学者上田雄『渤海使の研究——日本海を渡った使節たちの軌跡』对渤海国赴日本使规模的统计最为详细、全面。在聘期方面,王承礼、王巍《从朝贡外交看渤海和日本的关系——以国书体例和聘使往还年限之争为中心》(《北方文物》1996 年第 4 期)认为渤日聘期之争的实质是日本要做上国,争君臣主从的地位,而渤海国坚持双方往来是平等、独立的关系。日本学者森公章「日渤関係における年期制の成立とその意義」(『ヒストリア』第 189 号、2004)考察了淳和天皇改定以一纪(12 年)为渤日聘期的问题,以及嵯峨天皇时期双方往来礼节上的整顿。浜田久美子「九世紀の日本と渤海——年期制の成立とその影響」(『ヒストリア』第 210 号、2008)探讨了淳和天皇天长元年(824)所定渤日聘期制度产生的背景及发展,认为这是渤日交往关系的转折期。

国书制度研究　学界的研究多集中于解析国书内容、国书之争及其背景意义,而对国书制度关注不足。日本学者山田英雄「日·唐·羅·渤間の国書について」(『日本考古学·古代史論集』吉川弘文館、1974)对日、唐、罗、渤四方的国书问题展开了讨论。酒寄雅志「渤海国中台省牒の基礎的研究」(『日本古代の政治と制度』続群書類従完成会、1985)、「渤海国中台省牒の位置について」(『日本歴史』第 451 号、1985)对渤海国中台省牒展开了专题研究。奥田尚「『続日本紀』の渤海国王からの国際文書の周辺記事」(『追手門学院大学文学部紀要』第 25 号、1991)对《续日本纪》所记渤海国国书以外的"奏言"的客观性提出了质疑,认为日本在与渤海国交往中表现出了"东亚小帝国"意识。韩国学者宋基豪著,浅井良纯译「日本·渤海の国書に

反映された内紛期の渤海社会」(『朝鮮学報』第 159 輯、1996)，同氏
著，莫登贤译《以渤日国书为中心看九世纪渤海的社会变化》(《东北亚
历史与考古信息》1998 年第 1 期) 通过渤海国致日本的国书内容，认
定大元义至大明忠时期渤海国内部发生了激烈的政治斗争。日本学者石
井正敏『日本渤海関係史の研究』(吉川弘文館、2001) 以东亚、大宰
府、缘海国司的对外往来文书为线索，考察了渤海国与日本往来文书
的相关问题。堀敏一《隋唐帝国与东亚》(云南人民出版社，2002) 对
渤海国与日本之间国书的格式与内容进行了讨论。金子修一「日本か
ら渤海に与えた国書に関する覚書」(『日本と渤海の古代史』山川出版
社、2003) 讨论了日本致渤海国国书开头的"郡王号""国王号"，认
为日本国书"皇帝敬问"是效仿唐朝国书，带有自居上国的意味。堀
井佳代子「対渤海外交における太政官牒の成立——中台省牒との相違か
ら」(『日本歴史』第 744 号、2010) 探讨了渤海国中台省牒形成的时间
和作用、渤日聘期争端阶段两国国书中的论争等问题。张碧波、张军
《渤海国外交史研究》(黑龙江人民出版社，2011) 认为渤日之间始终
存在国书之争，渤海国从未承认和接受日方倡导的朝贡国与宗主国的
关系。

信物、赠礼制度研究　崔瑗、杜尚侠《渤海与日本通聘目的及影响
初探》(《首都师范大学学报》1995 年第 3 期) 认为渤海国王与日本天
皇之间互赠礼物，是双方经济交流的主要形式。日本学者上田雄『渤海
国：東アジアの古代王国使者たら』(講談社、2004) 将渤日之间的信物
和赠礼皆视为信物并进行统计，考察了双方的毛皮、纺织物贸易。滕红
岩《渤海致日本礼物探析》(《中国边疆史地研究》2006 年第 2 期) 探
讨了渤海国致日本礼物的历史过程、致送途径、频繁程度和行为方式，
认为渤海国致日本礼物频繁度高、行为方式多样、以稀有动物毛皮为
主，反映了渤海国与日本之间的交往具有积极性与成效性、厚重度和广
泛性。

使节制度研究　日本学者中村裕一「渤海国咸和一一年中台省牒

に就いて——古代東アジア国際文書の一形式」(『隋唐帝国と東アジア世界』汲古書院、1979)、王承礼《记唐代渤海国咸和十一年中台省致日本太政官牒》(《北方文物》1988 年第 3 期) 论述了大彝震咸和十一年 (841) 渤海国使团的构成。孙玉良《略述大钦茂及其统治下的渤海》(《社会科学战线》1982 年第 4 期) 考察了渤海国武王、文王时期的赴日本使及其官职,认为大钦茂中期赴日本使由武官改为文官,与渤海国推行文官制有直接关系。其《渤海史料全编》认为渤海国使臣的称谓是袭用自日本遣唐使的职称。王承礼《中国东北的渤海国与东北亚》认为渤海国赴日本使由高职务的武官改为低职务的文官出任,说明了渤日军事交往的结束。程妮娜《渤海与日本交聘中"高丽国"的辨析》(《吉林大学社会科学学报》2001 年第 4 期) 认为渤海国赴日本使团中常见高句丽遗民身份的官员,是其在对日交往中采取的一种政治手段。

交通路线研究　日本学者古畑徹「渤海·日本间航路の诸问题——渤海からの日本へ航路を中心に」(『古代文化』第 46 卷第 8 号、1994) 考察了朝鲜半岛东岸航路、北归航路、横渡日本海航路。俄罗斯学者Э.В. 沙弗库诺夫等《渤海国及其俄罗斯远东部落》(东北师范大学出版社,1997) 提出渤海国"日本道"是索格狄亚那人开辟的"貂皮之路"的海上延续。尹铉哲《渤海国交通运输史研究》讨论了渤海国的对外交通道、航海技术、运输手段,运用大量考古材料解读"日本道"沿线。日本学者藤井一二『天平の渤海交流:もうひとつの遣唐使』(塙書房、2010) 基于对渤海国上京城遗址出土的遗物以及发现的日本"和同开珎"钱的思考,探讨了天平时期渤海国与日本交流轨迹的出发地和到达地等问题。

综上,中外学者主要关注和探讨上述问题背后所映射出的渤日双方的意识形态、政治体制、交往目的等内容,对渤海国与日本交往制度本身的研究关注则明显不足。

7. 渤海国与周邻交聘制度研究

学界对渤海国与周边邻族的交往，主要集中于关系史的研究，而非制度史研究，在交聘制度方面鲜有涉及。尽管如此，学界的已有研究还是为制度研究奠定了重要的基础，现将中外学界的研究成果介绍于下。

渤海与周邻关系的总括性研究　日本学者酒寄雅志「渤海国家の史的展開と国際関係」(『朝鮮史研究会論文集』第 16 号、1979）从渤海国初建、文王大钦茂、宣王大仁秀三个阶段考察了渤海国与突厥、黑水靺鞨、新罗、靺鞨诸部的关系发展。孙进己《东北亚研究——东北民族史研究（一）》阐释了渤海国与突厥、契丹、新罗关系的一些特点。魏国忠等《渤海国史（修订版）》"渤海国与周邻关系"部分探讨了渤海国与突厥、契丹、室韦、回纥、黑水靺鞨、新罗的关系。韩国东北亚历史财团编《渤海的历史与文化》论述了渤海国与新罗、契丹、黑水靺鞨、突厥、回鹘、室韦的关系。马一虹《靺鞨、渤海与周边国家、部族关系史研究》（中国社会科学出版社，2011）分析了渤海国与黑水靺鞨、后突厥汗国、新罗的交往，认为渤海国与周边邻族之间虽有对立、领土争端、安全威胁，但人员与物资的流动不曾间断。张碧波、张军《渤海国外交史研究》考察了渤海国与新罗、契丹、黑水靺鞨的关系，并探讨了中亚粟特胡商与粟特文明对渤海国的影响。

渤海与突厥交往关系研究　金毓黻《东北通史》认为渤海国对突厥的依附到大武艺时期仍然没有改变，即使在接受唐朝册封以后，渤海国也没有与突厥断绝来往，直到拒绝了突厥合攻契丹、奚的请求后，才正式结束了对突厥的依附，而后始终亲附于唐朝。韩国学者李基白《國史新論》（第一出版社，1963）认为渤海国为了应对唐、罗的夹击，于733 年与中国北方的突厥人建立了正式往来关系，又往南隔海与日本进行了类似的接触。日本学者石井正敏「渤海と西方社会」(『アジア遊学』第 6 号、1999）讨论了渤海国与突厥、中亚的联系，列举了渤海国与西方社会交流的文献史料，提到使者、商人、情报、信息的流动扩展了渤海国的西方世界观。马一虹《渤海与后东突厥汗国的关系——兼及渤海建国初期的周边环境》(《民族研究》2007 年第 1 期) 认为渤海国早期的对外交涉，特别是与唐朝及周边部族关系上的任何重大事件，都与后东突厥汗国有着千丝万缕的关联。

渤海与契丹交往关系研究　日本学者森安孝夫「渤海から契丹へ——征服王朝の成立」(『東アジアの変貌と日本律令国家』学生社、1982) 探讨了渤海与契丹的关系。马利清《契丹与渤海关系探源》(《内蒙古社会科学》1998 年第 5 期) 认为契、渤在 200 多年的交往历史中虽有摩擦，但始终保持着友好邻邦的关系，交通往来不绝。日本学者河内春人「渤海と契丹・奚」(『日本と渤海の古代史』山川出版社、2003) 解析了唐朝前半期契丹的动向对渤海国的建立及其对外交往所带来的影响。赤羽目匡由「契丹と渤海との関係」(『アジア遊学』第 160 号、2013) 认为 7 世纪末至 8 世纪上半叶渤海国与契丹是在唐朝与突厥的夹缝中共同生存的关系，8 世纪中叶至 910 年渤海国在双方关系中占据优势，920 年以后契丹在双方关系中占据优势。

渤海与新罗交往关系研究　中外学界大致存在两种观点，部分学者认为渤、罗始终处于敌对状态，部分学者认为二者之间既有对立又有交流。李氏朝鲜学者韩致奫『海東繹史』(朝鲜古書刊行会編印『朝鲜群書大系』第 20 輯、1911) 提出渤海"南聘新罗"，双方展开交流。金毓黻《渤海国志长编》认为渤、罗壤地相接、道路通利，二者间既有兵事又有信使往来，南海府新罗道就是两国交通的明证。朝鲜学者朴时亨《为了渤海史的研究》(《历史科学》1962 年第 1 期) 提出渤、罗交聘要比史书记载的更频繁。日本学者鸟山喜一『渤海史上の諸問題』提到"登州之乱"期间，唐朝采取"以夷制夷"的手段来强化渤、罗对立。韩国学者李佑成《三國史記의構成과高麗王朝의正統意識》(《震檀學報》38 권、1974) 则认为渤、罗始终对立，未曾和解。朱国忱、魏国忠《渤海史稿》(黑龙江省文物出版编辑室，1984) 认为渤、罗虽曾遣使睦邻，但整体上呈现对立状态。日本学者古畑徹「日渤交涉開始期

の東アジア情勢——渤海对日通交開始要因の再検討」(『朝鮮史研究会論文集』第 23 号、1986)认为渤、罗对峙引发了 8 世纪中叶东亚关系的紧张，也成为大武艺与日本进行往来的重要原因。韩国学者韩圭哲《渤海의對外關係史》(新書苑，1994)根据新罗修筑山城防御工事以及日本高僧圆仁《入唐求法巡礼行记》所载见闻，讨论了渤、罗关系的紧张状态。日本学者酒寄雅志「渤海王権と新羅・黒水靺鞨・日本との関係」(『アジア遊学』第 6 号、1999)认为渤、罗关系在整个时代都不稳定，双方边境处于紧张状态。赤羽目匡由「新羅末高麗初における東北境外の黒水・鉄勒・達姑の諸族——渤海・新羅との関係において」(『朝鮮学報』第 197 巻、2005)、「新羅東北境における新羅と渤海との交渉について」(『高句麗渤海研究』第 31 輯、2008)探讨了渤、罗边境的紧张局势以及双方的交涉。马一虹《渤海与新罗关系史述考》(《中国社会科学院历史研究所学刊》第 6 集，商务印书馆，2010)对渤海国与新罗之间的遣使、对立，以及唐朝在渤海国与新罗关系中的政略等问题进行了探讨，强调二者在对立之外，在唐朝的推动下应该存在联系的可能性与必要性。冯立君《渤海与新罗关系的多面性》(周伟洲主编《西北民族论丛》第 14 辑，社会科学文献出版社，2016)认为渤海国与新罗的关系经历了从册封关系、和平交往关系到相互竞争甚至兵戎相见的战争关系的演变和反复交叉，呈现出复杂的变化和多面性，而不是始终处于对峙状态。

渤海与新罗"争长"问题研究　日本学者滨田耕策「唐朝における渤海と新羅の争長事件」(『古代東アジア史論集』下巻、吉川弘文館、1978)认为渤、罗交涉，特别是二者在唐廷因序列相争，起因于唐朝在东方政策中加入了利用新罗牵制渤海国的相关内容，唐朝的东方政策是 8~10 世纪东亚国际关系的根源。张碧波、张军《渤海与新罗"争长"的背后——新罗崔致远文集读后》(《北方文物》1999 年第 3 期)探讨了渤海国与新罗在宾贡科及第上的"争长"、使臣在唐朝的位置上的"争长"问题，认为两种"争长"的实质是国力之强弱与国势之盛衰的较量。日本学者福田忠之《唐朝之东北亚诸国观及东北亚诸藩国国际地位——以唐代各国争长事件为中心》（王小甫主编《盛唐时代与东北亚政局》，上海辞书出版社，2003）也从东北亚整体局势的视角来解读渤罗"争长"事件。

第一章　渤海国中央政治制度

渤海国中枢制度以唐朝制度为蓝本，经历了由三省制向宰相制的转变，宰相制下，三省六部成为出令和执行机关，转变背景与"国人"政治有关。目前可考的中央事务机构有一院、一局、八寺、一监，各机构的长贰官分三个层次，其制度调整，是根据渤海国的统治需要和中原礼制进行，基本在唐朝制度的框架中进行。渤海国中央政治制度还涉及"四等官"制度、"散""职""勋""爵"与章服制度等官僚制度。

第一节　中枢体制

由于文献资料匮乏与零散，渤海国政治制度研究一直难以深化与持续推进。《新唐书·渤海传》虽然对渤海国中枢体制有所描述，但是由于文字记载有限，尚不足以动态地建构出对于渤海国中枢体制完整而清晰的认识。在这种情况下，借鉴其他领域研究的成果显得至关重要。作为唐朝的藩属成员之一，渤海国政治制度的中枢系统，无论是官职名称，还是内部组织架构，都是以唐朝制度为蓝本。因此，借鉴唐代中枢体制研究，结合渤海国史料进行制度史层面上的延伸解读，便是一个可行的研究方向。

20 世纪中叶以来，唐朝中枢体制的研究成果层出不穷。《严耕望史学论文集》，[1] 罗永生《唐前期三省地位的变化》，[2] 砺波护「唐の三省六部」，[3] 吴宗国主编《盛唐政治制度研究》，[4] 刘后滨《唐代中书门下体制研究——公文形态·政务运行与制度变迁》，[5] 王孙盈政《唐代"敕牒"考》，[6] 赖瑞和《唐代高层文官》[7] 等，不仅深化了对唐朝中央政治制度的研究，而且有助于了解渤海国中枢体制的构架与演变轨迹。与此同时，日本学者关于渤海国文书的研究将古代文书学引入渤海国制度研究之中，新妻利久『渤海国史及び日本との国交史の研究』，[8] 中村裕一「渤海国咸和一一年中台省牒に就いて——古代東アジア国際文書の一形式」，[9] 堀敏一《隋唐帝国与东亚》[10] 和酒寄雅志「渤海国中台省牒の基礎的研究」[11] 等研究成果，对探究政治制度的实际运行以及运行过程中体现出的不同面向等问题大有裨益。本节力求在充分借鉴中外

1　《严耕望史学论文集》，上海古籍出版社，2009。

2　罗永生：《唐前期三省地位的变化》，《历史研究》1992 年第 2 期。

3　礪波護「唐の三省六部」唐代史研究會編『隋唐帝國と東アジア世界』汲古書院、1979。

4　吴宗国主编《盛唐政治制度研究》，上海辞书出版社，2003。

5　刘后滨：《唐代中书门下体制研究——公文形态·政务运行与制度变迁》，齐鲁书社，2004。

6　王孙盈政：《唐代"敕牒"考》，《中国史研究》2013 年第 1 期。

7　赖瑞和：《唐代高层文官》，中华书局，2017。

8　新妻利久『渤海国史及び日本との国交史の研究』東京電機大学出版局、1969。

9　中村裕一「渤海国咸和一一年中台省牒に就いて——古代東アジア国際文書の一形式」『隋唐帝国と東アジア世界』。

10　〔日〕堀敏一：《隋唐帝国与东亚》，韩昇、刘建英译，云南人民出版社，2002。

11　酒寄雅志「渤海国中台省牒の基礎的研究」林陸朗先生還暦記念会編『日本古代の政治と制度』続群書類従完成会、1985。

学界已有研究的基础上，对渤海国中枢体制的构成与变迁进行梳理和探究。

一　宣诏省和中台省

渤海国第三代王大钦茂在位时期，全面仿照唐朝的政治制度建立以三省制为核心的中枢体制。[1] 俄罗斯学者 Э.В. 沙弗库诺夫等将其视为渤海国国家制度正式形成的标志之一。[2] 渤海国三省分别是宣诏省、中台省和政堂省。其中，宣诏省和中台省为中央决策、辅弼机构，相当于唐朝的门下省和中书省。

在唐朝，门下省和中书省合称"两省"，侍从天子左右，同掌机要，共议国政。两省在机构设置上呈现出对等的格局：以门下省为东台，以中书省为西台；门下省置弘文馆，中书省置集贤院。在官职设置上大体也左右对应：以门下省长官侍中为左相，以中书省长官中书令为右相；散骑常侍、拾遗、补阙也左右分置，隶属门下、中书两省。凡此种种，不一而足。

渤海国两省的情况大致相似。《新唐书·渤海传》载："宣诏省，左相、左平章事、侍中、左常侍、谏议居之。中台省，右相、右平章事、内史、诏诰舍人居之。"[3] 宣诏省相当于唐朝的门下省，主管审核中台省起草的诏令和签署章奏，如有不当，封（封还皇帝的诏书）驳（驳回臣下的章奏）奏还，退回中台省重新拟定。宣诏省的长官为左相、副长官为左平章事，分别相当于唐朝门下省长官侍中、副长官黄门侍郎。左常侍、左谏议分别相当于唐朝门下省左散骑常侍、左谏议大夫。

中台省相当于唐朝的中书省，主管审理、陈奏来自各方的表章奏

1　孙玉良：《略述大钦茂及其统治下的渤海》，《社会科学战线》1982 年第 4 期。

2　〔俄〕Э.В. 沙弗库诺夫等：《渤海国及其俄罗斯远东部落》，宋玉彬译，东北师范大学出版社，1997，第 58 页。

3　《新唐书》卷 219《渤海传》，中华书局，1975，第 6182 页。

疏，就军国大事、重要官吏的任免，为皇帝起草和宣行诏令。[1]中台省的长官为右相、副长官为右平章事，分别相当于唐朝中书省长官中书令、副长官中书侍郎。[2]金毓黻注意到中台省无右常侍、右谏议之官，他认为很有可能是《新唐书·渤海传》失载造成的。[3]不管是从渤海国制度源头反观，还是从渤海国两省对等设置原则下探讨，这种解释都比较合理。

需要强调的是，中台省的内史之于唐朝中书省的中书令、宣诏省的侍中之于唐朝门下省的侍中，无论在省中的地位还是具体职掌上都发生了明显的变化。

唐朝中书省的长官是中书令，又称右相、内史，有两种主要的职权：一是以宰相的身份"佐天子执大政"，一是作为中书省的长官"总判省事"。[4]中书侍郎作为副长官，"掌贰令之职"，到开元时期，带中书门下平章事衔入相，参与国家政事。[5]在中书省中，中书令是长官，中书侍郎是通判官，中书舍人是判官，令史是主典，构成了处理相关政务、同署文案的"四等官"体系。

渤海国以唐朝中书省为蓝本，创建和完备了中台省的机构建置。中台省继承和保留了唐朝中书省以右相作为长官的传统，但是内史与右相的名号分离，与右平章事处于通判官的地位，两者共同辅佐长官，处理"邦国之庶务，朝廷之大政"，相当于唐朝中书省的中书侍郎。[6]内史和右平章事在中台省的职掌各有侧重：右平章事已经跻身于宰相之列，在省中的职掌自然侧重于"朝廷之大政"，以区别职掌侧重于"邦国之庶务"的内史。

1　杨友庭：《三省六部制的形成及其在唐代的变化》，《厦门大学学报》1983 年第 1 期。

2　王成国认为，内史相当于唐朝中书省的右散骑常侍。恐怕不妥。

3　金毓黻：《渤海国志长编》卷 15《职官考》，《社会科学战线》杂志社，1982，第 337 页。

4　《新唐书》卷 47《百官志二》，第 1210 页。

5　吴宗国主编《盛唐政治制度研究》，第 149 页。

6　（唐）李林甫等：《唐六典》卷 9《中书省集贤院史馆匦使》中书侍郎条，中华书局，2014，第 275 页。

唐朝门下省的长官是侍中，又称左相，副长官为黄门侍郎，两者都具有宰相的身份。通过对比，可以发现在渤海国，宣诏省仍然沿用唐朝门下省以左相作为长官的传统。侍中与左相的名号分离，作为宣诏省的通判官，其职掌侧重于"事之与夺"；左平章事的职掌则侧重于"政之张弛"。[1] 两省中内史与侍中的设置，体现了"四等官"体系在渤海国的灵活运用。

随着宰相制度的发展，两省的权力结构也发生了相应的变化。从机构建置上看，左右相、左右平章事专注于国家大政，逐渐与两省脱离，宰相机构已经超然于三省之上。在这种情况下，内史更多地承担起省中的日常政务，成为中台省的实际长官。同样，侍中则成为宣诏省的实际长官。

另可注意的是，在中台省，诏诰舍人是判官，相当于唐朝中书省的中书舍人，"凡诏旨制敕、玺书册命，皆起草进画，既下，则署行"。[2]《新唐书·渤海传》同样漏记了诏诰舍人所对应的、宣诏省的判官——给事中，"凡百司奏抄，侍中既审，则驳正违失。诏敕不便者，涂窜而奏还，谓之'涂归'"。[3] 在判官之下，又有文书胥吏为主典，负责检请文案和起草文书。

二　政堂省

政堂省是渤海国最高的行政机构，相当于唐朝的尚书省，主管转发门下省签署的诏令到中央各部门及地方州县，或制定相关细则，交付有关部门执行。[4] 政堂省由六部和都省共同组成，两者是一个密不可分的整体，它们之间的分工、相互协作，构成了政务处理的中心

---

1 （唐）李林甫等：《唐六典》卷 8《门下省》黄门侍郎条，第 244 页。

2 《新唐书》卷 47《百官志二》，第 1211 页。

3 《新唐书》卷 47《百官志二》，第 1207 页。

4 张国刚：《唐代官制》，三秦出版社，1987，第 54~55 页。

环节。

1. 六部十二司

政堂省六部的冠名有两种模式。一种是采用中原儒家"五常"观念冠名，即仁部、义部、智部、礼部、信部，加上忠部。政堂省六部与唐朝尚书省六部的对应情况如下：

忠部—吏部；仁部—户部；义部—礼部；

智部—兵部；礼部—刑部；信部—工部。

一种是依照《周礼》冠名。需要说明的是，光宅元年（684），武则天以《周礼》为标准进行官制改革，改尚书省吏部为天官，户部为地官，礼部为春官，兵部为夏官，刑部为秋官，工部为冬官。渤海国时期，改忠部为天部，仁部为地部，义部为春部，智部为夏部，礼部为秋部，信部为冬部，"以比六官"。比如，渤海国《咸和十一年中台省致日本太政官牒》就是由政堂省春部卿贺守谦连署的。[1]这种冠名思路明显是借鉴了武则天时期的做法。

关于政堂省六部的职掌，可以按照唐朝制度蠡测：忠部相当于唐朝尚书省的吏部，主管"文选、勋封、考课之政"。[2]韩国学者韩圭哲认为，渤海国负责官吏人事行政的官府以忠部为名，显示出在人事任命上重视对渤海王的忠诚，也证明渤海王的专制性。[3]仁部相当于唐朝尚书省的户部，主管"天下土地、人民、钱谷之政、贡赋之差"。义部相当于唐朝尚书省的礼部，主管"礼仪、祭享、贡举之政"。智部相当于唐朝尚书省的兵部，主管"武选、地图、车马、甲械之政"。礼部相当于

1　《咸和十一年中台省致日本太政官牒》抄件藏于日本宫内厅书陵部，该抄件照片文字参见王承礼《记唐代渤海国咸和十一年中台省致日本太政官牒》，《北方文物》1988 年第 3 期。

2　《新唐书》卷 46《百官志一》，第 1186 页。

3　〔韩〕韩圭哲：《渤海国的政治、经济和社会》，韩国史编纂委员会编印《〈韩国史〉十·渤海》，1996，第 144 页。

唐朝尚书省的刑部，主管"律令、刑法、徒隶、按覆谳禁之政"。信部相当于唐朝尚书省的工部，主管"山泽、屯田、工匠、诸司公廨纸笔墨之事"。[1]

唐朝尚书省领有六部，每部由分管政令的本司和分管具体政务的三司组成。六部二十四司的情况大致如下：

> 吏部，领吏部、司封、司勋、考功四司。
> 户部，领户部、度支、金部、仓部四司。
> 礼部，领礼部、祠部、膳部、主客四司。
> 兵部，领兵部、职方、驾部、库部四司。
> 刑部，领刑部、都官、比部、司部四司。
> 工部，领工部、屯田、虞部、水部四司。

渤海国政堂省同样领有六部，每部由分管政令的本司和分管具体政务的支司组成。六部十二司的情况大致如下：

> 忠部，领忠部（本）、爵部（支）两司。
> 仁部，领仁部（本）、仓部（支）两司。
> 义部，领义部（本）、膳部（支）两司。
> 智部，领智部（本）、戎部（支）两司。
> 礼部，领礼部（本）、计部（支）两司。
> 信部，领信部（本）、水部（支）两司。

关于政堂省支司的职掌，同样可以根据唐制加以窥探：爵部支司相当于唐朝吏部的司封司，分管"封命、朝会、赐予之级"。仓部支司相当于唐朝户部的仓部司，分管"天下军储，出纳租税、禄粮、仓廪

---

1 《新唐书》卷 46《百官志一》，第 1192~1201 页。

之事"。膳部支司相当于唐朝礼部的膳部司,分管"陵庙之牲豆酒膳"。戎部支司相当于唐朝兵部的库部司,分管"戎器、卤簿仪仗"。计部支司相当于唐朝刑部的比部司,分管"句会内外赋敛、经费、俸禄、公廨、勋赐、赃赎、徒役课程、逋欠之物,及军资、械器、和籴、屯收所入"。水部支司相当于唐朝工部的水部司,分管"津济、船舫、渠梁、堤堰、沟洫、渔捕、运漕、碾硙之事"。[1]

唐朝尚书省各部的长官为尚书,副长官为侍郎;各部之下领有本司、政务司,每司置郎中职掌,员外郎为其副手。渤海国将隋唐以后的发展成果,以制度化的形式保留下来。从《新唐书·渤海传》记载看,渤海国政堂省各部的长官为卿,每支司置郎中职掌,员外为其副手。根据其他文献的记载,可以对诸部司的设置情况做进一步的考察和补充。

《日本逸史》记载,桓武天皇延历十五年(796)四月戊子,渤海国遣"庭谏大夫、工部郎中吕定琳等"进献方物。[2]这里的"工部"显然是日本对政堂省信部的称呼,"工部郎中"则是信部本司的主管。这条史料证明了各部之下领有本司的事实。

《类聚国史》记载,淳和天皇天长三年(826)五月甲戌,日本授"渤海国使政堂(省)信(部)少卿高承祖"正三位。[3]信部的长官为卿,少卿一职显然是副长官。不难推测,政堂省各部普遍设有副长官。这样,政堂省六部也形成了自己的"四等官"体系:卿是长官;少卿是通判官;各司郎、员外是判官;文书、胥吏是主典。

2. 政堂都省

《新唐书·渤海传》记载了政堂都省人员设置情况:

1　《新唐书》卷46《百官志一》,第1188~1202页。

2　鸭祐之『日本逸史』卷5、日本桓武天皇延曆十五年(796)四月、経済雑誌社、1897、第36页。

3　菅原道真『類聚国史』卷194「殊俗部·渤海下」、日本淳和天皇天長三年(826)五月、経済雑誌社、1916、第1287页。

> 政堂省，大内相一人，居左右相上；左、右司政各一，居左
> 右平章事之下，以比仆射；左、右允比二丞。左六司，忠、仁、义
> 部各一卿，居司政下，支司爵、仓、膳部，部有郎中、员外；右六
> 司，智、礼、信部，支司戎、计、水部，卿、郎准左，以比六官。[1]

尽管政堂都省的人员设置与唐朝尚书都省大体一致，但是在具体职
掌上略有出入。

从制度上看，唐朝三省制的基本原则是互不统属，相互牵制，分散
宰相的权力。尚书令"掌总领百官，仪形端揆"，品阶高于两省长官侍
中、中书令，在王朝出现统治危机时，容易成为权臣，操控朝政，擅行
废立，成为皇权的最大威胁。这既与三省制的基本原则不合，又易被最
高统治者猜忌。在这种情况下，尚书令一职往往缺而不置，或属于即将
任皇太子的亲王专有成为虚职。[2]

大内相在渤海国政治中的特殊性，与唐朝的尚书令颇为相似。见诸
文献记载的渤海国大内相仅有大虔晃一人，《咸和十一年中台省致日本
太政官牒》中载其完整的结衔："中台亲公、大内相、兼殿中、安丰□
开国□。"大虔晃是渤海国第十二代王，第十一代王大彝震的弟弟，在
即位前担任过中台亲公、大内相、兼殿中寺某职。签署王牒是宰相对政
务裁决权的体现，是大虔晃作为宰相——中台亲公的分内之职。赖瑞和
指出，唐朝官职"兼"和"本官"关系密切，是"以某某本官，任某某
使职"来记载。[3] 如果理解不错，"大内相、兼殿中"，表明大虔晃同时
获授这两个官职，即以大内相为本官，实际工作职务是殿中寺某职。由
于"本官"多以闲职充，殿中寺某职可能是其所任之职。可以想见，这
时的大内相明显已经职权堕落，不复理事。关于大虔晃的结衔，日本学

1 《新唐书》卷219《渤海传》，第6182~6183页。
2 黄利平：《隋唐之际三省制的特点及尚书令的缺职》，史念海主编《唐史论丛》第2辑，陕西
　人民出版社，1987，第213~214页。
3 赖瑞和：《唐代高层文官》，第4页。

者中村裕一有进一步的补充，他认为唐中后期的词臣封敖所撰《与渤海王大彝震书》中"妃及副王、长史、平章事等，各有赐物"中的"副王"指的就是大内相大虔晃。[1]

韩国学者金东佑指出，渤海国三省制度与唐朝三省制度不同，唐朝的中书和门下两省地位高于行政机构的尚书省，而渤海国政堂省长官大内相地位高于宣诏省的左相、中台省的右相，由此推导出政堂省是名副其实的最高权力机构。[2]金氏可能没有注意到，唐朝尚书省尚书令的地位也高于中书省与门下省长官的地位。无论是在渤海国还是在唐朝，三省地位的高低并不取决于三省长官的地位。

在唐朝，左、右仆射是尚书令的副手，品阶和地位亦高于两省长官。在尚书令被架空的同时，左、右仆射也被最高统治者有意限制，左、右丞的地位明显提升，逐渐取代左、右仆射的职权。雷闻指出，想要实现这一目的，前提是复置左、右司郎中，由其来承担二十四司的勾检工作，这样左、右丞才能有更多精力主管省务。[3]

渤海国政堂省人员沿用了唐朝前期的职掌：左、右司政为实设之职，相当于唐朝前期的左、右仆射，"掌统理六官，为令之贰，令阙则总省事，劾御史纠不当者"。[4]值得注意的是，左、右司政地位不再高于两省长贰官，而是"居左、右平章事之下"，表明左、右司政已经与正式宰相划清界限。随着大内相被架空，政堂省从制度上被排除出宰相机构之列，转化为国家最高的行政机构。左、右允在职掌上则"比（唐朝尚书左、右）二丞"，"管辖省事，纠举宪章，以辨六官之仪制，而正百僚之文法，分而视焉"。根据日本文献的记载，政堂省左允多次奉命出使，其在都省政务上的空缺，很可能由"右兼知其事"。[5]

1　中村裕一「渤海国咸和一一年中台省牒に就いて──古代東アジア国際文書の一形式」『隋唐帝国と東アジア世界』第 429 頁。

2　〔韩〕东北亚历史财团编《渤海的历史与文化》，陈文寿校译，香港社会科学出版社，2009，第 193 页。

3　吴宗国主编《盛唐政治制度研究》，第 83 页。

4　《新唐书》卷 46《百官志一》，第 1185 页。

5　（唐）李林甫等：《唐六典》卷 1《三师三公尚书都省》尚书左右丞条，第 7 页。

在三省体制下，都省和六部虽然同属于一个整体，但是难以纳入一个层次分明、职权明晰的"四等官"体系中。那么，都省如何对六部进行统摄呢？据雷闻研究，唐代都省左右司郎中、员外郎的职务分工，以"司"为着眼点，与此相适的是，和都省进行业务往来的是二十四司，而不是各部。[1] 这一观点同样适用于渤海国政堂省。政堂都省下辖左司、右司。其中，左司又称左六司，下辖忠部、仁部、义部三个本司和爵部、仓部、膳部三个支司；右司又称右六司，下辖智部、礼部、信部三个本司和戎部、计部、水部三个支司。这意味着政堂都省对六部的统摄，更多地以都省对各司的"监临"为表现形式。如此说来，各司接受来自都省和本部长贰官的双重领导。

随着宰相制度的确立，都省和六部的关系又相应地发生了变化。

三　宰相制的兴起

中外学者对渤海国中枢体制的理解，主要停留在三省制的层面上。然而，现存的渤海国公文中，三省制并没有留下深刻的制度痕迹，反而是宰相在政务流程中处于公文签署的顶端。这种政务形态是在什么制度层面上运行，在渤海国的文献中寻找不到明确的答案，若从渤海国制度的渊源——唐朝制度进行观照，可以发现唐朝中枢体制经历了从三省制到中书门下体制的发展路径。作为宰相制度的政治基础——中书门下体制确立以后，宰相在国家政务中扮演着越来越重要的角色，之前的学者已经从不同的角度对此进行了充分的考察。借助于唐朝制度的背景投射，笔者倾向于认为，渤海国的中枢体制也经历了从三省制到宰相制的演进。

1. 三省六部制的衰落与"国人"集团

日本学者内藤乾吉通过梳理中世贵族政治的发展趋势，认为唐代三省体制是贵族政治的制度体现，门下省的审议和封驳权在唐代政治中的

1　吴宗国主编《盛唐政治制度研究》，第84页。

独特地位和作用，展现出唐代政治并非君主独裁政治，而是综合天子和贵族意志实行的贵族政治。中书省代表天子的意志，门下省则代表贵族官僚的意志。[1] 尽管内藤氏的观点未必契合唐朝历史实际，但是对于理解渤海国的"国人"政治有很大的启发。

大钦茂死后，渤海国统治内部爆发激烈的王权之争，由于世子大宏临早死，族弟大元义趁机夺取了王位。"元义立一岁，猜虐，国人杀之，推宏临子华玙为王"，渤海王权复归大钦茂嫡系子孙。然而，大华玙在位不满 1 年也死去，"钦茂少子大嵩邻［璘］立，改年正历"。[2] 除了大嵩璘在位 14 年，之后的大元瑜、大言义、大明忠在位时间都很短，王权不振，国内局势动荡。

在这一时期，"国人"集团的活动引起了中外学者的注意。韩国学者林相先认为：第一，"国人"集团形成于 8 世纪末，以大钦茂为中心，以上京为根据地；第二，贵族阶层中的高氏、李氏、杨氏、张氏及乌氏等右姓家族都属于"国人"集团的范畴；第三，在渤海国政治中，"国人"集团与王权相互制衡。[3]

有迹象表明，"国人"势力的崛起与三省制的政治土壤有关。三省分立、相互制衡的前提是整合渤海国的各大政治力量，并将其吸纳到统治体系之中。"国人"势力作为大、中贵族利益的代表，随着三省制在渤海国的确立，成为中枢权力结构的重要一环，又通过权力支配和话语权，达到影响王权、制衡其他政治力量的目的。

2. 宰相制度

清代学者钱大昕指出，唐代宰相是一种没有品秩的差遣职务，"自

1　〔日〕内藤乾吉：《唐代的三省》，刘俊文主编《日本学者研究中国史论著选译》第 8 卷《法律制度》，姚荣涛、徐世虹译，中华书局，1992，第 232 页。

2　《新唐书》卷 219《渤海传》，第 6181 页。

3　〔韩〕林相先：《渤海政治史的研究动向与课题》，郑永振、尹铉哲主编《渤海史研究》（十），延边大学出版社，2005，第 201~202 页。相关研究还有魏国忠、朱国忱《渤海国政治制度述略》，《求是学刊》1981 年第 3 期；〔韩〕韓圭哲《渤海의 對外關係史》，新书苑，1994；〔日〕酒寄雅志《渤海王权考察之——以东宫制为中心》，今是译，《博物馆研究》1990 年第 4 期。

一、二品至三、四、五品官，皆得与闻国政，故有同居政地而品秩悬殊者，罢政则复其本班"。[1] 严耕望注意到"唐自开元以来，使职繁兴，渐夺品官之权"的现象，认为唐代宰相是一种使职，而不是职事官，"随事设置，无秩命而掌实事权"。[2] 赖瑞和对唐代宰相的使职特征加以归纳：唐代的宰相没有品秩，皆以他官充任，任期非常不固定，凭借皇帝的信任而获得授权的特使。[3]

"唐初，宰相未有定名，因人而命，皆出于临时。"[4] 据宁志新统计，唐朝宰相使衔名目多达 22 个，比如"知政事""参掌机密""参知政事""参议得失""知门下省事""同中书门下三品""同中书门下平章事"等，经历了由少变多，再由多变少的发展过程，最后统一为"同中书门下平章事"（简称"同平章事"）的称谓。[5]

渤海国的宰相大体分为两种。一种是正式宰相，即两省的长贰官：宣诏省的左相与左平章事、中台省的右相与右平章事。

与唐朝宰相的使职特征不同，渤海国的正式宰相已经使衔职官化。从衔名上看，与宰相有关的"相""平章事"等名号已经固定于他们的官称之中，显示出他们是名副其实的宰相身份。在整个渤海国的官僚体系中，他们有品秩高下之分。比如，左、右相，居于政堂省长官大内相之下，左、右平章事居于政堂省副长官左、右司政之上。[6]

渤海国把宰相的职掌界定于两省的职掌范围之内，形成了以两省长贰官为核心的格局。这种格局一直延续到渤海国灭亡后的东丹国时期。

辽天显元年（926），辽太祖阿保机灭亡渤海国，以皇太子耶律

1　（清）钱大昕：《廿二史考异》卷 58《旧唐书二》，上海古籍出版社，2004，第 849 页。

2　严耕望：《论唐代尚书省之职权与地位》，《严耕望史学论文集》，第 329 页。

3　赖瑞和：《唐代高层文官》，第 80 页。

4　（宋）叶梦得：《石林燕语》卷 3，中华书局，1984，第 41 页。

5　宁志新：《唐朝宰相称谓考》，《河北师范大学学报》2008 年第 3 期。

6　《新唐书》卷 219《渤海传》，第 6182 页。

倍为东丹王，"置左、右、大、次四相及百官"，以统治渤海国故地。
"左、右、大、次四相"，又称"四辅"，即《辽史·百官志》所载的
东丹国左大相、左次相、右大相、右次相。[1] 由于左次相大素贤不久
遭弹劾去职，左大相皇弟耶律迭剌任职不到一个月就去世，东丹王耶
律倍返回上京奔父丧，加上右大相渤海国老相作为前朝旧臣并没有
掌握真正的权力，右次相宗室成员耶律羽之"虽居四辅之末班，独
承一人之顾命"，掌握了东丹国的实际大权。[2] 学界普遍认为，耶律
倍时期，东丹国基本上沿袭了渤海国的宰相制度，"左、右、大、次
四相"实际上是宣诏省左相与左平章事、中台省右相与右平章事的
别称。

　　另一种是临时宰相，即带使衔入相的其他官员。据文献记载，渤
海国宰相使衔仅有"同中书右平章事"一个。《册府元龟·外臣部·请
求》记载：唐文宗大和七年（833）正月，渤海国王大彝震奏遣"学士
解楚卿、赵孝明、刘宝俊三人附谢恩使同中书右平章事高赏英赴上都学
间"。[3] 同书《外臣部·朝贡》亦载：大和七年正月，"渤海王遣同中书
右平章事高赏英来谢策命"。[4]

　　"平章"一词，吴宗国认为，有商讨处分之意，与参与、参议意义
相通；[5]"同平章事"表明，其他官员带有这种使衔就可以成为临时宰相，
和正式宰相一起平章事。"中书"，金毓黻指出，这是比拟唐制的用语，
在渤海国对应的是"中台"。[6] 这也透露出一个信息，大内相的地位、威
望虽然高，但是宰相并不是以大内相为中心。高赏英奉渤海王之命赴唐

1　《辽史》卷45《百官志一》，中华书局，1974，第710页。

2　向南、张国庆、李宇峰辑注《辽代石刻文续编·耶律羽之墓志》，辽宁人民出版社，2010，第
　　3页。

3　（宋）王钦若等编《册府元龟》卷999《外臣部·请求》，凤凰出版社，2006，第11560页。高
　　赏英，《旧唐书·渤海靺鞨传》记作"高宝英"（中华书局，1975，第5363页）。

4　（宋）王钦若等编《册府元龟》卷972《外臣部·朝贡第五》，第11252页。

5　吴宗国主编《盛唐政治制度研究》，第15页。

6　金毓黻：《渤海国志长编》卷15《职官考》，第337页。

答谢册封之恩，一方面说明渤海国对于唐、渤之间藩属关系的重视，另一方面说明同中台右平章事具有临时差遣的性质，也可以以其本官接受别的任务。

从制度层面来说，宰相使衔的出现打破了宰相人选在资历上的限制，资历浅、有才能的官员得以参与军国大事，中枢权力向渤海王进一步集中，有利于渤海王加强对宰相政务的控制和干预。

四　宰相制的政务运作

唐太宗时期，设政事堂于门下省，以作为宰相议政之地。唐高宗永淳二年（683），中书令裴炎移政事堂于中书省。唐玄宗开元十一年（723），中书令张说把之前宰相议政地的政事堂改为正规的宰相官署，称为"中书门下"。[1] 在中书门下体制下，宰相的职权在于参与最高决策和裁决国家政务。王孙盈政认为，敕牒的运行与唐朝宰相体制——中书门下体制的确立密不可分，出令权和决策权从三省逐渐转移到宰相机构，配合宰相机构掌握国家施政的权力。[2] 显而易见，渤海国《咸和十一年中台省致日本太政官牒》不是由三省分工签署，而是由宰相独立裁决的政务公文。签署者大虔晃的结衔"中台亲公、大内相、兼殿中、安丰□开国□"中，大内相是政堂省的长官，殿中是事务机构殿中寺某职，[3] 但渤海国官职序列中没有中台亲公这个官职，中台亲公也不是对中台省当政者的尊称，[4] 而是固定大虔晃宰相身份的别称。[5]

1　刘后滨：《唐代中书门下体制研究——公文形态·政务运行与制度变迁》，第 1 页。

2　王孙盈政：《唐代"敕牒"考》，《中国史研究》2013 年第 1 期。

3　日本学者酒寄雅志将"安"释读为"令"。〔日〕酒寄雅志：《渤海王权考察之一——以东宫制为中心》，今是译，《博物馆研究》1990 年第 4 期。

4　王承礼：《记唐代渤海国咸和十一年中台省致日本太政官牒》，《北方文物》1988 年第 3 期。

5　唐代中后期实行宰相轮流秉笔决事的制度，所以，笔者推测中台亲公是指秉笔决事的宰相。

1. 渤海国政务文书中所见的宰相制

通过唐朝敕牒和渤海国王牒[1]基本格式的对比，可以发现渤海国也存在与唐朝中书门下体制相类似的体制。

唐朝敕牒的一般格式为：

> 中书门下牒某
>
> 　牒。奉　敕。云云（宜依。依奏。余依）。牒至准　敕。故牒。
>
> 　　　　　　　　　　　　年月日期　牒
>
> 　　　　　　　　　　　　宰相具官姓名[2]

9 世纪上半叶以后，渤海国使臣携带中台省牒出使日本，呈递于日本太政官，成为渤日交往的一种惯例。[3] 这些渤海国牒文皆为王牒，幸赖日本文献的记载得以流传至今。[4] 据此，可以复原渤海国王牒的一般格式：

> 中台省牒某
>
> 　牒。奉　处分。云云（准状。宜准状）。谨录牒上。谨牒。
>
> 　　　　　　　　　　　　年月日期　牒
>
> 　　　　　　　　　　相关官员、宰相具官姓名

需要强调的是，唐朝是当时东亚世界的共主，故唐朝敕牒无论是颁行周边藩国，还是行于国内，都是下行的公文，"牒至准敕。故牒"体

1　"敕"类公文只有唐朝皇帝或以唐朝皇帝的名义发布才能使用。渤海国作为唐朝的藩属国，不敢公开僭越权限使用"敕"类公文。因此，姑且称之为"王牒"。

2　中村裕一『唐代制敕研究』汲古書院、1991、第 513 頁。

3　堀敏一认为，渤海国将个人之间的书信格式——"启"转用于国书，隐晦地表达出渤海国虽然放低姿态，希求与日本修好，但不愿称臣的真实想法。为了不使两国交流中断，渤海国中台省使用王牒，来实现"启"所难以达到的交往目的。〔日〕堀敏一：《隋唐帝国与东亚》，第 95 页。

4　现存的渤海国中台省致日本太政官牒共有六件，分别由贺福延、王文矩、乌孝慎、杨成规、杨中远和王龟谋出使日本时携带。

现出皇权至高无上，无条件执行的威严。

　　上述复原的渤海国王牒格式采用的模本是渤海国中台省致日本
太政官牒。需要指出，渤海国中台省致日本太政官牒具有一定的特殊
性，是典型的上行公文，"谨录牒上。谨牒"用语郑重、谦卑，彰显
出渤日在交往中不同的地位。由于渤海国王牒没有流传下来，因此其
在国内颁行的真正格式难以知晓。可以肯定的是，渤海国王牒在国
内颁行时，结尾语不会使用上行语"谨牒"，而应该采用下行的"故
牒"。宋代学者对于"谨牒"与"故牒"的区别已有辨明：中书门下
发敕书结尾用"故牒"，[1]门下省、中书省、枢密院于省内诸司、台省
寺监官司，尚书省于省内诸司也用"故牒"；"门下、中书、尚书省以
本省，枢密院以本院事相移，及内外官司非相管隶者相移"，结尾用
"谨牒"。[2]

　　当然，作为"王言之制"[3]之一，唐朝敕牒和渤海国王牒两者之间
还有共性的一面：其正文都是以"牒。奉"开头，前者所奉的是唐朝皇
帝的"敕"，后者所奉的是渤海国王的旨意，在对外的上行公文中演变
为"处分"。

　　牒首用语简明扼要，表述的是宰相机构牒下某官或某司，在唐朝的
行文格式为"中书门下牒某"，在渤海国的行文格式为"中台省牒某"。

　　渤海国王牒是与宰相制应运而生的"王言"，[4]"中台省牒某"又体现
出宰相机构与三省之一的中台省的某种关联。以笔者的理解，渤海国的
宰相机构尚未完全独立，仍然依托于中台省而存在，仰仗中台省的出令

1　（宋）高晦叟：《珍席放谈》，朱易安、傅璇琮等主编《全宋笔记》第 3 编第 1 册，大象出版社，
　　2008，第 180 页。
2　〔日〕仁井田陞著，栗劲、霍存福、王占通、郭延德编译《唐令拾遗》第 21《公式令》引《开
　　元牒式》，长春出版社，1989，第 552 页。
3　《唐六典》记载的"王言"之制有七种：册书、制书、慰劳制书、发日敕、敕旨、论事敕书和
　　敕牒。
4　唐朝敕牒是宰相机构——中书门下发出的奉"敕"而牒的公文，渤海国王牒完全沿用的是唐
　　朝制度。

权。高赏英需要带同中台平章事使衔才能进入宰相之列，恰恰说明了这一点。

2.《咸和十一年中台省致日本太政官牒》与渤海国中枢体制的变化

日本宫内厅书陵部所藏的《壬生家文书》中"古往来消息杂杂"中收录了《咸和十一年中台省致日本太政官牒》抄件。据日本《图书寮典籍解题》介绍，这件文书实物"用纸29糎×48.8糎，薄鼠色雁皮纸，有天头地角，当写于平安后期"。日本学者新妻利久、中村裕一、酒寄雅志、铃木靖民、金子修一等，[1]中国学者王承礼等都进行过相关研究和引介。现将原文抄录如下：

1. 渤海国中台省　牒上　日本国太政官
2. 应差入觐　贵国使政堂省左允贺福延并行从壹佰五人
3. 一人使头　政堂省左允贺福延
4. 一人嗣使　王宝璋
5. 二人判官　高文暄　乌孝慎
6. 三人录事　高文宣　高平信　安宽喜
7. 二人译语　季宪寿　高应顺
8. 二人史生　王禄升　李朝清
9. 一人天文生　晋昇堂
10. 六十五人大首领
11. 廿八人梢工
12. 牒 / 奉 / 处分 / 日域东遥 / 辽阳西阻 / 两邦相去 / 万里有余 / 溟涨

───────────

1　新妻利久『渤海国史及び日本との国交史の研究』；中村裕一「渤海国咸和一一年中台省牒に就いて——古代東アジア国際文書の一形式」『隋唐帝国と東アジア世界』；酒寄雅志「渤海国中台省牒の基礎的研究」『日本古代の政治と制度』；鈴木靖民·金子修一·石見清裕·浜田久美子編『訳註日本古代の外交文書』八木書店、2014。

13. 滔天 / 风云虽可难测 / 扶光出地 / 程途亦 或 易漂标 / 所以
展亲旧

14. 意 / 拜觐须申 / 每航海 以 占风 / 长候时而入觐 / 年祀虽
限 / 星

15. 诏尚通 / 赍书遣使 / 爰至于今 / 宜遵旧章 / 钦修觐礼 /
谨差

16. 政堂省左允贺福延令觐　贵国者 / 准状 / 牒上日本国太政
官者 /

17. 谨录牒上 / 谨牒

18. 咸和十一年闰九月廿五日牒

19. 英袟大夫[1] / 政堂春部卿 / 上中郎将 / 上柱将 / 闻理县拟□
国男 / 贺守谦

20. 中台亲公 / 大内相兼殿中安丰□开国 公 / 虔晃[2]

　　这件传世的公文与日本文献中关于仁明天皇承和八年（841）十二
月渤海国使贺福延领衔出使的记载一致，不但印证了文献记载的真实
性，而且为渤海国中枢政务运作提供了生动的案例。

　　从 8 世纪前期开始，渤海国使团频繁赴日，进呈礼物和地方特产。
日本以上国的姿态，对其进行铺陈排场的接待。使团回国时，又给予
渤海王及使团成员丰厚的赏赐。桓武天皇延历十七年（798），日本苦
于接待渤海国使团的沉重负担，规定 6 年通聘一次。淳和天皇天长元年
（824），日本连遭灾害，国内经济困难，一度规定 12 年通聘一次。渤
海国出于经济利益的考虑，请求缩短聘期。日本出于上国的恩威，同意

1　"英袟大夫"，王承礼作"吴袟大夫"，新妻利久、中村裕一等学者作"吴秩大夫"。
2　王承礼、酒寄雅志认为，"虔晃"之前的空缺处应补"公大"二字。参看《咸和十一年中台省
　　致日本太政官牒》复印件，"开国"与"虔晃"之间似乎仅能容下一个字。本书认为，"虔晃"
　　之前无"大"字，因为"唐诰敕，宰相复名者皆不出姓，惟单名则出姓，盖以为宰相人所共
　　知，不待书姓而见"。参见（宋）叶梦得《石林燕语》卷 6，第 88 页。

"宜其修聘之使，勿劳年限"，放松了对渤海国朝聘年限的要求。[1] 在这种背景下，渤海国希望"宜遵旧章，钦修觐礼"，于咸和十一年（841）派遣贺福延出使日本。

《咸和十一年中台省致日本太政官牒》是"王言"和牒的合一，相当于唐朝的敕牒。《唐六典》谓"随事承旨，不易旧典则用之"为敕牒，[2] 南宋叶梦得《石林燕语》谓"承旨而行者曰敕牒"，[3] 两者的使用场合皆是"承旨"。同为"王言之制"之一，敕旨与敕牒的区别在于：前者使用三省体制的发布程序，需要有中书省官员的宣奉行，经门下省官员的审署发出；[4] 后者在皇帝同意后，由宰相签署，中书门下以牒的形式发出。再来看一下《咸和十一年中台省致日本太政官牒》的情况。

《咸和十一年中台省致日本太政官牒》的正文由三部分组成。

第一部分从第 2 行到第 11 行，主要是向日本太政官通报贺福延使团人员的构成，以便其安排有关事宜。这段文字中，"四等官"配置得到了完整的呈现，长官是大使贺福延，通判官是嗣使（副使）王宝璋，判官是高文暄、乌孝慎，主典是译语季宪寿、高应顺，以及史生王禄升、李朝清，勾检官是录事高文宣、高平信、安宽喜，杂任职员为天文生晋昇堂，其他随行人员是大首领和梢工。

第二部分从第 12 行到第 17 行。这段文字可以再划为三个层次。

日本学者中村裕一注意到敕牒之中对于奏状引用的问题。[5] 刘后滨指出，敕牒生成之前，通常都有奏状。敕牒的开头需要节录奏状的关键内容，说明敕牒所批准的内容范围。[6] 本件公文援引的奏状部分为"日

1　王承礼、王巍:《从朝贡外交看渤海和日本的关系——以国书体例和聘使往还年限之争为中心》,《北方文物》1996 年第 4 期。

2　（唐）李林甫等:《唐六典》卷 9《中书省集贤院史馆匦使》中书令条, 第 274 页。

3　（宋）叶梦得:《石林燕语》卷 3, 第 37 页。

4　王孙盈政:《唐代"敕牒"考》,《中国史研究》2013 年第 1 期。

5　中村裕一『唐代制勅研究』第 537 页。

6　刘后滨:《唐代中书门下体制研究——公文形态·政务运行与制度变迁》, 第 347 页。

域东遥，辽阳西阻……宜遵旧章，钦修觐礼。谨差政堂省左允贺福延令
觐贵国者"。显而易见，这部分文字并不是奏状的原本，而是在王牒形
成时另外转写的内容。比如，在百官上奏渤海国王的政务文书中，出使
目的地肯定不会直接用第二人称"贵国"，而是用第三人称"日本国"
来表述。"贵国"一词，显然是渤海国词臣根据文书的叙述口吻，临时
润色的结果。已有学者指出，"者"字在文书中相当于"云云"或首尾
句引号的作用，也是公文检判层次、中央官府审议过程的标志。[1]按照
这种思路，"准状，牒上日本国太政官者"可以再划分一个层次，是渤
海王对奏状的批复，在公文的形式上体现为王旨。之后的"谨录牒上，
谨牒"为第三层次，是中台省致牒日本太政官的交涉用语。

　　需要指出的是，《咸和十一年中台省致日本太政官牒》作为一种对
外交往公文，比较注意平阙格式的使用，比如，第 2 行、第 16 行的
"贵国"前空阙一字，"咸和十一年闰九月二十五日牒"提行另写，基本
上遵从唐代的平阙格式。《唐六典》记载："凡上表、疏、笺、启及判、
策、文章，如平阙之式。"并以律令形式规定了平阙内容：与天地、皇
帝及其直系亲属有关的词语用"平"，即另起一行抬头书写；与宗庙、
社稷、诏令、陵寝、朝廷等有关的词语用"阙"，即在上方空阙若干字，
再直行书写。[2]

　　第三部分从第 18 行到第 20 行，列有签署日期、签署官员的结衔。
春部官员在这件公文中扮演着重要的角色，既是奏请派使者出使日本的
公文申起者，又在中台省王牒形成以后将其转交给使团的具体承受人。
关于中台亲公大虔晃，前文已有述及，在这里再做三点补充：从公文所
展示的中台亲公与春部的垂直关系看，宰相机构取代政堂都省成为政
务的裁决中心，通过签发"牒"，直接指挥政堂省部司；从中台亲公兼
任殿中寺某职看，宰相通过兼任行政职务，职权向行政事务扩展，寺、

1　王永兴：《说隋唐》，上海科学技术文献出版社，2009，第 7~22 页。
2　（唐）李林甫等：《唐六典》卷 4《尚书礼部》礼部郎中员外郎条，第 113 页。

监、院、局被纳入宰相机构的统一领导之下；从中台亲公身份上看，大虔晃是国王大彝震的兄弟，是无可争议的国王"私"臣，在秉笔决事时，奉渤海王的旨意行事，反映出王权对相权的控制加强。国王大彝震的形象在公文中若隐若现，作为王牒背后的关键人物，随着王旨应用范围的扩大，他已经不再局限于国家最高决策，而且走向了处理国家细务的前台。

渤海国中枢体制由三省制向宰相制转变，与当时渤海国内的政治形势紧密相关。大钦茂、大嵩璘死后，王位频繁更迭，内部争夺权利激烈。随着第十代王大仁秀的即位，渤海国王统转入开国君主大祚荣弟弟大野勃一系。为了消除国内的质疑和不满，稳定自己的统治地位，大仁秀上台以后，对外南定新罗，北讨海北诸部，对内改革中枢体制，加强对王室、贵族和地方势力的控制。从《咸和十一年中台省致日本太政官牒》的体例看，这种改革到大彝震时期基本完成。在新的中枢格局中，最高权力逐渐向宰相集中，宰相机构成为渤海王旨意的执行机构，通过签署王牒，支配其他国家机构，处理相关的政务。可以想见，三省在制衡格局被打破以后逐渐削弱，成为宰相机构之下其他"王言"的签署机关。

依照以上论述，可以大致复原《咸和十一年中台省致日本太政官牒》形成的全过程，应该先由主管"诸蕃朝聘之事"的义部（春部）依照两国的朝聘惯例，请示派遣使者出使日本。有关人员据此起草奏状，拟定出使人员名单。渤海王大彝震以王旨的形式，做出"准状，牒上日本国太政官者"的批复。王孙盈政指出，唐代诏令普遍存在以敕牒与其他"王言"两种形式共同发布的现象。[1]这种情形同样有可能发生在渤海国。就出使日本而言，贺福延需要奉王命而行。同时，为了配合贺福延出使，中台省需要致牒日本太政官。反映到政务运作上，就是奏状内容和大彝震的批示抄录后，通过两种不同的政务流程，分别形成王旨和

1　王孙盈政：《唐代"敕牒"考》，《中国史研究》2013 年第 1 期。

王牒。前者由中台省"宣""奉""行"后，经宣诏省官员审署，通过政堂省义部下发贺福延。后者由宰相奉此旨意，以中台省的名义致牒日本太政官。

　　渤海国中枢体制三省制与宰相制既有联系，又有区别。渤海国中后期的宰相制是在三省制下宰相议政制度的基础上形成的，宰相机构是国家政务裁决中心和最高权力中心，三省变成了宰相机构的政务执行机关。

第二节　中央事务机构

　　渤海国中央机构除三省六部之外，还设有寺、监、局、院等事务机构。[1] 以往研究仅仅停留在以唐朝中央事务机构为参照，推测渤海国中央事务机构的职掌情况上。若将渤海国中央事务机构与唐朝中央事务机构进行更细致的对比，可发现渤海国在借鉴唐朝中央事务机构的过程中相关建制级别的变化、中央事务机构长官地位的变化等等，对于这些问题中外学者措意甚少，没有进行过深入的阐述。本节以唐朝制度为参照，对渤海国中央事务机构加以梳理，揭示渤海国中央事务机构演变的内在纹理，深化对渤海国中央事务机构的有关认识。

一　中央事务机构的设置

　　唐朝中央事务机构主要由三省、九寺和五监组成。渤海国在仿照唐朝制度的基础上，建立起自己的中央事务机构。《新唐书·渤海传》记载渤海国中央事务机构的大致情况如下：

---

[1] 这些中央事务机构与政堂省六部十二司在职能上有所交叉，但是侧重点各不相同。前者是具体办理所属的事务，后者是从制令角度统领全国的行政事务。

殿中寺、宗属寺,有大令。文籍院有监。令、监皆有少。太
常、司宾、大农寺,寺有卿。司藏、司膳寺,寺有令、丞。胄子
监有监长。巷伯局有常侍等官。[1]

渤海国与唐朝中央事务机构的职能对照:

文籍院——秘书省
巷伯局——内侍省
殿中寺——殿中省

太常寺——太常寺
司膳寺——光禄寺
宗属寺——宗正寺
司宾寺——鸿胪寺
大农寺——司农寺
司藏寺——太府寺
　　——卫尉寺
　　——太仆寺
　　——大理寺

胄子监——国子监
　　——少府监
　　——将作监
　　——军器监
　　——都水监

1 《新唐书》卷 219《渤海传》,第 6183 页。

上述比对容易让人产生这样的误解：渤海国中央事务机构并不像唐朝中央事务机构那样职能完备、功能齐全。很多中外学者据此认为，渤海国中央事务机构只有一院、一局、一监、七寺。然而，这是《新唐书·渤海传》给我们造成的刻板印象。《南唐书》的记载可以订正《新唐书·渤海传》的不足。

《南唐书》记载，烈祖升元二年（938）六月，契丹主耶律德光使梅里捺卢古与"东丹王使兵器寺少令高徒焕""以羊马入贡，别持羊三万口、马二百匹来鬻，以其价市罗纨茶药，烈祖从之"。[1]学界主流观点认为，东丹国制采用的是渤海国旧制，兵器寺显然是沿用渤海国时期的机构。

从兵器寺的例子可以看出，《新唐书·渤海传》所记载的中央事务机构并不完整。综合来看，唐朝中央事务机构中的"三省"都能在渤海国中找到对应的机构，"九寺"能在渤海国中找到七个对应的机构，基本上能够落实，"五监"中除了胄子监，其余不太明朗。很有可能这是文献缺载造成的，应当还有如"兵器寺"等其他的事务机构存在。渤海国中央事务机构完全有可能沿用了唐朝以三省、九寺和五监为核心的中央事务机构的框架设置。

唐朝中央事务机构中的"三省"下设"局"。

（1）秘书省下辖著作局和太史局。其中，著作局设有郎二人、佐郎四人，太史局设令二人、丞二人。

（2）内侍省下辖内谒者、掖庭局、宫闱局、奚官局、内仆局和内府局。其中，内谒者设监六人，内谒者十二人，掖庭局设令二人、丞三人，宫闱、奚官、内仆、内府四局各设令二人、丞二人。

（3）殿中省下辖尚食局、尚药局、尚主局、尚舍局、尚乘局和尚辇局。各局设有奉御二人，直长四人。

1　（宋）陆游：《南唐书》卷18《契丹传》，傅璇琮、徐海荣、徐吉军主编《五代史书汇编》，杭州出版社，2004，第5607页。

从官署名号看，渤海国在借鉴唐朝制度的过程中，继续沿用唐朝中央事务机构中的"寺""监"，而不使用"省"。究其原因，省寺是中国古代中央官署泛称，不过也有"官司之别"。[1] 清代学者段玉裁的《说文解字注》云："省者，察也。察者，核也。汉禁中谓之省中。师古曰：'言入此中者皆当察视，不可妄也。'""《汉书》注曰：'凡府庭所在皆谓之寺。'……《广韵》：'寺者，司也，官之所止有九寺。'"[2] 也就是说，"寺"为国家官方机构，"省"是皇家机构，事关皇权的威严。渤海国作为唐朝的羁縻府州，其中央事务机构不再沿用"省"号，以杜逾制之嫌。于是设置文籍院，以比唐朝秘书省；[3] 设置巷伯局，以比唐朝内侍省；又设置殿中寺，以比唐朝殿中省。与唐朝制度横向比较，会发现文籍院的长官仍然是卿，下设有述作局，较唐朝秘书省的建制级别没有变化；巷伯局建制级别相当于唐朝内侍省下设机构——局，明显下降；殿中寺较唐朝殿中省，机构性质和服务对象都发生了明显的改变。

唐朝中央事务机构诸寺的长贰官为卿、少卿，太常卿官为正三品，地位最高，其余诸卿为从三品。"寺"下设"署"，署的正副职为令、丞。比如，太府寺下设两京诸市署、平准署、左藏署、右藏署、常平署。其中，两京诸市署各置有令一人，丞二人；平准署置有令二人，丞四人；左藏署置有令三人，丞五人；右藏署置有令二人，丞三人；常平署置有令一人，丞二人。再比如，鸿胪寺下设典客署和司仪署。其中，典客署置有令一人，丞二人；司仪署置有令一人，丞一人。

另外，渤海国诸寺长贰官有"卿—少卿"、"大令—少令"和"令—丞"三种模式。三种模式又有地位高低之分。从名称上分析，

---

1 《新唐书》卷 46《百官志一》，第 1181 页。

2 （汉）许慎撰，（清）段玉裁注《说文解字注》卷 6《说文解字第三篇注下》，四部备要影印本，中华书局，1989，第 92 页。

3 文籍院的得名与秘书省存在某种关联。汉魏以后，在殿、馆设置书院，其职权由秘书省掌管，到唐代，门下省设有弘文馆、东宫设有崇文馆、中书省设有集贤院等书院，削弱了秘书省在掌管图籍方面的职能。

可以确定"大令—少令"的地位高于"令—丞"。结合上文所举唐代太府寺和鸿胪寺的例子，渤海国"大令"很可能相当于唐代诸寺一令署的正职，"少令"相当于唐代诸寺一令署的副职；"令"相当于唐代诸寺多令署的正职，"丞"相当于唐代诸寺多令署的副职。"卿—少卿"的地位高于"大令—少令"。以司宾寺为例，其长官为卿，次官为少卿，司宾署作为其下设机构，正职为司宾大令，副职为司宾少令。魏国忠等将司宾卿等同于司宾大令、司宾少卿等同于司宾少令，[1]这一观点值得商榷。从唐朝鸿胪寺看，卿—少卿是主管机构的长贰官，令—丞是从属机构的正副职。由此可以推导出，在渤海国司宾寺中，"卿"与"大令"是领导与被领导的关系。在此基础上，可以推出渤海国诸寺分为三个层次：长贰官为"卿—少卿"的太常寺、司宾寺与大农寺为第一层次，长贰官为"大令—少令"的兵器寺、殿中寺与宗属寺为第二层次，长贰官为"令—丞"的司藏寺与司膳寺为第三层次。与唐朝制度横向比较，可以大致确定第一层次与唐朝诸寺相当，说明其职能部门在渤海国比较受重视，在诸寺内部地位比较高；第三层次与唐朝诸寺下设机构——署相当，在诸寺内部地位比较低。第二层次找不到与唐朝诸寺对应的级别，应该是渤海国在效仿唐朝制度时根据国情进行调整的结果。

二　中央事务机构的职能

在之前研究的基础上，以唐朝中央事务机构为参照，对渤海国中央事务机构的设置与职掌加以考察。

1. 一院、一局和一寺

渤海国出于遵奉礼制的考虑，借鉴唐朝中央事务机构的"三省"，设置文籍院、巷伯局和殿中寺。

1　魏国忠、朱国忱、郝庆云：《渤海国史（修订版）》，黑龙江人民出版社，2014，第345页。

文籍院　　相当于唐朝的秘书省，主管"经籍图书之事"。渤海国虽然改"省"为"院"，但是长官的称呼并没有变。文籍院长官为监，相当于唐朝秘书监；次官为少监，相当于唐朝秘书少监。

唐朝秘书省下辖两个机构。一是分管"修撰碑志、祝文、祭文"的著作局，著作局正职为著作郎。一是分管"观察天文，稽定历数"的太史局，太史局正职为令，并设有司历、天文生等。

见于文献记载的渤海国文籍院属官有少监裴颋、王龟谋和裴璆，《日本三代实录》卷43载：阳成天皇元庆七年（883），日本"授（渤海国）大使、文籍院少监正四品、赐紫金鱼袋裴颋从三位"。[1]《本朝文粹》卷12收录的《赠渤海国中台省牒》中有"（渤海国）入觐使、文籍院少监王龟谋"。[2]《日本纪略》后篇载：醍醐天皇延喜八年（908），"存问渤海领客使大内记藤原博文等，问（渤海国）入觐使、文籍院少监裴璆"。[3]

又有文籍院述作郎李承英。《类聚国史》记载，嵯峨天皇弘仁十年（819）十一月甲午，渤海国"遣文籍院述作郎李承英赍启入觐，兼令申谢"。[4]述作郎相当于唐朝著作局的著作郎。通过比较《贞惠公主墓志》与《贞孝公主墓志》，可以发现两篇墓志铭有大量的用语完全相同，说明这两篇墓志铭并非出自个人手笔，而是按照官方规定的墓志程式套出来的。而主管官方墓志修撰之事的当为述作局。

另外，在渤海国对日朝聘活动中活跃着天文生的身影。比如，日本清和天皇贞观十四年（872）五月，日本国"授（渤海国）大使杨

1　藤原時平等『日本三代実録』巻 43、日本陽成天皇元慶七年（883）五月、経済雑誌社、1897、第 697 頁。

2　紀長谷雄「贈渤海国中台省牒入覲使文籍院少監王亀謀等一百五人」藤原明衡『本朝文粹』巻 12、田中長左衞門開板本、1629、第 26 頁。

3　佚名『日本紀略』後篇 1、日本醍醐天皇延喜八年（908）四月、経済雑誌社、1897、第 788 頁。

4　菅原道真『類聚国史』巻 194「殊俗部·渤海下」日本嵯峨天皇弘仁十年（819）十一月、第 1283 頁。

成规从三位，副使李兴晟从四位下……品官以下并首领等授位各有等级。及天文生以上，随位阶各赐朝服"。[1]《延喜式·主税上》载："凡渤海客食法，大使、副使日稻各五束。判官、录事各四束。史生、译语、天文生各三束五把。首领、梢工各二束五把。"[2] 天文生在使团中的作用不可或缺，他们主要负责占候天象，为使团出海提供备选信息。清和天皇贞观元年（859），"渤海大使乌孝慎新贡《长庆宣明历经》，言是大唐新用经也。真野麻吕试加覆勘……望请停旧用新"。[3] 从"新贡"这一用词看，进献《长庆宣明历经》是渤海国官方的行为，《长庆宣明历经》无疑已在渤海国印发颁行。与此相应的是，《长庆宣明历经》的印发颁行以及后期的稽测星度、勘验晷影，都需要专门的机构和专业人员去执行。由此可以推测，文籍院之下也应存在分管"观察天文，稽定历数"、类似唐朝太史局的机构。由于文献有限，这个机构的名称无法考证。

巷伯局　承担了唐朝内侍省的主要职能，主管"在内侍奉，出入宫掖，宣传制令"。[4]"巷伯"一词，典出《诗经·巷伯篇》："陈曰诗名巷伯，以寺人解之，明巷伯即寺人也。寺人被宫刑者，盖因谗而被刑也。"[5] 巷伯局长官为常侍，建制级别与唐朝内侍省下设机构——局相当。

殿中寺　承担了唐朝殿中省的主要职能，主管国家"乘舆服御之政令"，[6] 殿中寺长官为大令，次官为少令。

2. 七寺

渤海国中央事务机构同样沿用唐朝"九寺"的框架，目前文献可考

1　藤原時平等『日本三代実録』巻21、日本清和天皇貞観十四年（872）五月、第355頁。

2　藤原忠平等『延喜式』巻26「主税上·渤海客食法」経済雑誌社、1900、第798頁。

3　藤原冬嗣等『類聚三代格』巻17「文書並印事·應用長慶宣明暦経事」経済雑誌社、1990、第928頁。

4　（唐）李林甫等：《唐六典》卷12《内官宫官内侍省》内侍内常侍条，第356页。

5　（汉）郑玄笺，（唐）孔颖达疏《毛诗正义》卷19《小雅·节南山之什》，（清）阮元校刻《十三经注疏》，中华书局，1980，第456页。王成国误作"苍伯"。

6　（唐）李林甫等：《唐六典》卷11《殿中省》殿中监少监条，第323页。

的有太常寺、大农寺、司宾寺、宗属寺、兵器寺、司藏寺和司膳寺。

太常寺 与唐朝太常寺同名的机构。主管"礼乐、郊庙、社稷之事"。[1] 太常寺长官为卿，相当于唐朝太常卿。

大农寺 相当于唐朝的司农寺，主管"仓储委积之事"。[2] 大农寺长官为卿，相当于唐朝司农卿。

司宾寺 相当于唐朝的鸿胪寺，主管"宾客""凶仪"之事。[3] 司宾寺长官为卿，相当于唐朝鸿胪卿；次官为少卿，相当于唐朝鸿胪少卿。

唐朝的鸿胪寺下辖两个机构：一是分管"宾客"之事的典客署，典客署正职为令，副职为丞；一是分管"凶仪"之事的司仪署，司仪署正职为令，副职为丞，正九品下。[4]

渤海国的司宾寺，文献记载其属官有司宾卿贺守谦，《张建章墓志》载："渤海国王大彝震遣司宾卿贺守谦来聘。"[5] 又有司宾少令史都蒙、张仙寿，《续日本纪》载：光仁天皇宝龟八年（777），日本"授渤海大使、献可大夫、司宾少令、开国男史都蒙正三位"。[6] 又载：光仁天皇宝龟十年（779），"天皇御太极殿，受朝。渤海国遣献可大夫、司宾少令张仙寿等朝贺，其仪如常"。[7]

聘日使节中史都蒙官居"司宾少令"，魏国忠等由此推定司宾卿又称司宾大令，司宾少卿又称司宾少令。[8] 对此观点，笔者不能苟同。由司宾少令可以推导出其正职为司宾大令，既然司宾寺的长官为司宾卿，

---

1 《新唐书》卷 48《百官志三》，第 1241 页。

2 《新唐书》卷 48《百官志三》，第 1259 页。

3 《新唐书》卷 48《百官志三》，第 1257 页。

4 《新唐书》卷 48《百官志三》，第 1258 页。

5 （唐）张珪：《唐幽州卢龙节度押奚契丹两蕃副使摄蓟州刺史正议大夫检校太子左庶子兼御史大夫上柱国赐紫金鱼袋安定张公（建章）墓志铭并序》，吴钢主编《全唐文补遗》第 3 辑，王京阳等点校，三秦出版社，1996，第 289 页。书中简称《张建章墓志》。

6 菅野真道等『続日本紀』卷 34、日本光仁天皇宝龟八年（777）四月、経済雑誌社、1897、第 604 頁。

7 菅野真道等『続日本紀』卷 35、日本光仁天皇宝龟十年（779）春正月、第 621 頁。

8 魏国忠、朱国忱、郝庆云：《渤海国史（修订版）》，第 345 页。

那么司宾大令、司宾少令就不是司宾寺的长官、次官，而是司宾寺的下属机构——司宾署的正职、副职。如果推测能成立，司宾少令便相当于唐朝典客署中的典客丞。从史都蒙、张仙寿衔命出使看，司宾署分管的是司宾寺所掌的"宾客"之事。"凶仪"之事当由司宾寺的另外一个下辖机构分管，《贞孝公主墓志》载："丧事之仪，命官备矣。"[1]也证明分管"凶仪"的官方机构在渤海国历史上确实存在。由于文献有限，这个机构的名称无从考证。

宗属寺 承担了唐朝宗正寺的主要职能，主管"皇九族、六亲之属籍"之事。[2]宗属寺长官为大令，次官为少令。

兵器寺 相当于唐朝的卫尉寺，主管"器械、文物之政令"。[3]兵器寺长官当为大令，次官为少令。

又有"兵署"的名称，《续日本纪》记载，淳仁天皇天平宝字二年（758），"渤海大使、辅国大将军、兼将军、行木底州刺史、兼兵署少正、开国公扬［杨］承庆已下廿三人，随田守来朝，便于越前国安置"。[4]

唐朝的卫尉寺下辖三个机构：一是分管"藏兵械"的武库；一是分管"在外戎器"的武器署；一是分管"供帐之属"的守宫署。[5]日本学者鸟山喜一考证，兵署是渤海国兵器寺的下设机构之一，相当于唐朝卫尉寺中的武器署。[6]由兵署少正可以推导出其正职为兵署正。

司藏寺 承担了唐朝太府寺的主要职能，主管"财货、廪藏、贸易"之事。[7]韩国学者金东佑认为，渤海国司藏寺相当于唐朝尚书省

---

1 延边博物馆：《渤海贞孝公主墓发掘清理简报》，《社会科学战线》1982年第1期。

2 （唐）李林甫等：《唐六典》卷16《卫尉宗正寺》宗正卿少卿条，第465页。

3 （唐）李林甫等：《唐六典》卷16《卫尉宗正寺》卫尉卿少卿条，第459页。

4 菅野真道等『続日本紀』卷21、日本淳仁天皇天平宝字二年（758）九月、第359页。

5 （唐）李林甫等：《唐六典》卷16《卫尉宗正寺》武库令条、武器署条、守宫署条，第460~464页。

6 鸟山喜一『渤海史考』奉公会、1915、第124页。

7 《新唐书》卷48《百官志三》，第1263页。

二十四司之一的太府司。[1]金氏可能将尚书省户部的仓司和中央事务机构的太府寺混淆了。司藏寺的长官为令，次官为丞，建制级别与唐朝太府寺下设机构——署相当。

司膳寺　承担了唐朝光禄寺的主要职能，主管"邦国酒醴膳羞之事"。[2]司膳寺长官为令，次官为丞，建制级别与唐朝光禄寺下设机构——署相当。王成国认为司膳寺主管王室后宫用膳之事，但并没有指出与唐朝对应的机构。[3]这种概括可能只是字面上的意思。司膳寺的职掌范围恐怕比王成国理解的更大，所提供的膳食未必局限于王室与后宫人员。根据《唐六典》与《新唐书·百官志》，唐朝光禄寺下辖太官、珍羞、良酝、掌醢四署，具体涉及"供祠宴朝会膳食""供祭祀、朝会、宾客之庶羞""供（祭祀）五齐、三酒""供醯醢之物"。[4]所以，渤海国司膳寺的职掌可能与光禄寺更为接近。

3. 一监

渤海国中央事务机构也沿用了唐朝"五监"的框架，目前可考的仅有胄子监。

胄子监　相当于唐朝的国子监，主管"儒学训导之政"。[5]"胄子"一词，典出《尚书·舜典》："帝曰，夔，命汝典乐，教胄子。"颜师古注："胄子即国子也。"[6]胄子监的长官为监长，相当于唐朝国子监的祭酒，次官为少监，相当于唐朝国子监的司业。清代学者张贲所撰《东京记》载："土人掘地得断碑，有'下瞰台城儒生盛于东观'十字，盖国学碑也。"从断碑上的文字可以想见渤海国文学之盛。

---

1 〔韩〕东北亚历史财团编《渤海的历史与文化》，第193页。

2 （唐）李林甫等：《唐六典》卷15《光禄寺》光禄卿少卿条，第443页。

3 王成国：《唐代渤海国官制概述》，《学习与探索》1982年第5期。

4 《新唐书》卷48《百官志三》，第1247~1248页。

5 《新唐书》卷48《百官志三》，第1265页。

6 （汉）孔安国传，（唐）孔颖达疏《尚书正义》卷3《虞书》，（清）阮元校刻《十三经注疏》，第131页。

三 渤海国与唐朝政治制度的渊源

对于渤海国政治制度的渊源，中外学界最常引用的史料是"大抵宪象中国制度"。[1] 那么，渤海国政治制度多大程度上借鉴了唐朝政治制度呢？朝鲜学者张国钟认为，渤海国地处原来高句丽的版图，而且又是由其遗民建立的国家，所以其政治制度也必然继承自高句丽的政治制度，而不是过多地效仿唐朝。[2] 这种观点显然经不起推敲。

以中央事务机构为例，渤海国大体上沿用了唐朝中央事务机构三省、九寺和五监的框架，但是在一些细节上有所调整。

从机构名称上看，渤海国根据唐朝制度和职能重新对中央事务机构进行命名，但是命名原则有迹可循，基本采用与唐朝中央事务机构名称相近、相关的词语。通过简单地比照，甚至很容易找到两者之间的对应关系。

从官署名号上看，渤海国中央事务机构有"寺""监"，一如唐朝制度。同时，渤海国以"院""局""寺"代唐朝中央事务机构的"三省"，反映了遵守中原礼制的精神。需要说明的是，"院""局"并非渤海国的制度创新，而是来自唐朝中央事务机构"三省"的下设机构。

根据长贰官模式，渤海国诸寺可以划分为三个层次。长贰官为"卿—少卿"的诸寺为第一层次，在诸寺中地位最高；长贰官为"令—丞"的诸寺为第三层次，在诸寺中地位最低。与唐朝制度横向比较，第一层次和第三层次分别相当于唐朝诸寺和诸寺的下设机构。长贰官为"大令—少令"的诸寺，地位介于第一层次和第三层次之间。

渤海国以唐朝制度为蓝本，建立起自己的中央事务机构，并经过不断的调整，逐渐走向规范。在此过程中的制度调整，基本是在唐朝制度

1 《新唐书》卷219《渤海传》，第6182页。
2 〔朝〕张国钟：《渤海国的政治制度》，朝鲜社会科学院历史研究所：《渤海史研究论文集》，科学百科词典综合出版社，1997，第182页。

的框架中进行，根据渤海国的统治需要和中原礼制展开，而与高句丽政治制度没有什么瓜葛。

纵观整个渤海国的历史，日本学者鸟山喜一用月亮反射太阳的光辉来比喻渤海与唐的制度渊源。[1]渤海国正是通过不断学习唐朝制度、推行唐朝制度来解决自身面临的问题和困境，由此开启了"海东盛国"的辉煌。由于缺乏自身再生的文化基础，渤海国政治制度变革缺少内在动力，始终没有摆脱唐朝制度的历史惯性。随着唐朝的衰亡，渤海国末期的发展失去了制度参照系，社会危机与外族交侵叠加成国家崩溃之前的斜阳晚照。

第三节　"四等官"制度
——以日本文献所载渤海国朝聘使团为中心

一　"四等官"制度的提出

作为唐朝在东北羁縻府州体系下的成员，渤海国以唐朝政治制度为蓝本，建立起"宪象中国"的中央、地方统治机构和军事制度，成为盛极一时的"海东盛国"。以往的研究从渤海国政治制度史方面着眼，考察了中央与地方统治机构的架构、人员的配置，并结合唐朝制度探讨相关的职能。不过，"四等官"及其在渤海国的政务运作，尚未进入学者的研究视野。

"四等官"指唐代前期各级统治机构中连署文案、处理政务的官吏群体，即长官、通判官、判官和主典，四者称谓依署案分工而定，主典职掌检请文案和起草文书，判官、通判官、长官依次判署文案，称为"三官通押"。

1　鳥山喜一『渤海史考』第 159 頁。

由于不同统治机构有各自的职位设置，"四等官"对应的职员称谓有所不同。以大理寺为例，大理卿是长官，大理少卿、大理正是通判官，大理丞是判官，府、史是主典，主簿、录事分别为勾、检官。以县为例，县令是长官，县丞是通判官，县尉是判官，佐、史是主典，主簿、录事分别是勾、检官。

"四等官"往往附带着勾检官。勾检官是勾官与检官的连称，两者分别负责文书"付事勾稽"和"受事发辰"。"四等官"和勾检官在政务处理中按照各自分工承担相应的法律责任。最为人们所熟知的记载见于《唐律疏议》卷5："诸同职犯公坐者，长官为一等，通判官为一等，判官为一等，主典为一等。各以所由为首。"[1]所谓"同职"，是指连署之官。以大理寺为例，若主典检请有失，即以主典为首罪，大理丞为第二从罪，大理少卿、大理正为第三从罪，大理卿为第四从罪，勾检官的主簿、录事也为第四从罪。若大理丞判断有失，以大理丞为首罪，大理少卿、大理正为第二从罪，大理卿为第三从罪，主典为第四从罪，勾检官的主簿、录事也为第四从罪。若其他环节有失，依此类推。

随着唐朝政治、军事、经济形势的发展，原有的职官系统难以满足国家更多更复杂的事务需要，使职的设置越来越多，几乎遍及国家的各个职能部门。为了保证使职的功能发挥和正常运作，每个使职都相应地配备一套僚佐人员，组成一个以"四等官"为主体的运行机构。

关于渤海国的使职情况，见于中日文献对渤海国赴唐、赴日朝聘活动的记录中。有学者认为，渤海国的使职主要受日本因素的影响。[2]笔者倾向于渤海国是在借鉴唐朝政治制度的基础上形成了自身的使职系统。从现有的记载看，渤海国使职分为两大系统，这一点与

1　（唐）长孙无忌等：《唐律疏议》卷5《名例》同职犯公坐条，上海古籍出版社，2013，第87页。

2　孙玉良编著《渤海史料全编》，吉林文史出版社，1992，第254页。

唐朝制度别无二致。一种是固定常设性使职，比如贺正使。开元十二年（724），渤海国派大臣贺祚庆，十三年（725）派大首领乌借芝蒙，十八年（730）派王室成员大郎（朗）雅，二十九年（741）派大臣失阿利为使者，赴唐贺正旦。这里的"贺正使"期限相对固定，基本上在正月，任务明确，就是参加唐朝的朝贺活动。另一种是临时差遣性使职，因事而设，事毕即罢，比如申谢并请客使。阳成天皇元庆元年（877），渤海国派政堂孔目官杨中远充"申谢并请客使"，感谢日本国对因海风漂着于天草郡的渤海国遣唐使团的接济和送返，同时请求日本国取消对渤海国聘使年限的限制，恢复到常规往来的状态。这里的"申谢并请客使"明显是因事而设、临时而设的"专使"，基本上没有重复性和周期性。

不仅如此，渤海国使职系统的运行也是以"四等官"为核心展开的。相对于中国文献，日本文献中保留了更为系统的记载，为研究"四等官"在渤海国的架构提供了更多线索。那么，渤海国使团"四等官"的各自构成是怎样的？渤海国使团中"四等官"的职掌和地位是怎样的？日本给予渤海国使团"四等官"什么样的待遇？以下结合唐朝"四等官"制度对这几个问题加以阐释，以深化对渤海国"四等官"制度的有关认识。

二　长官与通判官

圣武天皇天平十二年（740）正月胥要德出使日本时，日本文献始称其为"大使"，称己珍蒙为"副使"。[1] 这是目前所见的对渤海国使团长官、通判官的最早专称。整个使团中，长官是正使、大使，又称为使头，负责统筹出使事务，总领随同出使的僚属人员，"以供其职事"；入

1　菅野真道等『続日本紀』卷13、日本聖武天皇天平十一年（739）秋七月、十二年（740）春　　正月、第224、226頁。

觐日本天皇时，呈递国书及信物，进献贡物。通判官是副使，又称为嗣使，为长官的副手，负责纪纲众务，通判出使诸事。若长官缺位，行使长官的职责。

为进一步说明，现将渤海国朝聘日本使团的长官、通判官进行整理，具体见表1-1。

表1-1　渤海国赴日本使团长官、通判官一览

渤海王	长官		通判官	
	职衔	正使	职衔	副使
大钦茂（737~793）	忠武将军、若忽州都督	胥要德	云麾将军	己珍蒙
	辅国大将军	慕施蒙		
	辅国大将军、兼将军、行木底州刺史、兼兵署少正、开国公	杨承庆	归德将军	杨泰师
	辅国大将军、兼将军、玄菟州刺史、兼押衙官、开国公	高南申		高兴福
	紫绶大夫、行政堂左允、开国男	王新福		李能本
	青绶大夫	壹万福		慕昌禄
		乌须弗		
	献可大夫、司宾少令、开国男	史都蒙		
	献可大夫、司宾少令	张仙寿		
		高洋弼		
		李元泰		
大嵩璘（794~808）	匡谏大夫、工部郎中	吕定琳		
	慰军大将军、左熊卫都将、上柱将、开国子	大昌泰		
大元瑜（808~812）	和部少卿、兼和干苑使、开国子	高南容		
	和部少卿、兼和干苑使、开国子	高南容		
大言义（812~817）		王孝廉		高景秀
大明忠（817~818）		慕感德		

续表

渤海王	长官		通判官	
	职衔	正使	职衔	副使
大仁秀 （818~830）	文籍院述作郎	李承英		
	政堂省左允	王文矩		
		高贞泰		□璋璿
	政堂省信部少卿	高承祖		高如岳
	政堂省左允	王文矩		
大彝震 （831~857）	政堂省左允	贺福延		王宝璋
	永宁县丞	王文矩		乌孝慎
大虔晃 （858~871）	政堂省左允	乌孝慎		周元伯
		李居正		
大玄锡 （872~893）	政堂省左允正四品、慰军大将军、赐紫金鱼袋	杨成规	右猛贲卫少将正五品、赐紫金鱼袋	李兴晟
	政堂省孔目官	杨中远		
	文籍院少监正四品、赐紫金鱼袋	裴颋	正五品、赐绯银鱼袋	高周封
	文籍院少监	王龟谋		
		裴颋		
大諲譔 （908~926）	文籍院少监	裴璆		
	政堂省信部少卿	裴璆		

资料来源：依据《日本书纪》《续日本纪》《类聚国史》《日本后纪》《扶桑略记》《日本三代实录》等日本文献整理而成。

从表 1-1 可以得出以下三个认识。

第一，长官和通判官通常各由一人担任。

第二，带职衔的长官有 23 例，这些长官中既有武官，也有文官。其中武官领衔 5 例，主要集中于渤海国与日本朝聘活动的前期。这一时期，渤海国加紧向周边地区扩张，"斥大土宇，东北诸夷畏臣之",[1]黑水靺鞨和新罗不得不依靠唐朝以抗衡渤海。渤海国为此还与唐朝发生战争，虽然战争很快结束，但是为了摆脱不利的局面，渤海国遂派遣以武官为长官的使团出使日本，加强与日本之间的军事交流，以期与日本结盟。[2]安史之乱以后，唐朝无法再对东北实施直接的影响，渤海国所面临的外部压力骤然减轻，与日本朝聘活动转向以经济、文化交流为主，文官逐渐取代武官成为使团的长官。具体反映到表1-1中，就是文官领衔18例，在整个朝聘活动中占据多数。

　　第三，带职衔的通判官有4例，其中有3例都是武官。这3例中有2例发生在渤海国与日本朝聘前期，1例发生在后期，他们对应的长官基本上有武官的背景。这里通判官文献记载缺略比较多，或许还有其他武官的例子。

　　种种迹象表明，也有文官担任通判官的情况。高周封的职衔虽然不算完整，但从菅原道真酬答高周封的两首诗作看，高周封的职官属于"翰苑"，为文官出身无疑。另外，乌孝慎先是在王文矩领衔的使团中担任通判官，后来又担任正使衔命出使日本国，当时的职事官是政堂省左允。这或许可以说明，乌孝慎一直在文官系统迁转。如果所言不错，乌孝慎担任通判官时，当是文官出身。在乌孝慎领衔的使团中，担任通判官的周元伯"颇娴文章"，日本清和天皇以"能属文"的岛田朝臣忠臣为加贺权大掾，"与元伯唱和"。[3]由此不难推测，周元伯也是文官出身。现有的案例提供了这样的理解倾向：文官领衔的使团中，通判官以文官为主；武官领衔的使团中，通判官以武官为主。

三　判官与勾检官

　　淳仁天皇天平宝字二年（758），杨承庆出使日本的使团中出现判

1　《新唐书》卷219《渤海传》，第6180页。
2　程妮娜等：《汉唐东北亚封贡体制》，中国社会科学出版社，2014，第177~178页。
3　藤原时平等『日本三代実録』卷2、日本清和天皇天安三年（859）三月、第29页。

官、录事，[1] 这是关于渤海国判官、勾检官最早的文献记载。

1. 判官

严耕望指出，"几凡立使名皆有判官"。[2] 判官中的"判"即"执行""负责处理"某公事的意思。唐朝的判官就是"真正执行事务的官员"，[3] 主要职掌是"分判诸事，审查文案，并考公事及文书之稽失"。[4] 渤海国使团中的判官也大体如此。

赖瑞和的研究表明，唐朝判官最初并不是固定的官职，而是指一些设置较为随意的临时性官职，从唐中宗时期开始，逐渐由原先泛指州县官、地方官、属官、执行官等变成专职化的称谓。[5] 到大钦茂时期，渤海国全面输入唐朝政治制度，"判官"已经以专职化的形式出现在渤海国赴日使团中。

2. 勾检官

唐朝的勾官和检官在名称上、品级上有严格的区别：司录参军事、录事参军事、主簿等充当着勾官的角色，录事、主事等则充当着检官的角色，勾官是检官的上司。勾、检官在地位与品秩上大不相同：与判官相比，前者高于判官，后者普遍低于判官。

唐朝勾检官处理政务的大致流程是检官从主典处接收公文，署上"受"字，再由勾官署上"付"字，交给判官具体审理，经通判官再判，长官签署以后形成文案。文案再回到检官处，检官勘验是否违反规定的时限，署上"检无稽失"四字，勾官再次覆检无误，署上"勾讫"两字，以作最终的定案。[6]

渤海国使团当中，勾检官对应的只有录事，渤海国录事应是集勾、检的职能于一身。倘若如此，势必引发政务流程结构性的变化。唐朝政

1　菅野真道等『続日本紀』卷22、日本淳仁天皇天平宝字三年（759）春正月、第383~384页。

2　严耕望：《唐代方镇使府僚佐考》，《严耕望史学论文集》，第417页。

3　赖瑞和：《唐代中层文官》，中华书局，2011，第379页。

4　刘俊文：《敦煌吐鲁番唐代法制文书考释》，中华书局，1989，第234页。

5　赖瑞和：《唐代中层文官》，第376页。

6　赖瑞和：《唐代中层文官》，第376页。

务流程中，"付"是勾官地位高于判官的直接反映。然而，从日本国的叙位来看，渤海国录事的地位明显低于判官。比较合理的解释是，作为渤海国的勾检官，录事自然不太可能有"付"的行为，也不再充当主典与判官之间的媒介，而是在文案形成以后，更多地发挥勾、检的职能与作用。

3. 判官与勾检官的配置

根据日本文献中关于渤海国使团判官、勾检官的记载，制成表1-2。

表1-2　渤海国赴日本使团判官、勾检官一览

出使时间	正使	使团人数	判官		勾检官	
			官称	姓名	官称	姓名
淳仁天皇天平宝字二年（758）	杨承庆	23	判官	冯方礼		
淳仁天皇天平宝字三年（759）	高南申		判官	李能本 解臂鹰 安贵宝	录事	姓名、配置不详
淳仁天皇天平宝字六年（762）	王新福	23	判官	杨怀珍		
光仁天皇宝龟二年（771）	壹万福	325	大判官 少判官	姓名、配置不详	录事	姓名、配置不详
光仁天皇宝龟七年（776）	史都蒙	187	大判官 少判官 少判官	高禄思 高郁琳 高淑源*	大录事 少录事	史道仙 高珪宣 姓名不详
嵯峨天皇弘仁五年（814）	王孝廉		判官	高英善 王昇基	录事	释仁真 乌贤偲
淳和天皇天长二年（825）	高承祖	103	判官	王文信 高孝英	录事	高成仲 陈崇彦
仁明天皇承和八年（841）	贺福延	105	判官	高文暄 乌孝慎	录事	高文宣 高平信 安宽喜
仁明天皇嘉祥元年（848）	王文矩	100	大判官 少判官	马福山 高应顺	大录事 中录事 少录事	高文信 多安寿 李英真

续表

出使时间	正使	使团人数	判官		勾检官	
			官称	姓名	官称	姓名
清和天皇贞观十三年（871）	杨成规	105	判官	李国度贺王真	录事	高福成高观李孝信
阳成天皇元庆六年（882）	裴颋	105	判官	姓名、配置不详	录事	姓名、配置不详

　　* 高淑源死于赴日途中，日本事后对其从优追赠。即便如此，高淑源的赠官仍低于大判官高禄思，与少判官高郁琳同列，说明其生前应为少判官。

　　资料来源：依据《日本书纪》《续日本纪》《类聚国史》《日本后纪》《扶桑略记》《日本三代实录》等日本文献整理而成。

　　由表 1-2 可见，渤海国使团中的判官，既可作为群体称谓，泛指多人，又可以作为个体称谓，单指个人。在作具体官称时，则有大判官、少判官之别。录事的情况与之相似，既可以作为群体称谓，泛指多人，又可以作为个体称谓，单指个人。在作具体区分时，有大录事、中录事、少录事之别，又有大录事、少录事之别。

　　判官、录事的人数配置与使团规模大小有关。一般说来，30 人左右的使团事务简单，配备判官、录事各 1 人即可。100 人左右的使团事务趋于繁杂，配备判官 2 人，录事 2~3 人。200 人左右的使团则事务相对烦冗，配备判官 3 人，录事 3 人。300 人左右的使团比较少见，配备判官、录事人数不详。日本文献明确记载渤海国使团人数的有 23 次，其中 100~105 人的有 13 次，[1] 配备判官 2 人、录事 2 人较为常见。

　　需要说明的是，各判官之间的地位不完全一样，这不仅表现在使团内部的称谓上（通过具体官称也能反映），也表现在日本国对其叙授上。第一种情况是判官与判官之间地位有高下之分，在日本国的叙位也不相同。比如光仁天皇宝龟三年（772）日本国叙授壹万福所领衔的使团，

1　宋卿：《日本接待渤海国使者的外交礼仪初探》，《北方文物》2006 年第 4 期。

"大判官正五位上，少判官正五位下"。[1]第二种情况是判官与判官之间地位虽有高下之分，但是在日本国叙位相同。比如光仁天皇宝龟八年（777）日本国叙授史都蒙所领衔的使团，"大判官高禄思、少判官高郁琳并正五位上"，判官高淑源"船漂溺死"，赠正五位上。[2]第三种是判官与判官之间地位相当，在日本国的叙位相同。比如淳仁天皇天平宝字四年（760）日本国叙授高南申所领衔的使团，"判官李能本、解臂〔鹰〕、安贵宝并从五位下"。[3]

　　与使团中判官类似，各录事之间的地位也不完全一样。第一种情况是录事与录事之间地位有高下之分，在日本国的叙位也不相同。比如光仁天皇宝龟八年（777）日本国叙授史都蒙所领衔的使团，"大录事史道仙正五位下，少录事高珪宣从五位下"，另有少录事一人"船漂溺死"，赠从五位下。[4]第二种情况是录事与录事之间地位虽有高下之分，但是在日本国叙位相同。比如仁明天皇嘉祥二年（849）日本国授王文矩所领衔的使团，"大录事高文信、中录事多安寿、少录事学［李］英真并从五位下"。[5]第三种是录事与录事之间地位相当，在日本国的叙位相同。比如嵯峨天皇弘仁六年（815）对王孝廉领衔的使团，"录事释仁真、乌贤偲"叙授为从五位下。[6]

　　造成判官之间、录事之间地位异同的原因，一方面与各判官之间、各录事之间在使团中"职事优劣"的程度有关（出行时临时任命，有大、中、少之分），另一方面与各判官、各录事在渤海国内"阶品高下"有关。[7]

1　菅野真道等『続日本紀』巻 32、日本光仁天皇宝龟三年（772）二月、第 555 頁。

2　菅野真道等『続日本紀』巻 34、日本光仁天皇宝龟八年（777）四月、五月、第 604 頁。

3　菅野真道等『続日本紀』巻 22、日本淳仁天皇天平宝字四年（760）春正月、第 378 頁。

4　菅野真道等『続日本紀』巻 34、日本光仁天皇宝龟八年（777）四月、第 604 頁。

5　藤原良房等『続日本後紀』巻 19、日本仁明天皇嘉祥二年（849）五月、経済雑誌社、1897、第 416 頁。

6　藤原冬嗣等『日本後紀』巻 24、日本嵯峨天皇弘仁六年（815）春正月、経済雑誌社、1897、第 152 頁。

7　藤原忠平等『延喜式』巻 30「大藏省·賜蕃客例」第 878 頁。

需要强调的是，就"四等官"的某个个体而言，在某一使团中职权相对固定，但在不同使团中，可以突破原来的身份界限，扮演不同的角色。比如李能本。淳仁天皇天平宝字三年（759），李能本在高南申领衔的使团中担任判官；又在天平宝字六年（762）王新福领衔的使团中担任通判官。再比如乌孝慎。仁明天皇承和八年（841），乌孝慎在贺福延领衔的使团中担任判官；又在仁明天皇嘉祥元年（848）王文矩领衔的使团中担任通判官；又在清和天皇贞观元年（859）充任正使，出使日本国。

四 主典

唐朝的主典，主要的职掌是检请文案和起草文书，李蓉认为主典泛指唐朝中央及地方官府中具体办事的官吏。[1] 渤海使团中也有"主典"的称谓。比如，淳仁天皇天平宝字三年（759）正月宴请渤海使团入京人员，"赐国王及大使已下禄有差。飨五位已上及蕃客并主典已上于朝堂。作女乐于舞台，奏内教坊踏歌于庭，主典已上次之"。[2] 结合前后文理解，这次宴飨的对象，一部分是五位以上的日本国在朝文武百官，另一部分是五位以上的蕃客及蕃客中地位较低的"主典"。检对日本文献，当时入觐的"蕃客"只有渤海国的使者。如此说来，这里的"主典"来自渤海国使团。

1. 主典的职员

唐朝主典的职员有令史、书令史、书吏、府、史、佐等，他们的工作性质相似，只是所在的官府不同，所以，其地位不太一样。通过梳理日本文献，并没有在渤海国使团中找到与之相对应的人员。从"四等官"的排序上看，主典居于判官之后。既然如此，不妨从相关的文献中

---

1 李蓉：《唐代的主典》，《三峡学刊》1995 年第 1 期。
2 菅野真道等『続日本紀』巻 22、日本淳仁天皇天平宝字三年（759）春正月、第 363~364 頁；『日本紀略』前篇 11、日本淳仁天皇天平宝字三年（759）春正月、第 303 頁。

寻找线索。

比如，光仁天皇宝龟三年（772），日本国叙授渤海国使团"大判官正五位上，少判官正五位下，录事并译语并从五位下，着绿品官已下各有差"。[1] 嵯峨天皇弘仁六年（815），日本国叙授渤海国使团"判官高英善、王昇基正五位下，录事释仁真、乌贤偲，译语李俊雄从五位下，赐禄有差"。[2] 淳和天皇天长三年（826），日本国叙授渤海国使团"判官王文信、高孝英二人正五位上，录事高成仲、陈崇彦二人从五位上，译语李隆即、李承宗二人从五位下"。[3] 仁明天皇承和九年（842）四月，日本国叙授渤海国使团"判官高文暄、乌孝慎二人并正五位下，录事高文宣、高平信、安欢［宽］喜三人并从五位下，自外译语已下首领已上十三人随色加阶焉"。[4]

可以看出，判官之后除了属于勾检官的录事，就是译语。主典的实际工作要求面对日常的文簿事务。从职务名称上看，译语粗通文墨，具备语言沟通的技能，负责处理渤海使团与日本国之间的交涉事务，从而形成政务文书。译语应是主典的职员。

史生常常与译语并见于律令文书中。比如，《延喜式》卷26《主税上》载"渤海客食法……史生、译语、天文生各三束五把"。[5] 同书卷30《大藏省》载：赐渤海国使团"译语、史生及首领，各绝五匹，绵廿屯"。[6]《类聚三代格》卷18《夷俘并外蕃人事》载：渤海国使团"船破粮绝"，日本国减半供应食粮，其中"史生、译语、医师、天文生，日各一束五把"。[7] 由此可见，史生与译语地位相当。

1　菅野真道等『続日本紀』卷32、日本光仁天皇宝龟三年（772）二月、第555~556頁。
2　藤原冬嗣等『日本後紀』卷24、日本嵯峨天皇弘仁六年（815）春正月、第153頁。
3　菅原道真『類聚国史』卷194「殊俗部·渤海下」日本淳和天皇天长三年（826）五月、第1287頁。
4　藤原良房等『続日本後紀』卷11、日本仁明天皇承和九年（842）四月、第310頁。
5　藤原忠平等『延喜式』卷26「主税上·渤海客食法」第798頁。
6　藤原忠平等『延喜式』卷30「大藏省·賜蕃客例」第878頁。
7　藤原冬嗣等『類聚三代格』卷18「夷俘并外蕃人事·應充客徒供給事」第967頁。

值得注意的是，日本宫内厅书陵部所藏的《壬生家文书》中"古往来消息杂杂"中收录了《咸和十一年中台省致日本太政官牒》抄件，现节录如下：

应差入觐　贵国使政堂省左允贺福延并行从壹佰五人

一人使头　政堂省左允贺福延

一人嗣使　王宝璋

二人判官　高文暄　乌孝慎

三人录事　高文宣　高平信　安宽喜

二人译语　季宪寿　高应顺

二人史生　王禄升　李朝清

一人天文生　晋昇堂

六十五人大首领

廿八人梢工

这件传世的文书与日本文献中关于仁明天皇承和八年（841）十二月渤海国使贺福延领衔出使的记载一致，不但印证了文献记载的真实性，而且反映了渤海国使团"四等官"的存在。"四等官"的排序、人员组成和配置也得到了全面的文本呈现。日本学者铃木靖民指出，渤、日交往中有过使节人数不定的阶段，从淳和天皇弘仁十四年（823）渤海国使高贞泰领衔出使以后，渤海国使团每次人数都在 100~105 人，这个数字应该是渤、日双方在交往过程中商定的结果。[1] 如果所言不错，那么在相当长的时期内，渤海国使团中主典的构成基本稳定在译语 2人、史生 2 人。

关于渤海国史生的情况，我们知之甚少。可以想见，作为学习和推

---

1 〔日〕铃木靖民：《关于渤海首领的基础性研究》，《渤海史译文集》，李东源译，刘凤翥校，黑龙江省社会科学院历史所，1986，第 356 页。

行唐朝律令制度的产物，渤海国史生与日本史生有着诸多相通之处，不妨借鉴日本国史生的情况加以推求。

《续日本后纪》记载：仁明天皇天长十年（833）六月，"弹正台言：'天长三年，减巡察二员，加属二员。既有典员，何无史生？'许之。令置二员"。[1] 又载：仁明天皇承和三年（836）二月，"于八省院，赐遣唐使史生已下侍从已上位记"。[2] 又载：仁明天皇承和八年（841）闰九月，"择诸司史生及长上年七十已上者四人，补外国权史生"。[3] 又载："敕：'减省官员，颇非稳便，宜史生数犹复旧例。真祖父一身特听任用。从此而后，不得更补。其俸料者，分拆公廨，给史生半分。事力公廨田，不在给限。'"[4]

综合上述史料，我们对日本史生有了这样的基本认识：史生是主典的职员，遍及国家诸司，包括出使的使团中。他们有较为固定的编制，有相应的俸料和公廨田。以日本国史生为参照，可以反观渤海国史生的一鳞半爪：史生见诸渤海国使团之中，它的存在范围或许并不局限于此；从下引文献看，史生属于"品官"之列，有相应的编制和待遇也在情理之中，这一点与日本国史生类似。作为主典的职员，史生很可能相当于唐朝的史。

2. 杂任职员

作为主典的外延，在渤海使团中还有各种名目的杂任职员，包括通事、天文生、医师等。这些杂任职员都是具有专业技能的特殊人才，但由于地位卑微，日本文献对其记载相当有限。

另外，日本文献中还提到了"傔人"。天平宝字七年（763）正月，淳仁天皇御阁门，授渤海国大使王新福正三位，"副使李能本正四位上，判官杨怀珍正五位上，品官着绯达能信从五位下，余各有差。赐国王及

1　藤原良房等『続日本後紀』卷 2、日本仁明天皇天长十年（833）六月、第 179~180 頁。
2　藤原良房等『続日本後紀』卷 5、日本仁明天皇承和三年（836）二月、第 215 頁。
3　藤原良房等『続日本後紀』卷 10、日本仁明天皇承和八年（841）闰九月、第 300 頁。
4　藤原良房等『続日本後紀』卷 9、日本仁明天皇承和七年（840）四月、第 273 頁。

使、傔人已上禄亦有差"。[1] 这里的"国王"指渤海国王大钦茂，"傔人"指长官、通判官、判官的随行侍从，平时主要负责护卫使者、传递公文、互通消息、处理长官日常事务等，出行在外时可以获得出行程料、月料、乘骑官马、住馆等方面待遇。[2] 从日本国的礼遇看，"傔人"仅仅算得上赐禄的起平线，反映了它在渤海国使团中地位比较卑微。

这些杂任职员在使团登陆日本国后，有资格随从使团的"四等官"入觐天皇，参加日本国的朝会活动，也会得到日本国赐予的禄物。

3. 品官

从现有记载来看，渤海使团"四等官"的出身分为两个层次：一是官人群体，包括长官、通判官、判官和勾检官；二是品官群体，包括主典及杂任职员。

日本文献对渤海国的"品官"有诸多记载：

> （淳仁天皇天平宝字七年正月）授高丽大使王新福正三位，副使李能本正四位上，判官杨怀珍正五位上，品官着绯达能信从五位下，余各有差。[3]
>
> （光仁天皇宝龟三年二月）授大使壹万福从三位，副使正四位下，大判官正五位上，少判官正五位下，录事并译语并从五位下，着绿品官已下各有差。[4]
>
> （仁明天皇嘉祥二年五月）授大使王文矩从二位，副使乌孝慎从四位上，大判官马福山、少判官高应顺并正五位下，大录事高文信、中录事多安寿、少录事学［李］英真并从五位下，自余品官并首领等授位有阶。[5]

1　菅野真道等『続日本紀』卷24、日本淳仁天皇天平宝字七年（763）春正月、第405頁。
2　朱艳桐：《唐代傔人研究》，硕士学位论文，兰州大学，2013，第43頁。
3　菅野真道等『続日本紀』卷24、日本淳仁天皇天平宝字七年（763）春正月、第405頁。
4　菅野真道等『続日本紀』卷32、日本光仁天皇宝龟三年（772）二月、第555~556頁。
5　藤原良房等『続日本後紀』卷19、日本仁明天皇嘉祥二年（849）五月、第416頁。

（清和天皇贞观十四年五月）授大使杨成规从三位，副使李兴晟从四位下，判官李国度、贺王真并正五位下，录事高福成、高观、李孝信并从五位上，品官以下并首领等授位各有等级。[1]

（阳成天皇元庆七年五月）天皇御武德殿……别敕赐（渤海国）大使已下录事已上续命缕，品官以下菖蒲蔓。[2]

从上引史料的语境看，"品官"一词不应错误地理解为"有品秩的官人"，它与官人、首领显然是有区别的。那么，品官是怎样的一个群体呢？

朝鲜学者朴时亨认为，品官是渤海国内对于具有一定官僚身份的人的称呼，并不是特定的现任官职。派遣使节时，这些人只作为随员同行，并没有什么特别的头衔。[3]朴时亨的观点值得进一步探讨。

我们可以从唐朝官制入手探讨渤海国的品官，唐代官制体系可分为流内官和流外官。据《旧唐书·职官志》，流内官有"九品三十阶"，流外官"自勋品以至九品，以为诸司令史、赞者、典谒、亭长、掌固等品"。对照唐朝官制，渤海使团中的品官显然有别于流内官，笔者更倾向于认为，渤海国的品官属于"流外官"体系，是具有流外官品秩的吏。另外，品官也有"着绯""着绿"的章服。

五　渤海国"四等官"在日本的叙授与礼遇

"四等官"制度同样在日本国大行其道，"各官厅全部都由长官、次官（通判官）、判官、主典四等官构成"，[4]成为当时接受与继承唐朝政治

1　藤原時平等『日本三代実録』卷21、日本清和天皇貞観十四年（872）五月、第355頁。

2　藤原時平等『日本三代実録』卷43、日本陽成天皇元慶七年（883）五月、第604頁。

3　〔朝〕朴时亨：《为了渤海史的研究》，《渤海史译文集》，第8页。

4　〔日〕砺波护：《唐代的县尉》，刘俊文主编《日本学者研究中国史论著选译》第4卷，夏日新、韩昇、黄建中等译，中华书局，1992，第559页。

制度的典范。显而易见的是，日本国以"四等官"制度为基础，确立了对渤海国使团的接待规格和赏赐标准。对于渤海国使者而言，适应和接受"四等官"制度自然不存在制度和文化层面上的阻碍。

渤海国使团到达日本国以后，向登陆所在地的地方官府递交中台省的牒文。地方政府按照相关规定，将渤海国使团安置于馆驿，提供相应的服务和饮食。《延喜式》卷26《主税上》记载：

> 凡渤海客食法，大使、副使日稻各五束。判官、录事各四束。史生、译语、天文生各三束五把。首领、梢工各二束五把。[1]

日本国所提供的饮食标准虽然没有将长官、通判官、判官、录事、主典进一步细分，但是所参照的仍是渤海国"四等官"的理路。

接到天皇召见的诏令以后，渤海国使团需要简选部分人员随同日本国领客使进京，其余人员则留在便处和馆驿。日本国对渤海国使团入京人数的限制，最初不超过40人，后来一度压缩到20人。在入京的渤海国人员中，"四等官"无疑处于主体地位，这一点，在随后日本国对渤海使团人员的叙授和礼遇环节中体现得淋漓尽致。

根据日本国的律令制度，其位阶分为两大类。一类是品阶，授予亲王，从一品到四品，共计四等。另一类是位阶，授予诸王、诸臣，从正一位到少初位下，共计三十阶。其中，三位以上称为"贵"，四位、五位称为"通贵"，五位以上的有位者统称为"贵族"。在政治上，贵族由于位阶高贵，可以在官僚体制中担任最高级的官僚，身着与官位相当的礼服和朝服，子孙有萌受位阶的特权。在经济上，贵族享有封户（位封与职封）、封地（位田与职田）、俸禄（位禄与季禄）和免除课役等种种特权。正六位到初位除了相应的季禄外，并无其他经济利益上的特权。[2]

1　藤原忠平等『延喜式』卷26「主税上·渤海客食法」第798页。
2　徐建新：《古代日本律令国家的身份等级制》，《世界历史》2001年第6期。

日本国对渤海国使团的"四等官"进行叙授，并且颁发相应的告身。从日本文献记载看，渤海国使团长官的叙授以三位（正三位、从三位）为主，通判官的叙授以四位（正四位上、正四位下、从四位上、从四位下）为主，判官的叙授以五位（正五位上、正五位下）为主，主典的叙授最高能到从五位下，但是属于个别案例，推测实际情况可能以六位为主。总体而言，从日本国叙授的视角来看，渤海国使团中"四等官"——长官、通判官、判官、主典分别处于不同的位阶，尊卑的差异比较明显。勾检官与判官同处一个位阶，但是高下有别。其中，判官地位相对高，以正五位为主，勾检官地位略卑，以从五位（从五位上、从五位下）为主。

日本国通过叙授，严格区分华夷、上下、主从关系，制定对渤海国使团的接待仪轨。与此同时，渤海国使者经过叙授，变成日本国的"内臣"，享有日本国给予的各种特权和待遇。

比如，清和天皇贞观十四年（872）五月，"授大使杨成规从三位，副使李兴晟从四位下，判官李国度、贺王真并正五位下，录事高福成、高观、李孝信并从五位上，品官以下并首领等授位各有等级。及天文生以上，随位阶各赐朝服"。[1]渤海国"四等官"根据叙授等级，更换相应的日本国章服，成为日本国的"内臣"。

又比如，嵯峨天皇弘仁六年（815）正月，授"渤海国大使王孝廉从三位，副使高景秀正四位下，判官高英善、王昇基正五位下，录事释仁真、乌贤偲，译语李俊雄从五位下，赐禄有差"。[2]渤海国"四等官"依照日本国律令，凭借各自的位阶可以获取相应的俸禄。

另外，日本国给予渤海国使者丰厚的赏赐，以达到怀柔远夷的政治目的。光仁天皇宝龟三年（772）二月，"授大使壹万福从三位，副使正四位下，大判官正五位上，少判官正五位下，录事并译语并从五位下，

1　藤原時平等『日本三代実録』卷21、日本清和天皇貞観十四年（872）五月、第355頁。
2　藤原冬嗣等『日本後紀』卷24、日本嵯峨天皇弘仁六年（815）春正月、第152~153頁。

着绿品官已下各有差。赐国王美浓绝卅四、绢卅四、丝二百絇、调帛三百屯。大使壹万福已下亦各有差"。[1] 值得注意的是，赏赐范围不仅包括渤海国使者，还包括渤海国王。《延喜式》卷 30《大藏省》有进一步的记载：

> 渤海王，绢三十四、绝三十四、丝二百絇、绵三百屯，并以白布裹束。大使，绢十四、绝二十四、丝五十絇、绵一百屯。副使，绝二十四、丝四十絇、绵七十屯。判官，各绝十五匹、丝二十絇、绵五十屯。录事，各绝十匹、绵三十屯。译语、史生及首领，各绝五匹、绵二十屯。[2]

日本学者酒井健治认为，从光仁天皇宝龟三年（772）开始，日本国赐予渤海国王物品的品目和数量已经"定例化"。[3] 渤海国王以下人员的赏赐也基本按照"四等官"的层次加以划分。由于渤海国朝贡使团在不同时期具体的人员构成、等级不完全相同，所以，《延喜式》随后做了进一步的补充："右赐蕃客例，宜依前件，或有阶品高下、职事优劣者，并宜临时商量加减。"[4]

日本国通过叙授以及以叙授为基础的赐予行为，打算将渤海国纳入自己的藩属体系之中，体现了日本国强烈的"小中华"意识。

除了常规赏赐之外，日本国对渤海国使者还有诸多恩例。比如，淳仁天皇天平宝字七年（763）二月，"大师太藤原惠美朝臣押胜设宴于高丽客（渤海国使者），诏遣使赐以杂色夹衣三十柜"。[5] 阳成天皇元庆七年（883）五月初五，"敕赐唐客（渤海国）大使已下录事已上续命缕，

---

1 菅野真道等『続日本纪』卷 32、日本光仁天皇宝龟三年（772）二月、第 555~556 页。
2 藤原忠平等『延喜式』卷 30「大藏省・赐蕃客例」第 878 页。
3 铃木靖民・金子修一・石见清裕・浜田久美子编『訳註日本古代の外交文書』第 149 页。
4 藤原忠平等『延喜式』卷 30「大藏省・赐蕃客例」第 878 页。
5 菅野真道等『続日本纪』卷 24、日本淳仁天皇天平宝字七年（763）二月、第 409 页。

品官已下菖蒲蔓"。[1]醍醐天皇延喜八年（908）五月，"御南殿，览左右马寮，渤海客可骑马各廿匹"，"使右近少将平元方殊给大使裴璆御衣一袭……又赐唐客（渤海国）大使答物"。[2]一方面，这些恩例显示出日本国对渤海国使团的重视和礼遇，反映了渤、日之间友好的交往关系。另一方面，这些恩例施用于渤海国"四等官"的不同对象，折射出渤海国"四等官"内部存在森严的等级关系。

余　论

渤海在文王大钦茂时期，建立了以三省制为核心的中枢体制。显而易见，不管是三省的职能部门、官僚名称，还是嵌入"四等官"的组织范式，都彰显出对唐朝制度的全面效仿。与唐朝制度相比，渤海国根据统治需要，在个别细节上进行了制度调整。比较突出的是，中台省的内史、宣诏省的侍中，各自在省中职权和地位的变化，为渤海国中枢体制向宰相制过渡打下了制度基础。政堂省在左、右司政被从正式宰相中排除以后，成为名副其实的国家政务执行机构。渤海国的宰相群体由正式宰相与临时宰相组成，在中枢体制中处于核心地位。

"国人"势力植根于三省制的政治土壤，并在大钦茂、大嵩璘死后使渤海国内局势持续震荡。大仁秀即位以后，着力重振王权，革除三省制的种种弊端，中枢体制开始由三省制向宰相制过渡。从渤海国"宪象中国制度"的视角审视，这种趋势无疑是符合唐代前中期以后中枢体制演变规律的。

渤海国对于中原制度的借鉴与整合并不是停留在中央层面上的三省六部、台寺局监，地方层面上的府、州、县等外在形式上，渤海国使

1　阿闍梨皇円『扶桑略記』第 20、日本陽成天皇元慶七年（883）五月、経済雑誌社、1897、第 615 頁。

2　阿闍梨皇円『扶桑略記』第 23、日本醍醐天皇延喜八年（908）五月、第 661 頁。

团"四等官"的存在和运行，成为渤海国中央与地方政务运行的缩影，亦体现出对中原制度精神的实践和运用。我们注意到，渤海国在输入唐朝政治制度的同时，也结合本土的实际情况略加变通。唐朝后期"四等官"制度不断遭到破坏，[1] 相比之下，渤海国"四等官"制度持续地发挥作用，其所表现出的高度汉化特征，是研究渤海国政治制度需要认真考虑的。

与突厥、回鹘的草原本位，契丹、元王朝"内北国而外中国"的政治传统不同，渤海国在借鉴与整合中原政治制度上做得相对彻底。如果跨越朝代的断限，用长时段的、贯通的历史眼光来审视同样崛起于这一地域的金、后金（清），或许会对渤海国接受中原典章制度，推行"四等官"体制，有更为深远的认识。相对于渤海国，后来的女真、满族入主中原，他们在整合和吸收中原制度上皆有所创见，在民族汉化道路上走得更远。

1　顾成瑞：《唐代典吏考》，《齐鲁学刊》2016 年第 1 期。

第二章　渤海国"散""职""勋""爵"
　　　与章服制度

　　官制研究是渤海国史研究的难点问题。究其原因是传世文献的匮乏,《新唐书·渤海传》所载的渤海国官制部分，以中央官制、职事官为核心，散官、勋和封爵的情况语焉不详。虽然日本古籍中保存了一些渤海国使臣的结衔，这些碎片透露出渤海国官制的若干信息，具有独特的史料价值，但无法形成清晰的、整体性的制度认识。渤海国官制是以唐朝制度为蓝本建构起来的，唐朝"命秩之制，有职事官，有散官，有勋官，有爵号，然掌务而授俸者，唯系职事之一官也……其勋、散、爵号三者所系，大抵止于服色、资荫而已"。[1]对渤海国官制的研究，需要借助唐朝官制

1　（宋）司马光:《资治通鉴》卷 230《唐纪四十六》，唐德宗兴元元年（784）三月，中华书局，1956，第 7418 页。

的框架。本章拟结合唐代制度史研究成果对渤海国相关史料进行解读，以期勾勒出渤海国官制体系的实态。

第一节 "散""职""勋""爵"

在唐朝，以散官表示其资历，职事官表示其职守，勋官表示其功劳，封爵表示其血统。岑仲勉指出，"五品以上的官员，往往各项兼备，最低限度也有职事官和散官"。[1]渤海国官制仿照唐朝制度，建立起散官、职事官、勋官和封爵四大体系，可以在唐朝官制的延长线上加以解构，即参照唐朝制度，了解渤海国官制中"散""职""勋""爵"的情况，及其各自在渤海国官制体系中的定位。

一 散官

散官是相对于职事官而言。《旧唐书·职官志》载："职事者，诸统领曹事，供应王命，上下相摄，以持庶绩。""（文）武散官，旧谓之散位，不理职务，加官而已。"[2]由此不难看出，职事官掌实务，散官为虚号，这是两者的根本区别。

"凡九品已上职事，皆带散位，谓之本品。"[3]无职事官者所带的散位，即为散品。马小红指出，本品是散品的转化形式，散品转化为本品的条件是"入为职事"。[4]唐朝散官分为文、武两种。渤海国的散官也大抵如此，见诸文献记载的渤海国文散官有以下数种。

英袟大夫 《咸和十一年中台省致日本太政官牒》的连署人有"英

1 　向群、万毅编《岑仲勉文集》，中山大学出版社，2004，第23页。

2 　《旧唐书》卷42《职官志一》，第1805页。

3 　《旧唐书》卷42《职官志一》，第1785页。

4 　马小红：《试论唐代散官制度》，《晋阳学刊》1985年第4期。

袄大夫、政堂春部卿、上中郎将、上柱将、闻理县拟开国男贺守谦"。[1]
《佛顶尊胜陀罗尼记》中有"贞观三年四月十四日渤海国使、英袄大夫、政堂省春部正三位上、中郎将、均谷柱县开国男李居正持来之"的记录。

紫绶大夫　《续日本纪》载，淳仁天皇天平宝字六年（762）十月，"正六位上伊吉连益麻吕等至自渤海。其国使紫绶大夫行政堂〔省〕左允、开国男王新福已下二十三人相随来朝，于越前国加贺郡安置供给"。[2]

青绶大夫　《续日本纪》载，光仁天皇宝龟二年（771）六月，"渤海国使、青绶大夫壹万福等三百廿五人，驾船十七只，着出羽国贼地野代凑，于常陆国安置供给"。[3]

庭谏大夫　《日本逸史》载，桓武天皇延历十五年（796）四月，渤海国遣"庭谏大夫、工部郎中吕定琳等"献方物。[4]

献可大夫　《续日本纪》载，光仁天皇宝龟七年（776）十二月，"渤海国遣献可大夫、司宾少令、开国男史都蒙等一百八十七人，贺我即位"。[5] 光仁天皇宝龟十年（779）正月，"天皇御太极殿，受朝。渤海国遣献可大夫、司宾少令张仙寿等朝贺，其仪如常"。[6]

唐朝的文散官自从一品到从九品下，共九品二十九阶。五品以上称大夫（从一品开府仪同三司、正二品特进除外），六品以下称郎。渤海国在借鉴唐朝文散官制度的基础上，形成了自己的文散官制度。同样，借鉴唐朝的文散官制度可以透视渤海文散官的构成、品阶情况。

《唐六典》卷2《尚书吏部》中记载唐朝文散官的历史沿革：

1　录文及图片参见王承礼《记唐代渤海国咸和十一年中台省致日本太政官牒》，《北方文物》1988年第3期。

2　菅野真道等『続日本紀』卷24、日本淳仁天皇天平宝字六年（762）十月、第404頁。

3　菅野真道等『続日本紀』卷31、日本光仁天皇宝龟二年（771）六月、第546頁。

4　鸭祐之『日本逸史』卷5、日本桓武天皇延历十五年（796）四月、第36頁。

5　菅野真道等『続日本紀』卷34、日本光仁天皇宝龟七年（776）十二月、第598頁。

6　菅野真道等『続日本紀』卷35、日本光仁天皇宝龟十年（779）春正月、第621頁。

光禄大夫：秦郎中令属官有中大夫，汉武帝太初元年更名光禄大夫……齐光禄勋府有左、右光禄大夫，皆银章、青绶；若加金章、紫绶者，为金紫光禄大夫……隋为正二品，散官。炀帝改光禄大夫为从一品，左光禄大夫正二品，右光禄大夫从二品。皇朝初，犹有左、右之名，贞观之后，唯有光禄大夫。

金紫光禄大夫：本两汉光禄大夫，至魏、晋，有加金章、紫绶者，则谓为金紫光禄大夫。晋则金紫、银青、左、右四职并置……梁金紫光禄大夫为第十四班，陈为中二千石，北齐从二品，隋氏因为散官，炀帝为正三品，皇朝因之。

银青光禄大夫：本末与金紫同。晋有银青光禄大夫王翘之。宋、齐之后，或置或省。梁、陈无职。北齐三品。隋正三品，散官；炀帝改为从三品。唐朝因之。然而加金章、紫绶及银章、青绶则尊崇之，合居光禄之上，隋氏定令误，遂因仍不改。

正议大夫、通议大夫：隋炀帝置，正四品，散官。盖取秦大夫官论议，故置正议、通议之名。[1]

南宋学者叶梦得指出，"古者官必佩印，有印则有绶。魏晋后既无佩印之法，唐为此名固已非矣，而品又在光禄大夫之下"。[2] 从官称的含义上看，唐朝金紫光禄大夫与渤海国紫绶大夫，皆取"金章、紫绶"之意，唐朝银青光禄大夫与渤海国青绶大夫，取"银章、青绶"之意。由此推断，紫绶大夫相当于唐朝金紫光禄大夫，为正三品；青绶大夫相当于唐朝银青光禄大夫，为从三品。唐朝光禄大夫与渤海国英袟大夫相匹配，"光"对"英"，"禄"对"袟"（"袟"同"秩"），为从二品。

王成国认为，匡（当为"庭"）谏大夫、献可大夫相当于唐朝门下、

---

1 （唐）李林甫等：《唐六典》卷2《尚书吏部》吏部郎中员外郎条，第29~30页。

2 （宋）叶梦得：《避暑录话》卷下，朱易安、傅璇琮等主编《全宋笔记》第2编第10册，大象出版社，2006，第314页。

中书两省的左、右谏大夫，属于职事官。[1]这个观点有待商榷。从上引吕定琳的官衔结构看，实际上由散官与职事官组成，其中庭谏大夫是散官，工部郎中是职事官，其职掌与唐朝工部郎中相似，"经营兴造之众务，凡城池之修浚，土木之缮葺，工匠之程式"。[2]从上引史都蒙、张仙寿的官衔看，同样由散官与职事官组成，献可大夫是散官，司宾少令是职事官，其职掌与唐朝典客丞相似，是司宾令的副职。"献可"语出《左传·昭公二十年》："君所谓可而有否焉，臣献其否以成其可。君所谓否而有可焉，臣献其可以去其否。"[3]谓对君主进谏，劝善规过。从官称的内涵来理解，献可与通议（有议论能贯通之意）、庭谏与正议相匹配。由此推断，庭谏大夫相当于唐朝正议大夫，为正四品上，献可大夫相当于唐朝通议大夫，为正四品下。

见于文献记载的渤海国武散官有以下数种。

辅国大将军　《续日本纪》载，孝谦天皇天平胜宝四年（752）九月，"渤海使、辅国大将军慕施蒙等着于越后国佐渡岛"。[4]淳仁天皇天平宝字二年（758）九月，"渤海大使、辅国大将军、兼将军、行木底州刺史、兼兵署少正、开国公扬［杨］承庆已下廿三人，随田守来朝，便于越前国安置"。[5]淳仁天皇天平宝字三年（759）十月，"渤海使、辅国大将军、兼将军、玄菟州刺史、兼押衙官、开国公高南申相随来朝"。[6]

慰军大将军　《类聚国史》载，桓武天皇延历十七年（798）十二月，渤海国王大嵩璘"差慰军大将军、左熊卫都将、上柱将、开国子大昌泰"献方物。[7]《菅家文草》收录《赐渤海入觐使告身敕书》中载杨

1　王成国：《唐代渤海国官制概述》，《学习与探索》1982 年第 5 期。

2　（唐）李林甫等：《唐六典》卷 7《尚书工部》工部郎中员外郎条，第 216 页。

3　（晋）杜预注，（唐）孔颖达疏《春秋左传正义》卷 49，昭公二十年，（清）阮元校刻《十三经注疏》，第 2093 页。

4　菅野真道等『續日本紀』卷 18、日本孝謙天皇天平勝宝四年（752）九月、第 302 頁。

5　菅野真道等『續日本紀』卷 21、日本淳仁天皇天平宝字二年（758）九月、第 359 頁。

6　菅野真道等『續日本紀』卷 22、日本淳仁天皇天平宝字三年（759）十月、第 373 頁。

7　菅原道真『類聚国史』卷 193「殊俗部·渤海上」日本桓武天皇延暦十七年（798）十二月、第 1276 頁。

成规的官衔为"渤海国入觐大使、政堂省左允、慰军大将军、赐紫金鱼袋"。[1]而《日本三代实录》作"慰军上镇将军"：清和天皇贞观十四年（872）五月，日本国遣"领客大春日朝臣安守等与郊劳使，共引渤海国入觐大使、政堂省左允正四品、慰军上镇将军、赐紫金鱼袋杨成规，副使右猛贲卫少将正五品、赐紫金鱼袋李兴晟等二十人入京，安置鸿胪馆"。[2]通过文献比对，"慰军上镇将军"中的"上镇"系衍误。

云麾将军　《续日本纪》载，圣武天皇天平十一年（739）七月，"渤海使副使、云麾将军己珍蒙等来朝"。[3]

归德将军　《续日本纪》载，淳仁天皇天平宝字三年（759）正月，"帝临轩，高丽（渤海）使杨承庆等贡方物。奏曰：高丽（渤海）国王大钦茂……差辅国将军杨承庆、归德将军杨泰师等，令赍表文并常贡物入朝"。[4]

忠武将军　《续日本纪》载，圣武天皇天平十二年（740）正月，日本国"赠渤海大使忠武将军胥要德从二位，首领无位己阙弃蒙从五位下"。[5]

宁远将军　《续日本纪》载，圣武天皇神龟五年（728）正月，"天皇御中宫，高斋德等上其王书并方物。其词曰：……谨遣宁远将军、郎将高仁义，游〔击〕将军、果毅都尉德周，别将舍那娄二十四人赍状，并附貂皮三百张奉送……"[6]

游击将军　《续日本纪》载，圣武天皇神龟五年（728）正月，"天皇御中宫，高斋德等上其王书并方物。其词曰：……谨遣宁远将军、郎将高仁义，游〔击〕将军、果毅都尉德周，别将舍那娄二十四人赍状，并附貂皮三百张奉送……"[7]

唐朝武散官自从一品到从九品下，共九品二十九阶。正三品以上称

1　菅原道真『菅家文草』卷8「賜渤海入覲使告身敕書」野田藤八跋本、1700、第13頁。
2　藤原時平等『日本三代実録』卷21、日本清和天皇貞観十四年（872）五月、第353~354頁。
3　菅野真道等『続日本紀』卷13、日本聖武天皇天平十一年（739）七月、第221頁。
4　菅野真道等『続日本紀』卷22、日本淳仁天皇天平宝字三年（759）春正月、第363頁。
5　菅野真道等『続日本紀』卷13、日本聖武天皇天平十二年（740）春正月、第223頁。
6　菅野真道等『続日本紀』卷10、日本聖武天皇神亀五年（728）春正月、第163頁。
7　菅野真道等『続日本紀』卷10、日本聖武天皇神亀五年（728）春正月、第163頁。

大将军，五品以上称将军，六品以下上阶称校尉，下阶称副尉。渤海国武散官系统与唐朝大致相似，并且渤海国的武散官基本上能从唐朝武散官中找到对应的位置。其中，辅国大将军为正二品；慰军大将军相当于唐朝的镇军大将军，从二品；[1]云麾将军、归德将军为从三品；忠武将军为正四品上；宁远将军为正五品下。

　　对于上述"游〔击〕将军"的史料断句，学界存在两种不同的意见。一种理解是"宁远将军、郎将高仁义"与"游〔击〕将军、果毅都尉德周"，另一种理解是"宁远将军、郎将高仁"与"义游将军、果毅都尉德周"。[2]到底是"高仁义"还是"高仁"？实际上，《续日本纪》记载得很清楚，《续日本纪》日本圣武天皇神龟五年（728）正月丙申载："淡海朝廷（天智）七年冬十月，唐将李勣伐灭高丽，其后朝贡久绝矣。至是渤海郡王遣宁远将军高仁义等二十四人朝聘，而着虾夷境，仁义以下十六人并被杀害，首领斋德等八人仅免死而来。"[3]从这条记载看，当年出使日本的渤海使是高仁义，而不是高仁。

　　渤海国文武散官与唐朝的对应情况见表2-1。

表2-1　渤海国文武散官与唐朝对照情况

唐朝文散官		渤海国文散官	唐朝武散官		渤海国武散官
散阶	品秩		散阶	品秩	
开府仪同三司	从一品		骠骑大将军	从一品	
特进	正二品		辅国大将军	正二品	辅国大将军
光禄大夫	从二品	英袟大夫	镇军大将军	从二品	慰军大将军
金紫光禄大夫	正三品	紫绶大夫	冠军大将军	正三品	
			怀化大将军		

1　《广雅》云："镇，安也。"《说文解字》亦云："慰，安也。"从字义分析，"慰军大将军"相当于唐朝"镇军大将军"。

2　韩明安：《关于渤海首次聘日使的姓名和官阶》，《学习与探索》1985年第4期。

3　菅野真道等『続日本紀』卷10、日本聖武天皇神龟五年（728）春正月丙申、第163頁。

续表

唐朝文散官		渤海国文散官	唐朝武散官		渤海国武散官
散阶	品秩		散阶	品秩	
银青光禄大夫	从三品	青绶大夫	云麾将军	从三品	云麾将军
			归德将军		归德将军
正议大夫	正四品上	庭谏大夫	忠武将军	正四品上	忠武将军
通议大夫	正四品下	献可大夫	壮武将军	正四品下	
太中大夫	从四品上		宣威将军	从四品上	
中大夫	从四品下		明威将军	从四品下	
中散大夫	正五品上		定远将军	正五品上	
朝议大夫	正五品下		宁远将军	正五品下	宁远将军
朝请大夫	从五品上		游骑将军	从五品上	
朝散大夫	从五品下		游击将军	从五品下	游击将军
朝议郎	正六品上		昭武校尉	正六品上	
承议郎	正六品下		昭武副尉	正六品下	
奉议郎	从六品上		振威校尉	从六品上	
通直郎	从六品下		振威副尉	从六品下	
朝请郎	正七品上		致果校尉	正七品上	
宣德郎	正七品下		致果副尉	正七品下	
朝散郎	从七品上		翊麾校尉	从七品上	
宣义郎	从七品下		翊麾副尉	从七品下	
给事郎	正八品上		宣节校尉	正八品上	
征事郎	正八品下		宣节副尉	正八品下	
承奉郎	从八品上		御武校尉	从八品上	
承务郎	从八品下		御武副尉	从八品下	
儒林郎	正九品上		仁勇校尉	正九品上	
登仕郎	正九品下		仁勇副尉	正九品下	
文林郎	从九品上		陪戎校尉	从九品上	
将仕郎	从九品下		陪戎副尉	从九品下	

资料来源：依据《新唐书·百官志》，日本史籍《续日本纪》《类聚国史》《菅家文草》《日本逸史》《咸和十一年中台省致日本太政官牒》等文献所载的渤海国散官整理而成。

二　职事官

《新唐书·渤海传》对渤海国职事官记载最为集中：

> 官有宣诏省，左相、左平章事、侍中、左常侍、谏议居之。中台省，右相、右平章事、内史、诏诰舍人居之。政堂省，大内相一人，居左右相上；左、右司政各一，居左右平章事之下，以比仆射；左、右允比二丞。左六司，忠、仁、义部各一卿，居司政下，支司爵、仓、膳部，部有郎中、员外；右六司，智、礼、信部，支司戎、计、水部。卿、郎准左，以比六官。中正台，大中正一，比御史大夫，居司政下；少正一。又有殿中寺、宗属寺，有大令。文籍院有监。令、监皆有少。太常、司宾、大农寺，寺有卿。司藏、司膳寺，寺有令、丞。胄子监有监长。巷伯局有常侍等官。其武员有左右猛贲、熊卫、罴卫，南左右卫，北左右卫，各大将军一、将军一。[1]

除此之外，其他文献也载有渤海国职事官。

司徒 《辽史》载，天显元年（926）二月，契丹灭渤海国，之后不久"改渤海国为东丹，忽汗城为天福。册皇太子倍为人皇王以主之。以皇弟迭剌为左大相，渤海老相为右大相，渤海司徒大素贤为左次相，耶律羽之为右次相"。[2]

信部少卿 《类聚国史》载，淳和天皇天长三年（826）五月，日本国授"渤海国使政堂（省）信（部）少卿高承祖"正三位。[3]

---

1 《新唐书》卷219《渤海传》，第6182~6183页。
2 《辽史》卷2《太祖纪下》，第22页。
3 菅原道真『類聚国史』卷194「殊俗部·渤海下」日本淳和天皇天长三年（826）五月、第1287頁。

政堂省孔目官 《日本三代实录》载，阳成天皇元庆元年（877）正月，"渤海国大使政堂省孔目官杨中远等一百五人，去年十二月二十六日着陆"。[1]

司宾少令 《续日本纪》载，光仁天皇宝龟八年（777），日本国"授渤海大使、献可大夫、司宾少令、开国男after都蒙正三位"。[2] 光仁天皇宝龟十年（779），"天皇御太极殿，受朝。渤海国遣献可大夫、司宾少令张仙寿等朝贺，其仪如常"。[3]

兵器寺少令 《南唐书》载，烈祖升元二年（938）六月，契丹主耶律德光使梅里捺卢古与"东丹王使兵器寺少令高徒焕""以羊马入贡，别持羊三万口、马二百匹来鬻，以其价市罗纨茶药，烈祖从之"。[4]

兵署少正 《续日本纪》载，淳仁天皇天平宝字二年（758）九月，"渤海大使、辅国大将军、兼将军、行木底州刺史、兼兵署少正、开国公扬［杨］承庆已下廿三人，随田守来朝，便于越前国安置"。[5]

述作郎 《类聚国史》载，嵯峨天皇弘仁十年（819）十一月，渤海国"差文籍院述作郎李承英赍启入觐，兼令申谢"。[6]

左熊卫都将 《类聚国史》载，桓武天皇延历十七年（798）十二月，渤海国"差慰军大将军、左熊卫都将、上柱将、开国子大昌泰"献方物。[7]

右猛贲卫少将 《日本三代实录》载，清和天皇贞观十四年（872）五月，日本国遣"领客大春日朝臣安守等与郊劳使，共引渤海

1 藤原時平等『日本三代実録』卷 30、日本陽成天皇元慶元年（877）春正月、第 508 頁。

2 菅野真道等『続日本紀』卷 34、日本光仁天皇宝亀八年（777）四月、第 604 頁。

3 菅野真道等『続日本紀』卷 35、日本光仁天皇宝亀十年（779）春正月、第 621 頁。

4 （宋）陆游：《南唐书》卷 18《契丹传》，傅璇琮、徐海荣、徐吉军主编《五代史书汇编》，第 5607 頁。

5 菅野真道等『続日本紀』卷 21、日本淳仁天皇天平宝字二年（758）九月、第 359 頁。

6 菅原道真『類聚国史』卷 194「殊俗部・渤海下」日本嵯峨天皇弘仁十年（819）十一月、第 1283 頁。

7 菅原道真『類聚国史』卷 193「殊俗部・渤海上」日本桓武天皇延暦十七年（798）十二月、第 1276 頁。

国入觐大使、政堂省左允正四品、慰军上镇将军、赐紫金鱼袋杨成规，副使右猛贲卫少将正五品、赐紫金鱼袋李兴晟等二十人入京，安置鸿胪馆"。[1]

亲卫　《册府元龟》载，后唐庄宗同光二年（924）"八月，渤海朝贡使王佺、学堂亲卫大元谦可试国子监丞"。[2]

果毅都尉　《续日本纪》载，圣武天皇神龟五年（728）正月，"天皇御中宫，高斋德等上其王书并方物。其词曰：……谨遣宁远将军、郎将高仁义，游〔击〕将军、果毅都尉德周，别将舍那娄二十四人赍状，并附貂皮三百张奉送……"[3]

郎将与别将　《续日本纪》载，圣武天皇神龟五年（728）正月，"天皇御中宫，高斋德等上其王书并方物。其词曰：……谨遣宁远将军、郎将高仁义，游〔击〕将军、果毅都尉德周，别将舍那娄二十四人赍状，并附貂皮三百张奉送……"[4]

王府参军　现藏于日本大原美术馆的《渤海国咸和四年（834）铭文佛龛》载："咸和四年闰五月八日，前许王府参军、骑都尉赵文休母李氏敬造阿弥陀佛及观音势至等菩萨尊像。"[5]

都督　《续日本纪》载，圣武天皇天平十一年（739）七月，渤海使若忽州都督胥要德、副使云麾将军己珍蒙等来朝。[6]《五代会要》载，清泰三年（936），后唐"以入朝使、南海府都督列周道为检校工部尚书，政堂省工部卿乌济显试光禄卿"。[7]

刺史　《续日本纪》载，淳仁天皇天平宝字二年（758）九月，"渤海大使、辅国大将军、兼将军、行木底州刺史、兼兵署少正、开国公

1　藤原時平等『日本三代実録』卷21、日本清和天皇貞観十四年（872）五月、第353~354頁。
2　（宋）王钦若等编《册府元龟》卷976《外臣部·褒异第三》，第11300页。
3　菅野真道等『續日本紀』卷10、日本聖武天皇神龟五年（728）春正月、第163頁。
4　菅野真道等『續日本紀』卷10、日本聖武天皇神龟五年（728）春正月、第163頁。
5　李殿福：《渤海咸和四年铭文佛龛考释》，《社会科学战线》1994年第3期。
6　菅野真道等『續日本紀』卷13、日本聖武天皇天平十一年（739）七月、第221~222頁。
7　（宋）王溥：《五代会要》卷30《渤海》，上海古籍出版社，2006，第475页。

扬［杨］承庆已下廿三人，随田守来朝，便于越前国安置"。[1] 淳仁天皇天平宝字三年（759）十月，"渤海使、辅国大将军、兼将军、玄菟州刺史、兼押衙官、开国公高南申相随来朝"。[2]

县丞 《续日本后纪》载，仁明天皇嘉祥二年（849）三月，渤海国入觐使"永宁县丞王文矩并行从一百人"朝见天皇。[3]

现以唐朝官制为参照，将上述渤海国职事官的官品、职掌整理如下。

三公三师

司徒，相当于唐朝的司徒，为三公之一，正一品，"佐天子理阴阳、平邦国，无所不统"。[4]

三省六部司

宣诏省有左相，相当于唐朝门下省的侍中，正三品。左平章事，相当于唐朝门下省的黄门侍郎，正四品上，充当左相的副手。侍中相当于唐朝门下省的给事中，正五品上。左常侍相当于唐朝门下省的左散骑常侍，从三品。谏议相当于唐朝门下省的谏议大夫，正五品上。

中台省有右相，相当于唐朝中书省的中书令，正三品。右平章事，相当于唐朝中书省的中书侍郎，正四品上，充当右相的副手。内史相当于唐朝中书省的起居舍人，从六品上。诏诰舍人相当于唐朝中书省的中书舍人，正五品上。

政堂省有大内相，相当于唐朝尚书省的尚书令，正二品。左、右司政，相当于唐朝尚书省的左、右丞相，从二品，充当尚书令的副手。左、右允相当于唐朝尚书省的左、右丞，分别为正四品上、正四品下。孔目官相当于唐朝尚书省的都事，从七品上。[5]

1　菅野真道等『続日本紀』卷 21、日本淳仁天皇天平宝字二年（758）九月、第 359 頁。

2　菅野真道等『続日本紀』卷 22、日本淳仁天皇天平宝字三年（759）十月、第 373 頁。

3　藤原良房等『続日本後紀』卷 19、日本仁明天皇嘉祥二年（849）三月、第 412 頁。

4　《新唐书》卷 46《百官志一》，第 1184 頁。

5　《新唐书》卷 46《百官志一》，第 1186 頁。

政堂省下辖六部司。其中，忠部司卿相当于唐朝尚书省的吏部尚书，仁部司卿相当于唐朝尚书省的户部尚书，义部司卿相当于唐朝尚书省的礼部尚书，智部司卿相当于唐朝尚书省的兵部尚书，礼部司卿相当于唐朝尚书省的刑部尚书，信部司卿相当于唐朝尚书省的工部尚书。另外，六部司卿的副手少卿相当于唐朝尚书省六部的侍郎，正四品下。

六部司卿领本部支司和事务支司，每支司设郎中、员外。本部支司主要是分管政令，事务支司分管具体事务。其中，忠部司卿所领爵部事务支司，相当于唐朝尚书省的吏部司封司，爵部郎中，从五品上，爵部员外，从六品上。仁部司卿所领仓部事务支司，相当于唐朝尚书省的户部仓部司，仓部郎中，从五品上，仓部员外，从六品上。义部司卿所领膳部事务支司，相当于唐朝尚书省礼部膳部司，膳部郎中，从五品上，膳部员外，从六部上。智部司卿所领戎部事务支司，相当于唐朝尚书省的兵部库部司，戎部郎中，从五品上，戎部员外，从六品上。礼部司卿所领计部事务支司，相当于唐朝尚书省的刑部比部司，计部郎中，从五品上，计部员外，从六品上。信部司卿所领水部事务支司，相当于唐朝尚书省的工部水部司，水部郎中，从五品上，水部员外，从六品上。

中正省

中正省有大中正，相当于唐朝御史台的御史大夫，从三品。少正，相当于唐朝御史台的御史中丞，从五品上，充当大中正的副手。

中央事务机构

太常寺有卿，相当于唐朝的太常卿，正三品，主管"邦国礼乐、郊庙、社稷之事"。[1] 太常寺卿在渤海国诸寺监局院长官当中品阶最高。

司宾寺有卿，相当于唐朝的鸿胪卿，从三品，主管"宾客及凶仪之事"。[2] 司宾少令，很可能是司宾寺下辖机构司宾署的副职，相当于唐朝鸿胪寺的典客署丞，从八品下，为司宾署令的副手。

---

1 （唐）李林甫等：《唐六典》卷14《太常寺》太常卿少卿条，第394页。

2 （唐）李林甫等：《唐六典》卷18《大理寺鸿胪寺》鸿胪卿少卿条，第505页。

大农寺有卿，相当于唐朝的司农卿，从三品，主管"邦国仓储委积之政令"。[1]

殿中寺有大令，相当于唐朝的殿中监，从三品，主管"乘舆服御之政令"。[2] 少令，相当于唐朝殿中少监，从四品上，为大令的副手。

宗属寺有大令，相当于唐朝的宗正卿，从三品，主管"皇九族、六亲之属籍"。[3] 少令，相当于唐朝的宗正少卿，从四品上，为大令的副手。

兵器寺有令，相当于唐朝的卫尉卿，从三品，主管"邦国器械、文物之政令"。[4] 少令，相当于唐朝卫尉少卿，从四品上，为令的副手。兵署少正相当于唐朝卫尉寺的武器署丞，正九品下，为兵署正的副手。

司藏寺有令，相当于唐朝的太府卿，从三品，主管"邦国财货之政令"。[5] 丞，相当于唐朝的太府少卿，从四品上，为令的副手。

司膳寺有令，相当于唐朝的光禄卿，从三品，主管"邦国酒醴膳羞之事"。[6] 丞，相当于唐朝的光禄寺少卿，从四品上，为令的副手。

胄子监有监长，相当于唐朝的国子监祭酒，从三品，主管"邦国儒学训导之政令"。[7]

文籍院有监，相当于唐朝的秘书监，从三品，主管"经籍图书之事"。[8] 少监，相当于唐朝秘书省少监，从四品上，为监的副手。

巷伯局有常侍，相当于唐朝内侍省的内侍，从四品上，主管"在内侍奉，出入宫掖，宣传制令"。[9]

南衙八卫

八卫是指左右猛贲卫、左右熊卫、左右罴卫，南左右卫、北左右

---

1 （唐）李林甫等：《唐六典》卷 19《司农寺》司农卿少卿条，第 523 页。

2 （唐）李林甫等：《唐六典》卷 11《殿中省》殿中少监条，第 323 页。

3 （唐）李林甫等：《唐六典》卷 16《卫尉宗正寺》宗正卿少卿条，第 465 页。

4 （唐）李林甫等：《唐六典》卷 16《卫尉宗正寺》卫尉卿少卿条，第 459 页。

5 （唐）李林甫等：《唐六典》卷 20《太府寺》太府卿少卿条，第 540 页。

6 （唐）李林甫等：《唐六典》卷 15《光禄寺》光禄卿少卿条，第 443 页。

7 （唐）李林甫等：《唐六典》卷 21《国子监》国子监祭酒司业条，第 557 页。

8 （唐）李林甫等：《唐六典》卷 10《秘书省》秘书监条，第 297 页。

9 （唐）李林甫等：《唐六典》卷 12《内官宫内侍省》内侍内常侍条，第 356 页。

卫。诸卫大将军相当于唐朝十六卫的大将军，正三品；诸卫将军相当于唐朝十六卫的将军，从三品，主管宫禁宿卫，总制内府、外府诸曹。[1]

内府是指亲卫府、勋卫府、翊卫府等五中郎将府。中郎将，正四品下，分管"其府校尉、旅帅、亲卫、勋卫、翊卫之属以宿卫，而总其府事"。[2]结合有关记载，考察一下内府的设官情况。

（1）都将。上文提及慰军大将军、左熊卫都将、上柱将、开国子大昌泰的例子，这里的"都将"，即头将、首将，很可能是唐朝中郎将府中郎将的别称。

（2）少将。上文提及右猛贲卫少将正五品、赐紫金鱼袋李兴晟的例子，说明少将的品阶在正五品，与郎将品阶极为接近，少将很可能是唐朝中郎将府郎将的别称。都将和少将分管内府事。

（3）亲卫。上文提及渤海朝贡使王侹、学堂亲卫大元谦的例子，亲卫，唐朝位于郎将之下，正七品上。左右卫和左右率府都设亲卫一职。其中，左右卫亲卫由"三品已上子、二品已上孙为之"，左右率府亲卫由"四品子、三品孙、二品已上之曾孙为之"。[3]对于渤海国王族成员大元谦而言，学堂亲卫应为其起家补授之职，学堂应为其平时宿值的场所。

外府是指分布各地的折冲府。果毅都尉、别将与唐朝折冲府的果毅都尉、别将同名。果毅都尉为折冲都尉的副手。唐朝折冲府分上府、中府、下府，其中上府果毅都尉为从五品下，别将为正七品下，中府果毅都尉为正六品上，别将为从七品上，下府果毅都尉为从六品下，别将为从七品下。[4]渤海国人德周所在的折冲府级别不清楚，果毅都尉的品阶难以判断。

1　《新唐书》卷49上《百官志四上》，第1279页。

2　（唐）李林甫等：《唐六典》卷24《诸卫》左右卫五府中郎将条，第618页。

3　（唐）李林甫等：《唐六典》卷5《尚书兵部》兵部郎中员外郎条，第154~155页。

4　（唐）李林甫等：《唐六典》卷25《诸卫府》折冲府左右果毅都尉条，第644页。

亲王府

唐朝的王府官有参军事，正八品下，行参军，从八品上，都主管"出使及杂检校事"。[1] 渤海国人赵文休所任的王府参军当为两者之一。

地方官

都督主管"诸州兵马、甲械、城隍、镇戍、粮廪，总判府事"。[2] 唐朝都督府分大、中、下三等，大都督府都督为从二品，中都督府都督为正三品，下都督府都督为从三品。渤海国若忽州都督府、南海都督府的级别不清楚，都督的品阶难以判断。

刺史主管"宣德化，岁巡属县，观风俗、录囚、恤鳏寡"。[3] 唐朝州分为上、中、下三等，上州刺史为从三品，中州刺史为正四品上，下州刺史为正四品下。渤海国木底州、玄菟州的级别不清楚，刺史的品阶难以判断。

县丞为县令的副手。唐朝县分上、中、下三等，上县丞为从八品下，中县丞为从八品下，下县丞为正九品下。渤海国永宁县的级别不清楚，县丞的品阶难以判断。

三　勋官

见于文献记载的渤海国勋官有以下数种。

上柱将　《类聚国史》载，桓武天皇延历十七年（798）十二月，渤海国王大嵩璘"差慰军大将军、左熊卫都将、上柱将、开国子大昌泰"献方物。[4]

骑都尉　现藏于日本大原美术馆的《渤海国咸和四年（834）铭文

1　（唐）李林甫等：《唐六典》卷 29《诸王府公主邑司》亲王府长史条，第 732 页。

2　《新唐书》卷 49 下《百官志四下》，第 1315 页。

3　《新唐书》卷 49 下《百官志四下》，第 1311 页。

4　菅原道真『類聚国史』卷 193「殊俗部・渤海上」日本桓武天皇延暦十七年（798）十二月、第 1276 页。

佛龛》载："咸和四年闰五月八日，前许王府参军、骑都尉赵文休母李氏敬造阿弥陀佛及观音势至等菩萨尊像。"[1]

勋官，最初是用于奖励有功军士的荣誉称号，后来渐及朝官，有品级而无职掌。唐"武德初，杂用隋制，至七年颁令，定用上柱国、柱国、上大将军、大将军、上轻车都尉、轻车都尉、上骑都尉、骑都尉、骁骑尉、飞骑尉、云骑尉、武骑尉"，[2]自视正二品到视从七品，共六品十二转，十一转以上为柱国，九转以上为护军，五转以上为都尉，以下为骑尉。渤海国在继承唐朝勋官制度的基础上，形成了自己的勋官制度。同样，借鉴唐朝的勋官制度可以透视渤海勋官的构成、品阶情况。上柱将相当于唐朝的上柱国，为十二转，视正二品；骑都尉与唐朝的骑都尉同名，同为六转，视正五品。渤海国勋官同唐朝勋官一样，不再充任本阶官位，而是被纳入"比""视"官品的低端品阶序列，仅发挥酬奖军功、低级官员起家考课及迁阶入仕的政治作用。[3]

四　封爵

见于文献记载的渤海国爵位有以下数种。

开国公 《续日本纪》载，淳仁天皇天平宝字二年（758）九月，"渤海大使、辅国大将军、兼将军、行木底州刺史、兼兵署少正、开国公扬［杨］承庆已下廿三人，随田守来朝，便于越前国安置"。[4]淳仁天皇天平宝字三年（759）十月，"渤海使、辅国大将军、兼将军、玄菟州刺史、兼押衙官、开国公高南申相随来朝"。[5]

开国子 《类聚国史》载，桓武天皇延历十七年（798）十二月，渤

1　李殿福：《渤海咸和四年铭文佛龛考释》，《社会科学战线》1994年第3期。

2　《旧唐书》卷42《职官志一》，第1808页。

3　熊伟：《唐代本阶官位的形成与勋官地位的演革》，《郑州大学学报》2014年第3期。

4　菅野真道等『続日本紀』卷21、日本淳仁天皇天平宝字二年（758）九月、第359页。

5　菅野真道等『続日本紀』卷22、日本淳仁天皇天平宝字三年（759）十月、第373页。

海国王大嵩璘"差慰军大将军、左熊卫都将、上柱将、开国子大昌泰"献方物。[1]《日本后纪》载,嵯峨天皇弘仁元年(810)九月,渤海国遣"和部少卿、兼和干苑使、开国子高南容等"献方物。[2]

开国男《续日本纪》载,淳仁天皇天平宝字六年(762)十月,"正六位上伊吉连益麻吕等至自渤海。其国使紫绶大夫行政堂(省)左允、开国男王新福已下二十三人相随来朝,于越前国加贺郡安置供给"。[3]《高丽史》载,高丽太祖八年(925)"十二月戊子,渤海左首卫小将冒豆干、检校开国男朴渔等率民一千户来附"。[4]《咸和十一年中台省致日本太政官牒》的连署人有"英袟大夫、政堂春部卿、上中郎将、上柱将、闻理县拟开国男贺守谦"。[5]

唐朝爵位分九等:一等为王,二等为嗣王、郡王,三等为国公,四等为开国郡公,五等及以下分别为开国县公、侯、伯、子、男。渤海国的封爵制度中,郡王相当于唐朝爵位中的郡王,食邑五千户,从一品;开国公相当于唐朝爵位中的开国县公,食邑一千五百户,从二品;开国子相当于唐朝爵位中的开国县子,食邑五百户,正五品上;开国男相当于唐朝的开国县男,食邑三百户,从五品上。关于封爵中的"拟""检校"字样,笔者认为,"拟"当为假授,"检校"当为正命之加官。王安泰从制度渊源的角度做出如下阐述:渤海国似乎将开国爵视作一般官职,因而得以假授、兼任。同时,开国爵未出现侯、伯爵级,也可视作渤海国没有推行完整"封建"的旁证。或许渤海国开国爵仅有三等,又有拟、检校等假授开国爵,与北魏前期制度有相通之处,大概渤海国设

1　菅原道真『類聚国史』卷193「殊俗部·渤海上」日本桓武天皇延曆十七年(798)十二月、第1276頁。

2　藤原冬嗣等『日本後紀』卷20、日本嵯峨天皇弘仁元年(810)九月、第108頁。

3　菅野真道等『続日本紀』卷24、日本淳仁天皇天平宝字六年(762)冬十月、第404頁。

4　〔朝鲜〕郑麟趾等:《高丽史》卷1《太祖世家一》,西南师范大学出版社、人民出版社,2013,第26頁。

5　录文参考中村裕一「渤海国咸和一一年中台省牒に就いて—古代東アジア国際文書の一形式」『隋唐帝国と東アジア世界』第424~425頁;王承礼《记唐代渤海国咸和十一年中台省致日本太政官牒》,《北方文物》1988年第3期。

定爵制时，以北魏前期爵制为蓝本。[1]

综上所述，渤海国官制仿效唐朝官制，构建起"散""职""勋""爵"四大体系，其所涉的官称、职守、封酬的设置，大多来自唐朝制度，或唐朝之前的中原制度，这也符合《新唐书·渤海传》中渤海国"数遣诸生诣京师太学，习识古今制度"，"宪象中国制度"的表述。[2] 同时，四大官制体系与中央和地方府、州、县各级统治机构互为表里，相辅相成，共同构成渤海国政治制度的基本框架。

第二节　章服制度

"章"，指官服上的佩饰。"服"，指官吏的官服。章服制度化始于隋唐时期，其主要功能是明贵贱、辨尊卑，维护封建社会的等级秩序。《新唐书·车服志》谓"百官赏绯、紫，必兼鱼袋，谓之章服"。[3]《旧唐书·舆服志》亦谓"恩制赐赏绯紫，例兼鱼袋，谓之章服"。[4] 由此可见，服色制度和佩鱼制度是章服制度的两个重要方面。

渤海国章服制度是在借鉴唐朝制度的基础上发展起来的。在以往的研究中，章服制度往往作为渤海国通史的一环呈现，相关的研究也没有系统地展开，而专门就渤海国章服制度进行探讨的论述，尚未出现在学界视野内。

渤海国制度"宪象中国制度"，成为我们推进渤海国章服制度研究的先决条件。因此，本节通过梳理唐朝的相关制度，对渤海国章服制度展开系统化的探讨，以期深化和扩展相关的研究。

1　王安泰「渤海國的開國爵與政治體系」『唐代史研究』第 18 号、2015。

2　《新唐书》卷 219《渤海传》，第 6182~6183 页。

3　《新唐书》卷 24《车服志》，第 526 页。

4　《旧唐书》卷 45《舆服志》，第 1954 页。

一　服色制度

《新唐书·渤海传》中对渤海国章服制度有简明的表述：

> 以品为秩，三秩以上服紫，牙笏、金鱼。五秩以上服绯，牙
> 笏、银鱼。六秩、七秩浅绯衣，八秩绿衣，皆木笏。[1]

这段文字涉及渤海国服色制度、佩鱼制度以及与章服制度密切相关的笏制，是关于渤海国章服制度最权威、最核心的史料。

渤海国服色制度源于唐朝制度。问题是，唐朝服色制度在安史之乱前后发生了明显的变化，渤海国服色制度是借鉴于唐朝哪一时期的制度呢？

要弄清这个问题，我们需要了解一下唐朝的服色制度。唐高祖建国以后，"车、服皆因隋旧"。[2]流内官服色"唯黄、紫二色而已"，[3]就连皇帝常服"唯以黄袍及衫"，[4]与朝臣之间"未为差等"。"流外官、庶人、部曲、奴婢，则服绸绢𫄧布，色用黄、白。"[5]流外官虽然与流内官一样亦分为九品，但是服色比流内官服色相对单调，以黄、白为主色。贞观四年（630），唐太宗对流内官服色进行限定，"三品已上服紫，五品已上服绯，六品、七品服绿，八品、九品服以青"，确立了紫、绯、绿、青四等服色的基础。咸亨五年（674）五月，高宗下敕"令有司严加禁断"服色僭越的行为。[6]八月，对绯服、绿服、青服做了深浅的区分："文武三品已上服紫……四品服深绯，五品服浅绯……六品服深绿，七品服

1　《新唐书》卷 219《渤海传》，第 6183 页。

2　《新唐书》卷 24《车服志》，第 511 页。

3　（唐）刘𫗧：《隋唐嘉话》卷中，中华书局，1979，第 19 页。

4　《旧唐书》卷 45《舆服志》，第 1952 页。

5　《新唐书》卷 24《车服志》，第 527 页。

6　（宋）王溥：《唐会要》卷 31《舆服上》，中华书局，1955，第 569 页。

浅绿……八品服深青,九品服浅青。"[1]"黄为流外官及庶人之服。"[2]武则天摄政时期,"八品已下旧服青者,并改为碧"。[3]可以说,四等服色制度很大程度上契合了唐前期流内贵贱、流内与流外尊卑的划分。唐代官制承袭魏晋南北朝隋以后职官分流的趋势,形成了相互间存在有机联系的流内、流外两大职官系统。[4]在流内官中,五品是划分等级贵贱的界限。"凡品秩之制有九,自五而上,谓之贵阶。"[5]贵阶之中,又可以进一步划分出不同的特权阶层:三品以上为贵,四品、五品为通贵。流内的九品是划分流内官与流外官的界限,流外官是相对于流内官而言,《唐律疏议》明确规定,"有流外告身者",[6]才能被认可为流外官。张广达指出,由于流内九品正从上下阶官大多来自流外入流的胥吏,实际上常常仍被视为流外。[7]

安史之乱不仅使唐王朝由强盛走向衰落,而且对唐朝统治秩序造成了巨大的冲击。"是时府库无蓄积,朝廷专以官爵赏功,诸将出征,皆给空名告身,自开府、特进、列卿、大将军,下至中郎、郎将,听临事注名。"这种做法不仅加剧了散官的泛滥,同样也造成了服色制度的混乱,"至有朝士僮仆衣金紫,称大官,而执贱役者。名器之滥,至是而极焉"。[8]从现有研究看,唐中后期出于官员等级过多不利于管理的考虑,将四级制度改为三级制度,[9]流内官服色由原来的四等服色简化为三等服色,以适应形势的需要。到了大和六年(832)六月,唐文宗鉴于前代制度颓坏严重,命宰相王涯详定舆服制度,进一步完备了三等服色制

1 《旧唐书》卷 45《舆服志》,第 1953 页。

2 《新唐书》卷 24《车服志》,第 529 页。

3 (宋)王溥:《唐会要》卷 31《舆上》,第 569 页。

4 任士英:《唐代流外官的管理制度》,《中国史研究》1995 年第 1 期。

5 (唐)白居易:《白居易全集》卷 49《中书制诰二》,上海古籍出版社,1999,第 692 页。

6 (唐)长孙无忌等:《唐律疏议》卷 11《职制》役使所监临条,第 187 页。

7 张广达:《论唐代的吏》,《北京大学学报》1989 年第 2 期。

8 (宋)司马光:《资治通鉴》卷 219《唐纪三十五》,唐肃宗至德二载(757)五月,第 7024 页。

9 黄正建:《王涯奏文与唐后期车服制度的变化》,荣新江主编《唐研究》第 10 卷,北京大学出版社,2004,第 303 页。

度。与此同时，流内官服色制度趋于僭滥，"服青碧者，许通服绿"。原来穿用青（碧）服的八、九品低级官员允许穿用绿服，从而导致穿用绿服的人数大量增加。不仅如此，流外官及杂任也被允许服绿，[1]出现了绿服僭滥的现象。《唐会要》卷31《舆服》载："准今年六月敕，令三司官典及诸色场库所由等，其孔目、句检、句覆、支对、句押、权遣、指引进库官、门官等，请许服细葛布折造，及无纹绫充衫及袍袄，依前通服绿。"[2]这样就造成了青色从服色中剥离出来，成为侍女、婢女的服色。[3]

前引《新唐书·渤海传》表明，渤海国服色制度借鉴了唐中后期服色制度，也实行紫服、绯服和绿服三等服色，从而将官僚体系划分为高级官员、中级官员、低级官员三个层次。

唐中后期服色改革允许八品、九品官服绿，而《新唐书·渤海传》仅仅提到渤海国八品官服绿，那么，渤海国流内官是没有九品官，还是九品官不服绿？渤海国官制分为流内官和品官两大体系，品官相当于唐朝的流外官。渤海国既然"宪象中国制度"，应该也实行流内官九品制。[4]九品官作为划分流内官和品官的界限，其身份认同模棱两可，套用张广达对唐朝九品的有关认识，笔者倾向于渤海国九品虽然已经入流，但仍然常常被视为品官。因此，即使九品官也服绿，《新唐书·渤海传》不将其纳入流内官之列。

唐中后期流内官八品、九品改为服绿以后，原来服绿的六品、七品官员是继续服绿，还是改用其他服色呢？文献并没有给出明确的答案。如果从"礼失而求诸野"的角度来看，渤海国服色制度可以提供另外一种理解空间。渤海国三等服色中，拉长了绯和浅绯的跨度，即四品、五品官服绯，六品、七品官服浅绯，这种现象完全可以置于唐中后期服色制度发展的延长线上去理解。需要强调的是，在渤海国服

1　孙机：《中国古舆服论丛》，文物出版社，2001，第469页。

2　（宋）王溥：《唐会要》卷31《舆服上》，第576页。

3　曹远航：《唐代官品服色制研究》，硕士学位论文，西北大学，2015，第15页。

4　陈显昌：《渤海国史概要（一）》，《齐齐哈尔师范学院学报》1983年第1期。

色序列中，四品、五品、六品和七品官都服绯，虽然绯服色泽有深浅之分，但是毕竟没有用不同的服色进行严格区别，这或许说明在渤海国中后期，绯服的适用范围明显扩大，高级官员与中级官员的界限逐渐模糊。

另外，渤海国有赐服现象。日本史籍记载，清和天皇贞观十三年（871）十二月，渤海国以政堂省左允正四品、慰军大将军[1]、赐紫金鱼袋杨成规为大使，右猛贲卫少将正五品、赐紫金鱼袋李兴晟为副使出使日本。杨成规官至政堂省左允，李兴晟官至右猛贲卫少将，正四品、正五品显然是二人的散官阶。按照规定，其品阶不够服紫和佩金鱼袋的资格。渤海国主效仿唐朝皇帝因出使等特殊需要，对一些身份不够格的官员赐服，增加他们的权威，以提升使团的级别。唐朝不到三品者可以服紫，俗称"赐紫"；不到五品者可以服绯，俗称"赐绯"。杨、李二人的例子说明了渤海国存在赐服现象。从杨、李的结衔对比看，慰军大将军或许也是临时假授。

《新唐书·渤海传》所反映的是渤海国王大彝震以降的服色制度，然渤海国章服制度并不始于大彝震时期，实际上，早在大钦茂中后期，渤海国已经出现了服色制度。据《渤海贞孝公主墓发掘清理简报》，渤海国王大钦茂的第四女贞孝公主，葬于大兴五十六年（792）。在贞孝公主墓甬道后部东、西两壁和墓室的东、西、北三壁上，都绘有壁画，横排竖列 12 个人物。其中，甬道后部东、西两壁各绘有武士一人，身穿甲胄，手持武器，俨然门神的形象。墓室北壁绘有侍从两人，全身武夫装扮，背斜檀弓，腰挎箭囊，面向墓门作站立等候状。墓室西壁侍卫一人，全身武夫装扮，左手握铁枪，扛在左肩上，左腰佩弓囊，右手扶剑，斜垂于身后；东壁侍卫一人，与西壁侍卫相对而立，面容头饰与西壁侍卫相同，右手握铁枪，扛在右肩上，左手扶剑，垂于身后。最值得

1　藤原時平等『日本三代実録』卷 21、日本清和天皇貞観十四年（872）五月，作"慰军上镇将军"（第 353 頁）；菅原道真『類聚国史』卷 194「殊俗部·渤海下」日本清和天皇貞観十四年（872）五月，作"慰军大将军、上镇将军"（第 1301 頁）。

注意的是，两壁侍卫身后各有三人，身着正服，面朝公主棺床方向作行走或伫立状。[1]

之前西壁三人的身份被认为是乐伎，东壁三人的身份被认为是内侍。然而，若从服色制度来审视，他们的身份可能另有玄机。壁画中这6个人物，在两壁侍卫的身后，各有一人身着绯服，相对而立。东壁者眉目漫漶不清，绯服上饰有以绿色和白色组成的花纹，双手捧一黑色圆状物，中间系有红缨。西壁者绯服上饰有绿色花纹，腰系黑色革带，革带下垂有白色铊尾，双手抱赭色锦囊。两壁服绯者的身后，各有一人身着青服，相对而立。东壁者眉目漫漶不清，青服上部饰有以朱色和白色组成的花纹，下部饰有黄色花纹，双手捧一白色包裹。西壁者细眉细眼，矮鼻小口，青服上饰朱色花纹，双手抱一物，物上披有红色巾，下部露出一褐色长杆，杆子中部有一红色花瓣结，下垂两带。壁画人物的着装是世俗秩序的反映，特别是绯服作为国家名器，即便是墓葬壁画也不能僭越，更不是画师信手绘制的。

关于公主府官员的组成，《新唐书·百官志》的记载可以参考："令一人，从七品下；丞一人，从八品下。掌公主财货、禀积、田园。主簿一人，正九品下；录事一人，从九品下。督封租、主家财货出入。"[2] 倘若以四等服色制度来衡量，公主府令服绿，丞、主簿和录事服青，都没有达到服绯的资格。更可疑的是，从壁画的人物形象看，服绯者明显是女性。倘若套用三等服色制度，问题便可迎刃而解。贞孝公主墓壁画中服绯者没有佩带鱼袋，说明他们的官阶在六、七品，参照唐朝制度，应该是公主府令。准确地说，服绯者所着的服色是浅绯。而服青者应该是公主的侍女、婢女。

青色在唐前期是流内官八、九品的服色，唐中后期服色改革以后，青色正式成为侍女、婢女的典型服色。从时间上看，大钦茂中后期的服

1　延边朝鲜族自治州博物馆:《渤海贞孝公主墓发掘清理简报》,《社会科学战线》1982 年第 1 期。

2　《新唐书》卷 49 下《百官志四下》, 第 1308 页。

色制度已经接近于唐中后期服色改革的成果。

两壁服青者的身后，各有一人身着白服，相对而立。东壁者眉目清秀，白服上饰有朱色花纹，双手捧一红色包裹。西壁者白服上饰有朱色花纹，双手抱一褐色锦囊，囊上饰有黑色花纹。白服是身份低贱者的服色，一般用来指代平民，这里指在公主府服役的役夫。

从三组人物的站位次序看，正好符合人物服色等级的排列。

贞孝公主墓壁画是大钦茂中后期三等服色制度的具体体现，这个认识同样有助于解释日本文献中渤海国品官着绿的情况。光仁天皇宝龟三年（772）二月，日本授朝觐的渤海国"大使壹万福从三位，副使正四位下，大判官正五位上，少判官正五位下，录事并译语并从五位下，着绿品官已下各有差"。[1] 这里"着绿"的品官既有可能是真正的品官，也不排除被混入品官的九品。如果将视野继续向后延展，会发现在渤海国中后期，绿服的适用范围不仅包括流内官八品、九品，也遍及品官，表明这一时期流内官和品官的界限逐渐模糊。

综上所述，渤海国服色制度至少在大钦茂中后期就已经出现，实行紫、绯、绿三等服色制度，从"宪象中国制度"反推，在唐中后期服色制度改革之前，三等服色制度已经在渤海国和唐朝存在了很长时间。从绯服和绿服的适用范围看，渤海国的高级官员与中级官员、低级官员与品官的界限逐渐模糊。

二　佩鱼制度

渤海国佩鱼制度同样源于唐朝佩鱼制度。唐代佩鱼制度涉及鱼符与鱼袋两个基本面。

鱼符之制始创于隋文帝。《隋书·高祖纪》记载，开皇九年（589）闰五月，"颁木鱼符于总管、刺史，雌一雄一"。十五年五月，"制京官

1　菅野真道等『続日本紀』卷 32、日本光仁天皇宝龟三年（772）二月、第 555~556 頁。

五品已上，佩铜鱼符"。[1] 唐代鱼符由隋演变而来，主要有两种：一种是铜鱼符，"所以起军旅，易守长"；一种是随身鱼符，"所以明贵贱，应征召"。

随身鱼符之制始创于唐高宗时期。《旧唐书·舆服志》记载："高宗永徽二年（651）五月，开府仪同三司及京官文武职事四品、五品并给随身鱼。"[2] 这是关于随身鱼符的最早记载。随身鱼符根据等级高低，分为玉、金、铜三种。《旧唐书·职官志》记载："随身鱼符之制，左二右一，太子以玉，亲王以金，庶官以铜，佩以为饰。刻姓名者，去官而纳焉，不刻者，传而佩之。"[3]《新唐书·车服志》记载："左二右一，左者进内，右者随身。皇太子以玉契召，勘合乃赴。亲王以金，庶官以铜，皆题某位、姓名……刻姓名者，去官纳之，不刻者传佩相付。"[4] 随身鱼符的主要用途是作为进出宫廷的一种凭证，因一般只有高级官员才有机会经常"应召命"出入大内，故其又有"明贵贱"的功能。[5]

20 世纪 80 年代，苏联滨海边疆区游击队区尼古拉耶夫斯克遗址出土青铜鱼符引发中外学界对渤海国鱼符的探讨。该鱼符长 5.6 厘米，宽 1.8 厘米，厚 0.5 厘米，一面呈椭圆形凸起，上面镌刻有眼、鳃裂、鳞、鳍和尾巴。在鱼头的下方及鱼符的腹部，刻有被垂直切开的两个汉字——"合同"的左半部。在"同"字之下，右侧刻有"左骁卫将军""聂利计"等字。俄罗斯学者沙弗库诺夫认为，这个青铜鱼符是由唐朝或同期渤海国监制，授予渤海国东部边境的军事长官聂利计。[6] 姚玉成认为，渤海国没有设置过左骁卫这个机构，根据文献记载，唐代有

1　《隋书》卷 2《高祖纪下》，中华书局，1973，第 40 页。

2　《旧唐书》卷 45《舆服志》，第 1954 页。

3　《旧唐书》卷 43《职官志二》，第 1847 页。

4　《新唐书》卷 24《车服志》，第 525 页。

5　马冬：《唐代官僚服饰赏赐制度渊源及其流变》，《中国文化研究》2006 年第 3 期。

6　〔俄〕Э.В. 沙弗库诺夫：《苏联尼古拉耶夫斯克遗址出土的鱼形青铜信符》，步平译，《北方文物》1991 年第 1 期。

左右骁卫的设置，五代中原王朝承袭唐制，保留左右骁卫的设置。该青铜鱼符是唐朝或五代中原王朝授予入贡的靺鞨人聂利计，由左骁卫机构颁赐给他的随身鱼符的右符。[1]《新唐书·车服志》记载："蕃国亦给之，雄雌各十二，铭以国名，雄者进内，雌者付其国。朝贡使各赍其月鱼而至，不合者劾奏。"[2] 由此看来，唐朝确实有向藩国朝贡使臣颁赐鱼符的做法，并且在鱼符上"铭以国名"。藩国使臣入朝时，须持鱼符右半部分与唐朝留存的鱼符左半部勘验。与文献记载相同的是，尼古拉耶夫斯克遗址出土的鱼符就属于鱼符右半部分（"同"字），遗憾的是，上面没有刻藩国的名称。推测藩国的名称刻在鱼符的左半部。

综上所述，尼古拉耶夫斯克遗址出土的鱼符，应该与渤海国关系不大。从鱼符上的铭文看，渤海国没有左骁卫的机构设置，此符应该是唐或五代时期由左骁卫机构颁赐，时间晚于唐高宗显庆五年（660）。虽然该鱼符没有留下藩国的名称，但是这并不妨碍将出土鱼符的尼古拉耶夫斯克地区与靺鞨人的活动联系起来。因此，笔者大体上赞同姚玉成的观点。

鱼袋是用来盛放随身鱼符的袋子，"正员官始佩鱼，其离任及致仕，即去鱼袋。员外、判、试并检校等官，并不佩鱼"。[3] 依职事官品的高低佩带不同的鱼袋，其中"三品以上饰以金，五品以上饰以银"。[4] 起初，官员去世以后，鱼袋要予以追回。高宗永徽五年（654）八月下敕："恩荣所加，本缘品命。带鱼之法，事彰要重。岂可生平在官，用为褒饰，才至亡没，便即追收。寻其始终，情不可忍。自今已后，五品已上有薨亡者，其随身鱼袋，不须追收。"[5] 此后，鱼袋的使用范围进一步扩大。武则天垂拱二年（686）正月，允许"诸州都督刺史，并准京官带

1　姚玉成：《俄罗斯尼古拉耶夫斯克遗址出土鱼形青铜信符考实》，《北方文物》1993 年第 3 期。

2　《新唐书》卷 24《车服志》，第 525 页。

3　（宋）王溥：《唐会要》卷 31《舆服上》，第 580 页。

4　《新唐书》卷 24《车服志》，第 525 页。

5　（宋）王溥：《唐会要》卷 31《舆服上》，第 579 页。

鱼袋"。[1]中宗神龙元年（705）六月，"郡王、嗣王特许佩金鱼袋"。[2]景龙三年（709）八月，"令特进佩鱼"，散官佩鱼袋自此始。睿宗景云二年（711）四月，"诏衣紫者鱼袋以金饰之，衣绯者以银饰之"。[3]鱼袋与服色制度相联系。玄宗开元九年（721）九月，"中书令张嘉贞奏曰：'致仕官及内外官五品已上检校、试、判及内供奉官，见占阙者，听准正员例，许终身佩鱼，以为荣宠，以理去任，亦许佩鱼。'自后恩制赏绯紫，例兼鱼袋，谓之章服"。[4]自此，便有赐借"紫金鱼袋""绯银鱼袋"的说法。随着佩鱼袋官员的范围不断扩大，鱼袋的功能不再局限于应征召时证明身份，其彰显贵贱的象征意义远大于其实际意义。[5]

渤海国的鱼袋也效仿自唐制。尚民杰在《唐代的鱼符与鱼袋》一文中指出，由于随身鱼符和鱼袋密不可分，故而在不少记述中都将鱼符和鱼袋混同。有的以称鱼符包括鱼袋，有的以称鱼袋兼指鱼符。[6]以唐制观照，前引《新唐书·渤海传》中的"金鱼""银鱼"，显然是指"金鱼袋""银鱼袋"，而不是"金鱼符""银鱼符"。理由有二：一是随身鱼符有玉鱼符、金鱼符和铜鱼符之分，没有银鱼符；二是在鱼袋的授予上，存在以五品官为界限的情况，即三品以上授予金鱼袋，五品以上授予银鱼袋。如果所言不错，渤海国章服制度与唐朝章服制度别无二致。

日本文献保留了渤海国使者所佩鱼袋的零星记载。比如，阳成天皇元庆六年（882）十一月，渤海国遣"大使文籍院少监正四品、紫金鱼袋裴颋""副使正五品、赐绯银鱼袋高周封"等一百零五人出使日本。[7]

1 《旧唐书》卷45《舆服志》，第1954页。

2 《新唐书》卷24《车服上》，第526页。

3 《旧唐书》卷45《舆服志》，第1954页。

4 （宋）王溥：《唐会要》卷31《舆服上》，第580页。

5 曹远航：《唐代官品服色制研究》，第11页。

6 尚民杰：《唐朝的鱼符与鱼袋》，《文博》1994年第5期。

7 菅原道真「類聚国史」卷194「殊俗部·渤海下」日本陽成天皇元慶七年（883）五月、第1310頁。

这段记载蕴含的信息比较丰富。第一，"赐绯银鱼袋"为赐绯服、佩银鱼袋，"紫金鱼袋"为紫服、佩金鱼袋的简写，在裴颋的结衔"文籍院少监正四品"与"紫金鱼袋"之间明显脱漏一个"赐"或"借"字。借服与赐服的主要区别在于是否"事毕归还"。第二，渤海国鱼袋与服色制度保持着紧密的对应关系，即金鱼袋与紫服固定搭配，银鱼袋与绯服固定搭配，沿袭了唐朝章服制度"借绯即佩银鱼，借紫即佩金鱼，亦入衔位"的基本特征。[1]第三，高周封为正五品，穿绯服、佩银鱼袋无疑符合渤海国的制度规定。裴颋为文籍院少监，正四品为散官阶，根据其官阶，不够穿紫服和佩金鱼袋。可以想见，裴颋膺命出使时穿紫服、佩金鱼袋，应该是渤海国王赏赐的结果。

余　论

在聘日的渤海国使团中，达能信的服色引人注目。据《续日本纪》，淳仁天皇天平宝字七年（763）正月，授朝觐的渤海国"大使王新福正三位，副使李能本正四位上，判官杨怀珍正五位上，品官着绯达能信从五位下，余各有差"。[2]《日本纪略》对此事的记载相对简略："帝御阁门，授高丽（渤海国）大使王新福正三位，副使、判官以下授位。"[3]并没有对达能信的身份做进一步的交代。

在东亚世界律令体系下，渤海国规定四品、五品官穿绯服，日本对渤海国使者达能信的叙授，是符合其服色定位的。再进一步考察，会发现在渤海国聘日活动中，使团长官以四品官居多，达能信的服色已经与同行长官的服色相当，说明他的身份非同寻常。在整个使团中，职事的

1　参见（宋）高晦叟《珍席放谈》，朱易安、傅璇琮等主编《全宋笔记》第3编第1册，第179页。

2　菅野真道等『続日本紀』卷24、日本淳仁天皇天平宝字七年（763）春正月、第405頁。

3　佚名『日本紀略』前篇11、日本淳仁天皇天平宝字七年（763）春正月、第313頁。

分工主要以"四等官"为框架展开，而"着绯"的达能信却不在"四等官"之列，是无所事事的"闲人"。加之，日本对渤海国使者的叙授，不仅参考其在国内的"阶品高下"，还参考其在使团中的"职事优劣"，因此，达能信虽然能凭借反映"阶品高下"的绯服跻身贵阶之列，但是由于职事的原因班列贵阶之末。反差更大的是达能信的服色与品官的搭配，无论是在渤海国，还是在唐朝都比较罕见。品官是由渤海国正式任命的、未入流的职事官，其服色的上限是绿服，与"着绯"的资格差距很远。这些情况引发了笔者对达能信身份的猜测，达能信很可能就是渤海国大钦茂的孙子、大嵩璘的侄子大能信。

《册府元龟》记载，贞元十四年（798）十一月，刚刚即位的大嵩璘以侄子大能信为长官出使唐朝，其在唐朝授官为左骁骑卫中郎将。[1] 由此逆推到763年，达能信可能刚刚踏入仕途，随团出使日本对于资历尚浅的他而言是一种职事历练，他的特殊身份则为安史之乱背景下的渤日交涉加重了砝码。笔者倾向于认为，达能信的"品官"实际上是被"混入"品官的九品官，所穿用的绯服是赐服，故而日本根据达能信的服色，破格将其叙授到贵阶的行列。

渤海国的笏制。笏板是与章服相适应的政治物件。《礼记·玉藻》对笏板的功能有所描述："凡有指画于君前，用笏；造受命于君前，则书于笏。"[2] 也就是说，笏板是文武朝臣面见君王时所持之物，用于记录天子的命令或旨意，也可用来书写向君王上奏的内容，为备忘提示之用。

唐朝只有流内官才能使用笏板。武德四年（621）八月，唐高祖下诏对使用者和材质做出规定："五品已上，执象笏，已下执竹木笏。"[3] 由此可见，笏板的使用以五品为界限。《旧唐书·舆服志》两处记载五品

1　（宋）王钦若等编《册府元龟》卷 976《外臣部·褒异第三》，第 11295 页。

2　（汉）郑玄注，（唐）孔颖达疏《礼记正义》卷 30《玉藻》，（清）阮元校刻《十三经注疏》，第 1480 页。

3　（宋）王溥：《唐会要》卷 32《舆服下》，第 581 页。

以上笏板的材质：一作"五品以上，用象牙为之"，一作"五品已上执象笏"。[1] 虽然两处表述稍有差异，但大体上以野兽的牙齿为材质。开元八年（720）九月，唐玄宗下敕明确了笏板的形制："诸笏，三品已上，前屈后直；五品已上，前屈后挫，并用象。九品已上，竹木，上挫下方。"[2]

在渤海国，笏板的使用同样限于流内官，以五品为界限：五品及以上用牙笏，六品及以下用木笏。关于渤海国笏板的形制，文献没有介绍，也没有出土文物可以佐证。值得注意的是，与唐朝六品及以下使用竹木笏不同，渤海国本地不盛产竹子，所以在材质上有所变通，一律使用木笏。

中原的传统文献以"他者"的视角，呈现了渤海国王接受唐朝册封、谨守臣节的总体形象。这种政治伦理可以从渤海王及其家庭成员的称谓上得到佐证，《新唐书·渤海传》载："俗谓王曰'可毒夫'，曰'圣王'，曰'基下'。其命为'教'。王之父曰'老王'，母'太妃'，妻'贵妃'，长子曰'副王'，诸子曰'王子'。"[3] 倘若戴着中原皇帝制度的滤镜来审视，往往产生出中原制度文化凌驾于"蛮夷"之上的观感，这种观感无疑会潜移默化地左右着学界的认识和想象力。而《贞惠公主墓志》《贞孝公主墓志》的相继出土，让人们看到了一个不同于中原文献书写体系的渤海国王。

通过对两个墓志的解读，可以复原渤海国王"自我"的碎影。（1）大钦茂在渤海国内自称皇上、大王，而且是道德的化身和代表——圣人。[4]（2）大钦茂拥有属于自己的年号——"大兴"与"宝历"，并效法唐朝制度将两个年号嵌入尊号"大兴宝历孝感金轮圣法大王"之中。（3）大钦茂效法中原制度，以嫡长子为储君，创建东宫制度，以女

1 《旧唐书》卷 45《舆服志》，第 1931、1952 页。

2 （宋）王溥：《唐会要》卷 32《舆服下》，第 581 页。

3 《新唐书》卷 219《渤海传》，第 6182 页。

4 王承礼：《唐代渤海国〈贞孝公主墓志〉研究（下）》，《博物馆研究》1985 年第 1 期。

儿为公主，实行外命妇制。这些细节无不显示出，渤海国王作为渤海的最高统治者，拥有至高无上的地位，享有中原皇帝制度所赋予的各种特权。

"他者"对渤海国王的建构与"自我"相竞争中，围绕渤海国王的种种认知并非不可调和。越来越多的研究表明，渤海国王具有双重身份：在东亚世界中，尊奉唐朝皇帝为君，以藩臣的身份自认；在国内秩序中，又以皇帝身份主宰渤海国的一切。

"易服色"通常与"改正朔"一起，向来被视为开国易帜的必要之举。随着唐朝政治文化的东渐，渤海国王出于统治需要，将最具文化认同的章服制度引入。或许渤海国王深知章服制度背后的政治敏感，故在推行过程中几乎没有做任何调整。因此得以看到，虽然渤海国王在内以皇帝自居，但渤海章服制度无论是外在表征，还是内在理路，都在亦步亦趋地效仿唐朝制度，甚至可以完全实现对接。这一切似乎说明，在渤海国王的意识中，丝毫没有"易服色"的政治考量，在与唐朝交往过程中，渤海国王坚持奉唐正朔，接受唐朝册封和授官，未敢正面挑战唐朝皇帝的权威。诚如王安泰指出的，渤海国王一方面服膺于唐朝的天下秩序之内，另一方面借由皇族称号、官制、对外交往等手段，建构以自身为中心的政治秩序。[1]

---

1 王安泰「渤海國的開國爵與政治體系」『唐代史研究』第 18 号、2015。

第三章　渤海国军事制度

渤海国是中国东北粟末靺鞨人建立的政权。7 世纪末，渤海高王大祚荣以武力立国，经过历代统治者不断地开疆拓土，将今天中国东北的东部、俄罗斯远东地区南部、朝鲜半岛北部正式纳入统治版图。渤海国开创"海东盛国"辉煌的背后，离不开军事制度长期的、有力的保障。从民国初期开始，军事制度就成为中外渤海国历史研究的重要组成部分。近年来，也有不少论文对渤海国军事制度展开专门性的研究。[1]然而，渤海国军事制度研究仍存在进一步探讨的空间。

文献对渤海国军事制度的记载，呈现碎片化的状

---

[1] 徐佳禧：《渤海国军事制度研究》，硕士学位论文，哈尔滨师范大学，2014；〔韩〕东北亚历史财团编《渤海的历史与文化》，第 204~212 页。

态，因此，本章根据渤海国军事制度"宪象中国制度"，借助于唐朝军事制度的投射，将这些"碎片"有效地串并，以期勾勒出渤海国军事制度的轮廓，并得出相关的认识。

第一节　府兵制度

渤海国最高军事决策权归由渤海国王，宰相奉命参与决策。智部是渤海国最高军事管理机构，下设智部本司和戎部支司，分掌渤海国军事诸务。

渤海国军事系统有地方军队和中央禁军两大系统。渤海国前期，地方军队以府兵为主体，其基本单位是折冲府。渤海国中后期，府兵制瓦解后改以募兵制为主体，各地设节度使以统领。中央禁军是府兵制的延伸和发展，有南衙禁军与北衙禁军之分。参考唐朝制度和渤海上京城考古情况，南衙禁军驻守在宫城南面及皇城，是保卫京师和南衙国家机关的国家军队。北衙禁军驻守在京城北面的皇家禁苑，是保卫天子安全与宫廷秩序的皇帝亲军。

府兵制创建于西魏时期。大统年间（535~551），权臣宇文泰将关中地区的六镇军人和鲜卑诸部人"置十二军，简诸将以将之"。[1] 在此基础上，他迫于战争的形势，"广募关陇豪右，以增军旅"，建立起六柱国[2] 十二大将军二十四军的府兵组织系统。六柱国各督两大将军，"每大将军督二开府，凡为二十四员，分团统领，是二十四军。每一团，仪同二人"。[3] 其后，又"于六户中等以上家有三丁者，选材力一人，免其身

1　《周书》卷17《刘亮传》，中华书局，1971，第284页。
2　除了"总百揆，督中外军"的宇文泰和"从容禁闱而已"的宗室成员元欣，八柱国中有六柱国有领兵之权。
3　《北史》卷60《王谦传》，中华书局，1974，第2155页。

租庸调，郡守农隙教试阅"，[1] 府兵制开始与均田制结合起来。

北周时期继续改革府兵制度。建德二年（573），北周武帝"改军士为侍官"，使其成为皇帝的亲军，不再隶属柱国，下令招募百姓充当府兵，免其课役，一人充当府兵，全家编入军籍，不再隶属州县。"是后夏人半为兵矣。"[2] "军人及其家属居城者置军坊，居乡者为乡团，置坊主、团主以领之。"坊主、团主之上，有郎将和副郎将负责府兵的召集、训练和番上等事宜。进京宿卫的府兵分别隶属中央左右司卫、左右司武和左右武侯三府，"十五日上，则门栏陛戟，警昼巡夜；十五日下，则教旗习战，无他赋役"。[3] 轻武器装备由府兵自给，而重武器装备由国家提供。

到隋朝，府兵制在均田制基础上进一步发展。开皇十年（590），隋文帝下令："凡是军人，可悉属州县，垦田籍帐，一与民同。军府统领，宜依旧式。"[4] 也就是说，府兵除了原有军籍，隶属军府外，又与家属列入州县户籍，依均田令分得田地。府兵平时从事耕作生产，农闲时进行军事训练。遇到战事，府兵随军出征，出征时自备衣粮。从而实现了兵农合一、寓兵于农的制度革新。军府是府兵的基本组织单位，隋文帝时期称为骠骑府，设置骠骑将军和车骑将军，有时也设置与骠骑府并行的车骑府。隋炀帝大业三年（607）改骠骑府为鹰扬府，改骠骑将军为鹰扬郎将，车骑将军为鹰扬副郎将（后改鹰击郎将）。[5] 军府之上设卫府，隋文帝时期中央设十二府、东宫十率府统领军府，隋炀帝时期又改十二府为十二卫，诸卫府直属皇帝管辖。十二卫府设置有大将军、将军，"具有禁兵系统与府兵系统的双重功能"。[6]

1　（宋）王应麟：《玉海》卷138《兵制》引《郈侯世家》，江苏古籍出版社、上海书店，1987，第2569页。

2　《隋书》卷24《食货志》，第680页。

3　《北史》卷60《王谦传》，第2155页。

4　《隋书》卷2《高祖纪下》，第35页。

5　《隋书》卷28《百志官下》，第800页。

6　熊伟：《隋代府兵军府机构设置与沿革释证》，《阴山学刊》2015年第2期。

唐高祖李渊建国后，基本沿袭了隋朝旧制。唐太宗即位后，对府兵制进行整顿和改革，使府兵制与均田制进一步结合，形成了更为规范完备的军事制度。唐朝府兵按均田令授田，免除自身的租调，"皆取六品已下子孙，及白丁无职役者点充"，[1] 三年简选一次。简选原则是"财均者取强，力均者取富，财力又均，先取多丁"。[2] 若有差行上番，折冲府据名簿而遣发。

各地的折冲府是外府，由折冲都尉和果毅都尉统领。折冲府分为上、中、下三等，上府领一千二百人，中府领一千人，下府领八百人。"每府折冲都尉一人，上府正四品上，中府从四品下，下府正五品下。左、右果毅都尉各一人，上府从五品下，中府正六品上，下府正六品下。别将各一人，上府正七品下，中府从七品上，下府从七品下。长史各一人，上府正七品下，中府从七品上，下府从七品下。兵曹参军事各一人，上府正八品下，中府正九品下，下府从九品上。"[3] 折冲府下有团，每团卫士三百人，设有校尉；团下有旅，每旅卫士一百人，设有旅正；旅下有队，每队卫士五十人，设有队正；队下有火，每火卫士十人，设有火长。

除了折冲府之外，还有中郎将府。中郎将府是内府，由中郎将和郎将统领。《新唐书·百官志》记载了中郎将府的名号："亲卫之府一，曰亲府；勋卫之府二：一曰勋一府，二曰勋二府；翊卫之府二：一曰翊一府，二曰翊二府。"[4] 又称"三卫五府"。每府中郎将一人，正四品下；左、右郎将各一人，正五品上。"郎将掌领校尉、旅帅、亲卫、勋卫之属宿卫者，而总其府事；左右郎将贰焉。"中郎将、郎将之下，属官有兵曹参军事各一人，校尉各五人，旅帅二人，队正、副队正各二十人。

1 《旧唐书》卷 43《职官志二》，第 1834 页。

2 （唐）长孙无忌等：《唐律疏议》卷 16《擅兴》拣点卫士征人条，第 255 页。

3 《新唐书》卷 49 上《百官志四上》，第 1287~1288 页。

4 《新唐书》卷 49 上《百官志四上》，第 1281 页。

"择其资荫高者"为亲卫卫士，次者为勋卫卫士，再次者为翊卫卫士。[1]
张国刚指出，中郎将府与折冲府的官属设置和卫士定额基本相同。[2]

　　府兵是唐朝前期主要的军事力量，主要任务有番上与征战。孟宪实的研究表明，凡是列入兵部常规计划的府兵守卫性质的轮番值勤，都可以称为番上。番上既包括京师宿卫，也包括地方值勤。[3]一旦遇有战事，由中央政府从各地折冲府征调军队，临时任命高级将领统率。战争结束以后，"兵散于府，将归于朝"，将帅无握兵之权，他们与士兵只是在战时暂时结合，这保证了中央政府对府兵的绝对控制，可防止将帅拥兵自重，有利于加强中央集权和维护国家统一。

　　随着土地兼并日益严重，均田制遭到破坏，府兵制度难以维持。府兵要自备武器和粮衣，但是农民占有的土地越来越少，他们便想方设法逃避沉重的兵役和徭役负担，导致府兵兵源渐趋枯竭。与此同时，府兵服役的期限日益延长，边将侵吞府兵的财物，强迫他们服苦役，府兵制度已经名存实亡。到天宝八载（749），"折冲诸府至无兵可交"，唐朝不得不以募兵制取代府兵制。

　　渤海国的府兵制度并没有经过长期的、复杂的演进过程，而是直接借鉴于唐朝。魏国忠等认为，大祚荣时期，渤海国实行过胜兵制，到大武艺时期，以府兵制取代胜兵制。[4]徐佳禧基本赞同这一说法。[5]问题在于，胜兵制作为军事制度的概念提出来是否合适？渤海国是否推行过胜兵制？渤海国胜兵制如何运行，与府兵制有何区别？诸如此类的问题都有待进一步论证。笔者倾向于认为，大祚荣建国以后，就在统治境内推行府兵制。

　　根据文献记载，大祚荣及其家族在高句丽灭亡后，被唐廷强行迁

1　《旧唐书》卷 43《职官志二》，第 1833 页。

2　张国刚：《唐代府兵渊源与番役》，《历史研究》1989 年第 6 期。

3　孟宪实：《唐代府兵"番上"新解》，《历史研究》2007 年第 2 期。

4　魏国忠、朱国忱、郝庆云：《渤海国史（修订版）》，第 367 页。

5　徐佳禧：《渤海国军事制度研究》，第 14 页。

到营州，置于当地都督府和军府的监管之下。当时，营州地区设置有辽西府、平辽府、怀远府三个正州折冲府，带方府、昌利府两个城傍羁縻州折冲府。[1] 在长达二十多年的生活中，大祚荣对府兵制耳濡目染，较为熟悉。万岁通天元年（696），大祚荣率部趁营州之乱东逃，"恃荒远，乃建国"。[2] 对于新生的渤海政权来说，组建军事武装，加强军事制度建设，迫在眉睫。大祚荣完全可以套用现成的唐朝府兵制来解决问题，根本不存在制度创建和思想接续的顾虑。这种推论从中国正史中也能找到蛛丝马迹。《旧唐书·渤海靺鞨传》中提及，大祚荣建国初期，有"编户十余万，胜兵数万人"。[3] 在这一叙事中，"编户十余万"，可以理解为大祚荣时期按照中原的统治制度，对统治下的百姓进行编户齐民，有效地掌握户口资料，保证赋役制度的实施。"胜兵数万人"与"编户十余万"的比例，反映了大祚荣时期并不是简单地按户抽丁来组建军队。同时，"胜兵"与"编户"对举，清楚表明"胜兵"独立于"编户"之外，互不交叠。与其相适的制度背景是府兵制在渤海国的全面推行，以及府兵制下兵民分治的事实。

更为学界所熟知的、最直接的证据来自日本文献的记载，《续日本纪》中记载渤海国使团的职官：圣武天皇神龟四年（727），渤海国王大武艺"遣宁远将军、郎将高仁义，游〔击〕将军、果毅都尉德周，别将舍那娄二十四人"出使日本，[4] 开启了渤海国与日本长达近两百年的交聘活动。鉴于两地"天崖路阻，海汉悠悠，音耗未通，吉凶绝问"，为首的渤海使臣都是由武官担任。由于使团在海上遭遇风暴，漂泊到虾夷境内，高仁义以下十六人被杀害，首领高斋德等八人侥幸逃脱，最终完成这次使命。"郎将"为内府属官，是中郎将府的副长官，品秩高于外府的"果毅都尉"和"别将"。"果毅都尉"为折冲府的副长官，"别将"

1　宋卿：《唐代营州军事设置探究》，《中国边疆史地研究》2015年第3期。
2　《新唐书》卷219《渤海传》，第6179页。
3　《旧唐书》卷199下《渤海靺鞨传》，第5360页。
4　菅野真道等『続日本紀』卷10、日本聖武天皇神龟五年（728）春正月、第163页。

位在折冲都尉和果毅都尉之下。这段记载表明，渤海国初期不但推行过府兵制，而且府兵制也有内府和外府之分。考虑到使团的行政效率，高仁义、德周、舍那娄很可能都是出自同一个卫府，这样更有利于调度和管理。

渤海国中后期在沿边军镇设立节度使，长期驻守大量常备军，随时防范和击退来犯之敌。《新唐书·渤海传》记载："扶余故地为扶余府，常屯劲兵捍契丹，领扶、仙二州。"[1]《辽史·萧阿古只传》记载：渤海国王大諲撰降而复叛，"会贼（渤海国）游骑七千自鸭渌府来援，势张甚"。[2]扶余府主要防御契丹，鸭渌府主要防御新罗，军事力量都比较强。渤海国这种军事体制的变化，一方面导致了府兵制被募兵制所取代，另一方面形成了"守外虚内"的军事格局。这种格局为契丹速灭渤海国提供了可乘之机。天赞四年（925）十二月十六日，阿保机誓师出征，首先攻克扶余府，再败老相军，次年（天显元年，926）正月初九，长驱直逼上京城，正月十四日，渤海国王"諲撰素服，稿索牵羊，率僚属三百余人出降"。[3]回顾整个过程，契丹军队一旦突破扶余府，便可长驱直入。由于中央及内地兵力薄弱，渤海国很难组织起有效的、连续的抵抗，而握有重兵的"安边、鄚颉、南海、定理等府及诸道节度使、刺史"[4]来不及救援，只能坐观上京城陷落。

第二节　南衙禁军

渤海国的南衙禁军制度可以追溯到西魏时期。大统三年（537），宇文泰"仿周典，置六军"，由六柱国统领中军，"分掌禁旅"：中央禁

---

1 《新唐书》卷 219《渤海传》，第 6182 页。

2 《辽史》卷 73《萧阿古只传》，第 1224 页。

3 《辽史》卷 2《太祖纪下》，第 22 页。

4 《辽史》卷 2《太祖纪下》，第 22 页。

军负责宫廷宿卫，府兵负责京城及附近地区宿卫。北周武帝时期在西魏制度基础上继续发展，设置司卫、司武，统领府兵，负责宫廷宿卫；设置武候府，统领府兵，负责京城宿卫；各置上大夫，总宿卫军事。隋文帝建国后，调整西魏、北周以后的国家政治体制，设置中央十二府和东宫十率，统领府兵和宿卫京城，标志着南衙禁军制度正式形成。[1] 十二府为左右卫府、左右武卫府、左右武候府、左右领左右府、左右监门府和左右领军府。大业三年（607），隋炀帝将十二府增改为十二卫四府，合称十六卫府或十六府。

唐初沿袭隋代旧制，仍称十六府。龙朔二年（662），唐高宗改百官名时，正式定称为十六卫。十六卫设置"上将军各一人，从二品；大将军各一人，正三品；将军各二人，从三品"。[2] 其中，左右监门卫和左右千牛卫等四卫统领内府，负责宫禁宿卫。左右卫、左右骁卫、左右武卫、左右威卫、左右领军卫和左右金吾卫等十二卫不仅统领内府，负责宫禁宿卫，而且遥领外府，分领折冲府到长安宿卫的府兵，集府兵与禁军于一体。南衙禁军的主要职责是负责京城巡逻警卫、充当朝廷仪卫、保卫南衙政府机关和门禁守卫。[3] 随着府兵制度的土崩瓦解，十六卫丧失战斗力，兵额持续减少，虽然保留了完整的军号、武官建制，但是在整个禁军系统中的地位逐渐下降。

另外，威远军也是唐中后期比较著名的一支南衙禁军。威远军，又称威远营，原本是鸿胪寺的一支警卫部，主要是保障入觐使节和酋长的人身安全。唐德宗即位后，左右威远军改隶金吾卫，被纳入南衙禁军。唐宪宗时期，正式废除英武军，其所管将士和军额并入威远军。

渤海国南衙禁军与唐朝制度之间的同质赓续和后先因革清晰可识。在渤海国，统领内府和外府的中央管理机构是南衙诸卫。《新唐书·渤海传》记载了南衙诸卫的名号：

1　戴均禄：《唐代前期南衙禁军研究》，硕士学位论文，辽宁大学，2012，第9页。

2　《新唐书》卷49上《百官志四上》，第1279页。

3　张国刚：《唐代禁卫军考略》，《南开学报》1999年第6期。

> 其武员有左右猛贲（卫）、熊卫、罴卫，南左右卫，北左右
> 卫，各大将军一、将军一。[1]

大部分学者认为，渤海国南衙禁军是由左右猛贲卫、左右熊卫、左右罴卫、南左右卫、北左右卫等十卫组成。笔者不赞同这种观点。根据《高丽史》，高丽太祖天授八年（925）九月，"渤海礼部卿大和钧、〔大〕均老、司政大元钧、工部卿大福谟、左右卫将军大审理等率民一百户来附"。[2]《高丽史节要》将这一年渤海国人归化的记载合在一处：高丽太祖天授八年（925）十二月，"其（渤海国）世子大光显及将军申德、礼部卿大和钧、〔大〕均老、司政大元钧、工部卿大福谟、左右卫将军大审理、小将冒豆干、检校开国男朴渔、工部卿吴兴等，率其众前后来奔者数万户"。[3]对比《高丽史》和《高丽史节要》的记载可知，"左右卫"明显是一个固定名词，既然如此，南左右卫和北左右卫是两个卫，而不是四个卫。

金毓黻认为，南左右卫属于南衙禁军，而北左右卫属于北衙禁军。[4]笔者认为，南左右卫与北左右卫同属于南衙禁军，前者驻守皇城南，后者驻守皇城北、宫城南。除了南左右卫与北左右卫，其他六卫均以猛兽命名——虎、熊、罴。[5]这些动物在中国东北及俄罗斯远东地区都有分布，是渤海国文化中力量与英雄的象征符号。

南衙诸卫各置大将军一人、将军一人，以统卫府事。显然，南衙八卫是仿照唐朝南衙十六卫建制而加以精简的结果。南衙诸卫之中，哪些统领内府和外府，由于文献记载阙失，难以进一步辨明。大将军、

1　《新唐书》卷 219《渤海传》，第 6183 页。

2　〔朝鲜〕郑麟趾等：《高丽史》卷 1《太祖世家一》，第 25 页。

3　〔朝鲜〕金宗瑞等：《高丽史节要》卷 1《太祖》，汉城大学奎章阁影印本，第 18 页。

4　金毓黻：《渤海国志长编》卷 15《职官考》，第 343 页。

5　猛贲，本为虎贲，渤海国避唐太祖李虎讳，改为猛贲。

将军以下，属官还有都将与少将。如《日本逸史》记载，桓武天皇延历十七年（798），渤海国派遣大昌泰出使日本。大昌泰为渤海国王室成员，官至"左熊卫都将"。[1] 参考唐朝制度，加上日本国对渤海国大使的叙授多在从三位，存在虚高一阶的惯例，"左熊卫都将"当为左熊卫所属内府的中郎将，正四品下。再如《日本三代实录》记载，清和天皇贞观十三年（871），渤海国派遣杨成规和副使右猛贲卫少将正五品、赐紫金鱼袋李兴晟出使日本。[2] 参考唐朝制度，加上"右猛贲卫少将"为正五品，可以推定"右猛贲卫少将"当为右猛贲卫所属内府郎将。

除此之外，天门军很有可能也属于南衙禁军。天门军的名称源于黑龙江博物馆收藏的天门军军印。天门军军印为青铜质，印纽扁平，通高4.3 厘米，边长 5.25 厘米 ×5.3 厘米，厚 1.4 厘米，柄高 2.9 厘米，印面呈正方形，篆有"天门军之印"五个汉字。[3] 从规制看，天门军军印字体为"九叠篆"，模仿唐代官印的篆刻书法，线条也符合"唐印文如丝发"[4] 的惯例，同时，天门军印的尺寸与出土的唐代官印（一般在 5 厘米至 6 厘米见方）大小相当。从出土地点看，天门军军印出土于黑龙江宁安渤海国上京城遗址西南，可以证明天门军官衙就设在皇城西南，属于南衙禁军。笔者推测，天门军与唐朝南衙禁军中的威远军相似，主要依据有以下三点。第一，唐朝的鸿胪寺也位于皇城西南，[5] 作为其警卫部队的威远军就部署在其附近（后改隶南衙禁军）。第二，"天门军"的得

1　鸭祐之『日本逸史』卷 7、日本桓武天皇延暦十七年（798）十二月、第 67 頁。

2　藤原時平等『日本三代実録』卷 21、日本清和天皇貞観十四年（872）五月、第 353 頁。

3　黑龙江省文物考古工作队编《黑龙江古代官印集》，黑龙江人民出版社，1981，第 6~7 页。

4　（宋）张舜民：《画墁录》，朱易安、傅璇琮等主编《全宋笔记》第 2 编第 1 册，大象出版社，2006，第 215 页。

5　从平面布局上看，渤海上京城采用的是中原都城宫城、皇城、郭城三重城垣层层相环的方式。从渊源关系上看，渤海上京城有其自身的发展序列，总体布局基本依照唐长安城，但由于实力强弱、等级高低，以及与此相关的制度等方面的区别，上京城的规模和某些设计受到相应的限制。参见刘晓东《渤海文化研究——以考古发现为视角》，黑龙江人民出版社，2006，第90 页。

名，很可能源于大祚荣在天门岭之战中战胜唐军、建立渤海国的史实。不难看出，天门军与唐朝威远军的军号一样，均取"威震远方"之意。第三，在唐朝南衙禁军序列中，各军主要来自十六卫，威远军是少有的、不带卫号的南衙禁军。同样渤海国南衙禁军序列中，天门军也是少有的、杂号的南衙禁军。

渤海国的东宫制度可以追溯到建国初期，东宫周围聚集有一定的武装力量。日本学者酒寄雅志考察了渤海国东宫制度，但对东宫的军事力量措意不多。[1]《册府元龟》记载，后唐庄宗同光二年（924）"八月，渤海朝贡使王佺、学堂亲卫大元谦可试国子监丞"。[2]亲卫，位在郎将之下，正七品上，唐朝的左右卫及东宫左右卫率府均有设置。其中，左右卫亲卫由"三品已上子、二品已上孙为之"，左右率府亲卫由"四品子、三品孙、二品已上之曾孙为之"。[3]对于渤海国王佺大元谦而言，学堂亲卫应为其起家补授之职。"学堂"很可能是渤海世子读书的地方，大元谦的身份具有陪读与护卫双重性质。这也同样能够证明，东宫拥有自己的武装力量。这些武装力量很可能与国家军队存在某种关系，朝鲜古籍《高丽史》记载，高丽太祖天授八年（925），"渤海国世子大光显率众数万来投，赐姓名王继，附之宗籍，特授元甫，守白州以奉其祀"。[4]大光显所率领的降众中，除了慕名跟随他的百姓，他直接掌握的嫡系部队应占有很大比例。在渤海国二百多年的历史中，东宫通过什么制度来实现对部分国家军队的控制？在渤海国从府兵制向募兵制演变的过程中，东宫对国家军队的部分控制经历了哪些制度变革？由于相关文献缺载，无从得知，期待相关新史料的出现。

1　〔日〕酒寄雅志：《渤海王权考察之一——以东宫制为中心》，今是译，《博物馆研究》1990年第4期。

2　（宋）王钦若等编《册府元龟》卷976《外臣部·褒异第三》，第11300页。

3　（唐）李林甫等：《唐六典》卷5《尚书兵部》兵部郎中员外郎条，第154~155页。

4　对于本条记载，〔朝鲜〕郑麟趾等《高丽史》卷86《年表一》系于高丽太祖天授八年（第2724页），而卷2《太祖世家二》系于高丽太祖天授十七年（第38页）。

第三节　北衙禁军

一　北衙禁军的建立

渤海国北衙禁军同样仿唐朝制度而建立。唐朝北衙禁军以"六军"和神策军为主体。

1. 六军

"六军"一词最早见于周代。《周礼·夏官》记载："凡制军，万有二千五百人为军。王六军，大国三军，次国二军，小国一军。"[1]《左传·襄公十四年》记载："周为六军，诸侯之大者，三军可也。"[2]后来"六军"被作为拱卫天子的基本军事架构，称为"天子六军"。到了唐代，"六军"的称谓逐渐固定化，专指北衙禁军中地位最为重要、最常置的六支军队。[3]一般认为，唐代"六军"是指左右羽林军、左右龙武军、左右神武军。[4]

左右羽林军的演变分为两个阶段。第一阶段，唐高祖时期，以元从将士设左右屯营于玄武门，号称元从禁军。唐太宗时期，挑选骁勇善射之士组建百骑、北衙七营，充当北宿卫。贞观十二年（638），太宗从元从禁军和府兵中选拔矫捷之士置飞骑，"领以诸卫将军"。[5]第二阶段，高宗龙朔二年（662），以飞骑加府兵越骑、步射组建羽林军。垂拱元年（685），取消以诸卫将军检校的规定，羽林军正式成为独立建制的北

1　（汉）郑玄注，（唐）贾公彦疏《周礼注疏》卷28《夏官司马第四》，（清）阮元校刻《十三经注疏》，第830页。

2　〔晋〕杜预注，（唐）孔颖达疏《春秋左传正义》卷32，襄公十四年，（清）阮元校刻《十三经注疏》，第1958页。

3　蓝贤明：《唐〈陈守礼墓志〉考释及相关问题研究》，硕士学位论文，中央民族大学，2013，第33页。

4　（宋）叶梦得：《石林燕语》卷6云："龙武、羽林、神武各分左右，所谓六军也。"（第93页）

5　《新唐书》卷50《兵志》，第1331页。

衙禁军，定额六千人。[1] 天授二年（691），改左右羽林军为左右羽林卫，设置大将军，成为与南衙诸卫同样的禁军领导机构。

左右龙武军由羽林军属飞骑演变而来。唐太宗时期"于飞骑中简才力骁捷善射者，号为百骑"。这些百骑"扈从游幸则衣五色袍，乘六闲马，赐猛兽衣鞯"。[2] 之后，经过不断扩充，到武则天时期改名千骑，中宗时期改名万骑，仍分为左右营驻屯。唐玄宗时期，由于平定韦氏的功劳，万骑越来越受到重视。左右万骑虽然隶属羽林军，但是招收和替补兵员有很强的自主性。[3] 开元二十六年（738），万骑正式从羽林军中分离出来，设置左右龙武军，"皆用唐元功臣，制若宿卫兵"。[4]

左右神武军是在安史之乱时期建立的。至德二载（757），唐肃宗收复长安以后，"以林军减耗，寇难未息"，同时，为了消除对皇权的潜在威胁，设置左右神武军，"先取元扈从官子弟充，如不足，任诸色中简取，二千人为定额"。所谓元扈从官子弟，是指追随肃宗到灵武的官员子弟。乾元二年（759），肃宗"敕左右羽林、左右龙武、左右神武官员并升，同金吾卫，置大将军二人、将军二人"。至此，北衙六军才与南衙禁军对等，名号、建制、职掌最终固定和完成。从演变轨迹看，每一支北衙禁军建立或改建的过程，都伴随着皇权嬗递的历史背景。

渤海国北衙禁军效仿唐朝制度而建。关于渤海国北衙禁军，仅见于《旧唐书·文宗纪》的记载：

> （大和六年十二月）戊辰，内养王宗禹渤海使回，言渤海置左右神策军、左右三军一百二十司，画图以进。[5]

1　张国刚：《唐代禁卫军考略》，《南开学报》1999 年第 6 期。
2　（唐）杜佑：《通典》卷 28《职官典十》，中华书局，1988，第 791 页。
3　张国刚：《唐代禁卫军考略》，《南开学报》1999 年第 6 期。
4　《新唐书》卷 50《兵志》，第 1331 页。
5　《旧唐书》卷 17《文宗纪下》，第 547 页。

渤海国王大仁秀去世后，唐文宗派太监王宗禹出使渤海国，册封大仁秀的孙子大彝震为"检校秘书监、忽汗州都督、渤海国王"。[1] 王宗禹在渤海国停留期间，渤海国北衙禁军的发展引起了他的注意。因此，王宗禹回朝以后，将渤海国北衙禁军组织系统画成图样，呈交有关部门。"左右三军"效仿唐朝北衙六军的建制，即左右羽林军、左右龙武军、左右神武军。一百二十司的具体情况，由于文献记载有限，无法加以考证。但一百二十司的存在，可以印证渤海国北衙禁军组织之完备，规模之庞大。

2. 神策军

唐代神策军原本是一支镇戍西北的边镇部队。陇右节度使哥舒翰击败吐蕃，收复黄河九曲之地。天宝十三载（754），唐朝在这一地区设置浇河、洮阳两郡，组建宁边、威胜、金天、武宁、耀武、天成、振威、神策八军。神策军驻地在临洮以西的磨环川，洮阳太守成如璆兼神策军使。安史之乱爆发后，神策军兵马使卫伯玉率千余人赴中原平叛。相州兵败后，卫伯玉与观容军使鱼朝恩率军退守陕州。由于神策军故地被吐蕃乘机攻占，这支军队仍沿用神策军的名号，卫伯玉被任命为神策军节度使。卫伯玉入朝后，神策军由鱼朝恩统率。广德元年（763），吐蕃进犯长安，唐代宗逃到陕州，鱼朝恩"举在陕兵与神策军迎扈，悉号神策军"。同年十二月，"京师平，朝恩遂以军归禁中"，神策军完成了从边镇之军向北衙禁军的转变。永泰元年（765），吐蕃进犯关中，鱼朝恩率神策军驻苑中，分为左、右两厢，从此，神策军"势居北军右"，[2] 成为北衙禁军的主力。

由于朝廷集权与地方割据的矛盾日益尖锐，唐朝统治者意识到必须拥有一支由朝廷直接掌握的、有战斗力的武装力量，增强神策军实力势在必行。在这种背景下，神策军多次进行扩编。扩编的途径主要有三

1　《旧唐书》卷 17《文宗纪下》，第 547 页。

2　《新唐书》卷 50《兵志》，第 1332 页。

种：一是收编战斗力强、久经沙场的藩镇部队，如邢君牙、尚可孤、阳惠元、郝廷玉等部，使神策军实力大增；二是以"神策行营"的名义，兼并京畿和关内诸军；三是通过招募新兵增加神策军的兵员，全盛时期兵力达十八万多。

神策军兼有禁军和野战部队的双重身份，拥有两种不同的组织编制。一种是禁军系统的组织编制，设有大将军、将军、统军、长史、参军等，又设置护军中尉，由宦官担任，大将军以下均归其直接指挥。以宦官为最高军事统帅，是神策军在组织制度上不同于其他北衙军的一个重要特征。另一种是方镇的组织编制。行营节度使、都知兵马使、兵马使、都虞候、押衙以及镇遏使等这类方镇军职官在神策军中极为常见。[1]神策军分为两部分：一部分布防京畿和关内诸镇，以行营名义享受待遇，主要负责防御吐蕃，保卫长安的安全，也属于朝廷控制的与藩镇抗衡的周边武装；另一部分驻守京城，不承担出征任务，城市化、市井化日趋严重。[2]

渤海国"左右神策军"是效仿唐朝神策军的建制。从前举《旧唐书》的记载看，渤海国神策军在北衙禁军中处于突出的位置，并与其他北衙"六军"有区别，这种情形与唐朝的神策军相似。唐朝北衙禁军内部，"六军"主要负责宿卫任务，神策军则负责宿卫与征战双重任务。职责任务的不同，决定着北衙禁军内部在组织制度、兵力配备、屯驻区域等方面会有所差别。[3]渤海国也大抵如此。

渤海国神策军的命名显然是采自唐朝神策军，这意味着两者的性质、承担的任务大致相似。倘若如此，可以依据对唐朝神策军有关认识，构建起对渤海国神策军的基本理解。一方面，渤海国神策军作为北衙禁军的一支，大量布防在宫城、京畿周边，拱卫国都和渤海国王的安

1　曾鹏瑞：《唐代北衙神策禁军考论》，硕士学位论文，四川师范大学，2010，第18页。

2　宁欣：《唐后期禁军扩编述论》，荣新江主编《唐研究》第20卷，北京大学出版社，2014，第289页。

3　曾鹏瑞：《唐代北衙神策禁军考论》，第19页。

全。另一方面，神策军作为渤海国王直接掌握的、能随时应命征讨的中央机动部队，对地方势力保持强大的控制力和威慑力。

从文献记载看，王宗禹回国复命时报告了渤海国设置北衙禁军一事，这个情报显然来自他在渤海国期间的见闻。然而，北衙禁军这么庞大的机构，并非在大彝震即位之初就能一蹴而就。从渤海国中期局势发展来看，渤海国神策军很可能产生于大仁秀时期。大钦茂死后，大元义、大华玙在位皆不满一年，国内形势动荡不安。虽然大嵩璘即位后稳定了局势，但是这种良好的趋势并没有持续太久。大嵩璘死后，大元瑜、大言义、大明忠都执政时间短暂，国势一度陷于衰落。太始元年（818），大明忠死后，大仁秀即位，标志着王统由高王大祚荣系转入大祚荣弟大野勃系。大仁秀正是依靠神策军的支持，稳固了自己的统治地位，加强了对王室、贵族和地方势力的控制，结束了大钦茂、大嵩璘死后的混乱局面。同时南定新罗，北略海北诸部，为"海东盛国"的开创奠定了基础。

刘晓东提出了渤海国上京城分期营建的观点，指出文王时期，营建了现存上京城遗址中的宫城，成王、康王时期，营建了现存遗址中的皇城，大仁秀、大彝震时期，营建了现存遗址的整体规模。[1] 随着上京城营建的全面完成，宫城、皇城政治功能区域的形成，中央禁军按照职责和驻防区域的不同，分为南衙禁军与北衙禁军。从这个意义上说，大仁秀统治后期，无疑是界定北衙禁军出现的重要时间节点。这同样解释了为什么王宗禹之前的唐朝册封使没有向朝廷上报渤海国北衙禁军的有关情况。

一般认为，《新唐书·渤海传》对于南衙禁军的记载，来自张建章出使渤海国期间亲临其境得到的材料，[2] 这与王宗禹向唐廷呈报渤海国北衙禁军的情况，时隔不到两年。张建章为什么没有记载北衙禁军呢？这

1　参见刘晓东《渤海文化研究——以考古发现为视角》，第 92 页。

2　佟柱臣：《〈渤海记〉著者张建章〈墓志〉考》，《黑龙江文物丛刊》1981 年第 1 期。

种记载的不对称，很可能与张、王二人的出使身份、使命有关，这也决定了两人所能接触的情报层次不同。张建章作为幽州节度使的使者，主要与位于渤海国皇城的南衙机构进行交涉，对南衙机构的情况自然更熟悉，这也体现在《新唐书·渤海传》对于南衙机构的详细记载上。册封使王宗禹代表唐廷的意志，经常出入渤海国宫城，与渤海国统治高层往来密切，故能对北衙禁军内部的架构和统属了如指掌。这一点，非职位卑微的张建章所能做到。

有迹象表明，渤海国建立过一支实力比较强大的水师。透过历史上渤海国与日本展开的海上交流，能够看出渤海国人在长期的海上活动中，掌握了丰富的航海知识，[1]拥有比较高超的造船技术、[2]天文生和其他海上从业人员，[3]这些条件有助于深化对渤海国水师的理解。

渤海国大将张文休率军突袭登州事件，让渤海国水师进入了学界的研究视野。《旧唐书·渤海靺鞨传》《册府元龟》《资治通鉴》等文献记载在渤海偷袭登州过程中，"海贼"发挥了关键作用。金毓黻在记载渤海寇登州事件时，有意将"海贼"与"兵"分开：渤海武王仁安十四年（732）"九月，遣将张文休率兵并导海贼逾海，攻唐登州，杀其刺史韦俊"。[4]陈显昌认为，张文休所率的"海贼"就是渤海水师。[5]辛时代、郭威进一步认为，"海贼"应为渤海水师中的精干力量。[6]赵哲夫认为，张文休所率的"海贼"是活跃在黄海、渤海地区从事劫掠人口生意的海

1　魏存成：《渤海政权的对外交通及其遗迹发现》，《中国边疆史地研究》2007年第3期。该文研究认为，渤海人掌握了日本海季风和海流的规律，秋末冬初出海，利用大陆吹来的西北风和自北向南的里曼海流扬帆远行，在能登半岛及其以南登陆；在次年夏季返回，乘海上吹起的东南风驾船北归。

2　魏国忠、朱国忱、郝庆云：《渤海国史（修订版）》，第500页。该书认为，渤海国匠人能够造出型号大小不一、种类不同的舰船，其大者可载百余人及大量的货物，设备齐全，舵、桅、楫、帆、锚、缆绳等应有尽有。

3　〔日〕上田雄：《渤海使研究》，李凤英译，《北方文物》2007年第2期。

4　金毓黻：《渤海国志长编》卷9《大门艺传》，第204页。

5　陈显昌：《渤海国史概要（二）》，《齐齐哈尔师范学院学报》1983年第2期。

6　辛时代、郭威：《韦俊墓志与渤海寇登州事件始末》，《北方文物》2018年第2期。

盗武装。[1]从《韦俊墓志》中"蠢尔岛夷，远在荒裔，潜度大海，直指孤城""岛夷作孽，今也则亡"以及渤海随后自登州北上马都山配合契丹、后东突厥作战看，渤海国水师通过参与这一系列军事行动，凸显了在东亚海域的存在。在此背后，渤海国水师的航海保障能力、后勤和兵力的远程投放能力不容小觑。关于渤海国水师的建制及其他相关情况，现有文献没有记载，无法进一步考察。

二　北衙"六军"与渤海王的拟天子制

"天子"的概念形成于西周，《礼记·曲礼下》解释为"君天下曰天子"。在漫长的历史中，"天子"的含义在不断发展。郑惠生指出，从受命于天而君临天下的君王，到父天母地的帝王，最后成为具有上天血统的"天子"，体现了中国古代帝王神天观念的转变。[2]

"天子"是皇帝神格化的称谓，两者的区别在于："天子"不仅是"天"之元子，"神精与天地通"，而且是道德上的圣人，秉承天命治理天下；皇帝是世俗社会中最高的政治权威，通过遵从天命、奉天法古来获得自身的合法性和正统性，按照"天子"的规范行事。

安史之乱以后，唐朝国势逐渐衰落，对周边控制力减弱，渤海国的崛起与此形成强烈的反差。在这种背景下，渤海国王的自树意识更加强烈。他已经不再满足于在国内自称皇帝，逐渐突破以往唐渤宗藩的界限，以构建自外于唐朝话语体系的正统思想。

渤海国王大钦茂率先通过对外交往的途径寻求日本承认其正统地位。大兴三十五年（771），大钦茂遣壹万福出使日本。但国书"日下不注官品姓名，书尾虚陈天孙僭号"，[3]引起了意图建立两国君

1　赵哲夫：《关于渤海国历史的三个问题》，《北方文物》1994年第4期。

2　郑惠生：《"天子"考》，《历史教学》1982年第11期。

3　菅野真道等『続日本紀』卷32、日本光仁天皇宝龟三年（772）二月、第556頁。

臣关系的日本方面强烈的不满。[1]

需要指出的是，"天孙"与中原王朝的"天子"不存在政治伦理关系。日本学者石井正敏解释道，渤海国王所宣称的"天孙"，实际上是天帝之子与河神之女所生的高句丽始祖朱蒙，以及由此衍生的与高句丽王室相关联的意识。酒寄雅志认为，以渤海国为中心的天下思想的存在，显示了"天孙"作为渤海国王统治的正统性和超越性。[2]张岩、徐德源的研究表明，大钦茂利用与高句丽的继承关系做文章，无非是标榜王位的合法性和权威性，而不是受他人之封，反映了渤海国王想摆脱唐朝中央控制的政治意图。[3]

随着日本指责渤海国书"违例无礼"，大钦茂被迫放弃"天孙"的称谓，恢复从前的国书体例。

无独有偶，《册府元龟·帝王部·宽恕》记载："代宗大历八年（773）闰十一月，渤海质子盗修衮龙，擒之，词云'慕中华文物'，帝矜而舍之。"[4]"衮龙"当是"龙衮"之误，即天子的礼服。《礼记·礼器》云："礼有以文为贵者：天子龙衮，诸侯黼，大夫黻。"[5]渤海质子盗修龙衮的举动，固然折射出渤海国对唐朝皇权的觊觎与轻视，但唐朝将渤海质子扭送到代宗面前接受诘责，未尝不是借机在渤海国面前立威，令渤海国的形象受到损害。

国书事件和盗龙衮事件，使渤海国王重新认清了形势，暂时搁置向东亚世界宣扬"正统"论调。

倘若由此断言，渤海国的"正统"论终结未免为时过早。大钦茂以

1　廣瀬憲雄「日本の対新羅・渤海名分関係の検討——『書儀』の礼式を参照して」『史学雑誌』第116編第3号、2007；拜根兴、冯立君等编译《古代东亚交流史译文集》第1辑，中国社会科学出版社，2018，第194页。

2　鈴木靖民・金子修一・石見清裕・浜田久美子編『訳註日本古代の外交文書』第93頁。

3　张岩、徐德源：《大钦茂王时期的渤日交往史新探》，《日本研究》1993年第4期。

4　（宋）王钦若等编《册府元龟》卷41《帝王部·宽恕》，第444页。

5　（汉）郑玄注，（唐）孔颖达疏《礼记正义》卷23《礼器第十》，（清）阮元校刻《十三经注疏》，第1433页。

后，"正统"思想仍然潜移默化地发挥着影响，尚未退出渤海国政治文化的主流。上京政治空间的规划和落成，[1] 北衙 "六军" 的设置，成为这种意识的隐晦表达。此举表面上是向唐朝学习先进制度，不过，考虑到中原制度 "天子六军" 的特有政治含义，难免有僭越的嫌疑。渤海国王虽然有僭越之心，但是他所面临的境遇是，即便到了晚唐时期，唐朝天子作为东亚世界的共主，最高的政治权威仍然难以撼动。于是，渤海国王始终奉唐正朔，接受唐朝的册封。

渤海国末王大諲譔即位后，[2] 唐朝很快就灭亡了，于是渤海王明目张胆地穿戴上天子之服。《契丹国志》记载，东丹王耶律倍 "被十二旒冕，服皆画龙像，称制令行"，[3] 学界主流观点认为，这是继承渤海国的旧制，实际上是渤海国王 "天子" 形象的真实写照。

余　论

通过上文的研究，大致勾勒出渤海国军事制度演变的脉络。渤海国作为唐朝羁縻府州体制下的成员，直接采纳唐朝比较成熟的军事制度，减少了唐朝之前复杂的演变过程。

渤海建国初期，就出现兵民分治的现象，稍后又有都将、少将、果毅都尉、别将等属官，故大体可以将府兵制形成时间推定于渤海国前期。在渤海国内，地方府兵的基本单位是折冲府，中央府兵的基本单位

1　刘晓东从考古学视角对渤海国上京城主体格局的演变进行考察，指出文王时期，上京城的规模基本是现存遗址中的宫城规模，都城建制为两重城制；成王、康王时期增设了皇城城垣，似乎没有兴建较大的宫殿建筑群体，都城建制变为三重城制；大仁秀、大彝震时期，增设了郭城城垣，把成、康时期的郭城扩建为皇城，皇城扩建为宫城，都城建制仍为三重城制。见刘晓东《渤海文化研究——以考古发现为视角》，第 100 页。

2　关于大諲譔的即位时间，一说在唐哀帝天祐四年（907），一说在天祐三年。天祐四年三月，朱温逼迫唐哀帝禅让，建立后梁。

3　（宋）叶隆礼：《契丹国志》卷 14《东丹王传》，中华书局，2014，第 171 页。

是中郎将府。至于渤海国折冲府的数量、折冲府的分布情况、府兵制的社会经济背景等诸多问题，由于缺乏基本史料，无法进一步考索。前文梳理的唐朝府兵制相关内容，或许有助于延伸对渤海国府兵制有关问题的理解。

作为主管府兵的中央机构，渤海国中央诸卫很可能和府兵制同时出现，并且与渤海国历史发展相始终。中央禁军是在中央诸卫的基础上建立起来的，而南衙禁军和北衙禁军的划分，应该与都城政治空间的整合有关。随着上京城大规模的建造，皇城与宫城两大政治功能区域的形成，南、北衙军拥有各自的驻地，职能逐渐固定，在国家政治生活中也扮演着不同的角色。

唐人王宗禹向唐廷报告的渤海国北衙禁军情况，从一个侧面反映了北衙禁军势力在增长，与之对照的是南衙禁军在逐渐削弱，这种走向与唐朝中央禁军的演变趋势相一致。南衙禁军的削弱，是以府兵制的瓦解为背景的。从这个意义上说，魏国忠等推测，最晚到文王大钦茂时期，渤海国的府兵制逐渐遭到废弃，组建了以募兵制为主的常备军。[1] 这个说法是很有见地的。

值得注意的是，在借鉴唐朝制度的同时，渤海国结合自身社会发展的情况，对军事制度做出相应的调整，最明显的例子是南衙禁军。渤海国南衙禁军设置八卫，明显是根据国内军队规模而对唐朝南衙十六卫加以精简的结果。迨至渤海国中后期，渤海国在各地设置节度使，建立起边镇防御体系，并长期派军队戍守。军事制度的调整，不仅引发了募兵制取代府兵制的军事变革，而且对渤海国的军事格局产生了深远的影响，为契丹速灭渤海国埋下了伏笔。

1　魏国忠、朱国忱、郝庆云：《渤海国史（修订版）》，第369页。

第四章　渤海国五京制度

自 698 年大祚荣建国后，渤海的辖区范围经历了数度扩张。第二代王大武艺"斥大土宇，东北诸夷畏臣之"，辖境两千里。至第十代王大仁秀时，征伐海北诸部，黑水部也为其所控制。极盛之时，"南比新罗，以泥河为境，东穷海，西契丹"，"尽得扶余、沃沮、弁韩、朝鲜海北诸国"，"地方五千里"。[1]其辖地包括今吉林省大部、黑龙江省大部和辽宁省部分地区，以及俄罗斯滨海地区及朝鲜咸镜北道、咸镜南道、两江道、慈江道、平安北道和平安南道。面对辽阔的辖区和各族人口，渤海国在伴随中央制度中原化的同时，也逐步建构起京、府、州、县、首领等各级地方统辖体系。正如《新唐书·渤海传》记载的："其

---

1 《新唐书》卷 219《渤海传》，第 6179~6180 页。

王数遣诸生诣京师太学，习识古今制度，至是遂为海东盛国，地有五京、十五府、六十二州。"[1] 渤海国效仿唐朝，设置京、府、州、县，全国共置 5 京 15 府 62 州 200 余县。除此之外，在边远地区采用"首领"制度，与府州县制度并存。渤海国的五京制度巩固了渤海政权的统治，表现出"宪象中国制度"的鲜明特点，对后来辽金王朝的地方统辖制度也产生了深远影响。

第一节 早期王都

7 世纪末，大祚荣"率其众东保桂娄之故地，据东牟山，筑城以居之"，[2] 建立振（震）国。渤海建国初的都城在何处，长期以来中外学者众说纷纭。1887 年，清人曹廷杰提出敖东城的说法，[3] 新中国成立后因敦化六顶山发现了贞惠公主墓，故早期学者多认同敦化敖东城说。1974 年，在敦化市南 8 公里的牡丹江东岸发现永胜遗址，周长 3400 米。[4] 城山子山城距离敦化西南 12.5 公里，刘忠义提出城山子山城为东牟山山城说。[5] 还有学者认为渤海早期王都当包括城山子山城和永胜遗址。[6] 近年来，随着研究的深入，这些观点均遭到质疑甚至否定。

有学者提出渤海早期王都在吉林延吉东郊的城子山山城。《新唐书·渤海传》记载："万岁通天中，契丹尽忠杀营州都督赵翙反，有舍

---

1 《新唐书》卷 219《渤海传》，第 6182 页。

2 《旧唐书》卷 199 下《渤海靺鞨传》，第 5360 页。

3 （清）曹廷杰：《东三省舆地图说》，丛佩远、赵鸣岐编《曹廷杰集》，中华书局，1985，第 167 页。

4 吉林大学边疆考古研究中心、吉林省文物考古研究所：《吉林敦化敖东城及永胜遗址考古发掘的主要收获》，《边疆考古研究》第 2 辑，科学出版社，2004，第 30~36 页。

5 刘忠义：《东牟山在哪里？》，《学习与探索》1982 年第 4 期；刘忠义、冯庆余：《渤海东牟山考》，《松辽学刊》1984 年第 1 期。

6 〔韩〕宋基豪：《渤海的初期都城及其迁都过程》，常白衫译，《历史与考古信息·东北亚》1998 年第 1 期；李健才：《渤海初期都城考》，《北方文物》2002 年第 3 期。

利乞乞仲象者，与靺鞨酋乞四比羽及高丽余种东走，度辽水，保太白山之东北，阻奥娄河，树壁自固。"[1]日本学者和田清认为奥娄河即海兰江，[2]王禹浪等在此基础上提出延吉城子山山城说。[3]但杨军认为奥娄河即海兰江说缺乏证据，大祚荣所部越过天门岭打败李楷固之后，方"保挹娄之东牟山"，故城子山山城说站不住脚。[4]王培新将东牟山故址推定为吉林延边朝鲜族自治州图们市长安镇磨盘村山城，[5]并得到了一些学者的认同。《新唐书·渤海传》记载："天宝末，钦茂徙上京，直旧国三百里忽汗河之东。"[6]从地理位置上看，磨盘村山城与上京城的实际距离为137公里，约为唐代的257里，接近300里的记载，与之吻合，磨盘村山城极有可能是渤海国早期王都。若将磨盘村山城推定为渤海早期王都，"旧国"就在布尔哈通河与海兰河的河谷盆地，即延吉盆地。2004~2005年，在和龙市龙海渤海王室墓区发掘了包括简王大明忠墓在内的14座渤海王室墓葬，出土了渤海文王大钦茂"孝懿皇后"和简王大明忠"顺穆皇后"两方墓志，以及丰富的陶器、玉器、三彩器、金器、铜器等遗物。[7]渤海王室墓葬分布在和龙及延吉盆地，也印证了磨盘村山城极有可能是"旧国"。

"旧国"作为渤海早期王都，历高王大祚荣、武王大武艺和文王大钦茂初期，是渤海国建立和初步发展时期的都城。大祚荣率领的"东奔"集团初期势力较弱，四周强敌环伺，而"旧国"正好处于唐朝、突

1 《新唐书》卷219《渤海传》，第6179页。

2 和田清「渤海国地理考」『東洋学報』第36卷第4号、1954。

3 王禹浪、都永浩：《渤海东牟山考辨》，《黑龙江民族丛刊》2000年第2期；王天姿、王禹浪、孙慧：《图们江流域的历史与文化——兼考靺鞨族源、渤海旧国、东牟山及相关历史地理问题》，《黑龙江民族丛刊》2008年第5期。

4 杨军：《渤海国民族构成与分布研究》，吉林人民出版社，2007，第36页。

5 王培新：《磨盘村山城为渤海早期王城假说》，吉林大学边疆考古研究中心编《新果集（二）——庆祝林沄先生八十华诞论文集》，科学出版社，2018，第430页。

6 《新唐书》卷219《渤海传》，第6181页。

7 吉林省文物考古研究所、延边朝鲜族自治州文物管理委员会办公室：《吉林和龙市龙海渤海王室墓葬发掘简报》，《考古》2009年第6期。

厥、契丹、黑水靺鞨、新罗各方势力皆鞭长莫及的"真空"地带。且震国（渤海）开创者大祚荣家族与"旧国"地区的靺鞨同根同源，"祚荣骁勇善用兵，靺鞨之众及高丽余烬，稍稍归之"。[1]"旧国"地区靺鞨部民的加入，壮大了新生的渤海政权的实力。唐中宗即位后，突厥不断寇抄唐朝边疆，为了瓦解突厥盟军，唐朝采取了"旁结诸蕃，与图攻取"[2]的策略，先天二年（713），唐玄宗派郎将崔忻由海路到达"旧国"，册封大祚荣为"左骁卫员外大将军、渤海郡王，仍以其所统为忽汗州，加授忽汗州都督"。[3]得到唐朝的册封后，大祚荣改国号为"渤海"。第二代王大武艺时期，以"旧国"为中心，斥大土宇，渤海国不断壮大。第三代王大钦茂即位后，开始推行文治政策，在唐天宝间将政治中心从"旧国"迁到中京。

"旧国"作为渤海早期王都时长近半个世纪，为渤海国之后的发展壮大奠定了基础。因此"旧国"虽不在五京之列，但其地位和历史作用不容忽视。

第二节　五京制度的渊源与形成

渤海五京，最早见于《新唐书·渤海传》，即上京龙泉府、中京显德府、东京龙原府（也称栅城府）、南京南海府、西京鸭渌府。五京作为渤海国最高层次的地方行政区划，是受唐五京制度的影响而逐渐形成的。

一　五京制度的渊源

关于渤海五京制度的渊源，学界大致有如下五种观点。（1）渤海

---

1 《旧唐书》卷199下《渤海靺鞨传》，第5360页。
2 《旧唐书》卷194上《突厥传上》，第5171页。
3 《旧唐书》卷199下《渤海靺鞨传》，第5360页。崔忻，《旧唐书》中写作崔䜣。

自创说。金毓黻《东北通史》提出"五京之制，始于渤海"，[1] 支持这一观点的学者不多。（2）源于唐制说。日本学者鸟山喜一在 1915 年最先提出渤海五京制是受唐朝影响。[2] 白鸟库吉先于 1933 年提出渤海五京制是受到唐和高句丽的共同影响，1935 年修正观点，认为只受到唐的影响。[3] 唐制说得到众多中外学者的认可。[4] 唐肃宗至德二载（757）置凤翔府，五京名号始备，即西京凤翔府、东京洛阳府、南京成都府、北京太原府、中京京兆府，这是中国五京制之滥觞。唐大历九年（774）大钦茂仿唐制设五京，渤海五京与唐制一脉相承。（3）源于高句丽五部制说。韩国学者李万烈提出渤海五京制是效仿于高句丽五部制。[5] 朝鲜学者张国钟主张渤海五京制源于高句丽的五部制，并且高句丽也经由五部制转化为五京制。[6] 部分朝韩学者支持这一观点，中国学者则多持反对意见。宋玉祥认为渤海五京不可能脱胎于高句丽五部，而是积极自觉地从唐朝学习而来。[7]（4）源于新罗五小京制说。韩国学者金基燮、金镇光认为渤海五京是受新罗五小京的影响。[8]（5）渤海五京是兼受高句丽、新罗和唐制的影响而形成。韩国学者韩圭哲认为大钦茂于唐天宝间（742~756）

1　金毓黻：《东北通史》，五十年代出版社，1981，第 288 页。

2　鸟山喜一「渤海史考」第 230 页。

3　参见白鸟库吉「渤海国に就いて」「渤海史上の難問題に就いて」『白鳥庫吉全集』第 5 卷『塞外民族史研究下』岩波書店，1970、第 507、509 页。

4　孙玉良：《渤海迁都浅议》，《北方论丛》1983 年第 3 期；魏国忠：《唐代渤海五京制度考》，《博物馆研究》1984 年第 3 期；王承礼：《渤海简史》，黑龙江人民出版社，1984，第 73 页；刘晓东：《渤海文化研究——以考古发现为视角》，第 89 页；杨雨舒、蒋戎：《唐代渤海国五京研究》，香港亚洲出版社，2008，第 19 页；〔韩〕宋基豪：《渤海五京制度的渊源与作用》，金荣国译，郑永振主编《渤海史研究》（九），延边大学出版社，2002，第 310 页。

5　〔韩〕李万烈：《渤海史研究中存在的几个问题》，黄有福译，《民族史译文集》第 13 集，1985，第 190~194 页。

6　〔朝〕张国钟：《渤海史研究》，社会科学出版社，1988，第 72~77 页。

7　宋玉祥：《略谈渤海五京制度的渊源》，《渤海上京文荟》第 10 期，2002。

8　〔韩〕金基燮、金镇光：《渤海上京的建设与迁都》，《韩国古代史研究》第 45 期，2007，第 210~211 页。

始建五京，而唐五京完善于757年，[1]因此主张渤海五京是在高句丽五部制的基础上，效仿新罗的五小京和唐五京而建立的。[2]中国学者刘大平、孙志敏认为东北亚地区的高句丽五部、百济五部五方和新罗五小京的设置时间都比唐五京早，因此渤海五京虽是在学习唐制的背景下建立，但同时也受到其他邻近国家和地区的影响。[3]韩国学者宋基豪对上述看法提出反驳，他认为渤海五京与高句丽五部、统一新罗五小京制有根本区别，从唐朝引入的可能性较大。[4]

五京制度来源于中国传统的五方观念、五行思想，"五行者，金、木、水、火、土，五常之形气者也"，[5]应用于方位，则为五方。中国历史上的若干政权都出现过五都、五部、五京制度，都是五方观念的反映。金毓黻认为渤海国"建立五京之义，应起于五行五运之说"。魏国忠认为渤海五京的建置大体上是传统五行、五方思想的产物。宋玉祥提出渤海实行五京制并非偶然，而是中原文化的五京观念长期发展的必然结果。[6]渤海五京是中国传统五行、五方思想的产物，这已成为学界的共识。

二 五京制度的形成

关于渤海五京制度形成的时间，学界的观点莫衷一是。学者们的讨论主要基于下面两条史料。《新唐书·渤海传》记载："彝震死，弟

---

1 〔韩〕韩圭哲：《渤海西京鸭渌府研究》，李东源译，杨志军主编《东北亚考古资料译文集·高句丽、渤海专号》，北方文物杂志社，2001，第234页。

2 〔韩〕韩圭哲：《渤海五京的性质与职能》，尹传学译，《东北亚研究论丛》（长师大）第3辑，2009。

3 刘大平、孙志敏：《渤海国建筑形制与上京城宫殿建筑复原研究》，哈尔滨工业大学出版社，2018，第61页。

4 〔韩〕宋基豪：《渤海五京制度的渊源与作用》，金荣国译，郑永振主编《渤海史研究》（九），第312页。

5 《隋书》卷34《经籍志》，第1039页。

6 金毓黻：《东北通史》，第288页；魏国忠：《唐代渤海五京制度考》，《博物馆研究》1984年第3期；宋玉祥：《略谈渤海五京制度的渊源》，《渤海上京文荟》第10期，2002。

虔晃立。死，玄锡立。咸通时，三朝献。初，其王数遣诸生诣京师太学，习识古今制度，至是遂为海东盛国，地有五京、十五府、六十二州。"[1] 又《辽史·地理志二》："十有二世至彝震，僭号改元，拟建宫阙，有五京、十五府、六十二州，为辽东盛国。"[2] 由于对这两条史料的不同解读，关于渤海五京制度的创建时间学界大致产生了如下四种意见。

第一，文王大钦茂时期（737~793）。日本学者津田左右吉认为在大钦茂时期渤海已初定五京之名。[3] 丹化沙认为渤海五京的设置并非同时，最早建成的是上京、中京和东京，南京、西京略晚。[4] 韩国学者韩圭哲提出渤海是在"文王大兴六年（742）至大兴二十年（756）之间建立了五京制"，即在文王迁都上京前就已有五京设置。宋基豪认为渤海五京为大钦茂所创，其初置时间当在 8 世纪 60 年代中叶。[5] 魏国忠等认为，文王大钦茂时，最晚至大历九年（774），渤海已仿照中原五京之制而建置五京。[6] 杨雨舒等提出渤海五京形成于大钦茂执政时期，上京、中京和东京略早，南京、西京稍晚。[7]

第二，康王大嵩璘时期（794~808）。日本学者鸟山喜一提出渤海具备五京之制当在第六代康王大嵩璘之世。[8]

第三，宣王大仁秀时期（818~830）。金毓黻将渤海五京制的"厘定"时间定在宣王大仁秀时。[9]

第四，大彝震时期（831~857）。佟柱臣推测渤海五京制确立于第

1　《新唐书》卷 219《渤海传》，第 6181~6182 页。

2　《辽史》卷 38《地理志二》，第 456 页。

3　津田左右吉「渤海考」東京帝国大学文科大学編印『満鮮地理歴史研究報告』第 1、1915。

4　丹化沙：《渤海历史地理研究情况述略》，《黑龙江文物丛刊》1983 年第 1 期。

5　〔韩〕韩圭哲：《渤海西京鸭渌府研究》，李东源译，杨志军主编《东北亚考古资料译文集·高句丽、渤海专号》，第 234 页；〔韩〕宋基豪：《渤海五京制度的渊源与作用》，金荣国译，郑永振主编《渤海史研究》（九），第 309 页。

6　魏国忠、朱国忱、郝庆云：《渤海国史（修订版）》，第 353 页。

7　杨雨舒、蒋戎：《唐代渤海国五京研究》，第 26、36 页。

8　鳥山喜一『渤海史考』第 230 页。

9　金毓黻：《渤海国志长编》卷 14《地理考》，第 283 页。

十一代王大彝震时期。[1]徐佳禧认为终文王之世渤海应只有三京，宣王时初设五京，大彝震时五京之制最终完善。[2]

渤海五京的形成是一个动态的过程，与唐五京的形成时间有关。唐五京之称不是同时出现的。唐天宝元年（742），以京师京兆府为西京，[3]东都河南府（今洛阳市）为东京，[4]北都太原府为北京。[5]至德二载（757），改西京为中京，改蜀郡（成都府）为南京，[6]又置凤翔府，号为西京，"与成都、京兆、河南、太原为五京"，[7]即西京凤翔府、南京成都府、中京京兆府、东京河南府、北京太原府，到此时方五京齐备。然后至宝应元年（762），"以京兆府为上都，河南府为东都，凤翔府为西都，江陵府为南都，太原府为北都"。[8]以五都代五京，罢五京制。唐五京并存不过五年，但是对渤海五京的出现产生了直接影响。学界多认为文王大钦茂始置京制，至少设置过上京、中京和东京，时间与唐五京制出现的时间十分接近。从最新的考古发现来看，渤海上京城宫城出土的文字瓦和中京西古城、东京八连城的文字有许多相似之处，这至少说明三个城址没有明显的相差较多的营建时序。[9]那么渤海五京制度何时完备的呢？学界一般认为《新唐书·渤海传》多采用张建章《渤海国记》，[10]而据《张建章墓志》，张建章于唐大和七年（833）"方舟而东"出使渤海，次年（834）"达忽汗州"，时在大彝震执政时期（831~857）；[11]又《辽史·地理志》记载："十有二世至彝震，僭号改元，拟建宫阙，

1　佟柱臣：《〈渤海记〉著者张建章〈墓志〉考》，《黑龙江文物丛刊》1981 年第 1 期。

2　徐佳禧：《渤海国五京制与唐朝渊源研究》，《黑龙江史志》2013 年第 19 期。

3　《旧唐书》卷 38《地理志一》，第 1396 页。

4　《旧唐书》卷 38《地理志一》，第 1422 页；《新唐书》卷 38《地理志二》，第 982 页。

5　《旧唐书》卷 39《地理志二》，第 1480 页。

6　《旧唐书》卷 10《肃宗纪》，第 259 页。

7　《旧唐书》卷 38《地理志一》，第 1402 页。

8　《新唐书》卷 6《肃宗纪》，第 165 页。

9　韩亚男：《渤海国城址研究》，博士学位论文，东北师范大学，2015，第 55 页。

10　金毓黻：《渤海国志长编》卷 19《丛考》，第 485~486 页；和田清「渤海国地理考」『東洋学報』第 36 卷第 4 号、1954。

11　佟柱臣：《〈渤海记〉著者张建章〈墓志〉考》，《黑龙江文物丛刊》1981 年第 1 期。

有五京、十五府、六十二州，为辽东盛国。"[1] 据此有学者主张渤海五京整备时在大彝震时期。《新唐书·地理志》载："又陆行四百里，至显州，天宝中王所都。"《武经总要》载："显州，渤海国。按《皇华四达记》，唐天宝以前渤海国所都。"[2] 又有学者据此认为贞元年间仍称国都为"显州"而非"中京"，可见当时五京制度尚不存在，故将五京制度确立的时间推定在大仁秀时期。宋基豪据日本嵯峨天皇时代《文华秀丽集》中记载的渤海使者王孝廉于 814~815 年所作汉诗"主人开宴在边厅，客醉如泥等上京。疑是雨师知圣意，甘滋芳润洒羁情"，指出诗中"上京"指渤海上京城。[3] 宋玉彬等认为宋基豪的观点值得重视。[4] 笔者赞同宋基豪的观点，此处之"上京"即为渤海之上京。渤海的五京制度最晚于僖王大言义时期（812~817）已施行，极可能在大钦茂执政时期已达到"五京悉备"的局面。

五京制度的建立，标志着渤海国中央集权行政体制得以确立，是渤海国政治制度中原化进程的阶段性标志。渤海五京制度虽是仿效唐五京制度而设，但与唐五京又有所不同。唐朝五京并存的时间很短，"事实上只有三都即西都长安、东都洛阳、北都太原"；[5] 而渤海五京一直存在，直到渤海国灭亡，并对辽、金地方制度产生了重要影响。

第三节　中京制度

中京显德府，地处渤海上京之南，治所在今吉林和龙西古城。唐天

1 《辽史》卷 38《地理志二》，第 456 页。

2 （宋）曾公亮等：《武经总要》前集卷 16，中华书局，1959，第 5 页。

3 〔韩〕宋基豪：《渤海五京制度的渊源与作用》，金荣国译，郑永振主编《渤海史研究》（九），第 309 页。

4 宋玉彬、曲轶莉：《渤海国的五京制度与都城》，《东北史地》2008 年第 6 期。

5 沈任远：《隋唐政治制度》，台湾商务印书馆，1976，第 183 页。

宝间（742~756）渤海第三代王大钦茂由旧国迁都于此，渤海国从此进入初步发展壮大的新阶段。

一　迁都中京

第一代王大祚荣、第二代王大武艺执政的近 40 年是渤海的辖区扩张时期，第三代王大钦茂执政时，完成了渤海历史上第一次迁都。从当时的形势看，迁都主要出于以下几种因素的考虑。

首先，随着渤海辖区的扩大和人口的增加，旧国地区狭小的空间对蓬勃发展的渤海国形成了严重桎梏。在渤海国向东南扩张势力的基本国策下，迁都已是势在必行。显州地区位于渤海国腹地，有利于加强对渤海各区域的统治。从自然环境看，这里处于河谷平地，地势平坦开阔，土壤肥沃，具备发展农业经济的条件，"显州之布""卢城之稻"就是显州地区的名产。

其次，大武艺时期，渤海的辖区已南面越过长白山抵达了泥河（朝鲜半岛龙兴江），占领了大片高句丽故地。高句丽灭亡后，遗民的复国斗争从未停止。唐咸亨元年（670）剑牟岑拥立原高句丽王高藏外孙安舜为王，率众起兵反唐，辽东高句丽遗民纷纷起兵响应，联合新罗，以图复国；[1]唐朝历时四年才平定了此次叛乱。高句丽遗民对强大的唐朝尚且如此，更不用说对刚刚在高句丽故地站稳脚跟的渤海国了。因此，渤海国迁都中京也包含加强对高句丽遗民控制的意图。

再次，从外部环境看，大钦茂时安禄山势力崛起，开始对渤海国构成威胁。唐天宝元年（742），安禄山任平卢节度使兼柳城太守，押两番、渤海、黑水四府经略使。三年（744），又"代裴宽为范阳节度、河北采访使，仍领平卢军"。四年（745），契丹松漠都督李怀秀杀静乐公

---

1 《新唐书》卷 220《高丽传》，第 6197 页。

主叛唐；次年，奚人饶乐都督李延宠追随契丹杀宜芳公主叛唐。安禄山为邀功，"起军击契丹"，[1]这使渤海国感到了潜在的威胁。显州西部及南部为高山峻岭，是天然的防御屏障，南面是海兰江，东面有长仁河，背山面水，易守难攻，与旧国相比，有更高的军事防御性。

最后，在渤海国早期的领土扩张中，武官占有重要地位，不但率军攻城略地，还担当对外交往使臣。武官把持朝政给大钦茂推行文治造成了巨大阻力。因此通过迁都，大钦茂可以削减旧国武官集团的势力，为将来巩固内部统治奠定基础。

关于文王大钦茂迁都显州——中京显德府的时间，史籍中记载模糊。按《新唐书·地理志》："显州，天宝（742~756）中王所都。"[2]时为大钦茂在位期间。日本学者鸟山喜一推测显州作为王都的时间是在大钦茂大兴六年（743）至十九年（756）。[3]孙玉良认为当在天宝八载（749）前后，上下限不会超越天宝年间的前期，即文王大兴六年（743）至十三年（750）。[4]杨雨舒等认为渤海迁都时间最迟不超过天宝四载（745）。从渤海国的内外形势看，天宝四载（745）安禄山"起军击契丹"，[5]这可能是渤海国迁都的直接原因。若将"天宝中"定位于天宝八载（749），那已是大钦茂执政的第十三年，这显然不符合大钦茂尽快实施改革的初衷，也不利于尽快改变渤海国内部武官把持朝政的局面。[6]综合前人研究成果，笔者认为渤海第一次迁都极可能在天宝五载（746）。

中京显德府故址所在何处，曾在学界引发持久的讨论。李朝后期学者丁若镛（1762~1836）在《大韩疆域考》中最先提出在吉林敦化"旧

1　《新唐书》卷 225 上《安禄山传》，第 6412 页。

2　《新唐书》卷 43《地理志下》，第 1147 页。

3　鳥山喜一「渤海中京考」『考古学雑誌』第 34 卷第 1 号、1944。

4　孙玉良：《渤海迁都浅议》，《北方论丛》1983 年第 3 期。

5　《新唐书》卷 225 上《安禄山传》，第 6412 页。

6　杨雨舒、蒋戎：《唐代渤海国五京研究》，第 52 页。

国"，日本学者鸟山喜一、池内宏等都主张"旧国说"。[1] 清代学者曹廷杰于 1887 年提出在今吉林市西南的那丹佛勒城，20 世纪初日本学者松井等提出相同观点。[2] 1891 年《吉林通志》提出在吉林桦甸东北苏密城，此后金毓黻及日本学者小川琢治都主张此说。[3] 日本学者岛田好于 1933 年提出"辽阳说"，此后日本学者驹井和爱持相同观点。[4] 1942 年，日本学者鸟山喜一首先提出"吉林和龙西古城中京说"，中京显德府与卢州同治，显州需另寻他址。[5] 日本学者和田清赞同此观点。[6] 李健才等认为西古城为中京显德府，但与显州同治。[7] 孙进己等则认为渤海前期的中京显德府和显州故址为敦化大蒲柴河西才浪河古城，和龙西古城为渤海后期中京显德府和卢州的治所。[8] 随着渤海考古研究的深入，特别是 1980 年在距西古城 20 多里的龙水公社发现渤海贞孝公主墓和其他重要遗迹，以及 2000~2005 年田野发掘资料的发表，多数学者赞同西古城为中京显德府故址。[9] 近年来学界又出现新的见解。日本学者田村晃一基于瓦当类型学的研究，认为西古城、吉林珲春八连城的瓦当时代晚于上京城早期形式的瓦当，因此西古城应与显州无涉，西古城附近的河南屯古城作

1　〔朝鲜〕丁若镛：《大韩疆域考》卷 5《渤海考》，现代实学社，2001；鸟山喜一『渤海史考』第 233 頁；池内宏『満鲜史研究』中世第 1 册、荻原星文館、1943、第 59 頁。

2　（清）曹廷杰：《东三省舆地图说》，丛佩远、赵鸣岐编《曹廷杰集》，第 168 页；松井等「渤海国の疆域」白鸟库吉监修・箭内亘・稻叶岩吉・松井等「満洲歴史地理」第 1 卷、南満洲鉄道株式会社、1913、第 407 頁。

3　（清）长顺修，李桂林纂《吉林通志》卷 10《沿革志一》，李澍田主编《长白丛书（初集）》，吉林文史出版社，1986，原著成书于光绪十七年（1891）；金毓黻：《渤海国志长编》卷 14《地理考》，第 287 页；小川琢治『支那歴史地理研究』弘文堂書房、1928、第 360 頁。

4　岛田好「渤海中京顯德府即遼陽説」『満州學報』第 2 册、満州學會、1933、第 1 頁；驹井和爱「渤海中京顯德府即遼陽説について」『史苑』第 26 卷第 2・3 号、1966；驹井和爱「渤海中京顯德府即遼陽説について（補）」『史苑』第 27 卷第 1 号、1966。

5　鸟山喜一・藤田亮策「間島省古蹟調査報告」『満洲国』古蹟古物調査報告』第 3 編「満洲帝国民生部」1942；鸟山喜一「渤海中京考」『考古学雑誌』第 34 卷第 1 号、1944。

6　和田清「渤海国地理考」『東洋学報』第 36 卷第 4 号、1954。

7　李健才、陈相伟：《渤海的中京和朝贡道》，《北方论丛》1982 年第 1 期。

8　孙进己、冯永谦等主编《东北历史地理》第 2 卷，黑龙江人民出版社，1989，第 371~372 页。

9　吉林省文物考古研究所编《田野考古集粹：吉林省文物考古研究所成立二十五周年纪念》，文物出版社，2008，第 74 页。

为显州的可能性更大，西古城当为中京显德府故址。[1] 韩国学者林相先持相近观点，认为河南屯古城中发现渤海早期遗物，故应为显州，而西古城当为五京制度确立之后的显德府治所。[2] 宋玉彬等则认为西古城城址具备都城要素，显州曾作为渤海国都城，因此为显州故址；而中京显德府治于卢州，且不曾为都城，因此与都城建制的西古城无关。[3] 这一观点亦得到刘晓东、郝庆云等中国学者的支持。[4] 在其他观点得到更多的证据证实之前，本书采学界主流观点，即西古城为中京显德府和显州所在地。[5]

二　中京制度

渤海建国初期，大祚荣和大武艺忙于巩固政权和对外扩张，无暇顾及王都建设之事。大钦茂即位后，渤海政权基本上稳定下来，营建王都之事提上日程。大钦茂前期正值唐朝开元盛世，盛唐的辉煌气象对渤海国产生了极大的吸引力。大钦茂即位后第二年（738）即遣使赴唐"求写《唐礼》及《三国志》《晋书》《三十六国春秋》"，[6] 积极学习中原文化和典章制度。这在营建王都，特别是其形制与布局方面得到了生动

1　田村晃一「渤海の瓦当文様に関する若干の考察」『青山史学』第 19 卷、2001。

2　〔韩〕林相先：《渤海王都显州和中京治所西古城的关系》，李东辉译，郑永振、李东辉、卢铉哲主编《渤海史研究》（十二），延边大学出版社，2013，第 264~281 页。

3　宋玉彬、曲轶莉：《渤海国的五京制度与都城》，《东北史地》2008 年第 6 期。

4　刘晓东、郝庆云主编《渤海国历史文化研究》，黑龙江人民出版社，2017。

5　支持此观点的学者主要有李健才、陈相伟《渤海的中京和朝贡道》，《北方论丛》1982 年第 1 期；张博泉、魏存成主编《东北古代民族·考古与疆域》，吉林大学出版社，1998，第 402 页；魏国忠、朱国忱、郝庆云《渤海国史（修订版）》，第 211 页；吉林省文物考古研究所、延边朝鲜族自治州文化局、延边朝鲜族自治州博物馆、和龙市博物馆编著《西古城——2000~2005 年度渤海国中京显德府故址田野考古报告》，文物出版社，2007；〔韩〕韩圭哲《渤海五京的性质与职能》，尹传学译，《东北亚研究论丛》（长师大）第 3辑，2009。

6　（宋）王溥：《唐会要》卷 36《藩夷请经史》，唐玄宗开元二十六年（738）六月，第667 页。

体现。

　　中京显德府是渤海国仿效唐朝都城建造的第一座京城，形制似长安城，但规模较小。据西古城现存城址情况看，由内城和外城组成，大致可分为两部七区。[1] 其设计与布局采用中轴线对称形式，宫殿居中，并以墙垣相隔（图 4-1）。外城平面大体上呈长方形，北墙长 632 米，西墙长 725.7 米，南墙长 628.2 米，东墙长 734.2 米，周长 2720.1 米；其外城南北与东西墙的比例约为 7:6，与唐长安城宫城比例相同，占地面积 0.46 平方千米。外城为夯土筑城，城基底宽 13~17 米，顶宽 1.5~4 米，残高 1.5~4.5 米。南墙和北墙各开一门，南门址宽 15 米，北门址宽 14 米。城外有护城墩，城内有土台、水池、水井遗迹。内城坐落于外城的中央偏北处，呈长方形，北墙长 187 米，南墙长 187.9 米，东墙长 311.1 米，西墙长 306.8 米，周长 992.8 米。[2] 内城南墙中断内折，并开一门。城内有五座呈 T 字形分布的宫殿址。其中 1、2、5 号殿址由南向北排列于内城的中轴线上。1 号殿址坐落在内城的中部偏南处的高台地带，高出地面约 0.6 米，为五座宫殿址中最高一处。按照古代的等级制度，宫殿台基的高度与其等级相关，这说明它的位置最为重要。面积为 300 平方米，建筑宏伟华丽，可能是大朝正殿。2 号殿址东西长约 20 米，南北宽约 9 米，殿顶为庑殿式结构，进深 1 间，面阔 3 间，四周设有回廊相通，可能与寝宫有关。[3]

1　参见吉林省地方志编纂委员会编纂《吉林省志》卷 43《文物志》，吉林人民出版社，1991，第 82 页。也有学者认为西古城并非二重城制，鉴于其城址之间有明显的通道连接，可以共同构成建筑整体，因此很有可能是单城结构。参见李强、白淼《西古城性质研究——以考古资料获取的城址形制和功能为切入点》，《北方文物》2014 年第 4 期。

2　吉林省文物考古研究所、延边朝鲜族自治州文化局、延边朝鲜族自治州博物馆、和龙市博物馆编著《西古城——2000~2005 年度渤海国中京显德府故址田野考古报告》，第 20 页。

3　吉林省文物考古研究所、延边朝鲜族自治州文化局、延边朝鲜族自治州博物馆、和龙市博物馆编著《西古城——2000~2005 年度渤海国中京显德府故址田野考古报告》，第 318 页。

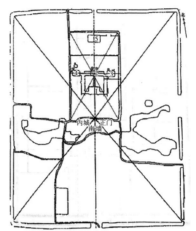

说明：1、2、3、4、5分别指1号、2号、3号、4号、5号宫殿址。

图4-1　西古城平面示意

资料来源：吉林省文物考古研究所、延边朝鲜族自治州文化局、延边朝鲜族自治州博物馆、和龙市博物馆编著《西古城——2000~2005年度渤海国中京显德府故址田野考古报告》，第50~55页。

　　3、4号殿址分别建于2号殿址的东西两侧。3号宫殿主体建筑东西长约25.6米、南北宽约15.1米，总面积约386.56平方米。4号宫殿主体建筑总面积约为377.8平方米，两间主室内部及西、北侧外廊均设有火炕，因此可能也与寝宫有关。但2、3、4号宫殿址都未见有日常生活类遗物出土，这可能与渤海国迁都上京后，无人居住于此有关。[1] 1、2号殿址间相距约36米，2、5号殿址间相距约80米，各殿之间有宽约4米的长廊相通。在2、5号殿址的中间，有一道东西向的城垣，将5号宫殿址隔离成单体独立的宫殿建筑。5号宫殿址在东西横向长方形台基之上，东西长约46.7米、南北宽约24.5米。根据考古推算，5号宫殿址应该是一座面阔11间、进深5间的单体宫殿。其

1　佟薇：《空间视域下的渤海国五京研究》，博士学位论文，东北师范大学，2017，第97页。

在内城布局中的位置相当于渤海上京城的 5 号宫殿址。西古城城址内城大型建筑基址是严格按照中轴线布局和左右对称的原则施工的，因此可以确定它们为同一时期所建，而非逐步扩建的结果。西古城与规模相仿的八连城在同类建筑的建筑方式上存在差异，前者的建筑理念较为原始，后者更为成熟。宋玉彬等认为这种差异可能昭示着在城市的营建时间上，西古城早于八连城。[1] 总之，西古城内城系"经过周密的规划，宫殿布局合理、附属设施完善，表明此时的渤海人已经形成了成熟的都城营建理念。透过西古城城址可以发现，该城址的都城营建理念，大量吸纳、汲取了中原汉文化都城营建理念的先进经验与营养成分"。[2]

西古城内城宫殿区出土了大量的板瓦、筒瓦、鸱尾、兽头、套兽等建筑构件，其中包含一定数量的釉陶制品。值得注意的是，1 号宫殿出土的瓦类中大多有模印或刻划文字，属于典型的渤海"文字瓦"。釉陶制品显示出西古城较高的礼制等级。其中六瓣莲纹成为瓦当造型的主题纹饰，其倒心形轮廓内填两瓣水滴形花肉的莲纹瓦当图案，则同靺鞨罐一样"已成为确认渤海文化的标识性特征之一"。此外，西古城附近还发现不少渤海墓葬、寺庙、古城遗址和所谓的"小长城"等。值得注意的是，城南 4 千米河南屯渤海墓葬出土了一批很贵重的金银器物。[3] 这些发现充分表明西古城在渤海时期曾处于重要的地位。但也基于此，有学者对西古城作为王都的时间表示怀疑，似不只是在"天宝中"的短短几年如此短促。[4]

西古城历经多年的发掘，城内未见行政衙署遗迹，这引发了学界对

1　宋玉彬、王志刚、全仁学：《渤海中京显德府故址——西古城城址研究简史》，《边疆考古研究》第 3 辑，科学出版社，2005，第 190~197 页。

2　吉林省文物考古研究所、延边朝鲜族自治州文化局、延边朝鲜族自治州博物馆、和龙市博物馆编著《西古城——2000~2005 年度渤海国中京显德府故址田野考古报告》，第 340 页。

3　《田野考古集粹：吉林省文物考古研究所成立二十五周年纪念》，第 74 页。

4　魏国忠、朱国忱、郝庆云：《渤海国史（修订版）》，第 599 页。

西古城政治功能的讨论。田村晃一认为西古城为副都或离宫，兼具守护、祭祀龙头山王室墓地的功能。[1] 李强等则认为西古城是单城制，内城城墙仅仅是王城内围绕五座宫殿组成的院墙，内城南城墙中央内凹是为日后续建大型宫殿预留空间，其修筑年代早于上京，它并不是一座城市。其性质分为两个时段，742 年至 756 年，它是渤海的早期王城；757 年至 926 年，其是渤海诸京的陪都。[2] 宋玉彬认为不能因发掘区内未发现行政设施遗迹而轻易否认西古城的都城职能，而且在渤海五京制度确立以后，西古城依然以"显州"的身份发挥着行政职能，故应慎用离宫、副都的概念。[3]

关于中京显德府的管辖范围，史籍并未留下明确记载。方学凤认为，中京显德府的管辖范围包括今吉林省和龙市、龙井市、安图县、汪清县与朝鲜咸镜北道、两江道各一部分。[4] 杨雨舒等认为，中京显德府的管辖范围应以和龙市、龙井市为中心，包括延吉市、安图县、汪清县以及图们市的一部分。此外，原旧国管辖的范围，即今敦化市，在迁都中京显德府后，其东部、北部和南部有可能分属于中京显德府、上京龙泉府和长岭府。[5]

第四节　上京制度

上京龙泉府又名忽汗城，位于靺鞨腹心之地，下辖龙、湖、潮三州。学界一般认为其辖境为牡丹江盆地。唐天宝末，渤海第三代王大钦

1　田村晃一「近時における渤海都城研究の動向と課題」『青山考古』第 29 卷、2013。

2　李强、白淼：《西古城性质研究——以考古资料获取的城址形制和功能为切入点》，《北方文物》2014 年第 4 期。

3　宋玉彬：《构建渤海都城研究新平台的学术思考——〈八连城〉读后》，《边疆考古研究》第 19 辑，科学出版社，2016，第 367～374 页。

4　方学凤：《渤海以旧国、中京、东京为王都时期的佛教试探》，《延边大学学报》1986 年第 4 期。

5　杨雨舒、蒋戎：《唐代渤海国五京研究》，第 58 页。

茂迁都于此，贞元年间又一度迁都东京龙原府，但大钦茂死后，第五代王大华玙由东京迁回上京，直到渤海灭亡。上京龙泉府两次作为渤海王都，累计时间长达 160 余年，是五京中时间最久、规模最大的一京。

一　迁都上京

文王大钦茂在唐玄宗天宝中第一次迁都后不久，就进行了第二次迁都，"天宝末，钦茂徙上京，直旧国三百里忽汗河之东"，[1] 将国都由显州迁至上京龙泉府。关于这次迁都的直接原因，学界多主张是唐朝的安史之乱。唐天宝十四载（755），安史之乱爆发，叛军很快攻下洛阳、长安，这势必对渤海国产生重大影响。据《续日本纪》，淳仁天皇天平宝字二年（758）九月，渤海遣木底州刺史杨承庆等 23 人出使日本，欲与日本"亲仁结援"。十二月，淳仁天皇在听取安史之乱的奏报后，敕大宰府曰：

> 安禄山者，是狂胡狡竖也。违天起逆，事必不利，疑是不能计西，还更掠于海东。古人曰："蜂虿犹毒，何况人乎？"其府帅船王及大贰吉备朝臣真备，俱是硕学，名显当代，简在朕心，委以重任，宜知此状，预设奇谋，纵使不来，储备无悔。其所谋上策，及应备杂事，一一具录报来。[2]

估计渤海国也有相同心态，为"避开强敌，以为拒守之计"，大钦茂决定从中京北迁三百里至上京龙泉府。[3] 基于这种理解，对于《新唐书·渤海传》所载"天宝末，钦茂徙上京"中的"天宝末"是指哪一年，金毓黻、张高等认为是在 755 年；魏国忠等认为是在 756 年；杨军

1　《新唐书》卷 219《渤海传》，第 6181 页。

2　菅野真道等『続日本紀』卷 21、日本淳仁天皇天平宝字二年（758）九月、十二月、第 359、362 頁。

3　孙玉良：《渤海迁都浅议》，《北方论丛》1983 年第 3 期。

则认为此次迁都与安史之乱无涉，主要是出于渤海国北拓的需要，"天宝末"是指天宝的最后几年。[1]

　　此次迁都显然是渤海王廷经过深思熟虑的决定。上京龙泉府位于今牡丹江以北的盆地中。从军事战略上看，其地四面环山，南临镜泊湖，东、西、北三面为忽汗河（牡丹江）环绕，地势险要，易守难攻。从经济上看，这里是牡丹江中游的冲积平原，适宜耕种，物产富饶，是理想的立都之地。天宝末迁都上京后，大钦茂一面远避战火，一面对唐坚持明哲保身、严守中立的态度，积蓄实力以备不测。

　　文王后期，大钦茂第三次迁都，"贞元时，东南徙东京"，大约于785~790年间，再度由上京迁至东京龙原府（今吉林珲春八连城）。贞元九年（793），大钦茂病逝。《新唐书·渤海传》记载："钦茂死，私谥文王。子宏临早死，族弟元义立一岁，猜虐，国人杀之，推宏临子华玙为王，复还上京。"[2] 由于世子大宏临"早死"，大钦茂诸子因争夺王位产生了激烈的争斗，而王位落入大钦茂族弟大元义手中。然而大元义掌权仅一年，就因"猜虐，国人杀之"，最终宏临子华玙被推为王。成王大华玙即位后，立即启动迁都事宜，"复还上京"。这次迁都可能是出于摆脱东京地区大元义旧势力的考量。东京一带是大元义家族的势力范围，迁都既可削弱大元义一族在朝廷的影响力，又有利于巩固大钦茂嫡系子孙在统治集团中的核心地位。此后渤海国不复迁都，直至灭亡。

二　上京制度

　　日本学者妹尾达彦提出，7世纪至8世纪是东亚诞生都城的时代，[3]

1　参见金毓黻《渤海国志长编》卷7《大事表》，第176页；张高、姜华昌、关颖《渤海国管窥》，中国社会科学出版社，2003，第242页；魏国忠、朱国忱、郝庆云《渤海国史（修订版）》，第136页；杨军《渤海国民族构成与分布研究》，第122页。

2　《新唐书》卷219《渤海传》，第6181页。

3　〔日〕妹尾达彦：《东亚都城时代的诞生》，杜文玉主编《唐史论丛》第14辑，陕西师范大学出版总社有限公司2012，第296~311页。

这一时期建造的都城多以唐长安城为模板。渤海国正是处于这一时期，唐宝应元年（762），"诏以渤海为国，钦茂王之，进检校太尉"。[1]渤海王大钦茂的封爵由"郡王"晋升为"国王"，大钦茂以此为契机积极建设政权，这在上京龙泉府的营建上得到生动反映。

上京龙泉府治所在今黑龙江宁安渤海镇东京城，这一点学界已达成共识。上京城城址，最早见于宋人洪皓《松漠纪闻》的记载："渤海国，去燕京、女真所都皆千五百里，以石累城足，东并海……古肃慎城，四面约五里余，遗堞尚在，在渤海国都三十里，亦以石累城脚。"[2]20世纪30年代，日本东亚考古学会对东京城进行了调查发掘，确认了东京城城址为渤海上京龙泉府。60年代，中朝联合考古队发掘了上京城城址。80年代至今，黑龙江省文物考古研究所对渤海上京城城址进行了系统发掘。从地理环境看，上京龙泉府在五京中地处最北，"上"本为"北"之意，西有张广才岭，东有老爷岭，南有张广才岭和老爷岭的余脉延伸而形成的山地，北隔牡丹江与宁安盆地相毗邻。遗址西部有牡丹江水以半环形拱卫着上京城。周围"平坦开阔、土地肥沃、江河纵横，有船运鱼樵之利，适合农牧渔业的发展，四周山高林密，既提供了丰富的野生动植物特产，又恰似一道屏障保卫着上京城的安全"。[3]

渤海的统治中心以平原城为主，[4]并明显带有宪象唐朝的特征，渤海上京城即仿唐长安城而建。唐长安城在空间布局上主要有如下几大特点。第一，在都城形制上，实行三重城制，即宫城、皇城、郭城，由北向南沿中轴线依次排开。从整体方位上看，长安城坐北朝南，宫城坐落在城址的中部靠北位置。第二，城市规划严整，街道均呈南北或东西向，以贯穿南北的朱雀大街为中轴线，东西呈轴对称。城址平面呈东西

1　《新唐书》卷219《渤海传》，第6181页。
2　（宋）洪皓：《松漠纪闻》，李澍田主编《长白丛书（初集）》，吉林文史出版社，1986，第19~21页。
3　楚福印：《渤海国之上京城考》，《黑龙江史志》2008年第17期。
4　俄罗斯学者Э.В.沙弗库诺夫等亦持此观点，俄罗斯学界将平原城称为谷地城。参见〔俄〕Э.В.沙弗库诺夫等《渤海国及其俄罗斯远东部落》，第65~86页。

横向长方形。第三，城市功能分区明确，即宫殿区、衙署区、市、坊有严格的界线，市设于郭城的坊区之中，采用"市在朝前"的布局。渤海上京城是渤海积极吸收中原文化、"习识古今制度"[1]的成果。从空间布局上看，其是学习唐长安城的典范，可视为长安城的缩小版。整个都城平面呈长方形，城墙总长约16288.5米，面积约14.92平方千米。[2] 由郭城（外城）、皇城（内城）、宫城三部分组成，呈三重城形制。和长安城一样，渤海上京城也以中央大街为中轴线，城内建筑布局以中轴线为界分成东西两个半城。

宫城与郭城具有截然不同的功能，由此导致了政治功能和经济功能的空间分离，这在渤海上京城的城市布局中得到清晰体现。渤海上京城的郭城主要发挥经济功能。郭城内有九条大街，五条南北向，四条东西向，全城街道的设置为东西对称，南北向的街道与东西向的街道垂直相交，将全城划分为若干个规整的区域，并在其中设置80个里坊。[3] 此外，郭城还设有市，其分布位置大体与长安城的东西两市相近。[4] 郭城的正南门有三个相互独立的单门道。渤海国为唐朝忽汗州都督府，其都城应属唐的州府级城市，城门按制当为两道。渤海上京城的这种三门道设置，既彰显了其虽不能等同于帝都长安城，但又高于同级别州府城的地位。上京城内的居民应主要居于外郭城中，并且市也应是外郭城规划结构的主题之一。居住和经济生活是外郭城的主要功能，因此渤海国上京外郭城也是以经济活动为核心的综合性功能区，与唐长安城的外郭城功能相似。

上京城的政治功能区包括皇城和宫城（图4-2）。皇城在郭城北部中间，平面呈横长方形，占地面积不到0.48平方千米。北部以宽92米的东西"横街"与宫城相隔，中部以南北长370米、宽200米的"天街"分隔

1 《新唐书》卷219《渤海传》，第6182页。

2 赵虹光：《渤海上京城考古》，科学出版社，2012，第102页。

3 魏存成：《渤海考古》，文物出版社，2008，第115页。

4 朱国忱、朱威：《渤海遗迹》，文物出版社，2002，第51页。

为面积相仿的东西两个区域。这条街是上京城最宽的大街，相当于唐长安城的承天门大街。皇城中的主要遗迹有两处——"点将台"和"水牢"。关于二者的功能，朱国忱等认为"点将台"可能同宫城安全保卫有关，应是右监门军驻地的一部分，也可能与某种祭祀活动有关；"水牢"可能与渤海人的祭天活动有关。[1] 赵哲夫依据隋唐的礼制材料，推测"点将台"应为渤海太社的遗迹，"水牢"为渤海太庙的遗迹。[2] 显然两种推测都认为这两处遗迹与渤海国的宫廷礼制有关。此外，皇城还是渤海国百司官署所在地。渤海国模仿唐朝中央官制，设立三省、六部、一台、八寺、一院、一监、一局。内城至今保留着不少建筑基址，应是当时渤海王廷的省、寺、台、监等部门的衙署。

宫城位于皇城正北，平面呈南北纵向长方形，周长 2680 米，面积约 0.45 平方千米；地势较高，四面为以玄武岩筑成的石墙，墙残垣一般高 3~4 米，最高处可达 5 米，宽 2~8 米，高大坚固，四角均有角楼，可谓上京城中的城堡。宫城由宫城、东掖城、西掖城和圆璧城四部分组成，已经确认的建筑遗址有 53 处，内有多处宫殿、廊庑、亭阁、墙垣及各种建筑基址，砖瓦石块几乎遍地。[3] 主要宫殿位于宫城中央，南北中轴线上排列分布五座宫殿基址，其中 1、2、5 号宫殿各成一个院落，3、4 号宫殿合为一个院落。学界普遍认为，渤海学习了唐长安城的宫殿设计理念，按照三朝制度规划宫殿的分布。三朝制度最早出现于《周礼》，郑玄释曰："周天子、诸侯皆有三朝，外朝一，内朝二。内朝之在路门内者，或谓之燕朝。"[4] 隋唐时期又按照长安城三重城的位

---

1 朱国忱、金太顺、李砚铁：《渤海故都》，黑龙江人民出版社，1996，第 203 页。

2 赵哲夫：《渤海上京城的礼制建筑》，李陈奇主编《黑龙江省文物博物馆学会第五届年会论文集》，黑龙江人民出版社，2008，第 74~76 页。

3 黑龙江省文物考古研究所编著《渤海上京城——1998~2007 年度考古发掘调查报告》上册，文物出版社，2009，第 21 页。

4 （汉）郑玄注，（唐）贾公彦疏《周礼注疏》卷 35《朝士》，（清）阮元校刻《十三经注疏》，第 877 页。

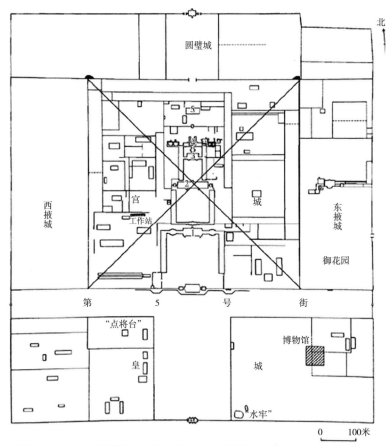

说明：1、2、3、4、5分别指1号、2号、3号、4号、5号宫殿址。

图4-2　上京城皇城、宫城平面

资料来源：黑龙江省文物考古研究所编著《渤海上京城——1998~2007年度考古发掘调查报告》。

置称内朝、中朝和外朝。[1] 三朝分别为日常处理政务之地、定期举行朝仪之地、举行大规模朝贺仪式之地。[2] 据清人徐松《唐两京城坊考》，

1　傅熹年：《中国古代建筑史》，中国建筑工业出版社，2001，第382页。

2　杨宽：《中国古代都城制度史研究》，上海古籍出版社，1993。

长安城的营建时序是"隋时规建，先筑宫城，次筑皇城，次筑郭城"。[1]
而渤海上京城的营建过程，刘晓东、魏存成根据相关考古成果，将其
分为三个阶段：第一阶段为文王时期，上京城的规模基本是现存遗址
中的宫城部分；第二阶段为成王、康王时期，基本是皇城部分；第三
阶段为宣王和大彝震时期，基本形成了现存遗址的整体规模。[2]从考古
成果和相关文献记载可确定 2、3、4 号宫殿是早期的建筑，尚不能确
定 1 号宫殿建于何时。《辽史》记载："十有二世至彝震，僭号改元，拟
建宫阙。"[3]可见大彝震时曾新建宫殿，据此推断 1 号宫殿是大彝震时期
增修的建筑。[4]基于此推断，渤海上京的内朝最初在宫城南门。宫城（中
心区）共有四座城门，其中正南门设两阁，属于唐州府一级的城市规
制，但正南门和前面 92 米宽的街道又使宫城门极为气派，显示出它不
同于一般州府的特殊地位。上京城宫城的正南门设有两阁，应该是上京
颁布政令的地方，同时也是早期的外朝之处。[5]

　　2 号宫殿址位于 1 号宫殿址北面、宫城对角线的中心，是包含正殿、
挟门、廊庑的复合式建筑，东西长 93.5 米、南北宽 22.4 米，总面积达
2094 平方米。2 号宫殿规模最大，比唐长安城大明宫含元殿的面积还多
195 平方米，为我国目前发现唐代单体建筑面积之最。该宫殿的位置、布
局、形制等与唐大明宫宣政殿相似，而宣政殿是中朝所在，皇帝于此听
政。其功能应该与宣政殿相同，是宫城的中朝之殿。2 号宫殿带有明显的
礼制建筑特点，其陶制殿阶螭首和陶制板位砖的存在，[6]充分说明其是渤
海王廷最高级的礼制性建筑。当然，这种大型礼制中心的出现，也反映

1　（清）徐松撰，（清）张穆校补《唐两京城坊考》，中华书局，1985，第 1 页。

2　刘晓东、魏存成：《渤海上京城主体格局的演变——兼谈主要宫殿建筑的年代》，《北方文物》
　　1991 年第 1 期。

3　《辽史》卷 38《地理志二》，第 456 页。

4　佟薇：《空间视域下的渤海国五京研究》，第 91 页。

5　赵虹光：《渤海上京城城门建制研究》，吉林大学边疆考古研究中心编《新果集——庆祝林沄
　　先生七十华诞论文集》，科学出版社，2009，第 530~541 页。

6　黑龙江省文物考古研究所、吉林大学考古学系、牡丹江市文物管理站：《渤海国上京龙泉府宫
　　城第二宫殿遗址发掘简报》，《文物》2000 年第 11 期。

出渤海国中后期已经基本完成了中原化体制的构建。2 号宫殿址以北依次是 3、4、5 号宫殿址。3 号宫殿位于 2 号宫殿的北部，与 4 号宫殿有廊道相连，当是同一座宫殿的前后两部分。根据对其布局、建筑结构与形式以及台基高度等因素的分析，3 号宫殿应该担负着朝堂的功能，是处理日常政务之处，与大明宫内朝紫宸殿的位置及功能相同，应该是上京城宫城的内朝所在。4 号宫殿址由同一台基上的主殿、主殿附廊、东西配殿和主殿北部的两条烟囱构成，主殿和西配殿内都设有曲尺形火炕。[1]从其基本形制和出土遗物看，这里当是寝殿。另外，宫城内部西区为相互以墙相隔的三个院落，其中一处较大建筑内出土大量陶器残片，这说明渤海很可能模仿唐代的"盈库"制度建立了自己的宫廷府库。整体来看，3、4 号宫殿建筑群的布局与和龙西古城、珲春八连城宫城内建筑的布局基本相同，说明 3、4 号宫殿建筑是渤海早期宫城的核心建筑。1 号宫殿位于宫城南门之北，为南北面阔 11 间、进深 4 间的建筑。台基保存完好，东西 55.5 米、南北 27 米、高 2.7 米，四周包石，上列大型础石。东西两侧有对称的曲尺形廊庑建筑；在两廊各自的东西向段中部是与唐长安大明宫含元殿两廊所接之翔鸾、栖凤阁相似的楼阁之类附属建筑。[2]新建成的 1 号宫殿在位置、功能等方面均与唐大明宫含元殿相似，其代替宫城南门开始用于朝仪，成为新的"外朝"所在。而 2 号宫殿、3 号宫殿的职能没有发生改变，依旧是"中朝"和"内朝"之处。此时为上京城后期的"三朝"制模式。魏存成认为宫城的布局与唐朝太极宫、大明宫相似，作用也更接近大明宫，即 1 号宫殿与宫城正门属于前朝，2 号宫殿属于中朝，3、4 号宫殿属于内朝。[3]上京城"三朝"制的存在说明渤海不仅模仿唐长安城的外在表现形式，也深入地学习了建筑规划方面的礼制思想和观念。

---

1 黑龙江省文物考古研究所、吉林大学考古学系、牡丹江市文物管理站：《黑龙江宁安市渤海国上京龙泉府宫城 4 号宫殿遗址的发掘》，《考古》2005 年第 9 期。

2 黑龙江省文物考古工作队：《渤海上京宫城第一宫殿东、西廊庑遗址发掘清理简报》，《文物》1985 年第 11 期。

3 魏存成：《渤海遗迹的发现与研究》，《社会科学战线》2001 年第 6 期。

5号宫殿址位于宫城中轴线偏北处，位置与《唐两京城坊考》所记载的唐大明宫玄武门内玄武殿相同。[1]殿基南侧设有一门，门址台基平面呈长方形，是上京城中轴线上建筑结构最简约、规模最小的门，北侧无门。根据础石排列情况来看，它当是两层的楼阁建筑。主体建筑台基高耸突出，是宫城北区中轴线上最高的建筑，与宫城北部的两个角楼呈倒"品"字排列，据此分析其主要功能可能是对5号宫殿以北区域进行守望和警戒。[2]宫城的东、西两侧是禁苑，其中东苑被称为"御花园"，是一处集山水园林和亭榭楼阁于一体的建筑，是目前国内已知的保存最为完好的中世纪皇家园林遗址。宫城北部的附属部分，被称为"圆璧城"，体现了渤海国的防御体系。

综上所述，通过对渤海上京城遗址的布局和功能的分析，可以看出它是渤海五京中最为重要的一京，以及其明显的国都地位。契丹灭亡渤海国后，改上京城作天福城继续使用，其可能毁弃于东丹国甘露三年（928）举国南迁之时。

关于上京龙泉府的管辖范围，目前学术界尚无一致的看法。据《中国历史地图集》中绘制的上京龙泉府范围，上京龙泉府应以今黑龙江宁安为中心，包括牡丹江、宁安、海林、东宁、穆陵、绥芬河、林口等市、县。[3]此外，渤海国迁都中京后，原属旧国管辖的一部分地区也有可能划归上京龙泉府管辖。

第五节　东京制度

东京龙原府亦称栅城府，地处上京东南秽貊故地，下辖庆、盐、

1　魏存成：《渤海考古》，第87页。

2　黑龙江省文物考古研究所编著《渤海上京城——1998~2007年度考古发掘调查报告》上册，第485~486页。

3　谭其骧主编《中国历史地图集》第五册《隋、唐、五代十国时期》，中国地图出版社，1982，第78~79页。

穆、贺四州。其府治，学术界普遍认定是吉林珲春八连城。[1] 经东京龙原府向东南滨海处，是渤海通往日本的重要出海港口。

一 迁都东京

文王大钦茂后期，渤海国进行了第三次迁都，由上京龙泉府迁到东京龙原府。《新唐书·渤海传》记载："贞元时，东南徙东京。"[2] 大钦茂卒于唐德宗贞元九年（793），不久王都又从东京迁回上京，故第三次迁都的时间当在 785 年至 790 年间，多数学者认为确切时间在贞元元年（785）。文王迁都东京的原因，中国学者多认为与渤日关系有关。朱国忱等认为主要原因是方便与日本、新罗的往来；[3] 桑秋杰等认为是为了方便渤海与日互聘；[4] 杨雨舒等认为是为进一步发展与日本的关系，结盟日本以掣肘新罗；[5] 日本学者滨田耕策认为大钦茂在上京时经历了丧妻、丧子等痛苦，迁都是为离开伤心之地；[6] 酒寄雅志提出渤海迁都东京的目的不仅在于加强与日本的贸易活动，还与向率宾府等地的扩展和加强控制有关。[7] 韩国学者韩圭哲认为渤海此次迁都的重要原因之一是为了更灵活地开展同日本的贸易，但文王末期国人相争而产生的政治分歧，以及渤海与新罗对立而采取的南进政策，也是不能

1　朝鲜学者认为东京龙原府故址为今朝鲜境内咸镜北道清津市富居里城址，参见〔朝〕蔡泰亨《渤海东京龙原府——珲春八连城说再议》，《历史科学》1990 年第 3 期；〔朝〕金宗赫《我国东海岸一带调查发掘的渤海遗迹与遗物》，李云铎译，《历史与考古信息·东北亚》2003 年第 1 期。"清津说"因缺乏考古学依据而不被学界认可。

2　《新唐书》卷 219《渤海传》，第 6181 页。

3　朱国忱、金太顺、李砚铁：《渤海故都》，第 84~85 页。

4　桑秋杰、高福顺：《渤海政权迁都考述》，《东北史地》2008 年第 2 期。

5　杨雨舒、蒋戎：《唐代渤海国五京研究》，第 129 页。

6　滨田耕策『渤海国興亡史』吉川弘文館，2000。

7　〔日〕酒寄雅志：《渤海国都和统治领域》，马一虹译，杨志军主编《东北亚考古资料译文集》第 6 辑，北方文物杂志社，2006。

忽视的原因。[1]宋基豪指出迁都东京是由内外因共同决定的，主要动机在于定都高句丽旧址。[2]权银珠提出渤海统治集团的内部冲突是迁都东京的主要原因。[3]综合上述前人观点，可以看出渤海迁都东京是受国内政治矛盾激化和国际环境变动的双重影响，统治者通过迁都东京以制内御外。

8世纪后期，渤海国内外形势的新变化是此次迁都的重要原因。日本学者三上次男根据从八连城出土的高句丽时代二佛并坐像，推断今珲春地区在高句丽时期就已成为政治、军事、文化要冲。[4]安史之乱爆发后，渤海深恐安禄山的势力会进入，为此加强了同日本的联系。从唐肃宗乾元元年（758）至德宗建中元年（780），渤海先后八次遣使团访日；而日本也曾八次回访渤海。[5]同时，新罗宣德王对渤海的政治和军事意图十分明显。宣德王二年（781）七月，"发使安抚浿江南州郡"；三年（782）二月，巡幸汉山州，"移民户于浿江镇"；七月，"大阅于始林之原"，[6]对渤海的南部边疆构成严重威胁。为了加强对渤海南部边疆的有效控制，渤海需要与日本结成同盟，借助日本以掣肘新罗。在渤日双方频繁的交聘往来中，渤海统治者意识到有必要将王都迁至更利于双方出行的地点。东京龙原府的地理位置与上京、中京相比，相对偏僻；但它位于渤海—日本道上，靠近大海，海上交通便利，迁都东京无疑是最佳选择。大钦茂迁都东京，利用海上交通之路加强与日本的政治联盟，以预防安史之乱的威胁、牵制新罗北进。

1　〔韩〕韩圭哲：《新羅와渤海의政治的交涉過程：南北國의사신파견을중심으로》，《韓國史研究》43 권，1983。

2　〔韩〕송기호：《발해의천도와그배경》，《한국고대사연구》36 권，2004。

3　〔韩〕권은주：《8 세기말발해의천도와북방민족관계》，《고구려발해연구》41 권，2011。

4　〔日〕三上次男：《八连城出土的二佛并座像及其历史意义》，《渤海史译文集》，第271 页。

5　杨雨舒、蒋戎：《唐代渤海国五京研究》，第129 页。

6　〔高丽〕金富轼：《三国史记》卷9《新罗本纪九·宣德王纪》，吉林文史出版社，2003，第130 页。

安史之乱爆发后，渤海国与唐朝的交通被切断。同时，连年战乱使唐朝无暇顾及与渤海的交往，严重影响了渤唐贸易往来。日本由此取代唐朝，成为渤海最大的贸易对象。东京地区的地理位置虽较中京和上京偏僻，但不仅具备发展经济的自然条件，同时还濒临大海，拥有海路交通之便，其所领盐州即是渤海著名港口城市，更方便与日本贸易往来，因此渤海将都城从上京迁至更为便利的东京龙原府。

此外，还有学者认为此次迁都与渤海国内的"国人"势力膨胀威胁王权统治有关。《新唐书·渤海传》记载："钦茂死，私谥文王。子宏临早死，族弟元义立一岁，猜虐，国人杀之，推宏临子华玙为王。"[1]所谓"国人"，日本学者酒寄雅志认为是指从文王末期开始发展并在8世纪末能够左右渤海王权的一股政治势力。[2]韩国学者林相先认为是指8世纪末以文王为中心的、以上京为根据地的政治势力；[3]宋基豪认为是指渤海在推行文王文治政策的过程中成长起来的贵族；[4]魏国忠等认为是指以部分贵族和官员为核心的拥戴大钦茂嫡系子孙们的势力。[5]世子宏临早死后，王位继承人迟迟未定，"这一情况侧面反映了国内似乎存在着可以左右王权的势力"。[6]文王后期很可能出现了"国人"势力威胁王权的情况，因此大钦茂希望通过转移政治中心实现巩固王权的目的。

二　东京制度

渤海东京龙原府的故址——八连城遗址位于今吉林省东部图们江下游珲春河冲积平原的盆地内，近处地势平坦，远处群山环绕，城西

---

1 《新唐书》卷219《渤海传》，第6181页。

2 酒寄雅志「渤海国家の史の展開と国際関係」『朝鮮史研究会論文集』第16卷、1979。

3 〔韩〕林相先：《渤海의遷都에대한考察》，《清溪史學》5집，1988。

4 〔韩〕宋基豪：《渤海政治史研究》，一潮阁，1995。

5 魏国忠、朱国忱、郝庆云：《渤海国史（修订版）》，第150页。

6 佟薇：《空间视域下的渤海国五京研究》，第120页。

有图们江自北向南流过。《新唐书·渤海传》云"俗所贵者……栅城之豉"，[1]珲春出产各种豆类，与《新唐书》所云相符。20世纪20年代后，日本学者相继对八连城展开调查。1977年，李健才实地踏查了八连城，判定其为东京龙原府遗址。[2] 2004~2009年，吉林省文物考古研究所与吉林大学边疆考古研究中心对八连城遗址进行了为期六年的考古发掘，发掘者认为八连城应始建于唐贞元初年（785）之前，属于渤海王城东京龙原府故址，营建年代稍晚于西古城，可能自然废弃于东丹国甘露三年（928）。[3]

东京龙原府由外城（相当于上京龙泉府的皇城）和内城（当于上京龙泉府的宫城）两大部分组成。外城平面略呈方形，内城则呈南北向的长方形。外城东西约707米，南北约744米，面积约53万平方米。外城城墙周长2894米，为泥土夯筑。外城共设有4处城门，分别置于各墙的中部。[4] 城墙外6米处有护城河遗迹。该城址大致可分为三部八区。其中中部有3区，南部4区。而在外城北墙内筑有一道与之平行的横墙，南北距约127米，此区域为该城的北部一区，俗称北大城。因中部3区、南部4区与北部1区，共8个相连的区域，故称"八连城"（图4-3）。

八连城的内城位于中区，东西216米，南北317米，面积约6.8万平方米。内城城墙基本保存完整，且与中京显德府内城一样，内城南墙中段墙体向北折入约13.5米。城墙亦为土筑，墙基宽6米，东、西、南三面的中部各设有一处城门，其中南门宽25米。内城共发现八处建筑遗迹，其中有两座保存状况较好的大型建筑址。1号宫殿址位于八连城内城北部中央，也是内城的几何中心

1　《新唐书》卷219《渤海传》，第6183页。

2　李健才：《珲春渤海古城考》，《学习与探索》1985年第6期。

3　吉林省文物考古研究所、吉林大学边疆考古研究中心、珲春市文物管理所编著《八连城——2004~2009年度渤海国东京故址田野考古报告》，文物出版社，2014，第310页。

4　1942年斋藤优的挖掘报告记录了外城的四面城墙中央的墙体均有凹陷，推测可能是城门址所在。参见齋藤優『半拉城と他の史蹟』半拉城址刊行会、1978。

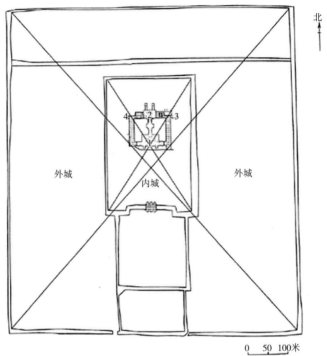

说明：1、2、3、4分别指1号、2号、3号、4号宫殿址。

图 4-3　东京八连城平面

资料来源：吉林省文物考古研究所、吉林大学边疆考古研究中心、珲春市文物管理所编著《八连城——2004~2009 年度渤海国东京故址田野考古报告》。

处，由殿基和两侧漫道及行廊组成。此建筑址为朝殿，是大钦茂晚期举行典礼和朝会的地方。2 号建筑址位于 1 号宫殿址北面，由主殿和东、西朵殿及东、西廊道组成，根据础石和柱础坑的分布，推测主殿应该是一座面阔 5 间、进深 2 间的建筑，左右二室的北部端角有烟囱基址，并设置了取暖设施，推测此建筑址为寝殿。两殿均位于中央的一处东西长 45 米、南北宽 30 米、高 2 米的高台上。1号宫殿址的规模最大，2 号宫殿址的台基低于 1 号建筑址，以回廊与 1 号宫殿址相接，并与其组成"工"字殿建筑形制。2 号、3

号、4 号宫殿址呈东西一线分布，布局与和龙西古城 1 号至 4 号宫殿的布局相似，说明二者具有相同的规划思想。[1]城内曾出土大量瓦当、筒瓦、板瓦、花纹瓦、琉璃瓦和文字瓦等建筑构件。瓦当中以莲瓣纹最为常见，其中复瓣莲花纹瓦当与唐代中原出土的瓦当花纹相似。文字瓦有 30 余种，其上刻有"可""素""成""昌""左李""德""保""俳""音""大""仁""寸""夫"等字。

迄今为止，八连城尚未发现更大规模郭城存在的迹象，[2]但据《吉林省志·文物志》，八连城以南曾有一道很长的东西向城墙，如今已不能辨识。此墙很可能是渤海国以东京为王都时期尚在修建的外郭城的南墙。[3]且在城址东南和正南还分布着三处寺庙遗址，并曾出土石雕佛像和建筑构件。由此推测，当时渤海很可能已开始修建外郭城。但八连城并未发现像上京龙泉府外郭城中那种整齐的里坊，这大概是因为东京龙原府作为王都的时间不到 10 年；另外，大钦茂晚期，渤海统治集团陷入内乱之中，无暇顾及王都的营建。

与稍早的中京显德府相比，东京龙原府无论是在平面布局，还是在规模大小、纵横比例上都十分接近，这说明它们的地位是相同的。[4]同时也说明，八连城大体上是按西古城的布局营造的。八连城明显具备了唐代京城的特点，和西古城一样，都是模仿唐长安城修建的。另外，外城北部的北大城和上京宫城北部的圆璧城一样，都是出于加强防御的目的。这种布局早在隋唐时期的洛阳城中就已出现，这表明渤海王都在模仿唐长安城的同时，也吸取了洛阳城的特点。[5]

通过考察八连城城址的布局、规模，目前多数学者认为其政治功

1　佟薇：《空间视域下的渤海国五京研究》，第 100 页。

2　吉林省文物考古研究所、吉林大学边疆考古研究中心、珲春市文物管理所编著《八连城——2004~2009 年度渤海国东京故址田野考古报告》，第 290 页。

3　《吉林省志》卷 43《文物志》，第 66 页。

4　魏存成：《关于渤海都城的几个问题》，《史学集刊》1983 年第 3 期。

5　魏存成：《关于渤海都城的几个问题》，《史学集刊》1983 年第 3 期。

能表现出渤海都城与东京龙原府的双重属性，[1]即曾为渤海王城，也是渤海五京之一东京龙原府的府治所在。丁海斌提出八连城的性质是基于分区而治与方位设置类型的陪都。[2]王培新通过规模与布局的比对分析，进一步推测八连城具有渤海王室离宫或陪都的性质。[3]卢成敢通过对八连城城址内部建筑址的性质分析，认为八连城内外并不存在衙署设施，故其行政职能属性较弱。[4]这一推测是否成立，还有待进一步的实证支持。

东京龙原府的确切辖区范围，学界也未达成一致意见。《中国历史地图集》中所绘制东京龙原府的范围，大致包括今吉林珲春、今俄罗斯滨海边疆区哈桑区一带以及今朝鲜民主主义人民共和国咸镜北道的东部沿海一带。[5]相较其他四京，东京龙原府的辖区范围并不算大，但对渤海政权而言具有重要意义，其中首州庆州和作为渤海国东部重要水陆交通枢纽的盐州尤为重要。

第六节　西京与南京制度

渤海五京中，南京南海府和西京鸭渌府从未成为王都，形制与王都（上京、东京、中京）有明显的区别，这说明渤海五京城的功能并不完全相同，地位也有所差异。

1　魏存成：《渤海考古》，第 90 页。

2　丁海斌：《中国古代陪都十大类型论》，《辽宁大学学报》2011 年第 4 期。

3　王培新：《渤海国东京故址珲春八连城城址布局复原考察》，吉林大学边疆考古研究中心编《庆祝张忠培先生八十岁论文集》，科学出版社，2014，第 521~532 页；王培新：《渤海王城城址布局比较分析》，魏坚、吕学明主编《东北亚古代聚落与城市考古国际学术研讨会论文集》，科学出版社，2014，第 303~310 页。

4　卢成敢：《渤海遗存的分区研究》，博士学位论文，吉林大学，2019，第 187 页。

5　谭其骧主编《中国历史地图集》第五册《隋、唐、五代十国时期》，第 78~79 页。

一 西京制度

西京鸭渌府，设于高句丽故地。《新唐书·渤海传》记载："高丽故地为西京，曰鸭渌府，领神、桓、丰、正四州。曰长岭府，领瑕、河二州……鸭渌，朝贡道也。"[1]又《辽史·地理志》记载："渌州，鸭渌军，节度。本高丽故国，渤海号西京鸭渌府。"[2]这两条史料说明：其一，西京所辖区域在高句丽故地；其二，西京鸭渌府位于朝贡道上。《新唐书·地理志》记载了朝贡道的具体路线，由"泊汋口"进入"渤海之境"后，先由水路至丸都县城，再换陆路至神州，然后至显州，最后到达渤海上京。[3]丸都县城是渤海桓州治所，曾是高句丽都城，在今吉林集安；神州在今吉林临江。由此关于西京鸭渌府所在地，学界产生集安和临江两种说法。

18 世纪李氏朝鲜时期，柳得恭在《渤海考》中据鸭渌府的名称认定西京在鸭绿江附近。[4]李朝后期韩致奫的『海東繹史續』最先提出鸭渌府的首州神州在原高句丽的故都集安。[5]日本学者鸟山喜一等赞同"集安说"，认为临江地域狭窄，又未出土相关遗址，而集安曾为高句丽王都，更符合"高丽故地"之说。[6]松井浪八、那珂通世、稻叶岩吉等人也持"集安说"。[7]朝鲜学者多赞同"集安说"。[8]

李朝人丁若镛认为西京在神州，而神州位于慈城（今慈江道慈城

1 《新唐书》卷 219《渤海传》，第 6182 页。

2 《辽史》卷 38《地理志二》，第 462 页。

3 《新唐书》卷 43 下《地理志七下》，第 1147 页。

4 〔朝鲜〕柳得恭：《渤海考》，弘益出版社，2011，第 178 页。

5 韓致奫著，韓鎮書輯『海東繹史續』卷 9「地理考·渤海」『朝鮮群書大系』第 23 輯、第 185 頁。

6 鳥山喜一『渤海史上の諸問題』風間書房、1968。

7 〔韩〕韩圭哲：《渤海西京鸭渌府研究》，李东源译，杨志军主编《东北亚考古资料译文集·高句丽、渤海专号》，第 237 页。

8 如 1991 年《朝鲜全史》认为："西京鸭渌府位于高句丽故都国内城（现集安）址。"转引自〔韩〕韩圭哲《渤海西京鸭渌府研究》，李东源译，杨志军主编《东北亚考古资料译文集·高句丽、渤海专号》，第 237 页。

郡）以北对岸，此地点与临江最为接近。[1] 1913 年，日本学者箭内亘最先明确提出"临江说"，[2] 此后中国学者金毓黻及日本学者森田铁次、和田清等都赞同此说。[3] 自 20 世纪 70 年代以来，中国考古学者在临江多次发现渤海时期的遗物，并确认存在渤海古城，这使"临江说"更为可信。[4] 目前中外学界多持"临江说"，即吉林临江。[5]

《辽史·地理志》记载，"西京鸭渌府，城高三丈，广轮二十里"，[6] 可见其规模蔚为壮观。临江市三面环山，鸭绿江自东南流来，由于河流的冲积作用，在鸭绿江右岸形成了一块东西长约 6000 米、南北宽度在 500~2500 米不等的狭长冲积台地。西京鸭渌府可能就坐落在这块台地之上。[7] 据《浑江市文物志》，20 世纪五六十年代，在临江境内发现许多具有渤海国时期特征的文物。1976 年考古学者在临江百货公司仓库地基工地发现一尊石狮子，其形状与敦化六顶山贞惠公主墓出土的石狮子相似。20 世纪 60 年代中期，临江北文成街中部还发现了一段古城墙，残长约 30 米，应与上述众多渤海遗物存在密切关系，很可能就是西京鸭渌府的城墙遗迹。[8] 这些渤海国遗迹、遗物的发现，说明西京鸭渌府极有可能就在吉林临江。

西京鸭渌府成为五京之一的时间，史籍中同样无明确记载。但根据

1　〔朝鲜〕丁若镛：《大韩疆域考》卷 5《渤海考》。

2　箭内亘「元明時代の満洲交通路」白鳥庫吉監修、箭内亘・稲葉岩吉・松井等『満洲歴史地理』第 2 巻、南満洲鉄道株式会社、1913、第 572 頁。

3　金毓黻：《渤海国志长编》卷 14《地理考》，第 13~14 页；森田鐵次「渤海、金の歴史・地理的考察」南満洲鉄道株式会社教育研究所編『研究要報』第 10 輯、南満洲鉄道教育研究所、1937；和田清「渤海国地理考」『東洋学報』第 36 巻第 4 号、1954。

4　郑永振：《渤海的疆域与五京之地理》，郑永振主编《渤海史研究》（九），第 199 页。

5　如张锡彤、王锺翰、贾敬颜、郭毅生、陈连开等《〈中国历史地图集〉释文汇编·东北卷》，中央民族学院出版社，1988，第 105 页；魏存成《渤海考古》，第 136~141 页；〔韩〕韩圭哲《渤海西京鸭渌府研究》，李东源译，杨志军主编《东北亚考古资料译文集·高句丽、渤海专号》，第 243 页；韩亚男、苗威《渤海西京鸭绿府考》，《中国边疆史地研究》2015 年第 1 期。

6　《辽史》卷 38《地理志二》，第 462 页。

7　吉林省文物志编委会编印《浑江市文物志》，内部资料，1987，第 24 页。

8　《浑江市文物志》，第 24~27 页。

大钦茂时期渤海国已相继建立中京、上京和东京，以及西京鸭渌府地处交通要冲并且早已在渤海国与唐朝的往来中发挥重要作用的实际情况来看，西京鸭渌府作为五京之一很可能也是在大钦茂时期。

西京鸭渌府的具体辖区范围，学术界也尚无一致观点。根据《中国历史地图集》中绘制的西京鸭渌府范围，大体上以今吉林临江为中心，包括白山、抚松、靖宇、长白、集安、通化等市县，以及今朝鲜的慈江道和两江道部分地区。[1]

二　南京制度

《新唐书·渤海传》云："沃沮故地为南京，曰南海府。"[2] 南京南海府，地处渤海国最南境，是置于沃沮之地的京府。《辽史·地理志》记载："海州，南海军，节度。本沃沮国地。高丽为沙卑城，唐李世勣尝攻焉。渤海号南京南海府。"[3]《新唐书·渤海传》又云"南海，新罗道也"，[4] 南京南海府是渤海国"新罗道"的起点，其府治必靠近新罗。渤海与新罗以泥河（今龙兴江）为界，故其府治当在今龙兴江以北地区。《三国志·东沃沮传》云："东沃沮在高句丽盖马大山之东，滨大海而居。其地形东北狭，西南长，可千里，北与挹娄、夫余，南与濊貊接……北沃沮一名置沟娄，去南沃沮八百余里。"[5] 金毓黻认为东沃沮即南沃沮，[6] 盖马大山即今长白山南支林牙山脉，[7] 大海即日本海，故南海府之范围当不出

1　谭其骧主编《中国历史地图集》第五册《隋、唐、五代十国时期》，第 78~79 页。

2　《新唐书》卷 219《渤海传》，第 6182 页。

3　《辽史》卷 38《地理志二》，第 461 页。

4　《新唐书》卷 219《渤海传》，第 6182 页。

5　（晋）陈寿：《三国志》卷 30《东沃沮传》，中华书局，1959，第 846~847 页。

6　金毓黻：《渤海国志长编》卷 14《地理考》，第 294 页。

7　白鸟库吉·箭内亘「漢代の朝鮮」白鸟库吉監修、箭内亘·稲葉岩吉·松井等『滿洲歷史地理』第 1 卷、第 17 頁。

今朝鲜咸镜两道。[1]关于其府治的具体地点，学界主要有今朝鲜的北青、咸兴和镜城三种观点。李朝后期学者韩致奫（1765~1814）最先提出南京南海府为现今咸镜道北青等地，[2]中国学者金毓黻亦持"北青说"。[3]朝鲜学者丁若镛提出南京南海府故址在今朝鲜咸镜南道咸兴市，此后日本学者和田清亦持此说。[4] 20世纪初日本学者松井等提出在今朝鲜咸镜北道的镜城，《中国历史地图集》亦持此观点。[5]

20世纪80年代，朝鲜学者发掘了咸镜南道北青郡青海土城（又称北青古城或土城里土城），认为该城址是渤海国南京南海府故址。[6]该观点已为学术界所接受。该城址位于咸镜南道北青郡东南的南大川左岸的广阔平原上，交通便利。《辽史·地理志》称渤海南京南海府"叠石为城，幅员九里"，[7]实际周长为2132米，平面呈东西略长的长方形。现存城墙高2~3米，上宽1米，底宽8米。城墙中央有城门址，城墙西南角有类似角楼的遗迹。城墙上有马面，南墙的西部马面长6米，高2米。北门的西部有一隆起的台基，可能是瞭望楼址。城内有东西和南北向笔直伸展的街道，现在东西向的道路长约565米，宽3米。在西门的东北部和北门的东南部有认定的官厅址。唐代一般州府城址是方形平面，有大小之分，四面各开一门，内以十字街分割成四个坊。[8]

---

1 张锡彤、王锺翰、贾敬颜、郭毅生、陈连开等：《〈中国历史地图集〉释文汇编·东北卷》，第103页。

2 韓致奫著，韓鎮書輯『海東繹史續』卷9「地理考·渤海」『朝鮮群書大系』第23輯、第184頁。

3 金毓黻：《渤海国志长编》卷14《地理考》，第294页。

4 〔朝鲜〕丁若镛：《大韩疆域考》卷2《沃沮考》；和田清「渤海国地理考」『東洋学報』第36卷第4号、1954。

5 松井等「渤海国の疆域」白鳥庫吉監修、箭内亙·稲葉岩吉·松井等『満洲歷史地理』第1卷、第410頁；张锡彤、王锺翰、贾敬颜、郭毅生、陈连开等：《〈中国历史地图集〉释文汇编·东北卷》，第103页。

6 〔朝〕李俊杰：《关于咸镜南北道一带渤海遗物的调查报告》，《朝鲜考古研究》1986年第1号。

7 《辽史》卷38《地理志一二》，第461页。

8 宿白：《隋唐城址类型初探（提纲）》，北京大学考古系编《纪念北京大学考古专业三十周年论文集（1952~1982）》，文物出版社，1990，第279~285页。

城内西门东北部的官厅址曾出土四角玉石图章、瓦类、鸱尾、鬼面残片、柱础石等。在该城内出土的文物有手压瓦、放射线纹瓦当、坛、罐、三足锅、铁镞、银簪、青铜装饰用环、铁车辖等。[1]青海土城的遗物中有很多与上京龙泉府的遗物相同。尤其是在这里发现了"只在大建筑址中才能见到的大柱础石座和只有以王宫为主的高级建筑上才可使用的鸱尾，以及出土了象征高层权力机关的玉图章等，都对阐明此遗迹的性质提供了有力的物据"。[2]

青海土城附近还分布着龙田里山城、安谷山城、居山城等多座山城，在这些山城中都发现了高句丽及渤海时期的遗存。从城墙的建筑特点等分析，极可能是高句丽时修建，后为渤海沿用。[3]位于土城西南10千米处是朝鲜咸镜南道琴湖地区的梧梅里庙洞，修建于高句丽时代，后为渤海所沿用。[4]该庙址出土的建筑构件、陶器、瓷器等遗物，与青海土城出土的大体相同，这说明梧梅里庙址是生活在青海土城的贵族们兴建并参拜的寺庙。[5]东北8千米处分布着600余座墓葬，其中包括高句丽及渤海时期的墓葬，渤海的石室封土墓主要分布在墓群的西部，与"吉林省敦化县六顶山的渤海墓群有很多共同点"。[6]青海土城的形制与规模相当于唐代小型州城或县城城址，[7]小于其他诸京，这

1　〔朝〕金宗赫：《青海土城及其周边的渤海遗迹》，文一介译，《历史与考古信息·东北亚》1991年第1期；〔朝〕李俊杰：《关于南京南海府的遗址和遗物》，李云铎、顾铭学译，《历史与考古信息·东北亚》1990年第1期。

2　〔朝〕柳炳兴：《关于在东海岸一带渤海遗迹发掘中取得的成果》，李云铎译，《历史与考古信息·东北亚》2000年第1期。

3　〔朝〕柳炳兴：《关于在东海岸一带渤海遗迹发掘中取得的成果》，李云铎译，《历史与考古信息·东北亚》2000年第1期；〔朝〕金宗赫：《我国东海岸一带调查发掘的渤海遗址和文物》，《渤海史研究论文集》（二），科学百科词典综合出版社，1997。

4　〔朝〕河创国：《朝鲜的渤海遗迹——以咸镜南、北道为中心》，杨志军主编《东北亚考古资料译文集》第4辑，北方文物杂志社，2002，第219页。

5　〔朝〕金宗赫：《青海土城及其周边的渤海遗迹》，文一介译，《历史与考古信息·东北亚》1991年第1期。

6　〔朝〕金宗赫：《青海土城及其周边的渤海遗迹》，文一介译，《历史与考古信息·东北亚》1991年第1期。

7　魏存成：《渤海考古》，第163页。

与南京南海府不曾作为渤海国都城的地位大致相当。南京南海府与新罗接壤，青海土城附近坐落着居山、龙田里、安谷和白云山等一系列大型山地城址，[1] 足见其战略地位的重要性。

关于南京南海府的具体辖区范围，学术界未达成统一的观点。根据《中国历史地图集》所绘制的范围，大体上南京南海府管辖着今朝鲜咸镜南道全境以及咸镜北道、两江道和慈江道的部分地区。[2]

第七节　五京的功能与交通网络

五京作为渤海国重要的地方行政建置，在渤海国实行地方统治中发挥了重要作用。同时五京作为重要交通枢纽，结合六条交通干线，共同组成了发达的交通网络，在渤海地方统辖和对外交往中都发挥了重要作用。

一　五京的功能

1. 五京的政治功能

关于渤海五京的政治功能，宋玉彬等认为"五京，通常的理解是作为一种政治制度，五京体现的是行政管理体制，其意义首先在于它们所拥有的特殊的行政级别"。[3] 五京作为渤海地方政治制度，在渤海地方统辖中体现了重要的政治功能。

在渤海国的扩张过程中，其民族构成也随之变化，五京的设置与

1　〔俄〕М.А.斯托亚金：《中国与朝鲜境内的渤海国城址》，杨振福译，辽宁省博物馆编著《辽宁省博物馆馆刊（2016）》，辽海出版社，2018，第70~77页。

2　谭其骧主编《中国历史地图集》第五册《隋、唐、五代十国时期》，第78~79页。

3　宋玉彬、王志刚：《考古学视角下的西古城城址》，《新果集——庆祝林沄先生七十华诞论文集》，第561页。

渤海国为有效控制不同区域内各民族的政治目的密切相关。渤海建国之际，民族构成就不单一，随着其治下人口的增加，民族成分愈加复杂。学界一般认为，参与渤海建国的集团包括靺鞨人、高句丽遗民，还有少量的汉人、契丹、奚和九姓杂胡。渤海建国集团的核心力量是以大氏为首的粟末靺鞨人，这支粟末靺鞨人曾为高句丽"别种"，崔致远《谢不许北国居上表》记载："臣谨按渤海之源流也，句骊未灭之时，本为疣赘部落，靺羯之属，实繁有徒，是名粟末小蕃。尝逐句骊内徙。"[1] 武则天万岁通天元年（696）李尽忠叛唐，"舍利乞乞仲象者，与靺鞨酋乞四比羽及高丽余种东走，度辽水，保太白山之东北，阻奥娄河，树壁自固"。[2] 可见"东奔"队伍中包括靺鞨和高句丽人。魏国忠等认为，"东奔"行列中靺鞨人所占比例最大，在四分之三以上；高句丽遗民次之，约在一成或一成半之间；汉人以及契丹、奚人、九姓杂胡等人数相对有限，总数似在半成以上或更多一些。"东奔"人口的总数似在五六万之间。[3] 建立振国后，大祚荣一方面继续接纳靺鞨诸部，"汩咄、安居骨、号室等部，亦因高丽破后奔散微弱，后无闻焉，纵有遗人，并为渤海编户"。[4] 另一方面积极向南拓展，"户十余万，胜兵数万，颇知书契，尽得扶余、沃沮、弁韩、朝鲜海北诸国"，[5] 势力到达朝鲜半岛北部，以泥河与新罗为界，形成了以靺鞨旧地和高句丽北部故地为核心的辖区。日本史书《类聚国史》称渤海基层村落"皆靺鞨部落"，从侧面反映出渤海国早期的民族构成以靺鞨人为主。

至宣王大仁秀之世（818~830），"颇能讨伐海北诸部，开大境宇"。[6] 又有不少靺鞨等族群的部落臣属于渤海，主要有拂涅、虞娄、铁利、越

---

1 〔新罗〕崔致远：《谢不许北国居上表》，《崔致远全集》，上海古籍出版社，2018，第546页。

2 《新唐书》卷219《渤海传》，第6179页。

3 魏国忠、朱国忱、郝庆云：《渤海国史（修订版）》，第45页。

4 《旧唐书》卷199下《渤海靺鞨传》，第5359页。

5 《新唐书》卷219《渤海传》，第6180页。

6 《新唐书》卷219《渤海传》，第6181页。

喜、率宾等。在北拓的过程中，面对北部居住于肃慎故地、保持靺鞨文
化传统的靺鞨诸部，建立渤海国的靺鞨诸部与高句丽遗民形成了明确的
心理认同，于是在9世纪初，融合成一个新的民族——渤海族，[1]并成为
渤海国的主体民族。[2]《新唐书·渤海传》对于渤海五京建置与民族分布
有直接记载：

> 以肃慎故地为上京，曰龙泉府，领龙、湖、渤三州。其南为
> 中京，曰显德府，领卢、显、铁、汤、荣、兴六州。秽貊故地为

---

[1] 金毓黻最早在《渤海国志长编》卷13《遗裔列传》中提出"渤海民族"一词，第282页。
20世纪70年代以后，部分学者明确提出在渤海国历史上曾形成了渤海族。如崔绍熹《渤海
族的兴起与消亡》(《辽宁师院学报》1979年第4期）；孙秀仁、干志耿《论渤海族的形成与
归向》(《学习与探索》1982年第4期）；孙进己、艾生武、庄严《渤海的族源》(《学习与
探索》1982年第5期）；孙进己《东北民族源流》(黑龙江人民出版社，1989）、《东北亚研
究——东北民族史研究（一）》(中州古籍出版社，1994）；张高、姜华昌、关颖《渤海国管
窥》。但也有部分学者主张渤海从未形成渤海族。如韩国学者宋基豪《渤海的地方统治及
其实况》认为"渤海社会是以高句丽系统的人和靺鞨系统的人为中心构成的。渤海始终未
能克服这种二元性，一直存续到渤海灭亡为止……由此看来，有些人主张渤海时期各个种
族融合起来，形成了一个新的民族，即渤海族，这种主张是不符合历史事实的"(杨志军主
编《东北亚考古资料译文集·高句丽、渤海专号》，第173页）；郑永振《论渤海国的种族
构成与主体民族》认为渤海国的历史发展中并未形成所谓"渤海族"(《北方文物》2009年
第2期）。

[2] 关于渤海国的主体民族问题，学界长期存在不同声音。一是认为渤海国的主体民族是渤海族，
主此说者主要有崔绍熹、孙秀仁、干志耿、孙进己、杨军等。二是认为渤海国的主体民族是
靺鞨族，金毓黻最早提出此观点（《渤海国志长编》卷16《族俗考》，第358页）。日本学者
鸟山喜一（『渤海史考』）、池内宏（「渤海の建國者について」『满鲜史研究』中世第1册）以
及俄罗斯学者Э.B.沙弗库诺夫（《渤海国及其在滨海边区的文化遗存》，林树山译，《民族
史译文集》第13集，1985）也持这种观点。中国学者刘振华《渤海大氏王室族属新证——
从考古材料出发的考察》，《社会科学战线》1981年第3期）、王承礼《渤海简史》）、李殿福
与孙玉良《渤海国》）、魏国忠［《魏国忠、朱国忱、郝庆云《渤海国史（修订版）》］、郑永
振（《论渤海国的种族构成与主体民族》，《北方文物》2009年第2期）等亦持此观点。三是认
为渤海国的主体民族是高句丽人。持此观点的主要是日朝韩学者，较具代表性的学者有日本
学者白鸟库吉（「渤海国に就いて」『白鸟库吉全集』第5卷『塞外民族史研究下』）；朝鲜学
者朴时亨《为了渤海史的研究》，《渤海史译文集》）；韩国学者李龙范（《渤海王国的社会构
成与高句丽遗裔》，《韩国史》卷3，探求堂，1981）、卢泰敦（《渤海國의住民構成과渤海人의
族源》，歷史學會编《韩國古代의國家와社會》，一潮阁，1987）、韩圭哲（《渤海의對外關係
史》）、宋基豪（《渤海政治史研究》）。

东京，曰龙原府，亦曰栅城府，领庆、盐、穆、贺四州。沃沮故
地为南京，曰南海府，领沃、晴［睛］、椒三州。高丽故地为西
京，曰鸭渌府，领神、桓、丰、正四州。[1]

　　渤海国通过设置五京，强化对直辖区治下各民族的统治。对于
北部羁縻统治区的黑水靺鞨诸部则并未设京一级建置。北部黑水靺
鞨地区约占渤海国土的一半，远远大于南部的南京和西京，其重要
性不言而喻，但因为黑水靺鞨诸部尚处于原始社会末期，没有设立
直接统辖机制的京府州县的基础，只能设置羁縻府州，而羁縻府州
之上不具备设置京的条件。据《三国史记·新罗本纪》，圣德王十七
年（718）十月"筑汉山州都督管内诸城"。[2] 早在大祚荣时期，渤海
便与新罗发生军事对峙。圣德王二十年（721）七月，大武艺进攻统
一新罗的北境，致使新罗"征何瑟罗道丁夫两千，筑长城于北境"。[3]
大祚荣与大武艺接连向南征讨，目的是与新罗争夺高句丽旧土。杨
军认为，大武艺时渤海已占领朝鲜半岛北部，与新罗相邻，渤海国
的南部疆界就此奠定，此后再无大的变化。[4] 由此可见南部的南京和
西京对渤海的重要性。相对而言，渤海对北部黑水靺鞨诸部的控制
并非持续有力，未对其建立起直接统辖，这也导致随着渤海国后期
国力衰落，北部的靺鞨诸部相继脱离了渤海的统治，很快又重新回
到各自为政的政治状态和部落制的社会形态，直到被后来的女真完
颜部统一。

　　2. 五京的职官设置

　　渤海国仿唐制设五京建置之后，诸京的衙署和职官也是效法唐制
设置的。《新唐书·百官志》记载，诸京（都）的长官曰牧，从二品，

1　《新唐书》卷 219《渤海传》，第 6182 页。
2　〔高丽〕金富轼：《三国史记》卷 8《新罗本纪八·圣德王纪》，第 114 页。
3　〔高丽〕金富轼：《三国史记》卷 8《新罗本纪八·圣德王纪》，第 114 页。
4　杨军：《渤海国民族构成与分布研究》，第 168~169 页。

掌"宣德化，岁巡属县，观风俗，录囚，恤鳏寡"。其下设少尹二员，掌"贰府州之事，岁终则更次入计"。属官则有司录参军事二员，录事四员，功、仓、户、田、兵、法、士七曹参军事各二员，参军事六员。其中，录事参军事掌"正违失，莅符印"；功曹司功参军事掌"考课、假使、祭祀、礼乐、学校、表疏、书启、禄食、祥异、医药、卜筮、陈设、丧葬"；仓曹司仓参军事掌"租调、公廨、庖厨、仓库、市肆"；户曹司户参军事掌"户籍、记帐、道路、过所、蠲符、杂徭、逋负、良贱、刍藁、逆旅、婚姻、田讼、旌别孝悌"；田曹司田参军事掌"园宅、口分、永业及荫田"；兵曹司兵参军事掌"武官选、兵甲、器仗、门禁、管钥、军防、烽候、传驿、畋猎"；法曹司法参军事掌"鞫〔鞠〕狱丽法，督盗贼，知赃贿没入"；士曹司士参军事掌"津梁、舟车、舍宅、工艺"；参军事掌"出使、赞导"。此外，还设文学一员，掌"以五经授诸生"；医学博士一员，掌"疗民疾"。[1]渤海五京的职官设置虽缺载，但当效法唐制，只是编制名额有所压缩，职掌分工未必如此精细。

二　五京的交通网络

　　渤海国不仅以五京镇守四方，维持地方统治，还以五京为据点，编织成一张四通八达的水陆交通网络。按《新唐书·渤海传》："龙原东南濒海，日本道也。南海，新罗道也。鸭渌，朝贡道也。长岭，营州道也。扶余，契丹道也。"[2]然而《新唐书·渤海传》中的五道并非渤海国的全部交通路线，学界普遍认为渤海还存在一条由上京龙泉府

---

1 《新唐书》卷 49 下《百官志四下》，第 1311~1314 页。

2 《新唐书》卷 219《渤海传》，第 6182 页。

通往黑水靺鞨的通道，[1] 此为第六道。可见在渤海交通网络中，不仅东京龙原府、南京南海府、西京鸭渌府就位于重要通道上，上京龙泉府更是诸道网络的中心。渤海诸道对外联系日本、新罗，对内又构成了纵横交错的道路网，连接渤海国内的重要行政中心，密切各区域间的联系，促进经济发展。渤海的山城和平原城就是沿着这些道路分布的。[2]

渤海交通网络主要包含了六条交通干道，既有陆路，也有水路（包括内河和海上）。渤海境内多山，有些地区的陆路交通不便，对水路依赖较大。渤海国东临日本海，拥有漫长的海岸，可通过海路与日本交通；国内水系丰富，拥有镜泊湖、兴凯湖等湖泊，以及忽汗河（牡丹江）、粟末水（北流松花江）、鸭渌水（马砦水）、那河（东流松花江）、率宾水（绥芬河）、夫余川（伊通河）、图们江、海兰江、辉发河以及乌苏里江、黑龙江等大江大河。而渤海五京恰设于重要水系的沿岸，因此这些水系成为联结五京及诸府州县的交通纽带。[3]

（1）由上京向东南部的交通干线（鸭渌道），是渤海国都城与西京鸭渌府往来的交通要道。《新唐书·地理志》记载：

> 天宝中，玄宗问诸蕃国远近，鸿胪卿王忠嗣以《西域图》对，才十数国。其后贞元宰相贾耽考方域道里之数最详，从边州入四夷，通译于鸿胪者，莫不毕纪。其入四夷之路与关戍走集最要者七：一曰营州入安东道，二曰登州海行入高丽、渤海道，三曰

1　刘晓东等认为，渤海与黑水靺鞨之间确有一条固定的道路，当是黑水靺鞨入渤海道；对渤海而言，则可称为渤海入黑水道。参见刘晓东、祖延苓《南城子古城、牡丹江边墙与渤海的黑水道》，《北方文物》1988 年第 3 期。孙秀仁等进一步提出，应正式把上京黑水道归入渤海主要交通干线中，合为 6 条，这符合渤海的历史实际。参见孙秀仁、朱国忱《渤海国上京京畿南北交通道与德理镇》，《黑龙江民族丛刊》1994 年第 3 期。
2　延边朝鲜族自治州博物馆：《吉林汪清考古调查》，《北方文物》1985 年第 4 期；张殿甲：《浑江地区渤海遗迹与遗物》，《博物馆研究》1988 年第 1 期。
3　〔韩〕东北亚历史财团编《渤海的历史与文化》，第 259 页。

夏州塞外通大同、云中道，四曰中受降城入回鹘道，五曰安西入
西域道，六曰安南通天竺道，七曰广州通海夷道。其山川聚落，
封略远近，皆概举其目。州县有名而前所不录者，或夷狄所自
名云。[1]

其中所谓由登州海行入渤海国的"渤海道"即走"鸭渌道"到渤海
都城。贾耽《道里记》对这条道路进行了详细记载：

> 　自鸭渌江口舟行百余里，乃小舫溯流东北三十里至泊汋口，
> 得渤海之境。又溯流五百里，至丸都县城，故高丽王都。又东北
> 溯流二百里，至神州。又陆行四百里，至显州，天宝中王所都。
> 又正北如东六百里，至渤海王城。[2]

"泊汋口"，即今辽宁丹东蒲石河口（"蒲石"即"泊汋"的音转）。
由鸭绿江口上溯百余里后，江面渐窄，乃改乘小船30里至"泊汋口"，
"得渤海之境"；复逆行500里，至集安即当时的丸都县城；又东北溯
流200里，至神州，即西京鸭渌府的府治所在（今吉林临江）。俄罗斯
学者认为，渤海国在这条水路上的船只以小船为主，沿近海航行。[3]以
上是"渤海道"水路部分，记载较为清晰，而由神州以下的陆路则相对
模糊，并因渤海迁都而发生了四次变化。在旧国时期，张殿甲根据考古
资料提出其北行的陆路路线大体上是"沿二道沟河谷溯流而上经闹枝
乡及所辖的菜园子村，然后进入松树镇境内汤河流域的永安遗址；再
沿汤河右岸下行进入抚松县境内仙人桥镇领地的大营遗址，行至汤河的
终点与头道松花江交汇处的汤河口遗址"；复北行"由靖宇县辖境穿越

---

1 《新唐书》卷43下《地理志七下》，第1146页。
2 《新唐书》卷43下《地理志七下》，第1147页。
3 〔俄〕Э.В. 沙弗库诺夫：《论中世纪滨海地区的航运》，石岩译，杨志军主编《东北亚考古资料
　译文集·渤海专号》，北方文物出版社，1998，第156~157页。

两山沟谷之间"并过头道松花江直达新安古城即渤海的丰州治所；再北上经"抽水直奔二道松花江沿左岸上行从沿江乡的白水滩过江进入敦化县，经大蒲柴河抵达渤海旧国"。[1] 这条路线很可能就是唐使张行岌及崔忻到渤海"旧国"时所经之路。唐天宝间文王大钦茂迁都中京显德府，"朝贡道"的陆路段因此改道显州，即从新安城北行，大体上沿着头道江和二道江流域的河谷，"在抚松东北部与安图交界的新立一带"，进入两江盆地，经安图县城西仰脸山城（渤海城址）后，沿二道江北岸东行十华里到渤海遗址，"转而折向北方"的松江镇一带，再行四十里至东清渤海遗址，复东北行五十里到万宝渤海古城，沿古洞河东北行三十里到新合附近，折而东南行经得味渤海墓地和獐项渤海城址进入海兰江河谷的西古城——显州。王侠认为，"从临江到西古城，按这条路线，里程约 210 公里，与文献所记的'神州，又陆行四百里至显州'基本相符"。[2] 唐天宝末年大钦茂再迁都至上京，"鸭渌道"陆路段延伸至上京龙泉府，即"首先是沿海兰江东行，到延吉县（即龙井），这里有渤海古城和墓群。由今延吉县城东北行至延吉市"，[3] 越过布尔哈通河北行，经依兰沟、百草沟进入嘎呀河谷地，沿河而下东北越过哈尔巴岭，复顺马莲河（或称上马河）而下直抵上京。大钦茂第三次迁都至东京龙原府后，"朝贡道"陆路段再次发生变化，由显州改道至东京，即自西古城经延吉到嘎呀河谷地的庙岭村南十里的渤海古城址一段，与显州上京的路线重合，然后由此出发，经今汪清县城、石砚等地，大抵沿今公路或铁路线，进入图们江谷地并沿北岸东南行，抵达渤海东京故址八连城。只是这条路线前后使用时间不到十年，就又改回到原来的线路。朝贡道上最重要的节点和目的地是显州与上京两座都城。

　　（2）由上京向西南部的交通干线（长岭道）。由渤海上京至长岭府，

1　张殿甲：《浑江地区渤海遗迹与遗物》，《博物馆研究》1988 年第 1 期。

2　王侠：《渤海朝贡道白山区段及相关问题》，《北方文物》1997 年第 1 期。

3　李健才、陈相伟：《渤海的中京和朝贡道》，《北方论丛》1982 年第 1 期。

再由长岭府向南出渤海境，这是渤海与唐州县地区连接的交通干线。《新唐书·地理志》记载：

> 自（安东）都护府东北经古盖牟、新城，又经渤海长岭府，千五百里至渤海王城，城临忽汗海。[1]

长岭府，在今吉林桦甸城东北八里的苏密城，距渤海上京 1500 里。上京至长岭府的路线大体上与今黑龙江宁安渤海镇至吉林桦甸的公路相当。从上京出发，先到旧国，沿今牡丹江上游河谷西南行，越过威虎岭后大体沿公路线西南折，在红石渡过粟末水，复西行至长岭府，再沿辉发河至海龙山城镇，过英额门出渤海境。

（3）由上京向西部的交通干线（扶余道）。自上京到扶余府的交通干线，也是渤海与西面诸民族往来的交通要道。大体是从上京出发，沿牡丹江谷地西南行至今额穆、城墙砬子一带，复经黄松甸西行，沿今铁路线至今蛟河市及涑州（吉林市附近），又西北折向今九台，越饮马河直抵扶余府（今吉林农安）。由扶余府向西南，出渤海境，辗转进入西辽河流域的契丹腹地（内蒙古巴林左旗一带）。这条路线也是渤海与室韦、乌罗侯、达末娄诸部交往的重要交通干线。

（4）由上京向北部的交通干线（黑水道），是上京通往黑水靺鞨的交通干线，"自都护府东北经古盖牟、新城……千五百里至渤海王城，城临忽汗海。其西南三十里有古肃慎城，其北经德理镇，至南黑水靺鞨千里"。[2]此"德理镇"即《太平寰宇记》所记"德里府"，[3]是渤海国上京以北的重要屏障和关隘，"上京黑水道必经的咽喉之地"。[4]据学者考证，

---

1 《新唐书》卷 43 下《地理志七下》，第 1147 页。

2 《新唐书》卷 43 下《地理志七下》，第 1147 页。

3 乐史《太平寰宇记》卷 175《四夷四·东夷四·勿吉国》载"今黑水靺鞨界，南至渤海国德里府"（中华书局，2007，第 3344 页）。

4 孙秀仁、朱国忱：《渤海国上京京畿南北交通道与德理镇》，《黑龙江民族丛刊》1994 年第 3 期。

即是今牡丹江市东北 20 公里、桦林镇东 5 公里多的南城子。[1] 该交通道系沿牡丹江顺流而下，牡丹江沿线一带曾发现大量"渤海时代遗址、城址、墓地、桥梁址、长城址"，[2] 进一步佐证了这一观点。渤海吞并黑水靺鞨之后，这条干线延伸到黑龙江流域，与黑龙江流域一带由中亚细亚到远东的贸易交流之路——"黑貂之路"相联结。

（5）由渤海都城向东部的交通干线（龙原道），是渤海都城通往东京龙原府盐州的交通道。盐州是渤海遣使日本的重要出发地之一。由渤海都城到盐州的交通道因渤海迁都而发生过四次变化。旧国时期的路线，从旧国出发，"至大石头镇后东南折，溯二道河而上，翻越牡丹岭东段山脉，进入今安图境内，顺福兴河一支流而下，到达福兴的岛兴遗址，这一段路约 85 公里。溯福兴河的另一支流而上，经神仙洞驿站，越天宝山，进入今和龙辖区，在长仁江河谷信步直行，过孟山沟遗址、青龙遗址、凤照水文站遗址后，踏入海兰江，经龙井市的东兴古城、英城古城、上岩建筑址、龙曲遗址，抵海兰江与布尔哈通河汇合处的延吉河龙古城。这段路约 112 公里。沿布尔哈通河至曲水遗址后，傍嘎呀河而下，到今图们市与图们江交汇后，履图们江两岸，穿图们凉水窟窿山遗址、凉水中学遗址、珲春密江西岗子遗址、东云洞驿站址、甩弯子窑群，达温都赫部城。此段里程约 114 公里。然后东行至板石乡石头河子古城，攀越长岭子山口，跨入今俄罗斯境内，最终抵达渤海初期日本

1　参见陶刚《牡丹江市郊南城子调查记》，黑龙江省文物博物馆学会、黑龙江省文物出版编辑室编《黑龙江省文物博物馆学会成立纪念文集》，1980。关于德里府所在，学界存在不同观点。日本学者松井等「渤海国の疆域」最早提出是今黑龙江依兰县的明代幹朵里城（白鸟庫吉監修、箭内亙·稲葉岩吉·松井等『満洲歴史地理』第 1 卷、第 429~430 頁），和田清『渤海国地理考』亦持此说（『東洋学報』第 36 卷第 4 号、1954）。孙进己认为，"德里府"即"定里府"，在今依兰县土城子古城（参见孙进己、冯永谦等主编《东北历史地理》第 2 卷，第 40 页）。但土城子古城未发现渤海遗存。陶刚《牡丹江市郊南城子调查记》提出牡丹江市郊南城子为渤海上京龙泉府下辖的渤州（《黑龙江省文物博物馆学会成立纪念文集》，1980）。此后刘晓东等又进一步提出"德里府"或"德里镇"为"勃利州"的误传，因此德里府即今南城子古城（参见刘晓东、罗葆森、陶刚《渤海国渤州考》，《北方文物》1987 年第 1 期；刘晓东、祖延苓《南城子古城、牡丹江边墙与渤海的黑水道》，《北方文物》1988 年第 3 期）。

2　孙秀仁、朱国忱：《渤海国上京京畿南北交通道与德理镇》，《黑龙江民族丛刊》1994 年第 3 期。

道陆路终点——哈桑区克拉斯基诺村东南 2~3 公里的古城，即渤海通往日本海路的起点"。[1] 天宝初渤海迁都显州后，其路线即从显州（今和龙西古城）出发，沿今海兰江顺流而下，东北折向东兴古城，经龙井到延吉市北土城及城子山城址后，与旧国至东京线相合，东北抵海兰江与布尔哈通河汇合处的延吉河龙古城，再沿布尔哈通河下行辗转抵达克拉斯基诺古城，全长约 200 公里。唐天宝末迁都上京后路线再次变化，即从今宁安渤海镇（上京）出发，"沿牡丹江及镜泊湖东岸南下，东折进入松乙沟溪谷，于五峰楼以东越哈尔巴岭"，[2] 至今汪清春阳乡红云村渤海建筑址，然后顺着嘎呀河谷进入图们，辗转直奔东京，再经石头河子古城，攀越长岭子山口，直达克拉斯基诺古城。贞元间渤海迁都东京，陆路段直接以东京为起点，即从八连城出发，沿原道直达克拉斯基诺古城，全长约 50 公里。其后大华玙回迁上京，陆路段起点又改回到上京城。

（6）由东京龙原府到南京南海府的交通道（南海道），是渤海王都庆州与新罗的交通线。南京南海府位于渤海与新罗的通道上，是渤海的南部重镇，有陆路与海路两条路线。陆路存在东、西两条路线。西线从渤海国内城经朝鲜半岛西部的平安道至庆州，《三国史记·地理志》记载："国内城，从平壤至此十七驿，此城亦在北朝（指渤海国）境内。"[3]国内城即今吉林集安市，至朝鲜平壤 500 余里，恰与十七驿之程相符。东线从渤海南京南海府至新罗泉井郡。贾耽《古今郡国志》云："渤海国南海、鸭渌、扶余、栅城四府，并是高句丽旧地也。自新罗泉井郡至栅城府，凡三十九驿。"[4]泉井郡即今朝鲜咸镜南道的德源，栅城府即渤海东京龙原府。按唐制 15 公里为一驿，全程 585 公里，大体上接近今德源至八连城的距离，而南海府恰在此驿路的中途，无疑是新罗道上的

1　侯莉闽、李强：《渤海初期通往日本陆路部分的研讨》，《北方文物》1994 年第 4 期，第 38 页。
2　孙秀仁、朱国忱：《渤海国上京京畿南北交通道与德理镇》《黑龙江民族丛刊》1994 年第 3 期。
3　〔高丽〕金富轼：《三国史记》卷 37《地理志四》，第 443 页。
4　〔高丽〕金富轼：《三国史记》卷 37《地理志四》，第 452 页。

重镇。东线一路重峦叠嶂，关山险阻，是渤海、新罗的常用交通路线。海路同样有东西两线。东线海路始发于南海府的吐号浦，沿朝鲜半岛东海岸南行，直达新罗庆州。西线自西京鸭渌府出发，顺鸭绿江直抵出海口，然后"南傍海壖，过乌牧岛、贝江口（今大同江口）、椒岛，得新罗西北之长口镇。又过秦王石桥、麻田岛、古寺岛、得物岛，千里至鸭渌江唐恩浦口。乃东南陆行，七百里至新罗王城"。[1] 不过，因距离渤海王都较远，西线不如东线活跃。

以五京为枢纽、以上述六条主要交通要道为脉络，渤海国建构了四通八达的交通体系。由于渤海国境内各地自然环境存在差异，经济形态不同，因此需要活跃的物资交流。河流是天然的水路交通干道，为城市的对外交通提供便利。渤海五京分别位于牡丹江流域、图们江流域、鸭绿江流域、南大川流域的沿岸，发达的水系和水路交通使五京成为渤海国重要的政治、经济、贸易中心。五京交通网络在渤海国地方统治体系的运作中，对强化中央对地方的政治统治、各地区的经济交流发挥着重要作用。渤海王廷通过以都城为中心的交通网络，与唐朝保持着二百余年的朝贡活动，同日本、新罗、契丹保持或密或疏的往来关系。可见渤海国的交通线是王国运作的生命线。

余 论

渤海国在"旧国"地区近半个世纪的发展中，走向对外扩张。随着辖区范围的拓展和内外形势的影响，在中央制度中原化的同时，地方制度也逐步建立起中原化的统治体系。文王大钦茂时期着手建立五京制度，大约在其执政后期已实现"五京悉备"的局面，并效法唐制设置诸京衙署和职官。五京制度作为地方行政管理体制，强化了对渤海国内各

---

1 《新唐书》卷 43 下《地理志七下》，第 1147 页。

民族的统治，对于渤海族的形成也具有重要意义。以五京为区域重镇、以六条交通道为主要干线的交通网络，不仅强化了渤海国的地方政治统辖，也使其地方行政制度既模仿又区别于中原制度。渤海五京制度虽取法于唐五京，但不同于唐五京的短暂并存，而是一直存在直至渤海灭亡，前后长达一个半世纪之久，且极大地影响了辽、金两朝的地方政治制度。辽朝建立之时唐朝已灭亡，而五代和两宋都不曾设五京之制，显然辽五京制度是直接继承于渤海；金朝沿袭辽制，并进一步发展为一都五京制。

第五章　渤海国府州县制度

渤海建国后，其辖区范围经历了数度扩张，面对日益扩大的统治地区和日益增加的各族人口，文王大钦茂在建立健全地方制度的过程中效仿唐制，建立了京、府、州制。宣王大仁秀时期，全面厘定府州县制度，渤海国除五京外（五京同时也是府），全国置15府62州200余县，确立了府—州—县三级地方统辖体制。

第一节　府州县设置与发展变化

渤海国府州县地方建置经历了从初置到完备的过程，这既与其所处的外部环境息息相关，又由其自身社会性质的发展演变所决定。韩国学者宋基豪将渤海地方统治制度的发展历程划分为三个阶段（见下文），[1]基本符合渤海府州县从设置到完善的发展变化过程。本节采用宋基豪的分期法，对渤海府州县设置、发展变化及其特点进行梳理和考察。

第一阶段，从渤海建国至文王前期（698 年至 8 世纪中叶），是渤海国初步建构地方统治制度的时期。

大祚荣建国后，势力迅速壮大，到武王大武艺时期，渤海辖区有较大的扩张。文王大钦茂即位后，继续向东扩张，"延袤二千里"。[2]日本学者河上洋认为，渤海府州设置于第三代大钦茂时期，但在其统治前期，以继承原有的地方统治旧制为主。[3]至渤海建国之时，高句丽已灭亡 30 余年，原有的郡、县、军城已随着政权灭亡而解体。日本文献《类聚国史》记载渤海初期的情况："其国延袤二千里，无州县馆驿，处处有村里，皆靺鞨部落。其百姓者，靺鞨多，土人少，皆以土人为村长。大村曰都督，次曰刺史，其下百姓皆曰首领。"[4]按唐在高句丽故地设置的安东都护府，府设都督，州置刺史。但文中又明言"无州县馆驿，处处有村里"，可见渤海早期社会虽有都督、刺史之名，却无府州之实，所谓府州，"只是将原靺鞨社会组织形式——邑落稍稍改变一下，以大邑落为府置都督，小邑落为州置刺史"。[5]这可能是在一定程度上受到高句丽制度的影响。《旧唐书·高丽传》记载，高句丽"大城置傉萨一，比都督。诸城置道使，比刺史。其下各有僚佐，分掌曹事"。[6]该时期渤海"都督""刺史"称号都只出现于日本史籍中。据《续日本纪》，在渤海文王统治前期，胥要德（739）、杨承庆（758）、高南申（759）分别以

---

1 〔韩〕宋基豪：《渤海的地方统治及其实况》，李东源译，杨志军主编《东北亚考古资料译文集·高句丽、渤海专号》，第 166 页。

2 菅原道真『類聚国史』卷 193「殊俗部·渤海上」日本桓武天皇延曆十五年（796）四月戊子、第 1272 頁。

3 河上洋「渤海の地方統治体制——一つの試論として」『東洋史研究』第 42 卷第 2 号、1983。

4 菅原道真『類聚国史』卷 193「殊俗部·渤海上」日本桓武天皇延曆十五年（796）四月戊子、第 1272 頁。

5 张博泉、程妮娜：《论渤海国的社会性质》，《学习与探索》1982 年第 5 期。

6 《旧唐书》卷 199 上《高丽传》，第 5319 页。

"若忽州都督"、"木底州刺史"和"玄菟州刺史"出使日本，[1]"若忽州"、"木底州"和"玄菟州"都是高句丽式的地名。[2]铃木靖民因此认为所谓"都督""刺史"都是渤海设在高句丽故地的官员或首长的中国式称呼。[3]范恩实进一步指出，渤海早期的朝唐记录中只见"首领""大首领"，因此渤海国前期的府州只设于高句丽旧地，高句丽遗民延续了唐安东都护府的都督、刺史名号，而靺鞨部落实行诸大部落（大首领）—诸小部落（小首领）制。[4]笔者认为府、州（都督、刺史）制不仅实行于高句丽旧地，在靺鞨地区可能也同样实行。据开元间（713~741）降唐的诺思计墓志铭："公敕赐卢性［姓］，名庭宾，望范阳郡。扶余府大首领、游击将军、守右领军卫京兆府文学府果毅、守左武卫潞州临漳府左果毅同正，余如故。"[5]范恩实认为，"扶余府大首领"为诺思计降唐前在渤海的官职；[6]孙昊不同意此观点，认为"扶余府"所指为扶余故地的靺鞨部落，诺思计率领投唐的靺鞨部落规模较大，因此被唐称为"大首领"。[7]笔者认为诺思计为扶余靺鞨部落酋长，但同时也被渤海王廷授予"扶余府"长官的官称，从后来唐朝冠之以"大首领"看，可能是"扶余府

1　菅野真道等『続日本紀』卷13记载，圣武天皇天平十一年（739）十二月戊辰，"渤海使己珍蒙等拜朝，上其王启并方物，其词曰：……仍差若忽州都督胥要德为充使，领广业〔成〕等令送彼国"（第222页）；卷21记载，淳仁天皇天平宝字二年（758）九月丁亥，"渤海大使、辅国大将军、兼将军、行木底州刺史、兼兵署少正、开国公扬〔杨〕承庆已下十三人，随（小野朝臣）田守来朝，便于越前国安置"（第359页）；卷22记载，淳仁天皇天平宝字三年（759）十月辛亥，"渤海使、辅国大将军、兼将军、玄菟州刺史、兼押衙官、开国公高南申相随来朝"（第373页）。
2　王绵厚《高句丽古城研究》："木底州"即高句丽"木底城"，治所在今辽宁省新宾县五龙山城（文物出版社，2002，第210页）；张锡彤、王锺翰、贾敬颜、郭毅生、陈连开等《〈中国历史地图集〉释文汇编·东北卷》，"玄菟州"即高句丽"玄菟城"，治所为今辽宁省沈阳市东陵区上伯官古城（第67页）；金毓黻《渤海国志长编》卷14《地理考》推定"若忽州"为高句丽地名（第323~324页）。
3　〔日〕铃木靖民：《关于渤海首领的基础性研究》，《渤海史译文集》，第343页。
4　范恩实：《渤海"首领"新考》，《中国边疆史地研究》2014年第2期。
5　《故投降首领诺思计》，吴钢主编《全唐文补遗》第5辑，王京阳等点校，三秦出版社，1998，第378页。
6　范恩实：《渤海"首领"新考》，《中国边疆史地研究》2014年第2期。
7　孙昊：《靺鞨族群变迁研究——以扶余、渤海靺鞨的历史关系为中心》，《史林》2017年第5期。

都督"。之所以称"扶余府大首领",是因为唐朝不承认渤海自授官号,不论"都督"还是"刺史"在唐语境中全部转写为"大首领""首领"。"首领"是到唐朝才正式成为官方用语的,这一称谓有两种情况:一是对藩国酋长的广泛尊称;二是对从未得到唐朝官位的藩国酋长的尊称。[1]因此靺鞨酋长只要不曾被唐朝授官,即便渤海私授官号,也都只称"大首领""首领"。这也是渤海前期"都督""刺史"称号都只出现于日本史籍中的原因。另外,大祚荣家族和作为渤海统治集团主要成员的粟末靺鞨人,在营州时长期处于唐朝羁縻府州的管理之下,对唐朝统辖营州粟末靺鞨的形式和中原式的府州制度当有所了解,在渤海国前期辖有一定数量的高句丽遗民和靺鞨人处于部落制的情况下,很可能同样设有不健全的府州名号,形成了都督、刺史—首领—百姓的地方统治结构。[2]

第二阶段,从文王后期至宣王时期(8世纪后半叶至830年),是渤海地方政治制度的完善整备时期。

文王后期开始引进唐朝地方制度文化。开元二十六年(738)六月,渤海"遣使求写《唐礼》及《三国志》《晋书》《三十六国春秋》,许之"。[3]大钦茂"数遣诸生诣京师太学,习识古今制度",[4]并逐步建构中原式的地方政治制度。《续日本纪》中自淳仁天皇天平宝字三年(759)条所记"玄菟州"之后,再没有出现高句丽式的地名,取而代之的是出现了渤海十五府之一的南海府。光仁天皇宝龟八年(777)正月,渤海遣使出访日本,"都蒙等发自弊邑南海府吐号浦,西指对马岛竹室之津"。[5]这里首次提到南海府,可见最晚至文王大钦茂时期,渤海已经实行府州制度。日本学者河上洋认为府、州设置于第三代王大钦茂时期,

1 〔韩〕宋基豪:《渤海国首领的性质》,杨海鹏译,《北方文物》2004年第4期。

2 〔韩〕宋基豪:《渤海的地方统治及其实况》,李东源译,杨志军主编《东北亚考古资料译文集·高句丽、渤海专号》,第167页。

3 (宋)王溥:《唐会要》卷36《蕃夷请经史》,第667页。

4 《新唐书》卷219《渤海传》,第6182页。

5 菅野真道等『続日本紀』卷34、日本光仁天皇宝龟八年(777)春正月、第600页。

县是否也置于这一时期不明了，但可以证实它存于 9 世纪中叶。[1]韩国学者宋基豪持相同观点，指出渤海地方制度的整备并非在宣王时期一蹴而就，其基本框架在文王时期形成（表 5-1）。[2]

表 5-1　初见记载的渤海国府、州、县情况

建置	记载	年代	文献出处
府	南海府吐号浦	文王宝历四年（777）	《续日本纪》卷 43，光仁天皇宝龟八年
州	若忽州都督胥要德	文王大兴三年（739）	《续日本纪》卷 13，圣武天皇天平十一年
县	永宁县丞王文矩	大彝震咸和十九年（849）	《续日本后纪》卷 19，仁明天皇嘉祥二年

　　渤海国府州县建置和演变过程，与渤海国家制度中原化的演进密切相关。渤海人迁入靺鞨居地，带来了先进的生产技术、生产工具和文化，促进了当地生产力水平的迅速提高；同时，渤海上层人士了解中原制度，通晓儒家文化，这为渤海能在经济很落后的地区快速完成制度变革奠定了基础。宣王大仁秀即位后，“南定新罗，北略诸部”，[3]向今兴凯湖以北、辽东地方、朝鲜半岛西部等地扩张，黑水靺鞨一些部落相继臣服渤海。渤海“开大土宇”，地方五千里，众数十万。大仁秀将府州县制推广至部分新统治地区，并全面厘定王国的行政区划，《新唐书·渤海传》记载此时渤海设有“五京、十五府、六十二州”。笔者认为在宣王统治初期，渤海国地方府州县制度就已完备。[4]

　　渤海国何时设置县，据目前的资料，最早见于记载的县为“永宁

1　河上洋「渤海の地方統治体制——一つの試論として」『東洋史研究』第 42 卷第 2 号、1983。
2　〔韩〕宋基豪：《渤海的地方统治及其实况》，李东源译，杨志军主编《东北亚考古资料译文集·高句丽、渤海专号》，第 168 页。
3　《辽史》卷 38《地理志二》，第 457~458 页。
4　金毓黻与和田清据张建章的《渤海国记》曾提出 9 世纪前半叶大彝震统治初期已有府、州建置。参见金毓黻《渤海国志长编》卷 19《丛考》，第 485~486 页；和田清「渤海国地理考」『東洋学報』第 36 卷第 4 号、1954。

县"，出现于大彝震时期。《续日本后纪》记载，仁明天皇嘉祥二年（大彝震咸和十九年，849）三月，渤海国入觐使永宁县丞王文矩等一百人朝见天皇。[1] 但学界一般认为渤海县一级建置的出现要早于大彝震时期。渤海曾设有多少县？《辽史》卷 38《地理志》记载，渤海共有 18 州 75县。详见表 5-2。

表 5-2 《辽史·地理志》所记渤海国州县情况

京、府	州	县数	明细
中京	卢州	5	山阳、杉卢、汉阳、白岩、霜岩
	铁州	4	位城、河端、苍山、龙珍
	汤州	5	灵峰、常丰、白石、均谷、嘉利
	荣州（崇州）	3	崇山、沩水、绿城
	兴州	3	盛吉、蒜山、铁山
东京	庆州	6	龙原、永安、乌山、壁谷、熊山、白杨
	盐州	4	海阳、接海、格川、龙河
	穆州	4	会农、水歧、顺化、美县
	贺州	4	洪贺、送诚、吉理、石山
南京	沃州	6	沃沮、鹫岩、龙山、滨海、升平、灵泉
	晴州	5	天晴、神阳、莲池、狼山、仙岩
	椒州	5	椒山、貂岭、澌泉、尖山、岩渊
西京	神州	3	神鹿、神化、剑门
	桓州	3	桓都、神乡、淇水
	丰州	4	安丰、渤恪、隰壤、硖西
定理府	定州	5	定理、平邱、岩城、羑美、安夷
	潘州（沈州）	4	沈水、安定、保山、能利
安远府	慕州	2	慕化、崇平

多数学者据《辽史·地理志》的记载，推测渤海有 100 多个县，但具体数字各持己见。金毓黻认为具体数字无法确定，可考者有 130

县。[1] 王承礼认为是 107 个。[2] 朝鲜学者则认为有数百个县。[3] 韩国学者宋基豪认为以《辽史·地理志》所见州县比例推算，渤海 62 州当有258 县，但中京、东京、南京、西京人口较集中，其余各州人口显然少于上述四京。他认为依据《旧唐书·高丽传》记载，唐朝在灭亡高句丽后，"分其地置都督府九、州四十二、县一百"，[4] 而渤海比高句丽在东北地区的辖区大 1.5~2 倍，因此将渤海 62 州的县数推测为 200 以上。基于此，宋基豪推测渤海全境的县数为 200~250 个。[5] 魏国忠等的观点与宋基豪相近，认为"鉴于 62 州中至少有 28 州属县失载，以最保守的估算，渤海全盛时期的领县至少也在 200 个以上，或者还要多些"。[6]

　　第三阶段，从大彝震至渤海亡国（830~926），是渤海国地方制度调整时期。

　　渤海国后期地方政治制度出现过调整。《辽史·太祖纪》记载，天显元年（926）正月甲戌，"诏谕渤海郡县"。[7]《辽史·萧阿古只传》记载："渤海既平，改东丹国。顷之，已降郡县复叛，盗贼蜂起。"[8]《辽史·耶律突吕不传》记载："太祖东伐，大諲譔畔而复叛，攻之，突吕不先登。渤海平，承诏铭太祖功德于永兴殿壁。班师，已下州郡往往复叛，突吕不从大元帅攻破之。"[9] 从《辽史·地理志》的记载可以看出，渤海地方制度中出现"郡"的建置，如卢州，"本渤海杉卢郡"；盐州，

1　金毓黻：《渤海国志长编》卷 14《地理考》，第 283~316 页。

2　王承礼：《渤海简史》，第 82 页。

3　〔朝〕社会科学院历史研究所：《渤海与后期新罗史》，《朝鲜历史》五"中世纪篇"，科学百科词典综合出版社，1979，第 168 页，转引自〔韩〕东北亚历史财团编《渤海的历史与文化》，第 196 页。

4　《旧唐书》卷 199 上《高丽传》，第 5327 页。

5　〔韩〕宋基豪：《渤海的地方统治及其实况》，李东源译，杨志军主编《东北亚考古资料译文集·高句丽、渤海专号》，第 169 页。

6　魏国忠、朱国忱、郝庆云：《渤海国史（修订版）》，第 215 页。

7　《辽史》卷 2《太祖纪下》，第 22 页。

8　《辽史》卷 73《萧阿古只传》，第 1224 页。

9　《辽史》卷 75《耶律突吕不传》，第 1240 页。

"本渤海龙河郡"；穆州，"本渤海会农郡"；贺州，"本渤海吉理郡"；丰州，"渤海置盘安郡"；正州，"渤海置沸流郡"；双州，"渤海置安定郡"；凤州，"渤海之安宁郡境"。[1]据上述史料，9 世纪中叶以后，渤海国将一部分州改称郡。"郡"的出现，也可能是渤海模仿唐制的结果。唐初，"高祖改郡为州"，将隋朝的郡改为州，唐玄宗天宝初年（742）又一度将州改为郡。[2]积极宪象唐家的渤海改州为郡也是有可能的。因此宋基豪认为渤海后期的地方行政制度可能形成了府—州、郡—县的结构。[3]

另外，渤海后期可能还出现了道一级的地方建置。《辽史·太祖纪》记载，天显元年（926）二月庚寅"安边、鄚颉、南海、定理等府及诸道节度、刺史来朝，慰劳遣之"。可见之前渤海已存在诸道节度使的建置。渤海于诸道设置节度使当是效法唐朝。唐于贞观元年（627）始在全国设十道："一曰关内道，二曰河南道，三曰河东道，四曰河北道，五曰山南道，六曰陇右道，七曰淮南道，八曰江南道，九曰剑南道，十曰岭南道。"开元二十一年（733），又增设五道，"分天下为十五道"。[4]渤海道一级的地方建置设于何时？《新唐书·渤海传》中并没有相关记载，由此推测渤海道与节度使出现的时间当在 834 年张建章出使渤海之后，大约在渤海晚期。

第二节　府州县建置

渤海国地方政治制度具有"二元性"特征，即在统治中心地区建立中原式的府州县行政建置，实行中央集权的直接统辖；在北部黑水靺鞨

1　《辽史》卷38《地理志二》、卷37《地理志一》，第460、458、459、463、468、449页。

2　《新唐书》卷37《地理志一》，第959页。

3　〔韩〕宋基豪：《渤海的地方统治及其实况》，李东源译，杨志军主编《东北亚考古资料译文集·高句丽、渤海专号》，第170页。

4　《旧唐书》卷38《地理志一》，第1385页。

地区建立羁縻性质的府州县建置，通过诸部首领实行间接统辖（详见本书第六章）。渤海统治中心区的行政建置，《新唐书·渤海传》记载：

> 以肃慎故地为上京，曰龙泉府，领龙、湖、渤三州。其南为中京，曰显德府，领卢、显、铁、汤、荣、兴六州。秽貊故地为东京，曰龙原府，亦曰栅城府，领庆、盐、穆、贺四州。沃沮故地为南京，曰南海府，领沃、晴［晴］、椒三州。高丽故地为西京，曰鸭渌府，领神、桓、丰、正四州；曰长岭府，领瑕、河二州。扶余故地为扶余府，常屯劲兵捍契丹，领扶、仙二州；鄚颉府领鄚、高二州。……又郢、铜、涑三州为独奏州。涑州以其近涑沫江，盖所谓粟末水也。[1]

渤海国除 5 京 5 府外，又另置 10 府，共 15 府，60 州，再加上《辽史·地理志》所见的集州（领县 1：奉集）和麓州（领县 3：麓郡、麓波、云川），总共 15 府，62 州，[2] 200 余县。府下设州，州下设县，府是一级行政区划。以下对渤海统治中心地区的府州县做简明梳理。

1. 上京龙泉府

《新唐书·渤海传》记载："以肃慎故地为上京，曰龙泉府，领龙、湖、渤三州。"上京龙泉府领 3 州 10 县。

龙州为首州，位于上京城附近，其治所据关金泉、魏学臣推定在今黑龙江宁安大牡丹屯古城。[3]领县 8：永宁、丰水、扶罗、长平、富利、

---

1 《新唐书》卷 219《渤海传》，第 6182 页。
2 《新唐书》中记载渤海有 60 州，金毓黻《渤海国志长编》卷 14《地理考》（第 316 页）据《辽史》提出漏记的两州为集州，辖奉集县；麓州，辖麓郡、麓波、云川 3 县。孙进己、冯永谦据《辽史·地理志》认为，乾州下辖的司农县"本渤海麓郡县，并麓波、云川二县入焉"，而乾州位于今辽宁北镇附近，不在渤海辖区内，故金氏提出的麓州说有误，主张漏记的两州为集州和木底州。参见孙进己、冯永谦等主编《东北历史地理》第 2 卷，第 387~388 页。
3 关金泉、魏学臣：《渤海上京龙泉府地区古城考》，孙进己、孙海主编《高句丽渤海研究集成》第 5 册《渤海卷（二）》，哈尔滨出版社，1994，第 448 页。

佐慕、肃慎、永平。[1] 永宁为附郭县，与龙州同治。《辽史·地理志》记载，辽龙州黄龙府迁民县"本渤海永宁县"。[2] 又《续日本后纪》记载，仁明天皇嘉祥元年（848）十二月，渤海永宁县丞王文矩等访日。[3]《中国历史地图集》认为，县丞而膺出使之任，必为龙州附郭县无疑，故永宁县与龙州同治。[4] 长平县，朱国忱推定其故址为今黑龙江宁安城东乡土城子古城。[5] 富利县，《中国历史地图集》推定其故址为宁安西南20公里处的大牡丹城。[6] 肃慎县，《新唐书·地理志》云："渤海王城，城临忽汗海，其西南三十里有古肃慎城。"[7] 又洪皓《松漠纪闻》云："古肃慎城，四面约五里余，遗堞尚在，在渤海国都外三十里，亦以石累城脚。"[8] 清人曹廷杰据此认为"今东京城西南三十里宁古塔地方有古城基，当即肃慎国也"。[9] 忽汗海即今镜泊湖，《中国历史地图集》由此认为在今镜泊湖北湖头。[10] 魏国忠等认为其故址可能是今黑龙江宁安杏山乡上屯村南的上屯古城。[11] 此城东北距上京龙泉府约30里，符合贾耽渤海王城"西南三十里有古肃慎城"的记载。

1　张锡彤、王锺翰、贾敬颜、郭毅生、陈连开等《〈中国历史地图集〉释文汇编·东北卷》认为，佐慕、丰水、扶罗三县可能不隶龙州，而是隶湖州；长平县应为扶余府属县（第94~95页）。

2　《辽史》卷38《地理志二》，第471页。

3　藤原良房等『続日本後紀』卷18、日本仁明天皇嘉祥元年（848）十二月、第406页。二年（849）三月，入觐使"永宁县丞王文矩并行从一百人"朝见天皇，参见『続日本後紀』卷19、日本仁明天皇嘉祥二年（849）三月、第412页。

4　张锡彤、王锺翰、贾敬颜、郭毅生、陈连开等：《〈中国历史地图集〉释文汇编·东北卷》，第97页。

5　朱国忱：《渤海龙州三县考》，《求是学刊》1986年第5期。

6　张锡彤、王锺翰、贾敬颜、郭毅生、陈连开等：《〈中国历史地图集〉释文汇编·东北卷》，第94页。另外，朱国忱认为龙州的附郭县不止一个，富利县也是其附郭县（参见朱国忱《渤海龙州三县考》，《求是学刊》1986年第5期）。

7　《新唐书》卷43《地理志七下》，第1147页。

8　（宋）洪皓：《松漠纪闻》，李澍田主编《长白丛书（初集）》，第21页。

9　（清）曹廷杰：《东三省舆地图说》，丛佩远、赵鸣岐编《曹廷杰集》，第168页。

10　张锡彤、王锺翰、贾敬颜、郭毅生、陈连开等：《〈中国历史地图集〉释文汇编·东北卷》，第97页。

11　魏国忠、朱国忱、郝庆云：《渤海国史（修订版）》，第210页。

湖州，《辽史·地理志》记载，辽湖州兴利军刺史，"渤海置"。[1] 金毓黻认为："渤海之湖州，当在忽汗海附近，盖州因水得名者也。"[2]《中国历史地图集》赞同金氏的观点，并推定为宁安镜泊湖北岸的城墙砬子古城。[3] 领长庆县。

渤州，《辽史·地理志》记载，辽渤州清化军刺史，"渤海置"。[4] 金毓黻认为其治所在牡丹江与海浪河汇流处的龙头山古城。[5] 刘晓东等推定为今黑龙江牡丹江南城子古城。[6]《中国历史地图集》认为渤州当与湖州一样，以水得名，而《宁安县志》记载了海浪河古城，距离宁安县北65里，故推定为今黑龙江宁安北废墟。[7] 孙秀仁等认为其治所大体在今黑龙江海林海浪河流域一带。[8] 领贡珍县，为附郭县。

2. 中京显德府

地处上京之南、五京中央。《新唐书·渤海传》记载："显德府，领卢、显、铁、汤、荣、兴六州。"[9] 中京显德府领6州25县。

中京显德府的首州是显州还是卢州，对于这个问题学界存在较大分歧。按中国古代正史记载中"凡县名，先书者，郡所治也"[10]的原则，渤海府州县制记载也当遵循这一原则，上京龙泉府的首州为龙州，东京龙原府的首州为庆州，南京南海府的首州为沃州，西京鸭渌府的首州为神州，以上四府的首州均无异议。如此显德府的首州自然是卢州。但由于显州曾为渤海国都，又是中京显德府下辖的一个州，金毓黻认为

1　《辽史》卷 38《地理志二》，第 471 页。

2　金毓黻：《渤海国志长编》卷 14《地理考》，第 287 页。

3　张锡彤、王锺翰、贾敬颜、郭毅生、陈连开等：《〈中国历史地图集〉释文汇编·东北卷》，第 94 页。

4　《辽史》卷 38《地理志二》，第 471 页。

5　金毓黻：《渤海国志长编》卷 14《地理考》，第 287 页。

6　刘晓东、罗葆森、陶刚：《渤海国渤州考》，《北方文物》1987 年第 1 期。

7　张锡彤、王锺翰、贾敬颜、郭毅生、陈连开等：《〈中国历史地图集〉释文汇编·东北卷》，第 98 页。

8　孙秀仁、朱国忱：《渤海国上京京畿南北交通道与德理镇》，《黑龙江民族丛刊》1994 年第 3 期。

9　《新唐书》卷 219《渤海传》，第 6182 页。

10　《后汉书》志 19《郡国志》，中华书局，1965，第 3385 页。

《新唐书·渤海传》的记载有误，中京显德府的首州应是显州，而非卢州。[1]李健才等认同金氏观点，提出中京显德府与首州显州同治，即和龙西古城。[2]这一观点得到了较多中国学者的支持。[3]魏国忠等进一步提出："显德府一名源于显州及其首县金德。显州是首州，与京府同地。"[4]新近研究又提出中京显德府首州为卢州，治于显州的看法。[5]日本学者鸟山喜一于1944年提出卢州为中京显德府首州，西古城作为中京显德府的故址所在，治于卢州，与显州无关。[6]驹井和爱持相近观点，他认为中京显德府初设于显州，后移至卢州，但仍用旧称，称中京显德府。[7]朴龙渊亦持"卢州说"，并进一步指出："西古城所在的海兰江流域的头道平原，土地肥沃，灌溉便利，历来是良种水稻产区。这也和'卢州之稻'的记载相符。"[8]此外，韩国学者林相先、日本学者田村晃一也都支持"卢州说"。[9]本书采学界主流观点，即显州为中京显德府首州。

显州，与中京显德府同治，即今和龙西古城。领县5：金德、常乐、永丰、鸡山、长宁，治所今址均有待于进一步考证。

卢州，目前学界对其故址所在地尚未达成共识。除上述持"卢州说"的学者主张在和龙西古城外，尚有多种观点。李健才、陈相伟推定为西古城东130里、今吉林龙井的船口城；[10]魏国忠、朱国忱认为"在京

1　金毓黻：《渤海国志长编》卷14《地理考》，第289页。

2　李健才、陈相伟：《渤海的中京与朝贡道》，《北方论丛》1982年第1期。

3　如吉林省文物考古研究所、延边朝鲜族自治州文化局、延边朝鲜族自治州博物馆、和龙市博物馆编著《西古城——2000~2005年度渤海国中京显德府故址田野考古报告》；魏国忠、朱国忱、郝庆云《渤海国史（修订版）》，第211页。

4　魏国忠、朱国忱、郝庆云：《渤海国史（修订版）》，第597页。

5　佟薇：《空间视域下的渤海国五京研究》，第43页。

6　鳥山喜一「渤海中京考」『考古学雑誌』第34卷第1号、1944。

7　〔日〕驹井和爱：《渤海文化史上的两个问题》，方红象译，《黑龙江文物丛刊》1983年第1期。译自驹井和爱《中国都城·渤海研究》，1979。

8　朴龙渊：《关于渤海中京问题的商榷》，《延边文物资料汇编》，内部资料，1983，第107页。

9　〔韩〕林相先：《渤海王都显州和中京治所西古城的关系》，李东辉译，郑永振、李东辉、卢铉哲主编《渤海史研究》（十二），第264~281页；田村晃一「近時における渤海都城研究の動向と課題」『青山考古』第29卷、2013。

10　李健才、陈相伟：《渤海的中京与朝贡道》，《北方论丛》1982年第1期。

东一百三十里，以产稻为名，当在今海兰江流域"。[1]杨再林推定为延吉北大古城；[2]李正凤推定其为龙井市东盛涌乡英城村的英城古城。[3]英城古城说得到了很多学者的认可。船口城为山城，且城内渤海遗物很少；而英城古城为平原城，周长2496米，达到州一级的规模，且城内出土过舍利函；与延吉北大古城所在地相比，英城古城位于著名产稻区，更符合文献所记的"卢州之稻"。近年来有学者提出吉林龙井八道镇西山村的土城屯土城为卢州故址的可能性更大。[4]领县5：山阳、杉卢、汉阳、白岩、霜岩。其中杉卢为附郭县，与卢州在同一地，其余4县治所不明。

铁州，关于其治所位置亦存在分歧。李健才等推定在今吉林和龙獐项古城，[5]但该城周长仅500米，远未及州一级治所的规模，故朴龙渊推定在今朝鲜茂山一带。[6]郑永振赞同朴氏的观点，因为獐项古城10里处虽有过铁矿，但含铁量很低；而茂山一带是著名的产铁区，从西古城到其地又分布着较多的渤海遗迹。[7]魏国忠等亦持"茂山说"。[8]《辽史·地理志》记载铁州建武军刺史，"渤海置州，故县四：位城、河端、苍山、龙珍……在京西南六十里"。[9]领县4：位城、河端、苍山、龙珍。《新唐书·渤海传》云："俗所贵者……位城之铁。"[10]位城为铁州首县，又以产铁闻名，故铁州系以铁名州，位城为铁州附郭县，与铁州同治。

汤州，对其治所学界同样存在不同意见。李健才等推定为今吉林龙井太阳古城。[11]但该城的周长仅358米，规模实在过小。孙进己等推定

1　朱国忱、魏国忠：《渤海史稿》，黑龙江省文物出版编辑室，内部发行，1984，第170页。

2　杨再林：《卢州小考》，方学凤主编《渤海史研究》（二），延边大学出版社，1991。

3　李正凤：《龙井英城古城——渤海卢州考》，方学凤、郑永振主编《渤海文化研究》，吉林人民出版社，2000，第257~264页。

4　卢成敢：《渤海遗存的分区研究》，第181页。

5　李健才、陈相伟：《渤海的中京与朝贡道》，《北方论丛》1982年第1期。

6　朴龙渊：《渤海中京考》，方学凤主编《渤海史研究》（一），延边大学出版社，1990。

7　郑永振：《渤海的疆域与五京之地理》，郑永振主编《渤海史研究》（九），第191页。

8　魏国忠、朱国忱、郝庆云：《渤海国史（修订版）》，第211页。

9　《辽史》卷38《地理志二》，第460页。

10　《新唐书》卷219《渤海传》，第6183页。

11　李健才、陈相伟：《渤海的中京与朝贡道》，《北方论丛》1982年第1期。

为吉林蛟河横道河子南山山城。[1] 朴龙渊推定为今吉林龙井八道镇西山村的土城屯土城，[2] 该城为周长 1880 米的土城，并发现有渤海遗迹、遗物。[3] 学界多认同土城屯土城说。[4]《辽史·地理志》云："汤州……故县五：灵峰、常丰、白石、均谷、嘉利……在京西北一百里。"[5] 领县 5：灵峰、常丰、白石、均谷、嘉利。灵峰为附郭县，与汤州同在一地，其余 4 县的治所有待考证。郑英德等认为，汤州所领 5 县当在今延吉和安图境内。[6]

荣州，《辽史·地理志》作"崇州"，"渤海置州，故县三：崇山、沩水、绿城……在京东北一百五十里"。[7] 李健才等推定其治所为今吉林延吉河龙古城。[8] 但该城周长 984 米，不具备州级治所的规模。孙进己等推定为吉林"敦化之城子山山城"。[9] 朴龙渊推定为今吉林延吉北大古城。[10] 该城周长 2000 米，并发现较多渤海遗物。学界多认同北大古城说。[11] 领县 3：崇山、沩水、绿城。崇山为附郭县，与荣州同在一地，其余 2 县的治所有待考证。

兴州，《辽史·地理志》载兴州"渤海置州，故县三：盛吉、蒜山、铁山……在京西南三百里"。[12] 李健才等曾推定其治所为吉林安图宝马城，

1　孙进己、冯永谦等主编《东北历史地理》第 2 卷，第 373 页。

2　朴龙渊：《渤海中京考》，方学凤主编《渤海史研究》（一），第 14 页。

3　王禹浪、王宏北编著《高句丽·渤海古城址研究汇编》，哈尔滨出版社，1994，第 770 页。

4　郑永振、李东辉、尹铉哲：《渤海史论》，吉林文史出版社，2011，第 231 页；魏国忠、朱国忱、郝庆云：《渤海国史（修订版）》，第 211 页；刘晓江、郝庆云主编《渤海国历史文化研究》，第 54 页。

5　《辽史》卷 38《地理志二》，第 461 页。

6　郑英德、云樵：《渤海诸城考》，《四平师院学报》1981 年第 4 期。

7　《辽史》卷 38《地理志二》，第 461 页。

8　李健才、陈相伟：《渤海的中京与朝贡道》，《北方论丛》1982 年第 1 期。

9　孙进己、冯永谦等主编《东北历史地理》第 2 卷，第 374 页。

10　朴龙渊：《渤海中京考》，方学凤主编《渤海史研究》（一），第 15 页。

11　郑永振、李东辉、尹铉哲：《渤海史论》，第 230 页；魏国忠、朱国忱、郝庆云：《渤海国史（修订版）》，第 211 页。

12　《辽史》卷 38《地理志二》，第 461 页。

该城周长为 465 米。[1] 目前这一说法已被学界否定。朴龙渊推定其治所为今吉林安图县东清遗址，[2] 得到多数学者的认同。[3] 领县 3：盛吉、蒜山、铁山。盛吉为附郭县，与兴州同在一地，其余县的治所有待考证。

3. 东京龙原府

府治在今吉林珲春八连城。《新唐书·渤海传》记载："秽貊故地为东京，曰龙原府，亦曰栅城府，领庆、盐、穆、贺四州。"东京龙原府领 4 州 18 县。

庆州，故址在八连城南五里的温特赫部城。[4] 庆州为东京龙原府首州，应与府同治。而《辽史·地理志》记载："开州，镇国军，节度。本濊貊地，高丽为庆州，渤海为东京龙原府。有宫殿。都督庆、盐、穆、贺四州事。故县六：曰龙原、永安、乌山、壁谷、熊山、白杨，皆废。叠石为城，周围二十里。"又曰："开远县。本栅城地，高丽为龙原县，渤海因之，辽初废。"[5] 可见庆州是高句丽时所建，其城址内当有高句丽时遗物，但在八连城并未发现此类遗物。而温特赫部城平面呈长方形，周长 2269 米，城内曾发现大量高句丽和渤海式样的瓦当。李健才据此推定其为渤海庆州故址。[6] 佟薇依此认为八连城是在温特赫部城附近新筑的京城，东京龙原府与首州庆州治于两地，存在不同治的现象。[7] 领县6：龙原、永安、乌山、壁谷、熊山、白杨。其中龙原为庆州附郭县，与州同治。永安县在今珲春西北的英安村；其余 4 县故址尚不明。

盐州，又称"龙河郡"。《辽史·地理志》记载："盐州。本渤海龙

1　李健才、陈相伟：《渤海的中京与朝贡道》，《北方论丛》1982 年第 1 期。

2　朴龙渊：《渤海中京考》，方学凤主编《渤海史研究》（一），第 15 页。

3　郑永振：《渤海的疆域与五京之地理》，郑永振主编《渤海史研究》（九），第 192 页；魏国忠、朱国忱、郝庆云：《渤海国史（修订版）》，第 211 页。

4　李健才：《东北史地考略》，吉林文史出版社，1986，第 71 页；郑永振、李东辉、尹铉哲：《渤海史论》，第 235 页；魏国忠、朱国忱、郝庆云：《渤海国史（修订版）》，第 212 页。

5　《辽史》卷 38《地理志二》，第 458 页。

6　吉林省文物志编委会编印《珲春县文物志》，内部资料，1984，第 42 页；李健才：《珲春渤海古城考》，《学习与探索》1985 年第 6 期。

7　佟薇：《空间视域下的渤海国五京研究》，第 30 页。

河郡，故县四：海阳、接海、格川、龙河……隶开州。相去一百四十里。"[1]金毓黻认为"此即盐州至东京之里到也"。[2]故址在今俄罗斯波谢特湾楚卡诺夫卡河（清代称岩杵河）入海口处的克拉斯基诺古城（清代称毛口崴），为渤海"日本道"的出海港口。早在 20 世纪 60 年代，苏联考古学者在考察了该城址后，认为是"渤海的盐州治所遗址"，始建于 9 世纪，是"防御设施的海港遗址"。该遗址平面呈不规则的圆形，城墙高度 1.5~2.3 米，面积达 13 万平方米，明显区别于同期的其他城址，是迄今为止在俄罗斯滨海地区发现的规模最大的渤海国城址。该城址城门前的防御结构体系与渤海上京相似，城内发现了寺庙遗址和制瓦窑址，以及莲花纹瓦当、鎏金青铜佛像等大量渤海国时期的文物。这说明克拉斯基诺古城"不仅是行政中心、港口，而且是手工业中心"。[3]领县 4：海阳、接海、格川、龙河。海阳县治所，据朝鲜学者考证，在今朝鲜境内的咸镜北道金策市城上里土城址，[4]其余 3 县故址待考。

穆州，又称会农郡，在东京龙原府西南 120 里处。按《辽史·地理志》记载，辽穆州保和军刺史"本渤海会农郡，故县四：会农、水歧、顺化、美县……东北至开州一百二十里"。[5]治所故址学界尚未形成共识，李健才推定为吉林珲春东北 13 公里处的萨其城；[6]《中国历史地图集》认为在今朝鲜会宁市东北境内；[7]孙进己等推定为吉林龙井船口山城。[8]领县 4：会农、水歧、顺化、美县。会农为穆州附郭县，与州同治，其余诸县治所位置待考。

---

1 《辽史》卷 38《地理志二》，第 458 页。

2 金毓黻：《渤海国志长编》卷 14《地理考》，第 293 页。

3 〔俄〕Э.В. 沙弗库诺夫等：《渤海国及其俄罗斯远东部落》，第 69~70、108~109 页。

4 〔朝〕林浩成、金成镐：《渤海问题学术报告会》，李云铎译，《历史与考古信息·东北亚》2001 年第 1 期。

5 《辽史》卷 38《地理志二》，第 459 页。

6 李健才：《珲春渤海古城考》，《学习与探索》1985 年第 6 期。

7 张锡彤、王锺翰、贾敬颜、郭毅生、陈连开等：《〈中国历史地图集〉释文汇编·东北卷》，第 102 页。

8 孙进己、冯永谦等主编《东北历史地理》第 2 卷，第 379 页。

贺州，又称吉里郡，方位不明，孙进己等认为是珲春市东北 100 公里处的城墙砬子古城。[1] 领县 4：吉理、洪贺、送诚、石山，治所位置待考。

4. 南京南海府

府治位于今朝鲜咸镜南道北青郡东南的北青土城（又称青海土城）。《新唐书·渤海传》记载："沃沮故地为南京，曰南海府，领沃、晴［晴］、椒三州。"南京南海府领 3 州 16 县。

沃州，以沃沮故地而得名，为南京南海府首州，与府同治。《新唐书·渤海传》云："俗所贵者……沃州之绵。"[2] 以产丝绵著称。领县 6：沃沮、鹫岩、龙山、滨海、升平、灵泉，治所今址待考。

晴州，《辽史·地理志》云："渤海晴州，故县五：天晴、神阳、莲池、狼山、仙岩。"[3]《中国历史地图集》推定其治所在今朝鲜咸镜北道茂山县东南；[4] 王承礼主张在南京南海府西北 60 公里处。[5] 领县 5：天晴、神阳、莲池、狼山、仙岩。天晴为晴州附郭县，与晴州同治，其余诸县治所今址待考。

椒州，《辽史·地理志》云："渤海椒州，故县五：椒山、貂岭、澌泉、尖山、岩渊……东北至海州二百里。"[6] 此处海州指南京南海府，《中国历史地图集》推定其治所在今朝鲜咸镜北道吉州县境内；[7] 魏国忠等推定其治所在今朝鲜咸镜南道荣光郡凤兴里白云山山城址，恰位于府西南 200 里处。[8] 领县 5：椒山、貂岭、澌泉、尖山、岩渊，治所今

1　孙进己、冯永谦等主编《东北历史地理》第 2 卷，第 381 页。

2　《新唐书》卷 219《渤海传》，第 6183 页。

3　《辽史》卷 38《地理志二》，第 462 页。

4　张锡彤、王锺翰、贾敬颜、郭毅生、陈连开等：《〈中国历史地图集〉释文汇编·东北卷》，第 104 页。

5　王承礼：《中国东北的渤海国与东北亚》，吉林文史出版社，2000，第 170 页。

6　《辽史》卷 38《地理志二》，第 462 页。

7　张锡彤、王锺翰、贾敬颜、郭毅生、陈连开等：《〈中国历史地图集〉释文汇编·东北卷》，第 104 页。

8　魏国忠、朱国忱、郝庆云：《渤海国史（修订版）》，第 212 页。

址待考。

5. 西京鸭渌府

设置于高句丽故地。《新唐书·渤海传》记载:"高丽故地为西京,曰鸭渌府,领神、桓、丰、正四州。"西京鸭渌府领 4 州 11 县。

神州为首州,与府同治,即今吉林临江。领县 3:神鹿、神化、剑门。神鹿为附郭县,与州同治,其余 2 县治所今址待考。

桓州,按《辽史·地理志》记载:"桓州,高丽中都城,故县三:桓都、神乡、淇水,皆废。高丽王于此创立宫阙,国人谓之新国……隶渌州。在西南二百里。"[1]渌州即神州,则桓州位于京西南 200 里处,治所在今吉林集安国内城。国内城原为高句丽都城,后为渤海沿用,作为桓州治所。领县 3:桓都、神乡、淇水。桓都为附郭县,与州同治;淇水,日本学者和田清认为或为今朝鲜北部慈江道的秃鲁江,淇水县城或在江界的边地。[2]《中国历史地图集》据此将故址推定为今朝鲜熙川县境内。[3]神乡县治所今址待考。

丰州,按《辽史·地理志》记载:"丰州,渤海置盘安郡,故县四:安丰、渤恪、隰壤、硖石……隶渌州。在东北二百一十里。"[4]可知其地在京东北 210 里处,以里数计,当在今吉林抚松境内,有学者将故治所推定为今抚松县的新安古城。[5]该城平面近长方形,周长 3340 米,规模较大。城内发现莲瓣纹瓦当、布纹瓦当等渤海文物。[6]孙进已等曾推定丰州治所在今吉林靖宇东偏南 33 公里处的榆树川古城。[7]该古城隔着头

---

1 《辽史》卷 38《地理志二》,第 462~463 页。

2 和田清「渤海国地理考」『東洋学報』第 36 卷第 4 号、1954。

3 张锡彤、王锺翰、贾敬颜、郭毅生、陈连开等:《〈中国历史地图集〉释文汇编·东北卷》,第 105 页。

4 《辽史》卷 38《地理志二》,第 463 页。

5 吉林省文物志编委会编印《抚松县文物志》,内部资料,1987,第 48 页。此外,张锡彤、王锺翰、贾敬颜、郭毅生、陈连开等《〈中国历史地图集〉释文汇编·东北卷》推定为吉林省抚松县的仰脸古城(第 106 页)。

6 黄元甲编著《长白山区开发史稿》,吉林文史出版社,1992,第 148 页。

7 孙进已、冯永谦等主编《东北历史地理》第 2 卷,第 386 页。

道松花江与新安古城遥相呼应，平面略呈长方形，周长 1455.6 米，全城只在南墙设有一处瓮门，形状与东京盐州城的城门相近。城内曾发现渤海国时期的陶器和筒瓦等文物的残片。还有学者认为榆树川古城与新安古城是相毗邻的姊妹城，可能同为丰州治所。[1]领县 4：安丰、渤恪、隰壤、硖石。安丰为附郭县，与州同治，其余 3 县今址待考。

正州，又称沸流郡。《辽史·地理志》记载，"本沸流王故地，国为公孙康所并。渤海置沸流郡。有沸流水。户五百，隶渌州"，位于西京"西北三百八十里"处。[2]沸流水即今辽宁桓仁境内的富尔江，全长 150 余千米，因其上游"水流湍急，水响如沸，故名沸流。今称富尔江乃其音转"。[3]《中国历史地图集》、朱国忱、魏国忠等都主张正州故址在富尔江中游一带，治所为今辽宁新宾旺清门转水湖山城。[4]梁志龙认为，正州故址为桓仁六道河乡下古城子城址。[5]领县 1：东那，"本汉东耐县地。在州西七十里"。[6]早期学者认为在吉林通化西南高句丽城一带。[7]梁志龙认为当在桓仁八里甸子一带。[8]

6. 长岭府

设置于高句丽故地。《新唐书·渤海传》记载："高丽故地……长岭府，领瑕、河二州。"按《新唐书》引贾耽《道里记》："自都护府东北经古盖牟、新城，又经渤海长岭府，千五百里至渤海王城，城临忽

1　吉林省文物志编委会编印《靖宇县文物志》，内部资料，1988，第 45~49 页。

2　《辽史》卷 38《地理志二》，第 463 页。

3　张锡彤、王锺翰、贾敬颜、郭毅生、陈连开等：《〈中国历史地图集〉释文汇编·东北卷》，第 106 页。

4　张锡彤、王锺翰、贾敬颜、郭毅生、陈连开等：《〈中国历史地图集〉释文汇编·东北卷》，第 106 页；朱国忱、魏国忠：《渤海史稿》，第 171 页；孙进己、冯永谦等主编《东北历史地理》第 2 卷，第 387 页。此外，王承礼认为正州故址在今吉林省通化市（《渤海简史》，第 79 页）。

5　梁志龙：《辽代正州考》，孙进己主编《东北亚历史地理研究》，中州古籍出版社，1998，第 139~144 页。

6　《辽史》卷 38《地理志二》，第 463 页。

7　中国历史地图集中央民族学院编辑组编印《〈中国历史地图集〉东北地区资料汇篇》，1979，第 133 页。

8　梁志龙：《辽代正州考》，孙进己主编《东北亚历史地理研究》，第 144 页。

汗海。"[1] 可知长岭府位于安东都护府东北和渤海上京之间的通道上。其府治所在地，金毓黻与日本学者松井等观点相近，认为在英额门附近。[2] 日本学者鸟山喜一、和田清认为在海龙县（今梅河口市）山城镇（也称北山城子），王承礼亦持此观点。[3] 黄维翰认为在今海龙、清原、本溪一带。[4] 李健才认为上述观点均不符合渤海长岭府府治的条件，而吉林桦甸的苏密城是辉发河流域最大的渤海古城，最有可能是长岭府府治所在。[5] 这一观点已成为学界主流观点。苏密城位于桦甸市桦甸镇永吉街道大城子村，北临辉发河故道，处于辉发河及其支流的冲积盆地上，四周群山环抱，地势险要，扼入松花江水路和陆路交通之要冲。苏密城城址呈方形，由内外两重城垣组成，整个城址呈"回"字结构，周长2590米。城墙之外，除北墙以辉发河为屏障外，其余三面城墙均配有两道城壕。内城正南北向，略呈长方形，周长1381米，四角似有角楼遗迹，城内建筑群规模不小。[6] 苏密城的地表散布着许多遗物，瓦当多数具有渤海时期的特征。[7] 金毓黻推测长岭府的辖境"盖为今英额门以北，亘于海龙、东丰、西丰、双阳、伊通间"。[8] 领 2 州，辖县不详。

瑕州，《满洲源流考》认为："瑕州当为附郭之州。"[9] 与府同治。

河州，《满洲源流考》记载："开元东北五百里有稳图河，源出坊州

---

1 《新唐书》卷 43 下《地理志七下》，第 1147 页。

2 金毓黻：《渤海国志长编》卷 14《地理考》，第 298~299 页；松井等「渤海国の疆域」白鸟库吉监修、箭内亘・稻叶岩吉・松井等『满洲历史地理』第 1 卷、第 428 页。

3 鸟山喜一『渤海史考』第 230 页；和田清「渤海国地理考」『东洋学报』第 36 卷第 4 号、1954；王承礼：《渤海简史》，第 79 页。

4 黄维翰：《渤海国记》中篇"地理"，唐晏、黄维翰、金毓黻：《渤海国志三种》，张中澍、王承礼点校，天津古籍出版社，1992，第 82 页。

5 李健才：《桦甸苏密城考》，《黑龙江文物丛刊》1983 年第 2 期。

6 吉林省文物考古研究所：《2013 年吉林省文物考古研究所考古发掘收获》，《东北史地》2014 年第 3 期。

7 吉林省文物志编委会编印《桦甸县文物志》，内部资料，1987，第 44~77 页。

8 金毓黻：《渤海国志长编》卷 14《地理考》，第 298~299 页。

9 （清）阿桂等：《满洲源流考》卷 10"疆域三"长岭府，辽宁民族出版社，1988，第 140 页。

北山，北流入松花江，所谓坊州疑即河州矣。"[1]日本学者稻叶岩吉和中国学者李健才都主张坊州为今吉林海龙山城子。[2]孙进己等认为坊州在今吉林海龙镇古城。[3]郑永振等推测河州治所可能在今吉林梅河口山城镇，[4]辖县不详。

7. 扶余府

置于扶余故地。《新唐书·渤海传》记载："扶余故地为扶余府，常屯劲兵捍契丹，领扶、仙二州。"扶余府领2州7县。

扶余府，《新唐书·渤海传》曰："扶余，契丹道也。"其地与契丹相接，是渤海国的西部军事、交通重镇，故辽太祖征渤海先取扶余府。关于扶余府所在地，《辽史·地理志》云："通州……本扶余国王城，渤海号扶余城。太祖改龙州，圣宗更今名。"[5]金毓黻认为："通州当在今农安城西南百里之外求之，则今长春县之西南隅，怀德、梨树等县地。"[6]王承礼、朱国忱等认为在吉林农安县。[7]但农安县城古城址是金代城址，城内鲜有渤海遗物发现，周边亦未发现渤海墓葬。再者，渤海是以高句丽扶余城设扶余府，《新唐书》记载唐贞观五年（631），高句丽在西部边境筑长城以防备唐军，"东北自扶余城，西南至海，千有余里"。[8]高句丽千里长城的遗迹大部分已被确定，是从农安东面通过，若高句丽扶余城即农安，则位于长城之外而失去防御功能。董玉瑛认为扶余府在宽城子，即今吉林长春。[9]李健才推定今吉林市龙潭山山城为高句丽扶余

1　（清）阿桂等：《满洲源流考》卷10"疆域三"长岭府，第140页。

2　箭内亘「元明时代の满洲交通路」白鸟库吉监修、箭内亘·稻叶岩吉·松井等『满洲历史地理』第2卷、第576页；李健才：《明代东北驿站考》，油印本，转引自孙进己、朴润陆《明坊州即海龙古城》，《社会科学战线》1982年第4期。

3　孙进己、朴润陆：《明坊州即海龙古城》，《社会科学战线》1982年第4期。

4　郑永振、李东辉、尹铉哲：《渤海史论》，第225页。

5　《辽史》卷38《地理志二》，第468页。

6　金毓黻：《渤海国志长编》卷14《地理考》，第301页。

7　王承礼：《渤海简史》，第80页；朱国忱、魏国忠：《渤海史稿》，第144页。

8　《新唐书》卷199上《高丽传》，第5321页。

9　董玉瑛：《宽城子初探》，《博物馆研究》1985年第2期。

城，[1] 这一观点得到多数学者认同。

扶州，与府同治，领县 4：扶余、布多、显义、鹊川。扶余县为附郭县，与州同治。其余诸县治所无考。

仙州，辖县 3：强师、新安、渔谷，治所无考。

8. 鄚颉府

设于扶余故地。《新唐书·渤海传》记载："扶余故地……鄚颉府，领鄚、高二州。"杨军认为，鄚颉府所辖为靺鞨伯咄、安车骨二部的旧地，即被靺鞨所占的扶余故地，"鄚颉"为"靺鞨"的音转。[2] 领 2 州。

鄚颉府，《辽史·地理志》东京道韩州下云："韩州，东平军，下，刺史。本藁离国旧治柳河县。高丽置鄚颉府，都督鄚、高二州，渤海因之。"[3] 又《金史·地理志》咸平路下云："韩州……辽置东平军，本渤海鄚颉府。"[4] 清人曹廷杰认为鄚颉府系辽韩州，府治推定为今辽宁昌图八面城古城。[5] 八面城为方形平面的平原城，但城内出土遗物多具辽代特征。日本学者池内宏、和田清主张在黑龙江阿城附近。[6] 孙进己等则认为鄚颉府治所应为今吉林梨树东河乡王平房村城楞子北城。[7] 该古城包括间距 300 米的南北两城，两城形制基本一致，是同一历史时期的古城。北城周长 1864 米，南城周长 575 米，南城为北城的附城。城楞子两座古城不但出土了大量的辽金文化遗物，也出土了莲花纹瓦当等典型渤海时期遗物。二城互为掎角，拱卫在东辽河边，从规模上看也达到了府城规模。[8]

1　李健才：《唐代高丽长城和扶余城》，《民族研究》1991 年第 4 期；李健才：《再论唐代高丽的扶余城和千里长城》，《北方文物》2000 年第 1 期。

2　杨军：《渤海国民族构成与分布研究》，第 29 页。

3　《辽史》卷 38《地理志二》，第 468 页。

4　《金史》卷 24《地理志上》，中华书局，2020，第 594 页。

5　（清）曹廷杰：《东三省舆地图说》，丛佩远、赵鸣岐编《曹廷杰集》，第 157 页。

6　〔日〕池内宏：《夫余考》，王建群译，《民族史译文集》第 13 集，1985，第 206 页；和田清「渤海国地理考」『東洋学報』第 36 卷第 4 号、1954。

7　孙进己、冯永谦等主编《东北历史地理》第 2 卷，第 388 页。

8　韩亚男：《渤海国城址研究》，第 72 页。

　　鄚州与府同治，领县 2：粤喜、万安。粤喜为鄚州附郭县，与府州同地。[1]

　　高州，领县不详。

　　此外，渤海国还有郿、铜、涑 3 个直接隶属渤海王廷的独奏州。《新唐书·渤海传》记载："郿、铜、涑三州为独奏州。"所谓独奏州，据《满洲源流考》释义："独奏之义，犹当今直隶州，不辖于府而事得专达。"[2]

　　郿州，具体位置不详。日本学者和田清认为郿州为渤海上京与北部铁利、越喜交通大道上的要冲，当在宁古塔之北，铁利之南。[3]《中国历史地图集》据此将郿州定于宁安县北，依兰县南。[4] 领县 2：延庆、白岩。

　　铜州，《辽史·地理志》记载，辽东京道咸州"本高丽铜山县地，渤海置铜山郡。地在汉候城县北，渤海龙泉府南"。[5] 金毓黻认为铜山郡即铜州。[6] 治所位于上京龙泉府以南的今哈尔巴岭山区。[7] 下领花山等县。

　　涑州，设于粟末靺鞨故地，位于今吉林省吉林市附近。《新唐书·渤海传》云："涑州以其近涑沫江，盖所谓粟末水也。"粟末水即北流松花江。渤海大氏系粟末靺鞨，以此水得名。清人曹廷杰考证："今乌拉城西北数里有土城，土人呼曰高丽城。方里余。当即粟末靺鞨旧地。又案：唐有涑州，亦当在此。"[8] 乌拉城即今吉林市乌拉街，故一般推定在今吉林市一带。《中国历史地图集》认为吉林市乌拉街西数里的"土城子"即涑州所在。[9]

1　张锡彤、王锺翰、贾敬颜、郭毅生、陈连开等：《〈中国历史地图集〉释文汇编·东北卷》，第 110 页。

2　（清）阿桂等：《满洲源流考》卷 10 "疆域三" 郿、铜、涑三州，第 152 页。

3　和田清「渤海国地理考」『東洋学報』第 36 巻第 4 号、1954。

4　张锡彤、王锺翰、贾敬颜、郭毅生、陈连开等：《〈中国历史地图集〉释文汇编·东北卷》，第 115 页。

5　《辽史》卷 38《地理志二》，第 469～470 页。

6　金毓黻：《渤海国志长编》卷 14《地理考》，第 315 页。

7　魏国忠、朱国忱、郝庆云：《渤海国史（修订版）》，第 214 页。

8　（清）曹廷杰：《东三省舆地图说》，丛佩远、赵鸣岐编《曹廷杰集》，第 167 页。

9　张锡彤、王锺翰、贾敬颜、郭毅生、陈连开等：《〈中国历史地图集〉释文汇编·东北卷》，第 116 页。

渤海国建国后，为凸显王室地位，于粟末靺鞨故地设独泰州，在地方行政建置上予其特殊地位。[1] 王承礼认为，3 个独泰州作为缓冲地带设置于渤海矛盾集中地区，由王廷直接掌控，以更好地维护统治。铜州设置于上京之南、中京之北、东京之西，以便调解、缓冲三京之间的矛盾，有利于上京的统治；郢州设置于上京之北，通向铁利、怀远、安远府的要冲，有利于王廷控制北部诸府；涑州设置于契丹道门户——扶余府和营州道门户——长领府的后卫之地、上京的前卫之地，作为上京的门户。[2]

渤海国中心地区设置了上京龙泉府、中京显德府、东京龙原府、西京鸭渌府、南京南海府、长岭府、扶余府、郏颉府 8 府以及郢、铜、涑 3 个独泰州。其中中京显德府、东京龙原府、西京鸭渌府、南京南海府、长岭府、扶余府等 6 府设置于高句丽故地；上京龙泉府、郏颉府 2 府及郢、铜、涑 3 个独泰州设于靺鞨人故地。随着渤海政权的稳固和地方统治制度的整合，生活于经济文化中心区同一地方行政建置下的靺鞨人、高句丽遗民（高句丽、汉、秽貊等）在经济、文化等各方面逐渐趋同，至宣王大仁秀征伐海北诸部时，各族人口形成了一个新的民族——渤海族。渤海族在经济、文化等方面的发展远领先于当时尚处于原始社会末期的北部靺鞨人，在渤海国灭亡后，仍保持着强烈的渤海民族认同心理，活跃在辽金王朝。

第三节　府州县官署与官职

渤海国仿唐制，设 5 京 15 府 62 州 200 余县，府置都督，州设都督或刺史，县置县丞，诸府之冲要置节度使。之前学者常将渤海的地方官

1　杨军：《渤海国民族构成与分布研究》，第 39 页。
2　王承礼：《渤海简史》，第 74 页。

制概括为"府设都督，州设刺史，县置县丞"，[1]其实这种提法并不准确。《海东绎史》引《文献通考》："渤海王武艺开大土宇，州有都督，次有刺史。"渤海州一级当兼设都督与刺史，大州设都督，小州设刺史。

渤海都督的职掌与唐制大体相当。唐高祖武德元年（618）在缘边及襟带之地设置总管府，七年（624），改总管府为都督府。贞观十三年（639）凡置都督府四十一，分统天下诸州。唐代承平日久，都督的军事职能降低，演变为与刺史相同的地方行政官员。《唐六典》记载："京兆、河南、太原牧及都督、刺史掌清肃邦畿，考核官吏，宣布德化，抚和齐人，劝课农桑，敦谕五教。每岁一巡属县，观风俗，问百姓，录囚徒，恤鳏寡，阅丁口，务知百姓之疾苦。"[2]可见其职能与州刺史无异。唐朝都督府置都督，掌"督诸州兵马、甲械、城隍、镇戍、粮廪，总判府事"。[3]都督之下，置别驾、长史、司马，佐都督分治府事，其下设有录事参军事、录事和功、仓、户、田、兵、法、士等诸曹参军事以及市令、文学、医学博士等佐职和使役。[4]渤海的府置都督，其职掌与品秩应与唐制大体相同，掌管一方兵马、镇戍、财务、民事诉讼诸事。

渤海国地方州（郡）一级的刺史、太守，其职掌与品秩亦应与唐制大体相同。按唐制，州长官曰刺史，郡曰太守。据《旧唐书·职官志》，刺史的职掌为：

> 清肃邦畿，考核官吏，宣布德化，抚和齐人，劝课农桑，敦敩五教。每岁一巡属县，观风俗，问百年，录囚徒，恤鳏寡，阅丁口，务知百姓之疾苦。部内有笃学异能闻于乡闾者，举而进之。有不孝悌，悖礼乱常，不率法令者，纠而绳之。其吏在官公廉正

1　如王承礼《渤海简史》，第 110 页。魏国忠等将渤海国府、州两级的地方制度概括为"都督—刺史"制度，其提法也不严谨。见魏国忠、朱国忱、郝庆云《渤海国史（修订版）》，第 352~353 页。

2　（唐）李林甫等：《唐六典》卷 30《三府督护州县官吏》，第 747 页。

3　《新唐书》卷 49 下《百官志四下》，第 1315 页。

4　《新唐书》卷 49 下《百官志四下》，第 1314~1315 页。

己，清直守节者，必谨而察之。其贪秽诡谀，求名徇私者，亦谨而察之。皆附于考课，以为褒贬。若善恶殊尤者，随即奏闻。若狱讼疑议，兵甲兴造便宜，符瑞尤异，亦以上闻。其常则申于尚书省而已。若孝子顺孙，义夫节妇，精诚感通，志行闻于乡同者，亦具以申奏，表其门闾。其孝悌力田，颇有词学者，率与计偕。其所部有须改更，得以便宜从事。若亲王典州，及边州都督刺史不可离州局者，应巡属县，皆委上佐行焉。[1]

其下佐吏有别驾、长史、司马以及录事参军和司功、司仓、司户、司兵、司法、司士等六曹参军事（中、下州六曹不全置）。别驾、长史、司马称"上佐"，"掌贰府州之事"，"以纲纪众务，通判列曹。岁终则更入奏计"。诸曹参军分掌州府具体事务，称"判司"：司功，"掌官吏考课、祭祀、祯祥、道佛、学校、表疏、医药、陈设之事"；司仓，"掌公廨、度量、庖厨、仓库、租赋、征收、田园、市肆之事"；司户，"掌户籍、计帐、道路、逆旅、婚田之事"；司兵，"掌武官选举、兵甲器仗、门户管钥、烽候传驿之事"；司法，"掌刑法"；司士，"掌津梁、舟车、舍宅、百工众艺之事"。诸曹判司由录事参军统领，"掌勾稽，省署钞目，监符印"，处于总领督察之位，实权仅在刺史之下。此外，还有市令，"掌市廛交易、禁斥非违之事"；经学博士，"掌《五经》教授诸生"；医药博士，掌"以百药救民疾病"；以及执刀、白直、典狱、佐史等，"各有其职，州府之任备焉"。[2] 渤海刺史、太守的职掌当也是模仿唐制，但未必全盘照搬，编制员额当有所压缩，分工也未必如此明细。

渤海后期可能设置了诸道节度使司。按唐制，诸节度使司置节度使，"掌总军旅，颛诛杀"。[3] 其下置"副大使知节度事、行军司马、副使、判官、支使、掌书记、推官、巡官、衙推各一人，同节度副使十人，馆

1 《旧唐书》卷44《职官志三》，第1919页。

2 《旧唐书》卷44《职官志三》，第1919~1920页。

3 《新唐书》卷49下《百官志四下》，第1309页。

驿巡官四人，府院法直官、要籍、逐要亲事各一人，随军四人"。[1]渤海可能也建立了相仿的职官，但规模有所缩减。

　　渤海县制同样是仿效唐制所建，但县级长官与唐制可能略有区别。唐制，县不分大小，长官一律称县令，次官称县丞。渤海县级长官则不见"县令"的记载，据《续日本纪》，大彝震时期（831~857）渤海朝聘日本使团的长官中有一人是"永宁县丞王文矩"。据《续日本后纪》，仁明天皇嘉祥元年（848）十二月，永宁县丞王文矩等100人访日。[2]王成国认为，渤海作为唐朝的一个地方政权，其县长官不称"令"而称"丞"，以示渤海次一等的地位。[3]魏国忠等亦认为渤海县级长官为县丞而不是县令。依据是848年王文矩以上京龙泉府永宁县县丞身份出访日本，鉴于他此前曾在嵯峨天皇弘仁十二年（821）十一月、[4]淳和天皇天长四年（827）十二月[5]两度以政省堂左允的重要职务出访，并在此次聘问中被日本授予从二位的高级秩位，可以断定其县丞职务必是永宁县的正职无疑。[6]由于资料有限，渤海的县级长官是县令还是县丞，尚不能确定，从现有资料看，渤海县一级长官可能是县丞。按唐制，县令职掌为"导风化，察冤滞，听狱讼。凡民田收授，县令给之。每岁季冬，行乡饮酒礼。籍帐、传驿、仓库、盗贼、堤道，虽有专官，皆通知"。丞为县令之副贰，尉"分判诸曹，收率课调"，主簿掌文书簿计。[7]渤海县丞的职掌应与唐县令大体相当，不设佐贰官，应仿唐制设一定职位的下级官员，职掌亦应与唐制大致相同。

1　《新唐书》卷49下《百官志四下》，第1309页。

2　藤原良房等『続日本後紀』卷18、日本仁明天皇嘉祥元年（848）十二月、第406页。二年（849）三月，入觐使"永宁县丞王文矩并行从一百人"朝见天皇，参见『続日本後紀』卷19、日本仁明天皇嘉祥二年（849）三月、第412页。

3　王成国：《唐代渤海国官制概述》，《学习与探索》1982年第5期。

4　菅原道真『類聚国史』卷194「殊俗部・渤海下」日本嵯峨天皇弘仁十二年（821）十一月、第1283~1284页。

5　藤原冬嗣等『類聚三代格』卷18「夷俘并外蕃人事・應充客徒供給事」第967页。

6　魏国忠、朱国忱、郝庆云：《渤海国史（修订版）》，第352页。

7　《新唐书》卷49下《百官志四下》，第1319页。

总之，渤海地方府、州、县制度大致依仿唐制，官职名称略有变化，职官编制可能有所压缩。还有学者提出渤海府、州、县制度是继承高句丽制度的看法。韩国学者宋基豪认为，唐朝称府之长官为府尹，州之长官为刺史，一县之长为县令，在都督府和都护府分别设有都督和都护。渤海称府之长官为都督，州之长官为刺史，一县之长为县丞，因此渤海的"都督—刺史"制度并非原封不动地模仿唐制，而是原原本本地继承了以高句丽统治体制为基础的统治结构。[1] 对此，魏国忠等人提出质疑，认为唐朝府的长官并非一律称府尹，而是只在京兆、河南、太原及另外六府中才置"牧"和"府尹"，其他大、中、下都督长官通称都督；渤海地方制度虽说不能完全排除高句丽地方制度的影响，但绝非完全继承了高句丽制度，而是大体效仿唐朝的地方制度。[2] 笔者认为，宋基豪虽承认渤海制度的确受唐制影响，但夸大了渤海制度中的高句丽制度因素，在高句丽制和唐制的来源中，唐制占主流地位，因此笔者赞同魏国忠等人的观点。

第四节　基层首领制度

渤海建国之前，靺鞨诸部处于一种分散的氏族部落状态。渤海政权建立后，渤海统治集团仿照唐制设置府州制度时，府州之下的靺鞨社会长期保留首领制度。直到宣王大仁秀时期，渤海统治中心地区的首领制才为中原化的地方行政制度取代。

一　首领制

首领制是渤海地方统辖体制中颇具特点的一项制度，日本、韩国、

1　〔韩〕宋基豪：《渤海的地方统治及其实况》，李东源译，杨志军主编《东北亚考古资料译文集·高句丽、渤海专号》，第 168 页。

2　魏国忠、朱国忱、郝庆云：《渤海国史（修订版）》，第 353 页。

中国学者皆进行过深入探讨。[1] 渤海国建国后便模仿唐制建构地方府州制度，但前期的所谓府州与后期真正意义上的府州相比差异很大，正如铃木靖民所言，渤海政权形成初期不曾实行州县制度，不存在地方官的固定名称；[2] 范恩实进一步提出渤海早期并不存在系统的职官体系及相应的序列完整的官号。[3] 因此这种有名无实的府、州（都督、刺史）设置并未能从根本上改变靺鞨社会的部落制度和生产方式，地方基层统治仍通过靺鞨部落"首领"阶层维持。首领阶层中既有靺鞨酋长，也有高句丽遗民。

隋唐时期，在靺鞨诸部依附于高句丽之时，靺鞨社会尚处于原始社会后期发展阶段。据《大唐右领军赠右骁卫大将军李他仁墓志铭》，李他仁曾担当高句丽"栅州都督兼总兵马，管一十二州高丽，统三十七部靺鞨"。[4] 有学者据此认为高句丽此时已经有了可比拟于中原王朝统治制度的层级式地方统治体制，而作为附庸的靺鞨人仍保留部落形式。[5] 显然，高句丽对靺鞨诸部实行羁縻统治，并没有改变靺鞨原有的社会组织。唐高宗灭亡高句丽后，将包括大祚荣家族在内的部分粟末靺鞨、白山靺鞨及高句丽人迁至营州，[6] 安置于营州"城傍"，[7] 以"其大者为都督府，以其首领为都督、刺史，皆得世袭"，[8] 建立了燕州、慎州、夷宾州、黎

1　关于渤海首领制研究的学术史，参见〔日〕铃木靖民《战后日本的渤海史研究——研究动向与课题》，《渤海的民族形成与构成》（渤海史国际学术会议发言摘要），高丽大学民族文化研究所，1993。

2　〔日〕铃木靖民：《关于渤海首领的基础性研究》，《渤海史译文集》，第343页。

3　范恩实：《渤海早期政权建设研究》，《中国边疆史地研究》2020年第3期。

4　孙铁山：《唐李他仁墓志铭考释》，《远望集——陕西省考古研究所华诞四十周年纪念文集》，陕西人民美术出版社，1998，第736~739页。

5　范恩实：《渤海早期政权建设研究》，《中国边疆史地研究》2020年第3期。

6　《旧唐书》卷199下《渤海靺鞨传》："渤海靺鞨大祚荣者，本高丽别种也。高丽既灭，祚荣率家属徙居营州。"（第5360页）

7　所谓"城傍"，是一种兵牧合一的制度，唐将内徙蕃族置于军镇城旁，保持其部落组织。参见李锦绣《城傍与大唐帝国》，朱雷主编《唐代的历史与社会——中国唐史学会第六届年会暨国际唐史学术研讨会论文选集》，武汉大学出版社，1997，第198~235页。

8　《新唐书》卷43下《地理志七》，第1119页。

州四个羁縻州，[1]原有的部落组织保持不变。跟随乞乞仲象、乞四比羽脱离营州的靺鞨人，也是以部落组织迁往靺鞨故地。

从大祚荣到文王大钦茂统治前期，靺鞨地区社会基层还是部落制，原高句丽故地一些遗民社会组织形式也有向"部落制退化的倾向"。[2]渤海前期的地方统治实况，在日本古代文献《类聚国史》中有如下记载：

> 渤海国者，高丽之故地也。天命开别天皇七年，高丽王高氏为唐所灭也。后以天之真宗丰祖天皇二年，大祚荣始建渤海国。和铜六年受唐册立。其国延袤二千里，无州县馆驿，处处有村里，皆靺鞨部落。其百姓者，靺鞨多，土人少，皆以土人为村长，大村曰都督，次曰刺史，其下百姓皆曰首领。[3]

这是目前所见到的记述渤海建国初期地方统治情况最为详细的史料，也是学界探讨渤海初期历史时所依据的基础史料。国内外学者的讨论焦点有以下两方面。

一是"百姓"是什么身份。金毓黻最先提出"百姓"即"首领"，也就是庶官。[4]此后张博泉、程妮娜提出"百姓"即"百官"。两位学者认为在先秦时期，以"百姓"为"百官"的代称，渤海早期亦以"百姓"称呼"百官"。日本学者大隅晃弘亦持相近观点，他以《松漠纪闻》的记载"其王旧以大为姓，右姓曰高、张、杨、窦、乌、李，不过数种。部曲、奴婢、无姓者皆从其主"[5]为据，认为渤海"百姓"是统治无姓者的

1　《旧唐书》卷39《地理志二》，第1521~1524页。

2　范恩实：《渤海早期政权建设研究》，《中国边疆史地研究》2020年第3期。

3　菅原道真『類聚国史』卷193「殊俗部·渤海上」日本桓武天皇延曆十五年（796）四月戊子、第1272頁。

4　金毓黻：《渤海国志长编》卷15《职官考》"首领"条，第347页。

5　（宋）洪皓：《松漠纪闻》，李澍田主编《长白丛书（初集）》，第19页。

有姓者阶层，即豪族。[1]学界还存在另一种观点。日本学者铃木靖民将"其下百姓皆曰首领"句断为"其下百姓，皆曰首领"，并解释为"都督、刺史以下的百姓，都称都督、刺史为首领"，百姓即居民。[2]韩国学者宋基豪持类似观点，认为"百姓"即一般居民。[3]从渤海国初期的"其百姓者，靺鞨多，土人少，皆以土人为村长，大村曰都督，次曰刺史，其下百姓皆曰首领"看，百姓中"靺鞨多，土人少"，土人百姓"为村长，大村曰都督，次曰刺史"，"其下百姓"当指靺鞨百姓，"皆曰首领"。那么，无论土人"百姓"还是靺鞨"百姓"都不是一般居民，而是各级地方官员。

　　二是"土人"是什么身份。"土人"原意为"土著之人"。日本学者铃木靖民提出，《类聚国史》反映的是渤海初期原高句丽区域的情况，因此"土人"当指高句丽人。[4]日本学者大隅晃弘、中国学者范恩实等持相近观点，主张"土人"即"土著"居民高句丽人。[5]然而渤海建国于"挹娄故地"，"土著"当是世代生活于此的靺鞨人。《类聚国史》云"靺鞨多，土人少"，将"土人"与"靺鞨"分别为不同身份人群；又云"皆以土人为村长，大村曰都督，次曰刺史"，指明"土人百姓"是"百姓"中的上层官员。显然，"土人"不能做"土著之人"来解。这引起中外学者的争论，张博泉、程妮娜提出"土人"是指渤海建国前后以粟末靺鞨为主包括部分他族人融合而成的渤海人，"土人"或为"士人"之误，这一观点得到多位学者的支持。[6]傅朗云认为"土人"是指除靺

1 〔日〕大隅晃弘：《渤海的首领制——渤海国家与东亚细亚世界》，李东源译，杨志军主编《东北亚考古资料译文集·高句丽、渤海专号》，第 177 页。

2 〔日〕铃木靖民：《关于渤海首领的基础性研究》，《渤海史译文集》，第 355 页。

3 〔韩〕宋基豪：《渤海国首领的性质》，杨海鹏译，《北方文物》2004 年第 4 期。

4 〔日〕铃木靖民：《关于渤海首领的基础性研究》，《渤海史译文集》，第 355 页。

5 〔日〕大隅晃弘：《渤海的首领制——渤海国家与东亚细亚世界》，李东源译，杨志军主编《东北亚考古资料译文集·高句丽、渤海专号》，第 176 页；范恩实：《渤海"首领"新考》，《中国边疆史地研究》2014 年第 2 期。

6 张博泉、程妮娜：《论渤海国的社会性质》，《学习与探索》1982 年第 5 期；孙进己：《渤海民族的形成发展过程》，《北方文物》1994 年第 2 期；魏国忠、朱国忱、郝庆云：《渤海国史（修订版）》，第 362 页。

鞨和高句丽之外，世居于此地区的"发人"。[1] 杨军认为，"土人"是指渤海建国初期在政权中发挥主导作用的粟末靺鞨人。[2] 从渤海建国初期的实际情况考察，渤海建国集团（靺鞨、高句丽、汉人等）的人数较当地靺鞨人实属少数，而渤海上层人士"颇知书契"，大钦茂的两个女儿贞惠公主、贞孝公主墓志铭，序文体式为唐代通行的骈俪，铭文也是典型的四言用韵的哀诔体制，通篇讲究用典，对仗押韵，汉字书法遒劲有力，[3] 都可印证渤海上层通晓汉文，娴习儒家经典，其国有"士人"之称是有可能的。史家笔误将"士"错写成"土"，或者是史籍在流传过程中刊刻导致的错误，都是极可能的。

　　渤海建国之初，居民主要是处于由原始社会向阶级社会过渡阶段的众多靺鞨部落，早期政治制度主要是建立在靺鞨村落共同体之上，保持靺鞨部落原有的部落制度和生产方式。《类聚国史》所云"处处有村里，皆靺鞨部落"，日本学者铃木靖民认为"'村里'一语用的则是自然村落的概念，与下面的'部落'一语相照应"。[4] 渤海国早期实行都督、刺史、首领的地方统治制度，[5] 那么与"首领制"相对应的渤海社会基层的部落组织是怎样的结构？魏国忠等认为，所谓靺鞨"凡为数十部"的"部"实际上是指部落联盟，每部往往又包含若干"小部"，例如粟末部至少包括厥稽部、忽使来部、窟突始部、悦稽蒙部、越羽部、步护赖部、破悉部、步步括利部、乌素固等九个部落，而黑水部有十六个部落。粟末部和黑水部都是部落联盟。[6]

1　傅朗云：《渤海"土人"新释》，《黑龙江社会科学》1999 年第 3 期。

2　杨军：《渤海国民族构成与分布研究》，第 39~40 页。

3　王承礼：《唐代渤海〈贞惠公主墓志〉和〈贞孝公主墓志〉的比较研究》，《社会科学战线》1982 年第 1 期。

4　〔日〕铃木靖民：《关于渤海首领的基础性研究》，《渤海史译文集》，第 356 页。

5　宋基豪认为，在渤海地方统治制度中，地位最高的为品官，即都督、刺史和县令，其次为首领，最后才是一般居民。参见〔韩〕宋基豪《渤海国首领的性质》，杨海鹏译，《北方文物》2004 年第 4 期。

6　魏国忠、朱国忱、郝庆云：《渤海国史（修订版）》，第 357 页。

渤海国早期有"编户十余万，胜兵数万人"。[1]关于渤海早期的人口，可参考《隋书·靺鞨传》的记载：

> 靺鞨，在高丽之北，邑落俱有酋长，不相总一。凡有七种：其一号粟末部，与高丽相接，胜兵数千，多骁武，每寇高丽中。其二曰伯咄部，在粟末之北，胜兵七千……其七曰白山部，在粟末东南。胜兵并不过三千。[2]

《隋书》仅记载了靺鞨七种中粟末、伯咄、白山三部兵的数量，这三部正是渤海国早期统治的靺鞨人的主要部分，"编户十余万，胜兵数万人"，占人口多数的靺鞨人可能主要出自这三部。考古工作者在靺鞨故地，即今三江平原各地发现靺鞨城栅、聚落七八百处，其中规模较大的分布着上百个穴居坑（即居住址），小的也有几十个之多，这应是靺鞨社会的大小邑落和村里。"每个较大的'邑落'实际上就是某个靺鞨部落的中心，它和围绕它的'村里'周围一带也就成为某个靺鞨部落的分布范围。"[3]从靺鞨诸部内部的组织架构看，诸"部"（部落联盟）的酋长，称"大莫拂瞒咄，世相承为长"。[4]部落联盟之下的部落首领为"莫拂瞒咄"。据孙昊解读，"莫拂"和"瞒咄"为两个词语，均为古代北方部族部落酋长的名号。在靺鞨部族中，既有单独使用，也有叠加使用的情况，很可能用以表示不同等级的酋长身份。[5]部落之下的村里也当有首领，其名称史书无载。莫拂瞒咄无论大、小，职位世袭，"父子相承，世为君长"。[6]部落联盟下的各部落之间有一定的统属关系。如突地稽既是厥稽部的酋长，又是粟末靺鞨八部联盟的"渠长"，即大莫拂

1　《旧唐书》卷199下《靺鞨传》，第5360页。

2　《隋书》卷81《靺鞨传》，第1821页。

3　魏国忠、朱国忱、郝庆云：《渤海国史（修订版）》，第357页。

4　《新唐书》卷219《黑水靺鞨传》，第6178页。

5　孙昊：《渤海国靺鞨部族官称蠡测》，《北方文物》2019年第2期。

6　《旧唐书》卷199下《靺鞨传》，第5358页。

瞒咄，"隋末，率其属千余内附，居营州"。[1] 从"率其属"可以看出其与其他七部的莫拂瞒咄有统属关系。据此，又不难推定，"诸部落的莫拂瞒咄与诸有关的'邑落'首领之间的关系也当如此"。[2] 由此可见，靺鞨社会内部的大大小小首领已经形成了一个特殊的阶层。

随着渤海政权的中原化，渤海地方基层统辖方式逐渐发生重大改变。在五京及其所属的发达地区，渤海王廷不断强化对这些地方的有效管辖，厘定完善地方的京、府、州、县制度，使之与中原制度更为接近，效法中原建构起基层统辖体系。在渤海国后期统治中心区的府、州、县之下，地方基层首领制度为中原化的地方行政制度取代，但在北部黑水靺鞨地区仍实行羁縻府州下的首领制。

二　首领职掌

"首领"一词大量出现于渤海朝唐、访日的相关记载中。关于"首领"的政治内涵，学界看法不一，主要存在如下几种观点。

第一，首领为庶民之长，是渤海都督、刺史之下庶官的通称。金毓黻以为："首领为庶民之长，亦庶官之通称也。谨案《日本逸史》谓渤海都督、刺史以下之百姓皆曰首领。百姓者，别于庶民。金代有猛安（千夫长）谋克（百夫长）之制，即以军制部，勒庶民而为之长。渤海之首领制即猛安谋克之制之所自出也。出使邻国，大使以下之属官亦有首领，其位次在录事品官之下，亦与金代之谋克相等。故首领者，亦庶官之称也。又案《册府元龟》屡称渤海某大首领某、首领某来朝，此为中国称夷官之通名，非称其本职。"[3]

第二，首领是都督、刺史之下靺鞨部落的首长，并非品官。铃木靖

1　《新唐书》卷 110《李谨行传》，第 4122 页。

2　魏国忠、朱国忱、郝庆云：《渤海国史（修订版）》，第 358 页。

3　金毓黻：《渤海国志长编》卷 15《职官考》"首领"条，第 347 页。

民提出首领相当于都督、刺史等之下的部落或村的首长。[1]大隅晃弘也认为首领是都督、刺史之下辖鞨部落的统领者。[2]宋基豪认为在渤海地方统治中，首领处于品官与百姓之间，虽然未得到任何官位，但直接统治百姓，拥有相当大的自主权。[3]范恩实提出首领就是对渤海内部宗族、部落之长的汉文称号。[4]

第三，森田悌认为，《咸和十一年中台省致日本太政官牒》中记载的65位"大首领"为渤海访日使团中的水手，身份为庶民。[5]支持这一观点的学者不多。

第四，首领为渤海社会下级官吏的泛称。石井正敏认为首领泛指渤海下级官吏，类似日本遣唐使团中的知乘船事、造船都匠、船师、射手等。[6]古畑徹亦认为首领为渤海使团中下级官吏的泛称，其中部分人也属于品官范畴，地位与译语、史生相近。[7]

综合考量上述四种观点，笔者认为第二种观点最得其实。渤海早期并不存在系统的职官体系，也就不存在系统的官号。[8]因此首领并非具备官品的官号，而是对渤海基层部落长的汉文称呼。其职掌主要是主理部落内事务，战时率胜兵出战，代表渤海王廷进行地方统治。这一时期首领阶层在渤海官僚集团中具有较高的地位，这主要体现在他们出使唐朝和日本的活动中。

渤海的朝唐活动中贺正尤为重要，渤海国前期通常由王室贵族、大

1 铃木靖民「渤海の首領に関する予備的考察」『朝鮮歴史論集』竜渓書舎、1979；后改名为「渤海の首領に関する基礎的研究」『古代対外関係史の研究』吉川弘文館、1985。

2 〔日〕大隅晃弘：《渤海的首领制——渤海国家与东亚细亚世界》，李东源译，杨志军主编《东北亚考古资料译文集·高句丽、渤海专号》，第182~184页。

3 〔韩〕宋基豪：《渤海国首领的性质》，杨海鹏译，《北方文物》2004年第4期。

4 范恩实：《渤海早期政权建设研究》，《中国边疆史地研究》2020年第3期。

5 森田悌「渤海の首領について」『弘前大学国史研究』第94号、1993。

6 石井正敏「『類聚国史』の渤海沿革記事について」『中央大学文学部紀要』第172号、1998。

7 古畑徹「渤海の首領研究の方法をめぐって——解明のための予備的考察」佐藤信編『日本と渤海の古代史』山川出版社、2003。

8 范恩实：《渤海早期政权建设研究》，《中国边疆史地研究》2020年第3期。

臣及靺鞨大首领担任贺正使。如唐玄宗开元四年（716）闰十二月，靺鞨遣大首领朝唐；九年（721）十一月，"渤海郡靺鞨大首领……俱来朝"；十三年（725）正月，"渤海遣大首领乌借芝蒙……来贺正旦，献方物"，四月，"渤海首领谒德……来朝，并授果毅，放还蕃"。二十五年（737）正月"渤海靺鞨大首领木智蒙来朝"，八月，"渤海靺鞨大首领多蒙固来朝"。[1]唐朝对渤海使臣皆授予武官、武散官的官号，有左武卫将军、右武卫将军、折冲、果毅、将军、游击将军等，如开元十三年（725）四月，首领谒德"并授果毅"；开元二十五年（737）八月，多蒙固朝唐，唐"授左武卫将军，赐紫袍金带及帛一百匹"。[2]从唐朝的封赐看，靺鞨大首领多蒙固在使团中的地位较高。

　　渤海前期赴日使团多由高句丽遗民组成。渤海首次遣使赴日是在大武艺仁安九年、日本圣武天皇神龟四年（727），渤海使团由"宁远将军、郎将高仁义，游〔击〕将军、果毅都尉德周，别将舍那娄二十四人"组成，使团至虾夷境，高仁义等十六人被杀，仅首领高斋德等八人免死。[3]首次赴日的大使高仁义、首领高斋德都是高句丽人。大使高仁义等遇难后，"渤海郡使首领高斋德等八人来，着出羽国，遣使存问，兼赐时服"，[4]并授正六位上，"宴五位以上及高斋德等，赐大射及雅乐寮之乐"。[5]除了大使高仁义，首领高斋德在使团中也有较高的地位。第二次赴日在渤海国文王大钦茂大兴三年、日本圣武天皇天平十一年（739），以若忽州都督胥要德为大使出使日本，使团再次遭遇海难，"大使胥要德等四十人没死"，[6]日本"赠渤海大使忠武将军胥要德从二位，

1　（宋）王钦若等编《册府元龟》卷971《外臣部·朝贡第四》，第11237~11242页；卷975《外臣部·褒异第二》，第11282、11287页。

2　（宋）王钦若等编《册府元龟》卷975《外臣部·褒异第二》，第11282、11287~11288页。

3　菅野真道等『続日本紀』卷10、日本聖武天皇神龟五年（728）春正月、第163頁。

4　菅野真道等『続日本紀』卷10、日本聖武天皇神龟四年（727）九月、第161頁。

5　菅野真道等『続日本紀』卷10、日本聖武天皇神龟五年（728）春正月、第163頁。

6　菅野真道等『続日本紀』卷13、日本聖武天皇天平十一年（739）十一月、第221~222頁。

首领无位己阕弃蒙从五位下，并赗调布一百十五端、庸布六十段"。[1]虽然若忽州都督胥要德、首领己阕弃蒙并非高句丽人，但若忽州为高句丽遗民州，他们可能是非高句丽人的高句丽遗民。渤海前期倚重高句丽遗民出使日本，大约是因为高句丽曾与日本交通，高句丽遗民知晓双方的交往礼仪、掌握渤海至日本的交通路线。

开元二十五年（737）大钦茂继位，此后渤海的朝唐活动记录中再不见"首领"的身影，而全面称之为"使臣"。这说明随着渤海政权中原式中央集权政治制度的建立与健全，渤海统治中心地区的首领阶层被纳入新的职官体系中。到宣王大仁秀之世，渤海臻于鼎盛，最终确立了府—州—县三级地方政治体制。五京辖境及其邻近府州基本实现了中央集权式的直接统辖，基层首领阶层消失。但首领制度继续实行于黑水靺鞨地区。在考察渤海地方政治制度时，必须注意渤海前期社会基层的首领制与后期羁縻府州下的靺鞨首领的区别，这样才能廓清渤海的地方统治实态。

余　论

渤海开国者大祚荣在营州的生活经历使其对唐朝地方制度比较熟悉，在建立地方制度时，渤海借鉴唐朝因俗而治的统治方针，在靺鞨地区通过诸部首领间接管理地方，形成初期都督、刺史—首领—百姓的地方统治结构。文王大钦茂统治后期（8 世纪后半叶），随着政权规模扩大与政治统治稳固，进一步仿照唐制建构地方府州制度。宣王大仁秀"开大土宇"，渤海的对外扩张基本完成，地方五千里，民众数十万。大仁秀继续奉行宪象唐制的治国方针，厘定地方行政区划，整备了 5 京 15 府 62 州 200 余县的行政区划，确立了府—州—县三级地方政治体制。

1　菅野真道等『続日本紀』卷 13、日本聖武天皇天平十二年（740）春正月、第 223 頁。

渤海地方政治制度虽仿唐制，但又有所改变，与唐制有一定区别，如府在唐朝并非一级行政建置，在渤海则是一级地方建置；官职名称略有变化，职官编制可能有所压缩。渤海后期大彝震以后，渤海地方政治制度进行了局部调整，可能出现过郡、道级的建置。

随着中原式地方政治制度的确立，在渤海统治腹心区的社会基层首领势力被中央政权瓦解，渤海实现了对地方的直接统治，完成了中央集权的改革。但是，在统治黑水靺鞨地区后，渤海实行因俗而治的政策，保留了当地原始社会组织和文化风俗，在靺鞨诸部之上设置了羁縻性质的 7 府 31 州，通过靺鞨首领实行间接统辖。渤海地方行政体系的建构，标志着中国东北的东北部地区第一次大规模地实行府州县制度，这对于东北古代边疆的形成具有深远的历史意义。

第六章 渤海国羁縻统辖制度

文王大钦茂执政后，渤海开始征伐黑水靺鞨诸部，并在设置中原式的中央和地方行政机构时，模仿唐制在黑水靺鞨地区建构羁縻府州体系，到宣王大仁秀厘定全境府州县体制时，羁縻府州制度最终完备。渤海国黑水靺鞨地区的羁縻府州制度与腹心地区的京府州县制度有本质不同，二者并存构成的"二元性"是渤海地方政治制度的一个重要特色。

第一节 渤海国诸属部

渤海国羁縻统治下的诸属部中，以靺鞨部落最多，《新唐书·黑水靺鞨传》载："后渤海盛，靺鞨皆役属之，不复与王会矣。"[1]渤海中后期，黑水靺鞨的大部分部落被吞并或役属，最为重要的有拂涅、越喜、铁利、虞娄、率宾五部。

7 世纪，黑水靺鞨"分十六落，以南北称"，以黑龙江为界，"（黑龙江）东贯黑水靺鞨，故靺鞨跨水有南北部，而东注于海"，[2]居住于黑龙江以北者为北黑水靺鞨，居于南者为南黑水靺鞨。《新唐书·黑水靺鞨传》记载：

> 初，黑水西北又有思慕部，益北行十日得郡利部，东北行十日得窟说部，亦号屈设，稍东南行十日得莫曳皆部，又有拂涅、虞娄、越喜、铁利等部。其地南距渤海，北、东际于海，西抵室韦，南北袤二千里，东西千里。拂涅、铁利、虞娄、越喜时时通中国，而郡利、屈设、莫曳皆不能自通。[3]

对于南黑水靺鞨诸部的分布地，学界长期存在多种看法，现梳理主要观点于表 6-1 中。

表 6-1　南黑水靺鞨诸部的分布地

部名	所在地	文献出处
黑水	黑龙江下游地区	金毓黻：《东北通史》，第 36 页；张锡彤、王锺翰、贾敬颜、郭毅生、陈连开等：《〈中国历史地图集〉释文汇编·东北卷》，第 75 页
	肇东、肇源、肇州沿江一带	王禹浪：《靺鞨黑水部地理分布初探》，《北方文物》1997 年第 1 期
	牡丹江与松花江合流处以下	杨军：《渤海国民族构成与分布研究》，第 119 页

1 《新唐书》卷 219《黑水靺鞨传》，第 6179 页。

2 《新唐书》卷 219《室韦传》《黑水靺鞨传》，第 6177、6178 页；《旧唐书》卷 199 下《室韦传》，第 5358 页。

3 《新唐书》卷 219《黑水靺鞨传》，第 6178~6179 页。

续表

部名	所在地	文献出处
拂涅	呼兰河流域	和田清「渤海国地理考」『東洋学報』第 36 卷第 4 号、1954
	拉林河流域	〔日〕津田左右吉：《勿吉考》，邢玉林译，《民族史译文集》第 13 集，1985，第 212 页；孙进己、冯永谦等主编《东北历史地理》第 2 卷，第 243 页
	张广才岭以东牡丹江流域	傅朗云：《东北民族史略》，吉林人民出版社，1983，第 83 页；干志耿、孙秀仁：《黑龙江古代民族史纲》，黑龙江人民出版社，1987，第 232 页；马一虹：《靺鞨部族分布地域考述》，《中国文化研究》2004 年第 2 期
	牡丹江中游至兴凯湖	董万仑：《东北史纲要》，黑龙江人民出版社，1987，第 137 页
	兴凯湖西北	张博泉：《东北地方史稿》，吉林大学出版社，1985，第 146 页
	依兰东南至兴凯湖	张博泉、苏金源、董玉瑛：《东北历代疆域史》，吉林人民出版社，1981，第 74 页
铁利	伯力（今哈巴罗夫斯克）	金毓黻：《渤海国志长编》卷 14《地理考》，第 311 页
	德里府	日本学者和田清认为《唐会要》中所记的黑水部与渤海分界的"德理府"即铁利部所在地，"德理"为"铁利"的同音异译。参见和田清「渤海国地理考」『東洋学報』第 36 卷第 4 号、1954
	开原、铁岭	刘师培：《辽史地理志考证》，《国粹学报》，转引自都兴智《唐代靺鞨越喜、铁利、拂涅三部地理位置考探》，《社会科学辑刊》2003 年第 4 期
	俄罗斯犹太自治州	干志耿、孙秀仁：《黑龙江古代民族史纲》，第 233 页
	挠力河以东，俄罗斯比金河、伊曼河流域东至大海	张泰湘：《铁利丛考》，《民族研究》1988 年第 2 期
	呼兰河以西地区	孙进己、冯永谦等主编《东北历史地理》第 2 卷，第 245 页
	黑龙江巴彦、绥化、庆安和铁力一带	都兴智：《唐代靺鞨越喜、铁利、拂涅三部地理位置考探》，《社会科学辑刊》2003 年第 4 期
	牡丹江与松花江合流处以上	杨军：《渤海国民族构成与分布研究》，第 120 页
	以依兰县为中心的东流松花江下游一带	魏国忠、朱国忱、郝庆云：《渤海国史（修订版）》，第 216 页

续表

部名	所在地	文献出处
虞娄	兴凯湖以东至海一带	张锡彤、王锺翰、贾敬颜、郭毅生、陈连开等:《〈中国历史地图集〉释文汇编·东北卷》,第 77 页
	乌苏里江流域	张博泉:《东北地方史稿》,第 199 页
	黑龙江省依兰县	干志耿、孙秀仁:《黑龙江古代民族史纲》,第 233 页;孙进己、冯永谦等主编《东北历史地理》第 2 卷,第 244 页
	七星河及挠力河流域	魏国忠、朱国忱、郝庆云:《渤海国史(修订版)》,第 217 页
越喜	渤海国西境,今吉林省西部和辽宁省北部地区	池内宏「铁利考」『满鲜史研究』中世第 1 册、第 35~43 页;孙进己、冯永谦等主编《东北历史地理》第 2 卷,第 253~254 页
	渤海国东境	金毓黻:《东北通史》,第 295 页;都兴智:《唐代靺鞨越喜、铁利、拂涅三部地理位置考探》,《社会科学辑刊》2003 年第 4 期
	俄罗斯南滨海地区中南部一带	魏国忠、朱国忱、郝庆云:《渤海国史(修订版)》,第 217 页
	乌苏里江以东,俄罗斯南滨海州南部	程妮娜主编《东北史》,吉林大学出版社,2001,第 103 页
	兴凯湖、密山一带	马一虹:《靺鞨部族分布地域考述》,《中国文化研究》2004 年第 2 期
率宾	绥芬河流域	魏国忠、朱国忱、郝庆云:《渤海国史(修订版)》,第 218 页

黑水部,按《隋书·靺鞨传》:"黑水部,在安车骨西北。"[1] 然而学界多认为记载有误,"西北"当作"东北",[2] 即黑水部在安车骨部的东北,今黑龙江下游地区。黑水部之南有四部。拂涅部所在地,据表 6-1 统计,学界存在多种观点,目前多主张在牡丹江流域。[3] 铁利部位于拂涅

1　《隋书》卷 81《靺鞨传》,第 1821 页。

2　孙进己、冯永谦等主编《东北历史地理》第 2 卷,第 247 页。

3　干志耿、孙秀仁、傅朗云、马一虹等都持此观点。日本学者松井等主张拂涅部在牡丹江流域,但不包括宁安地区(参见松井等「渤海国の疆域」白鸟库吉监修、箭内亘·稻葉岩吉·松井等『满洲历史地理』第 1 卷、第 429~430 页)。

部西北，所在地众说纷纭，目前多数学者认为在今黑龙江依兰以北地区。虞娄部或在张广才岭以西。越喜部在铁利之东近海处，今俄罗斯南滨海地区中南部一带。除上述《新唐书》所记四部外，当还有率宾部，分布于绥芬河流域。

黑水部以北四部的分布地，马一虹在梳理了中、日学界研究成果的基础上提出：思慕部位于结雅河、布列亚河与黑龙江汇合处之间。[1]冯恩学持相近观点，认为结雅河下游南侧支流别拉亚河南岸的特罗伊茨基墓地为靺鞨思慕部的遗存。[2]郡利部位于今黑龙江下游；窟说部在今库页岛北部；莫曳皆部在库页岛南部。[3]除上述九部外，"十六落"中其余七部的名称与居地不详。部落各有酋长，不相统一，"其酋曰大莫拂瞒咄，世相承为长"，[4]黑水靺鞨尚未形成部落联盟。

第二节　对黑水靺鞨诸部的征伐

渤海通过对黑水靺鞨的征伐，开拓了北部辖区范围。金毓黻对渤海吞并靺鞨诸部的过程做过如下概述：

> 渤海属部以黑水为最强，其役属于渤海也，亦以黑水为最后。余考唐开元中，以平卢节度使押两蕃及渤海、黑水四府经略处置使，则以黑水之强，亚于渤海故也。迫永泰元年（唐代宗李豫年号，765），乃以淄青平卢节度增押新罗、渤海两蕃使，而不及黑水，盖是时黑水已役服于渤海矣。又考《册府元龟》，铁利部朝唐讫于开元二十八年（740），拂涅部讫于二十九年（741），越喜、

1　马一虹：《靺鞨部族分布地域考述》，《中国文化研究》2004 年第 2 期。
2　冯恩学：《黑水靺鞨思慕部探索》，《中国边疆史地研究》2006 年第 2 期。
3　马一虹：《靺鞨部族分布地域考述》，《中国文化研究》2004 年第 2 期。
4　《新唐书》卷 219《黑水靺鞨传》，第 6178 页。

虞娄两部讫于贞元十八年（802），黑水部讫于元和十年（815），
是其役服之次第，尚有可考。其后则黑水独存，而其他四部俱见
并灭。《新唐书》谓以拂涅故地为东平府，越喜故地为怀远、安边
二府，虞娄故地为定理、安远二府，铁利故地为铁利府，是其证
也。虽然，渤海亡后，女真继兴，既雄视东北诸族，复殄辽祀而
代之。女真固黑水之裔也，岂不异哉！[1]

渤海建国初，曾与黑水靺鞨一同请吐屯于突厥和入唐朝贡，这
说明双方处于对等的和平关系时期。唐先天二年（713）二月，唐玄
宗册封大祚荣为渤海郡王、忽汗州都督，十二月，渤海开始对唐朝
贡，次年黑水靺鞨拂涅、越喜、铁利等部亦开始对唐朝贡。开元二年
（714）二月，拂涅部首领失异蒙、越喜部大首领乌施可蒙、铁利部大
首领阂许离等朝唐。[2] 黑水靺鞨诸部以独立身份对唐朝贡，可知这一时
期黑水靺鞨诸部尚未被渤海控制。唐玄宗开元七年（719），大祚荣死，
子武艺继位。大武艺定渤海年号为"仁安"，以标榜渤海政权的独立性，
并开始北讨黑水靺鞨，"东北诸夷畏臣之"，[3]"东北诸夷"指铁利、拂涅、
越喜、率宾、虞娄等靺鞨部落。唐朝为扼制渤海扩张，采取远结黑水
靺鞨的政策，于开元十三年（725）置黑水都督府。[4] 这使大武艺大为恼
火，下令其弟大门艺攻打黑水靺鞨。大门艺试图谏阻，大武艺执意不
从，反而欲杀大门艺，大门艺因此逃往唐朝。大武艺数度向唐朝索要大
门艺未果，于是在开元二十年（732）出兵攻打唐朝。大约从开元十三
年（725）唐设黑水都督府开始，拂涅、越喜、铁利等靺鞨诸部朝唐受
到渤海的阻挠，开元十九年（731）至二十三年（735）朝唐活动相继中
断。但这一时期渤海对黑水靺鞨诸部尚未建立起持续稳固的控制，黑水

1　金毓黻：《渤海国志长编》卷 12《属部列传》，第 237 页。

2　（宋）王钦若等编《册府元龟》卷 971《外臣部·朝贡第四》，第 11237 页。

3　《新唐书》卷 219《渤海传》，第 6180 页。

4　《旧唐书》卷 199 下《靺鞨传》，第 5359 页。

靺鞨诸部尚未真正为渤海役属。开元二十五年（737）文王即位后，继续实行北扩政策。唐天宝十四载（755）安史之乱爆发，中原陷入内乱，大钦茂迁都位于拂涅故地的上京，以备继续北讨黑水靺鞨。宝应二年（763）安史之乱结束，靺鞨各部重新恢复对唐朝贡，但拂涅、铁利部未再见相关记载。《新唐书·黑水靺鞨传》记载："拂涅，亦称大拂涅。开元、天宝间八来，献鲸睛、貂鼠、白兔皮；铁利，开元中六来……后渤海盛，靺鞨皆役属之，不复与王会矣。"[1] 可见大约从大钦茂登基至天宝末年（756）迁都上京不久，渤海国北部的铁利、拂涅部已为渤海所役属。康王大嵩璘执政期间（794~808），渤海又统治了东部的越喜、虞娄两部。按《新唐书·靺鞨传》的记载，越喜部朝唐"七来，贞元中一来"；虞娄部"贞观间再来，贞元一来"，其后皆为渤海役属，不再朝唐。[2]《册府元龟》记载唐贞元十八年（802）正月"虞娄、越喜等首〔领〕钦见"，[3] 此后再不见越喜、虞娄靺鞨对唐朝贡的记载。可见大约在8世纪后半叶至9世纪初，渤海已陆续统治了铁利、拂涅、越喜、虞娄等部。

宣王大仁秀即位后"南定新罗，北略诸部"，[4] 再次对黑水靺鞨诸部用兵。安史之乱以后，唐朝对东北的控制日渐松弛，大仁秀趁机"讨伐海北诸部，开大境宇"，[5] 海北诸部即指渤海国北面黑水都督府统辖的靺鞨诸部。宣王大仁秀期间（818~830）渤海的对外扩张基本完成，黑水都督府大部分地区并入渤海忽汗州都督府的统辖范围，唐朝的黑水都督府因此废止。经过大仁秀时期的扩张，渤海国完全控制了南黑水靺鞨诸部，由此形成"地方五千里"的辽阔地域。

北黑水靺鞨的思慕、郡利、莫曳皆、窟说诸部，学界普遍认为并不

1　《新唐书》卷 219《黑水靺鞨传》，第 6179 页。

2　《新唐书》卷 219《黑水靺鞨传》，第 6179 页。

3　（宋）王钦若等编《册府元龟》卷 972《外臣部·朝贡第五》，第 11250 页。

4　《辽史》卷 38《地理志二》，第 457~458 页。

5　《新唐书》卷 219《渤海传》，第 6181 页。

曾为渤海役属。但是关于黑水部是否被渤海吞并，学界则存在一定的争议。金毓黻提出"至宣王之世，并服诸夷，黑水部遂不复通于中国，盖亦畏而臣之矣，迨渤海将亡，复自通于后唐"。[1] 认为黑水部曾臣属于渤海。黑水靺鞨最后一次对唐朝贡是在唐宪宗元和十年（815），"派酋长十一人"朝贡唐朝。[2]《金史》中亦记载黑水靺鞨"开元中，来朝……其后渤海盛强，黑水役属之，朝贡遂绝"。自816年至912年，近百年中不见有黑水部朝唐活动的记载。日本学者小岛芳孝根据考古学研究成果推定，8世纪中叶铁利、拂涅等部被迫臣附渤海后，黑水部在继续朝唐的同时，又于松花江下游和黑龙江下游流域形成独特的"靺鞨世界"，并从黑龙江河口与鄂霍次克海对岸的诸民族集团中营造间接对抗渤海的势力。[3] 马一虹认为8世纪中期以后渤海国日益强大，黑水靺鞨可能一度"役属"于渤海。《新唐书·渤海传》中，并未见到在黑水故地置某府或某州的记载，这说明黑水部的命运与上述被渤海吞并的靺鞨诸部不同。且黑水部驻地有出海口，与海外的萨哈林地区、鄂霍次克文化的人群集团保持着联系。[4]

第三节　黑水靺鞨地区羁縻府州的设置

学界通常把宣王大仁秀厘定地方府州县制度作为黑水靺鞨地区设置府州的开端，[5] 笔者认为实际上可能更早。贞元十四年（798），唐德

1　金毓黻：《渤海国志长编》卷12《属部列传》，第236~237页。

2　程妮娜：《古代东北民族朝贡制度史》，中华书局，2016，第262页。

3　小岛芳孝「蝦夷とユーラシア大陸の交流」鈴木靖民編『古代王権と交流1·古代蝦夷の世界と交流』名著出版、1996、第432页。

4　马一虹：《8世纪中期以后黑水靺鞨与渤海关系考》，《文史哲》2001年第6期。

5　金毓黻认为，拂涅部"文王（737~793）以后，则渤海役而属之，不复通于中国。宣王以后，并其地，设东平府，部灭"；虞娄部，"宣王以后，并其地，设定理、安边二府，部灭"；越喜部，"宣王以后，并其地，置怀远、安远二府，部灭"；铁利部，"宣王以后，并其地，设铁利府，部人北徙"。参见金毓黻《渤海国志长编》卷12《属部列传》，第236~237页。

宗册命大嵩璘"加银青光禄大夫、检校司空，进封渤海国王"，大嵩璘遣大能信、茹富仇朝唐谢恩。[1]据《册府元龟》，"十一月戊申，以渤海王大嵩璘侄能信为左骁骑卫中郎将，虞侯娄蕃长都督茹富仇为右武卫将军，并放还蕃"，[2]"虞侯娄"即虞娄部。宋基豪认为，渤海有时自视为帝国，将藩国酋长作为地方社会首领，因而即使此时已统治虞娄部，并设定理府和安边府管理，但依然视虞娄为藩国。[3]笔者赞同此观点，并认为"虞侯娄都督"是羁縻府州式的长官，茹富仇既是虞娄部的酋长，也是渤海羁縻府州的都督，如此就能理解为何茹富仇在冠以府州长官官号的同时仍被视为"蕃长"了。这也说明最迟在大嵩璘时期渤海已存在羁縻府州建置，甚至可能在大钦茂统治拂涅、铁利之后，就已开始在该地区初步建构羁縻统辖的框架。宣王大仁秀彻底统治了南黑水靺鞨诸部，"开大土字"，将全国地方行政建置厘定为"五京十五府六十二州"，其中就包括设置于黑水靺鞨地区的羁縻府州，共7府31州。《新唐书·渤海传》记载："挹娄故地为定理府，领定、潘二州；安边府领安、琼二州。率宾故地为率宾府，领华、益、建三州。拂涅故地为东平府，领伊、蒙、沱、黑、比五州。铁利故地为铁利府，领广、汾、蒲、海、义、归六州。越喜故地为怀远府，领达、越、怀、纪、富、美、福、邪、芝九州；安远府领宁、郿、慕、常四州。"[4]可见大仁秀时期随着地方府州县制度的厘定，黑水靺鞨地区的羁縻府州建置也最终达到完备。

1. 定理府

《新唐书·渤海传》称"挹娄故地为定理府，领定、潘二州"。又《辽史·地理志》东京道定理府云"故挹娄国地"。[5]金毓黻认为"挹娄"

1　《旧唐书》卷 199 下《渤海靺鞨传》，第 5362 页。

2　（宋）王钦若等编《册府元龟》卷 976《外臣部·褒异第三》，第 11295 页。

3　〔韩〕宋基豪：《渤海国首领的性质》，杨海鹏译，《北方文物》2004 年第 4 期。

4　《新唐书》卷 219《渤海传》，第 6182 页。

5　《辽史》卷 38《地理志二》，第 472 页。

当是"虞娄"之误。[1] 其地当在今完达山北麓以北、以七星河流域为中心的三江平原中南部一带。领州 2：定、潘。

府治所在地学界存在争议。清末朝鲜士人徐相雨提出在宁古塔，即今黑龙江宁安市。[2] 鸟山喜一亦持此观点。[3] 金毓黻认为在今乌苏里江下游地区。[4] Э.В. 沙弗库诺夫认为在兴凯湖以东地区。[5] 朱国忱等认为定理府在今牡丹江下游，府治即今依兰县城一带。[6]《中国历史地图集》认为定理府府治为今黑龙江牡丹江下游左岸三道河子渤海古城。[7] 三道河子城址即兴农古城，城内发现有半穴居居住址、典型的夹砂陶陶片等渤海遗存，已被学界确认为渤海时期的城址；但城址周长仅 642 米，不可能是府一级治所。[8] 王承礼推定为今俄罗斯滨海地区的尼古拉耶夫卡城。魏国忠等主张府治可能为今黑龙江双鸭山凤林古城。[9] 凤林古城总体周长 6330 米，但从其出土的遗物、遗迹看，学界多认为凤林文化为挹娄遗存。[10] 郑永振等则认为定理府当在乌苏里江一带。[11]

定州，《辽史·地理志》东北道双州下云："本挹娄故地，渤海置安定郡。"[12]《满洲源流考》定州下注云："此安定郡为挹娄故地，当即定州地。"[13] 定州为定理府首州，与府同治。《辽史·地理志》记载，东京道沈州"本挹娄国地。渤海建沈州，故县九，皆废"。九县之名皆佚。又

1　金毓黻：《渤海国志长编》卷 14《地理考》，第 304 页。

2　〔朝鲜〕徐相雨：《渤海疆域考》卷 1，求恕斋丛书刊本，1925，第 9 页。

3　鸟山喜一『渤海史考』第 287 页。

4　金毓黻：《渤海国志长编》卷 14《地理考》，第 304~305 页。

5　〔俄〕Э.В. 沙弗库诺夫：《渤海国及其在滨海边区的文化遗存》，林树山译，《民族史译文集》第 13 集，1985。

6　朱国忱、魏国忠：《渤海史稿》，第 72、171 页。

7　张锡彤、王锺翰、贾敬颜、郭毅生、陈连开等：《〈中国历史地图集〉释文汇编·东北卷》，第 112 页。

8　赵永军：《渤海中小城址的初步考察》，《北方文物》2000 年第 3 期。

9　魏国忠、朱国忱、郝庆云：《渤海国史（修订版）》，第 213 页。

10　黑龙江省文物管理委员会：《黑龙江友谊县凤林古城址的发掘》，《考古》2004 年第 12 期。

11　郑永振、李东辉、尹铉哲：《渤海史论》，第 227 页。

12　《辽史》卷 38《地理志二》，第 468 页。

13　（清）阿桂等：《满洲源流考》卷 10"疆域三"定州，第 144 页。

《元一统志》卷 2 沈阳路云："本挹娄故地，渤海建定理府，都督沈、定二州，领定理、平邱、岩城、慕美、安夷、沈水、安定、保山、能利九县。"渤海定理府所属只有潘州，而无沈州，"潘""沈"二字当为形似而误。因此金毓黻认为据《元一统志》所载可补《辽史·地理志》缺载的 9 县。[1]领县 5：定理、平邱、岩城、慕美、安夷。定理县为附郭县，与州同治。其余诸县今址无考。

潘州，领县 4：沈水、安定、保山、能利。州县今址无考。

2. 安边府

亦设于挹娄故地，与定理府相邻。《新唐书·渤海传》记载："挹娄故地为……安边府领安、琼二州。"金毓黻认为在今俄罗斯哈巴罗夫斯克一带。[2]鸟山喜一认为在牡丹江下游。[3]黄维翰提出在今兴凯湖以西的密山和勃利一带。[4]朱国忱等认为在今黑龙江双鸭山、富锦和宝清一带。[5]《中国历史地图集》认为在俄罗斯滨海边疆区奥尔加。[6]魏国忠等认为在以今挠力河流域为中心的宝清、饶河一带。[7]领州 2：安、琼。

安州，为安边府首州，与府同治。

琼州不详，今址无考。

3. 率宾府

设于率宾故地。《新唐书·渤海传》记载："率宾故地为率宾府，领华、益、建三州。"又《辽史·地理志》东京道率宾府下云："故率宾国

1　金毓黻:《东北通史》，第 288 页；张修桂、赖青寿编著《〈辽史·地理志〉汇释》，安徽教育出版社，2001，第 104 页。

2　金毓黻:《渤海国志长编》卷 14《地理考》，第 306 页。

3　鸟山喜一『渤海史考』第 288 页。

4　黄维翰:《渤海国记》中篇"地理"，唐晏、黄维翰、金毓黻:《渤海国志三种》，第 84 页。

5　朱国忱、魏国忠:《渤海史稿》，第 145 页。

6　张锡彤、王锺翰、贾敬颜、郭毅生、陈连开等:《〈中国历史地图集〉释文汇编·东北卷》，第 111 页。

7　魏国忠、朱国忱、郝庆云:《渤海国史（修订版）》，第 213 页。

地。"[1] "率宾"为"绥芬"的音转。《金史·地理志》记载，金代恤品路为辽代率宾府，"本率宾故地"，西北至金上京"一千五百七十里，东北至胡里改一千一百，西南至合懒一千二百，北至边界斡可阿怜千户二千里"。[2]学界一般由此推定率宾府在金上京城东南 1500 余里，今绥芬河流域。清末曹廷杰考证了双城子南、西两座古城，认为"以地望诊之，率宾、苏宾、恤品，即今绥芬河也。其府路故基，即今双城子地方无疑"，提出双城子即渤海率宾府故址，[3]即今俄罗斯滨海地区的乌苏里斯克。早期中国学者多持此观点，俄罗斯学界至今多持此观点。日本学者岛居龙藏认为南城为金人所筑，西城则承用俄罗斯学者希郁陶的观点，认为可能是渤海时期的城。[4]张泰湘认为，双城子古城的形制、出土文物、遗迹多属金代，并无确凿证据证明双城子古城为渤海率宾府故址，其倒极有可能是金代恤品路路治；渤海率宾府故址当是黑龙江东宁城东的大城子古城。[5]大城子古城位于绥芬河南岸，城近长方形，南墙长 1290 米，北墙长 1365 米，东西墙各长 460 米，周长 3575 米。城墙系夯筑，高 2~5 米。城内正中留有土台遗址，应为官衙所在；城内还有街坊遗迹。大城子古城出土了不少莲花纹瓦当、版瓦、筒瓦等典型的渤海文物，这些文物也大多见于上京龙泉府遗址。1977 年又清理了古城西的墓群，其形制、出土文物均类同黑龙江海林山咀子、宁安大朱屯等地的渤海墓葬。[6]且城南 10 公里处有渤海山城遗址，其具有典型的渤海平原城和山城相结合的城防体系特征。大城子古城规模大于双城子东西二城，形制类似唐长安城和渤海上京龙泉府。渤海府一级的古城面积从考古材料看，东京龙原府遗址（珲春八连城）、中京显德府遗址（和龙

1 《辽史》卷 38《地理志二》，第 472 页。

2 《金史》卷 24《地理志上》，第 593 页。

3 （清）曹廷杰：《东三省舆地图说》，丛佩远、赵鸣岐编《曹廷杰集》，第 31 页。

4 〔日〕鸟居龙藏：《东北亚洲搜访记》，汤尔和译，商务印书馆，1926，第 201 页。

5 张泰湘：《唐代渤海率宾府辨》，《历史地理》第 2 辑，上海人民出版社，1982，第 176~180 页。

6 黑龙江省文物考古工作队、吉林大学历史系考古专业：《东宁大城子渤海墓葬发掘简报》，《考古》1982 年第 3 期。

西古城）、长岭府遗址（桦甸苏密城）三座古城周长都小于大城子古城。大城子古城既然大于渤海府一级古城，其建制当不应低于府一级。张泰湘基于上述依据，判定渤海率宾府故址为大城子古城。[1]这一观点得到了中国学界多数人的支持。[2]领州3：华、益、建。

华州，《满洲源流考》卷10率宾府下注云："华州无可考，当为附郭也。"[3]华州为率宾府首州，与府同治。

益州，治所不详。孙进己推定为黑龙江东宁金厂乡土城子。[4]

建州，治于今俄罗斯滨海地区的双城子（乌苏里斯克）。[5]

率宾府的辖境，大体上北至俄罗斯境内的克德罗瓦亚山，接怀远府；西北至太平岭，与东平府为邻；南隔大龙岭与龙原府相接；东北至绥芬河，紧邻安远府；东濒大海。

4. 东平府

设于靺鞨拂涅部故地。《新唐书·渤海传》记载："拂涅故地为东平府，领伊、蒙、沱、黑、比五州。"又《辽史·地理志》东京道辽州云："本拂涅国城，渤海为东平府……太祖伐渤海，先破东平府，迁民实之。故东平府都督伊、蒙、陀、黑、比五州，共领县十八。"[6]关于其府治所在，学术界约有五种观点。一是在黑龙江以东的濒海地区。清末朝鲜学者徐相雨最先提出此观点："似在黑龙江之最后而濒于海者为东平府也。"[7]二是在中京（指敦化市、安图县）的东北境。清末民初人黄维翰据《隋书·靺鞨传》所记拂涅部的方位，提出东平府"盖位于渤海中京东北境"。[8]三是在拉林河下游松花江南岸一带。日本学者鸟山喜一认为东平府在拉林

1　参见张泰湘《唐代渤海率宾府辨》，《历史地理》第2辑，第176~180页。

2　王禹浪、王宏北编著《高句丽·渤海古城址研究汇编》，第694页；刘晓东、郝庆云主编《渤海国历史文化研究》，第57页。

3　（清）阿桂等：《满洲源流考》卷10"疆域三"率宾府，第145页。

4　孙进己：《唐代渤海国的十府》，《东北亚研究——东北民族史研究（一）》，第360页。

5　杨雨舒、蒋戎：《唐代渤海国五京研究》，第31页。

6　《辽史》卷38《地理志二》，第467页。

7　〔朝鲜〕徐相雨：《渤海疆域考》卷1，第5页。

8　黄维翰：《渤海国记》中篇"地理"，唐晏、黄维翰、金毓黻：《渤海国志三种》，第85页。

河下游流经东方的松花江的南岸一带。[1]四是在兴凯湖北。俄罗斯学者
Э.В. 沙弗库诺夫持此观点。[2]五是在兴凯湖西岸。中国学者多持此说。
吴廷燮认为湄沱湖即兴凯湖,东平府有沱州,安远府有湄〔郿〕州,
即为二府分界地。[3]金毓黻进一步提出"在今密山县兴凯湖西岸一带之
地"。[4]《中国历史地图集》据此将其府治比定为密山县东南的临湖村
废墟。[5]杨军认为大武艺时期的北拓占据了牡丹江中游一带的拂涅部故
地,但拂涅部并未完全归顺,部分拂涅部众从此向东北方向迁徙,避
开渤海的统治。直到大仁秀时期才将这部分拂涅人纳入渤海的统治之
下。由于早期归顺的拂涅部故地已设上京,所以在后归顺的地区另设
东平府。[6]领州5:伊、蒙、沱、黑、比。伊州为首州,与府同治。沱
州当在兴凯湖西岸,《中国历史地图集》比定为俄罗斯滨海边疆区新
尼科拉耶夫卡北废墟。[7]5州领县共计18,除知蒙州有一县为紫蒙外,
其余今址不详。

5. 铁利府

设于靺鞨铁利部故地。《新唐书·渤海传》记载:"铁利故地为铁利
府,领广、汾、蒲、海、义、归六州。"又《辽史·地理志》记载东京
道铁利府为"故铁利国地"。[8]据宋人许亢宗《宣和乙巳奉使行程录》,
自黄龙府六十里"至托撒孛堇寨,寨为契丹东寨……南有渤海,北有铁

---

1 鸟山喜一『渤海史考』第289頁。

2 〔俄〕Э.В. 沙弗库诺夫:《渤海国及其在滨海边区的文化遗存》,林树山译,《民族史译文集》第
   13集,1985。

3 (清)吴廷燮:《东三省沿革表》表五"密山府"条,台北:文海出版社,1965,第37~38页。

4 金毓黻:《渤海国志长编》卷14《地理考》,第309页。

5 张锡彤、王锺翰、贾敬颜、郭毅生、陈连开等:《〈中国历史地图集〉释文汇编·东北卷》,第
   117页。持此观点的还有郑英德《渤海国部分府州新考》,《学习与探索》1983年第2期。

6 杨军:《渤海国民族构成与分布研究》,第121页。

7 张锡彤、王锺翰、贾敬颜、郭毅生、陈连开等:《〈中国历史地图集〉释文汇编·东北卷》,第
   113页。

8 《辽史》卷38《地理志二》,第472页。

离"。[1]又据叶隆礼《契丹国志》，契丹"正东北至铁离国……次东北至靺羯国"。[2]可见铁利位于渤海以北。府治可能位于今黑龙江依兰县以北。

领州6：广、汾、蒲、海、义、归。广州为首州，与府同治，其余今址不详。其辖境为今�挠力河以东，俄罗斯比金河、伊曼河两河流域东至大海；西与拂涅、西北与虞娄、北与越喜、南与率宾府接。[3]

6. 怀远府

设于靺鞨越喜部故地。《新唐书·渤海传》记载："越喜故地为怀远府，领达、越、怀、纪、富、美、福、邪、芝九州。"《旧唐书·渤海靺鞨传》记载，振国"在营州之东二千里，南与新罗相接。越熹靺鞨东北至黑水靺鞨"。[4]《册府元龟》记载："振国……在营州之东二千里，南接新罗，西接越喜靺鞨，东北至黑水靺鞨。"[5]可见越喜位于渤海之西。魏国忠等认为大约在锡霍特山脉以东的滨日本海沿岸地区。[6]

领州9：达、越、怀、纪、富、美、福、邪、芝。

达州为首州，与府同治，领县3：怀福、豹山、乳水。

富州，领县3：富寿、新兴、优富。

美州，领县3：山河、黑川、麓川。

其余6州今址不详。

7. 安远府

设于靺鞨越喜部故地。《新唐书·渤海传》记载："越喜故地……安远府，领宁、郿、慕、常四州。"安远府与怀远府都设于越喜故地，故两者应相去不远。吴廷燮认为兴凯湖为东平府和安远府分界地。[7]金毓

1　（宋）徐梦莘：《三朝北盟会编》卷20引许亢宗《宣和乙巳奉使行程录》，上海古籍出版社，1987，第145页。

2　（宋）叶隆礼：《契丹国志》卷22《州县载记》，第238页。

3　张泰湘、崔广彬：《铁利丛考》，《民族研究》1988年第2期。

4　《旧唐书》卷199下《渤海靺鞨传》，第5360页。

5　（宋）王钦若等编《册府元龟》卷959《外臣部·土风》，第11112页。

6　魏国忠、朱国忱、郝庆云：《渤海国史（修订版）》，第217页。

7　（清）吴廷燮：《东三省沿革表》表五"密山府"条，第37~38页。

戡进一步提出东平府之沱州应在兴凯湖西岸，安远府之郿州应在兴凯湖东岸。[1]魏国忠等据此认为大约位于今兴凯湖以东的伊曼河、比金河及刀毕河流域一带。[2]领州4：宁、郿、慕、常。宁州与府同治，其余3州今址不详。

虽然渤海北部靺鞨人分布地域十分辽阔，设置了7府31州，但这一地区的府州实为羁縻统治，与渤海国中心地区的统辖机制有明显不同。黑水靺鞨地区的靺鞨人，长期保持靺鞨文化传统，与建立渤海国的靺鞨人本就存在较大差异。在渤海族形成以后，差异更加明显，黑水靺鞨仍处于较原始的社会形态，从事渔猎、畜牧和简单农业的复合型经济。这种差异使其无法建立起与渤海人同族的心理认同，因而无法融入主体民族渤海族中。这在考古资料上亦能得到佐证，考察黑龙江中下游地区的黑水靺鞨遗存可发现，由于所处地理环境不同，以及接受中原文化和所受其影响程度不同等，在陶器形态上，黑水靺鞨文化与渤海文化无须仔细分辨即可明确加以区别。黑水靺鞨处在边远地区，受中原文化影响较少，其日常生活所有的陶器表现为自身文化的传承。器形以壶、罐、碗为主，手制，部分口沿经慢轮修整，早期以盘口罐、斜颈折腹壶、器壁呈弧形的碗为特点；晚期以直颈圆腹壶、重唇罐，方格纹和带缺口的附加堆纹为特点，敞口碗、壶、重唇罐贯穿始终。而渤海文化吸收了诸多中原文化因素，陶器形态上相应地产生了显著的变化。粟末靺鞨时期的陶器以罐为主，质地分为夹砂、泥质两类，以泥质陶罐、夹砂重唇罐、陶碗为典型。渤海时期的陶器在器形和制作工艺上都比粟末靺鞨时期有明显变化和长足进步，器形更加丰富，有碟、盘、碗、钵、盂、瓶、壶、罐等，形制带有唐代陶器的风格；以泥质陶器占主导地位，具有粟末靺鞨传统的夹砂重唇罐降到次要

1　金毓黻：《渤海国志长编》卷14《地理考》，第320页。

2　魏国忠、朱国忱、郝庆云：《渤海国史（修订版）》，第214页。

地位，成为象征性的器物。[1] 从墓葬看，黑水靺鞨诸部地区长期保持着靺鞨传统的墓葬文化。渤海墓葬主要有土、石、砖三种结构，土结构主要指土坑墓，是靺鞨传统墓葬形制，以靺鞨为主体建立的渤海政权直到文王时期仍沿袭该传统；而从 8 世纪末至渤海灭亡，渤海中心地区的墓葬以石结构和砖结构为主，而在黑水靺鞨诸部地区则不断发现土坑墓。[2]

第四节 羁縻统辖机制与特点

关于渤海国于黑水靺鞨地区所设府州的性质问题，学界存在不同意见。宋基豪提出，渤海整备了全国性的一元化的府州县地方制度，在这种一元化体制下，渤海社会始终无法克服高句丽系统和靺鞨系统并存的二元性。[3] 魏国忠等认为渤海王廷全面调整和划一了地方统治机构。[4] 这类观点没有解释在一元化地方体制下，为何黑水靺鞨地区的府州存在明显的独立性。河上洋提出，渤海在黑水靺鞨地区的建置类似唐朝的羁縻州。[5] 程妮娜明确提出渤海在黑水靺鞨地区设置的府州属于羁縻性质。[6] 笔者赞同此观点，渤海国在黑水靺鞨地区建置的府州与其内地府州有本质不同，带有明显的羁縻统治特征。

大仁秀在厘定渤海地方建制后，统治中心地区实行京、府—州—县三级统辖制度，但黑水靺鞨地区的统治不同于腹心地区，不仅没有京

1 谭英杰、赵虹光:《靺鞨故地上的探索——试论黑水靺鞨与粟末靺鞨物质文化的区别》,《北方文物》1990 年第 2 期。

2 华阳:《渤海墓葬研究》,博士学位论文,吉林大学,2015,第 65、134 页;魏存成:《渤海墓葬演变与渤海初期人口的民族构成》,《吉林大学社会科学学报》2014 年第 2 期。

3 〔韩〕宋基豪:《渤海的地方统治及其实况》,李东源译,杨志军主编《东北亚考古资料译文集·高句丽、渤海专号》,第 173 页。

4 魏国忠、朱国忱、郝庆云:《渤海国史(修订版)》,第 164 页。

5 河上洋「渤海の地方統治体制——一つの試論として」『東洋史研究』第 42 卷第 2 号、1983。

6 程妮娜:《古代东北民族朝贡制度史》,第 264 页。

一级建置，所设 7 府 31 州之下的县仅有 36 个，就靺鞨诸部辽阔的分布地域而言，实在是很少，其原因可能是羁縻府州下的社会基层仍以黑水靺鞨部落为主，而且黑水靺鞨地区的人口较少。杨军认为，渤海国黑水靺鞨部落总人口估计达 10 万户，与《北风扬沙录》记载辽代生女真人口为"户十余万"大体相当，占渤海国总人口数五分之一强。[1]与其府州数量占全国府州总数近一半相比，黑水靺鞨地区的人口远少于腹心地区。

黑水靺鞨府州的羁縻特征还体现在靺鞨部落首领在对唐、日交往活动中的独立身份。渤海王廷承认羁縻府州相对独立的地方自治权，在对日派遣使团时，往往出现渤海使团与黑水靺鞨诸部使团并列同行的情况。铁利部归附渤海后，文王宝历六年（779）九月庚辰，"渤海及铁利三百五十九人，慕化入朝，在出羽国"，癸巳，"敕陆奥、出羽等国，用陆调绝、相模庸绵、陆奥税布，充渤海、铁利等禄"，[2]这说明铁利靺鞨具有一定的独立地位。同年十一月发生了铁利赴日使臣争座渤海使臣高说昌之上事件。《续日本纪》记载，检校渤海人使言："铁利官人争座说昌之上，恒有凌侮之气者。"太政官处分："渤海通事从五位下高说昌，远涉沧波，数回入朝。言思忠勤，授以高班。次彼铁利之下，殊非优庞之意，宜异其列位，以显品秩。"[3]铁利靺鞨的酋长自视地位高于渤海通事高说昌，说明铁利部是以独立使团的身份与渤海使团同行，"铁利官人"当是铁利部独自设置的官员。

在渤海的朝唐使团中也有类似情况。大钦茂大兴五十六年（792）闰十二月"渤海押靺鞨使杨吉福等三十五人"对唐朝贡。[4]这表明靺鞨部归附渤海后仍保留了在渤海领导下的朝唐权利。再比如前文提及大嵩璘正历五年（798）虞娄部首领茹富仇随渤海王侄大能信出使唐朝

1　杨军：《渤海国民族构成与分布研究》，第 129 页。

2　菅野真道等『続日本紀』卷 35、日本光仁天皇宝龟十年（779）九月、第 629、630 页。

3　菅野真道等『続日本紀』卷 35、日本光仁天皇宝龟十年（779）十一月、第 631~632 页。

4　（宋）王溥：《唐会要》卷 96《渤海》，第 1724 页。

时，[1]同样受到唐朝的特殊赏赐，这也印证了羁縻府州之下靺鞨诸部相对独立的地位。

不仅如此，考古文化方面也反映了渤海王廷在该地区实行羁縻统辖的事实。黑水靺鞨诸部地区发现的渤海城址数量远远少于中心统治区，较重要的城址仅八个。[2]据学者研究统计，渤海遗迹发现的区域最北端为牡丹江入松花江口的今依兰县以南，向东则以穆棱河为界，而三江平原地区则未有发现。[3]由此可见，即便是在渤海全盛期，黑水靺鞨地区也并非完全为渤海所控制。

渤海灭亡后，安边、定理、铁利诸府的靺鞨人重新活跃起来。《辽史·太祖纪》记载，天显元年（926）二月庚寅"安边、郑颉、南海、定理等府，及诸道节度、刺史来朝，慰劳遣之"。特别是天显元年正月渤海王都陷落，二月契丹改渤海为东丹国，铁利靺鞨即来贡。[4]可见随着渤海的灭亡，原渤海领下的各靺鞨部落再次独立，辽朝称之为"女真"。

第五节　羁縻制首领

渤海政权在黑水靺鞨地区设置羁縻府州后，保留了靺鞨诸部原有的社会组织和文化习俗，继续保留其"首领""大首领""蓄长"的称号，

1　（宋）王钦若等编《册府元龟》卷976《外臣部·褒异第三》，第11295页。
2　这八个城址为凤林古城（黑龙江省文物管理委员会：《黑龙江友谊县凤林古城址的发掘》，《考古》2004年第12期）；大城子古城（黑龙江省文物考古工作队、吉林大学历史系考古专业：《东宁大城子渤海墓葬发掘简报》，《考古》1982年第3期）；新戈尔杰耶夫斯克城址、尼古拉耶夫斯克2号城址、马里亚诺夫斯克耶城址、斯塔罗列切斯科耶城址、乌苏里斯克城（以上参见〔俄〕Э.В.沙弗库诺夫等《渤海国及其俄罗斯远东部落》）；戈尔巴特卡城址（中国社会科学院考古研究所赴俄罗斯考古考察发掘团：《俄罗斯滨海地区2002年考古考察纪要》，《考古》2005年第8期）。
3　姜玉珂、赵永军：《渤海国北界的考古学观察》，《北方文物》2008年第2期。
4　《辽史》卷2《太祖纪下》，第22页。

渤海王廷通过靺鞨诸部的首领来实现对边远地区的羁縻统治。渤海中央政令的实行、征收贡物、征发丁役，皆是通过首领阶层才得以实现。渤海后期遣往日本的使团中，首领或大首领更占据较大比重，大体上保持一半略多的比例。渤海国咸和十一年（841）大彝震派遣贺福延等出使日本，日本宫内厅书陵部所藏《壬生家文书》收录的渤海中台省致日本太政官牒抄件记录了本次使团的具体人员组成（表6-2）。

表6-2　咸和十一年渤海赴日本使团成员

等级	职务	人数	姓名
1	使头	1	政堂省左允贺福延
2	嗣使	1	王宝璋
3	判官	2	高文暄、乌孝慎
4	录事	3	高文宣、高平信、安宽喜
5	译语	2	季宪寿、高应顺
6	史生	2	王禄升、李朝清
7	天文生	1	晋昇堂
8	大首领	65	
9	梢工	28	

这一记录成为学界研究渤海后期首领的关键性史料。这次渤海赴日使团共计105人，这在《续日本后纪》中也有相同记载：仁明天皇承和八年（841）十二月"丁亥，长门国言：渤海客徒贺福延等一百五人来着"。[1]这105人中，大首领占65人；使团从高到低可分为九等，即"使头""嗣使""判官""录事""译语""史生""天文生""大首领""梢工"。"大首领"排第八等，地位仅高于"梢工"（水手）。与之相关的记载还有《续日本后纪》：仁明天皇承和九年（842）四月己巳，日本给渤海使者授禄，"诏授大使贺福延正三位，副使王宝璋正四位下，判

1　藤原良房等『続日本後紀』卷10、日本仁明天皇承和八年（841）十二月、第303~304頁。

官高文暄、马孝慎二人并正五位下，录事高文寅、高平信、安欢喜三人并从五位下，[1] 自外译语已下首领已上十三人 [2] 随色加阶焉"。[3]《续日本后纪》：嘉祥二年（849）五月，仁明天皇宴渤海使，"授大使王文矩从二位，副使乌孝慎从四位上，大判官马福山、少判官高应顺并正五位下，大录事高文信、中录事多安寿、少录事学 ［李］英真并从五位下，自余品官并首领等授位有阶"。[4]《类聚三代格·夷俘并外蕃人事·应充客徒供给事》："大使、副使，日各二束五把。判官、录事，日各二束。史生、译语、医师、天文生，日各一束五把。首领已下，日各一束三把。"[5]《延喜式·主税上·渤海客食法》：凡渤海客食法，大使、副使日稻各五束。判官、录事各四束。史生、译语、天文生各三束五把。首领、梢工各二束五把。[6]《日本三代实录》：清和天皇贞观十四年（872）五月，"授大使杨成规从三位……品官以下并首领等授位各有等级"。[7] 根据上述文献中"自余品官并首领""品官以下并首领"的表述可见首领在使团中的地位之低，因此多数学者认为首领不仅在使团中地位排序靠后，且不具备官品。如石井正敏认为首领是渤海社会下级官吏的泛称。[8] 古畑彻则认为首领的地位与译语、史生相近。[9] 宋基豪认为，这些大首领在渤海的政治地位很低，仅高于船员。[10]

到大仁秀执政时期，渤海统治中心地区的基层首领势力早已瓦解。渤海在黑水靺鞨地区模仿唐朝建置羁縻府州之后，也依唐制，称藩部酋

1　《咸和十一年中台省致日本太政官牒》中，"高文寅"作"高文宣"，"安欢喜"作"安宽喜"。

2　按《咸和十一年中台省致日本太政官牒》记载，译语以下首领以上者为译语 2 人，史生 2 人，天文生 1 人，共 5 人，与此处所记 13 人有异。

3　藤原良房等『続日本後紀』巻 11、日本仁明天皇承和九年（842）四月、第 310 頁。

4　藤原良房等『続日本後紀』巻 19、日本仁明天皇嘉祥二年（849）五月、第 416 頁。

5　藤原冬嗣等『類聚三代格』巻 18「夷俘并外蕃人事·應充客徒供給事」第 967 頁。

6　藤原忠平等『延喜式』巻 26「主税上·渤海客食法」第 798 頁。

7　藤原時平等『日本三代実録』巻 21、日本清和天皇貞観十四年（872）五月、第 355 頁。

8　石井正敏「『類聚国史』の渤海沿革記事について」『中央大学文学部紀要』第 172 号、1998。

9　古畑徹「渤海の首領研究の方法をめぐって——解明のための予備的考察」佐藤信編『日本と渤海の古代史』。

10　〔韩〕宋基豪：《渤海国首领的性质》，杨海鹏译，《北方文物》2004 年第 4 期。

渠为首领。前文提及日本文献中关于文王大钦茂时期铁利赴日的记载中，一般只称部落名称"铁利"，不见"首领"称呼；而此时的相关记载却只见"首领"而不见部落名称，可见这时黑水靺鞨诸部被纳入羁縻府州体制之下，渤海对他们的控制比前期更严密。铃木靖民认为渤海赴日本使团中的首领是渤海社会基层的部落首长，由此推测使团中的65人当为定数，相当于六十二州加上三个独奏州，"可能是一州选派一个首领"。[1] 然而，首领在使团中地位低下，显然不大可能成为诸州朝贡贸易的代表。[2] 而将此首领解释为黑水靺鞨地区羁縻府州下的首领则合理得多。唐朝将无授官的藩国酋长称首领，渤海羁縻统辖下的首领当亦无官号，因此地位低下，但缘于地方酋长的独立性，可以参与赴日使团，因此这部分首领很可能仅是黑水靺鞨地区羁縻府州下的首领。宋基豪认为，在渤海一元化的地方制度下，政府通过首领统治百姓，首领从属于地方政府；但同时又提出首领非政府官员，不为渤海政府服务。[3] 这一结论本身就存在矛盾。实际上，羁縻府州领下的首领，意味着未被渤海王廷授予官位，但受当地羁縻府州统辖，代表渤海王廷直接统治百姓。这种身份反映在赴日使团中，就是他们虽位列品官之外，但仍在使团中担任各项地位不高的职务。学界普遍认为赴日使团中的首领群体在使团中是承担某些职责的。铃木靖民认为，这些首领可能具有武官的性质，起到保卫使团的作用；[4] 石井正敏认为渤海首领的职责类似日本遣唐使团中的知乘船事、船师、水手长、射手等。[5] 可见首领群体虽然地位低下，却是服务使团的重要力量。范恩实提出，随着渤海由贵族家族制向中央集权官僚制转变，首领阶层发生分化，衍生出一些像"船头、大海师、傔人、神典"这样的专门性人才。[6] 可若这一推测成立，为何牒文中不

1　〔日〕铃木靖民：《关于渤海首领的基础性研究》，《渤海史译文集》，第358页。

2　参见魏国忠、朱国忱、郝庆云《渤海国史（修订版）》，第366页。

3　〔韩〕宋基豪：《渤海国首领的性质》，杨海鹏译，《北方文物》2004年第4期。

4　〔日〕铃木靖民：《关于渤海首领的基础性研究》，《渤海史译文集》，第360页。

5　石井正敏「『類聚国史』の渤海沿革記事について」『中央大学文学部紀要』第172号、1998。

6　范恩实：《渤海"首领"新考》，《中国边疆史地研究》2014年第2期。

直称役职，而统称"大首领"？笔者认为，称"大首领"恰恰反映了首领群体的独立性和特殊的政治地位。黑水靺鞨地区辖境广阔，羁縻府州之下统属众多靺鞨部落，诸部首领拥有较大自主权，不仅维持着地方基层统治，在对外交往使团中也占有较多席位，因此赴日本使团中的靺鞨首领虽居于末位，所获回赐的物品也最少，但首领人数多达 65 人，回赐总数仍颇为可观。大隅晃弘认为，771 年以后，渤日交通的目的就侧重于贸易，渤海王廷正是通过分享赴日活动中的贸易收益而实现对首领的控制。[1]这说明在地方统治体系中，羁縻府州治下众多的靺鞨部落是令渤海中央政府不可忽视的政治势力。

余　论

渤海武王大武艺执政时期已开始征讨东北靺鞨部落，文王初步统治了铁利、拂涅、越喜、率兵、虞娄等黑水靺鞨诸部，并开始建构羁縻府州体系，最迟至大嵩璘时已出现个别羁縻府州建置。到宣王时期，黑水靺鞨大部分部落已为渤海国所役属。宣王厘定地方府州县制度后，在黑水靺鞨地区置的七府三十一州实为羁縻府州建置，渤海王廷在行政上予以一定程度的自治权和独立的对外交往权，允许其参与对唐朝贡及对日贸易。渤海在统治中心地区与边远地区分别实行府州县制与羁縻府州制度，构成了渤海地方统辖制度的"二元性"。与韩国学者所谓民族层面的"二元性"相比，这种地方建置层面的二元性更符合渤海国政治统辖的事实。在"二元性"地方制度下，随着渤海向中央集权制度演进，中原式的基层政治制度逐渐取代部落制，大约到宣王大仁秀时，渤海统治中心地区的首领阶层彻底退出历史舞台，与羁縻府州领下的黑水靺鞨地

1　〔日〕大隅晃弘：《渤海的首领制——渤海国家与东亚细亚世界》，李东源译，杨志军主编《东北亚考古资料译文集·高句丽、渤海专号》，第 183 页。

区彻底分野，这也是渤海族形成的重要原因。而渤海后期出现于日本史籍中的首领，实为黑水靺鞨诸部首领，他们在渤海赴日使团中的地位虽低，但占较多员额，在羁縻府州的框架下成为渤海国不可忽视的地方势力。渤海国"二元性"地方政治统辖体系，说明唐朝中原州县与边疆羁縻府州并行的统辖模式也为渤海国所借鉴，渤海对唐制的模仿不止于中央政治制度，而是从中央到地方整体性地宪象唐制。

第七章 渤海国朝唐制度

渤海国自初建时期的国号"震"到大祚荣受唐朝册封后更国号为"渤海",都与唐朝的册封有着密切关系。作为唐朝东北边地羁縻府州"忽汗州都督府"的渤海国,在唐朝边地统辖体系下始终以羁縻府州的形式进行朝贡。朝唐制度是渤海国政治制度的重要组成部分,随着唐朝与渤海国政治形势的变化,渤海国的朝唐制度经历了初建、发展、完善、衰落四个阶段。唐朝灭亡后,渤海国对中原王朝的朝贡活动并没有停止,朝贡制度直到渤海国灭亡才彻底废止。

第一节 朝唐制度初建期

渤海国前两代王大祚荣、大武艺时期(698~737)

是渤海国开疆拓土时期，也是政权初入唐朝羁縻府州体系，开始建立朝唐制度时期。经过磨合与波折，渤海国朝唐制度的基本框架确立，并为后继渤海国主所遵从。

一　震国（渤海国）纳入唐朝羁縻府州体系

唐武则天时期，营州都督赵文翙对"契丹饥不加赈给，视酋长如奴仆"，[1] 激起契丹部众的强烈不满与愤恨，万岁通天元年（696），营州爆发了契丹人的反抗斗争。这次契丹反唐声势浩大，纵兵四处掠夺，大败官军，阻断了唐朝与东北地区的陆路交通，唐东北重镇营州被迫南迁。趁辽西陷于战乱之际，居住在营州的一部分靺鞨人在乞乞仲象和乞四比羽的带领下，与部分高句丽遗民和汉人脱离了唐朝营州的统辖北走，欲割据自立。在这个过程中，首领靺鞨人乞乞仲象和乞四比羽受到唐女皇武则天的册封。《新唐书·渤海传》记载：

> 渤海，本粟末靺鞨附高丽者，姓大氏……万岁通天中，契丹尽忠杀营州都督赵翙反，有舍利乞乞仲象者，与靺鞨酋乞四比羽及高丽余种东走，度辽水，保太白山之东北，阻奥娄河，树壁自固。武后封乞四比羽为许国公，乞乞仲象为震国公，赦其罪。比羽不受命，后诏玉钤卫大将军李楷固、中郎将索仇击斩之。是时仲象已死，其子祚荣引残痍遁去，楷固穷蹑，度天门岭，祚荣因高丽、靺鞨兵拒楷固，楷固败还。于是契丹附突厥，王师道绝，不克讨。祚荣即并比羽之众，恃荒远，乃建国，自号震国王……[2]

《五代会要·渤海》记载：

1　（宋）司马光：《资治通鉴》卷205《唐纪二十一》，则天后万岁通天元年（696）夏五月，第6505页。

2　《新唐书》卷219《渤海传》，第6179~6180页。

　　至万岁通天中，契丹李万荣反，攻陷营府。有高丽别种大舍利乞乞仲象，大姓，舍利官，乞乞仲象名也。与靺鞨反人乞四比羽走保辽东，分王高丽故地。则天封乞四比羽许国公，大舍利乞乞仲象震国公。乞四比羽不受命，则天命将军李楷固临陈［阵］斩之。时乞乞仲象已死，其子大祚荣继立，并有比羽之众，胜兵丁户四十余万，保据挹娄故地。[1]

　　对照两书的记载，《新唐书·渤海传》云："渤海，本粟末靺鞨附高丽者，姓大氏。"《五代会要·渤海》曰："有高丽别种大舍利乞乞仲象，大姓，舍利官，乞乞仲象名也。与靺鞨反人乞四比羽走保辽东。"关于乞乞仲象，一说本粟末靺鞨附高丽者，姓大氏；一说高丽别种，为大姓。两书的表述不同。然据学者们考证，两书的史源都是唐文宗大和年间出使渤海国的幽州官员张建章所撰写的《渤海国记》。[2] 证之唐昭宗时新罗人崔致远所作《谢不许北国居上表》所云："渤海之源流也，句骊未灭之时，本为疣赘部落，靺羯之属，实繁有徒，是名粟末小蕃。"[3]"高丽别种"可以理解为"本粟末靺鞨附高丽者"，两者的内容相同，只是表述相异。唐高宗灭高句丽后，将部分臣服于高句丽的粟末靺鞨、白山靺鞨部落内迁，安置于营州，乞乞仲象是这部分靺鞨人的首领。乞四比羽则是自行率部归附唐朝，被安置在营州的靺鞨人。在乞四比羽之前，早在隋文帝时期已有靺鞨人内附入居营州，《北蕃风俗记》载：

　　初，开皇中，粟末靺鞨与高丽战不胜，有厥稽部渠长突地稽者，率忽使来部、窟突始部、悦稽蒙部、越羽部、步护赖部、破

1 （宋）王溥：《五代会要》卷 30《渤海》，第 473 页。
2 古畑徹『渤海国と東アジア』（汲古書院，2021，第 127 页）认为《五代会要·渤海》史源基本上出自《渤海国记》。
3 〔新罗〕崔致远：《谢不许北国居上表》，《崔致远全集》，第 546 页。

奚部、步步括利部，凡八部，胜兵数千人，自扶余城西北举部落
向关内附，处之柳城，乃燕郡之北。[1]

　　唐朝在营州境内为安置内属的靺鞨、契丹、奚、突厥、新罗、室
韦等部族，最多时设置的羁縻州达十七个。武则天朝契丹叛乱以前，营
州为安置内附的靺鞨部落设置了燕州、慎州、夷宾州、黎州等四个羁縻
州。[2]《五代会要·渤海》称乞四比羽为靺鞨反人，他应是营州羁縻州下
的靺鞨酋长。关于乞乞仲象、乞四比羽为哪部靺鞨人，清代乾隆四十三
年（1778）阿桂等人奉旨撰成的《满洲源流考》曰："渤海处黑水靺鞨
之南，实靺鞨之粟末部也。"20世纪初日本学者津田左右吉在《渤海考》
一文中提出大祚荣建国之地在太白山东北，这里应是白山靺鞨部的故
地。白山靺鞨长期依附高句丽，与史籍所言"高丽别种"相契合，他认
为渤海建国者可能是白山靺鞨部人。[3]津田的观点得到中国学者董万仑、
李健才等人的支持。[4]考古学界的学者通过对吉林市以北松花江右岸的
榆树大坡老河深、永吉杨屯大海猛和查里巴几批重要的粟末靺鞨墓葬和
渤海初期墓葬，[5]以及敦化六顶山渤海前期墓葬、和龙西古城（中京显德
府）[6]的发掘与研究，胡秀杰、刘晓东认为渤海建国前至渤海建国初期，
最具代表性的陶器主要是靺鞨系重唇筒形罐和敞口鼓腹罐，尤其是粟末

1　（隋）佚名：《北蕃风俗记》，（宋）乐史：《太平寰宇记》卷71《河北道二十·燕州》，第1436~
　　1437页。
2　参见《旧唐书》卷39《地理志二》，第1521~1524页。
3　津田左右吉「渤海考」『满鲜地理历史研究报告』第1。
4　董万仑：《东北史纲要》，第154页；李健才：《唐代渤海王国的创建者大祚荣是白山靺鞨人》，
　　《民族研究》2000年第6期。
5　刘振华：《永吉杨屯遗址试掘简报》，《文物》1973年第8期；吉林市博物馆：《吉林永吉杨屯
　　大海猛遗址》，《考古学集刊》第5集，中国社会科学出版社，1987；吉林省文物考古研究所：
　　《榆树老河深》，文物出版社，1987；吉林省文物考古研究所：《吉林永吉查里巴靺鞨墓地》，
　　《文物》1995年第9期。
6　王承礼、曹正榕：《吉林敦化六顶山渤海古墓》，《考古》1961年第6期；中国社会科学院考古
　　研究所编著《六顶山与渤海镇——唐代渤海国的贵族墓地与都城遗址》，中国大百科全书出
　　版社，1997；吉林省文物考古研究所、延边朝鲜族自治州文化局、延边朝鲜族自治州博物馆、
　　和龙市博物馆编著《西古城——2000~2005年度渤海国中京显德府故址田野考古报告》。

靺鞨系的典型器物重唇筒形罐贯穿于渤海国的各个时期。[1]郑永振同样认为渤海的重唇筒形罐，其渊源是粟末靺鞨重唇筒形罐，而且贯穿于整个渤海时期，反映了渤海文化中粟末靺鞨文化因素的深刻程度。[2]考古学文化研究成果印证了《新唐书·渤海传》的记载，"渤海，本粟末靺鞨附高丽者"。至少乞乞仲象部是出自粟末靺鞨，乞四比羽部或与白山靺鞨有关。

从前举《五代会要》的记载看，乞乞仲象与乞四比羽率部东渡辽水，在高句丽北部故地分地称王，武则天为安抚笼络两部，赦免其罪，封乞四比羽"许国公"，封乞乞仲象"震国公"，欲不战而使靺鞨部众重归唐朝统辖之下。但乞四比羽拒不受唐命，于是武则天命将军李楷固率军讨伐临阵斩之。《旧唐书·渤海靺鞨传》云，李楷固"又度天门岭以迫祚荣。祚荣合高丽、靺鞨之众以拒楷固，王师大败，楷固脱身而还"。此时乞乞仲象已卒，其子大祚荣自立为王，"并有比羽之众"，保据挹娄（靺鞨）故地，据东牟山筑城居之，以唐朝封授其父的爵名"震"为国号。[3]"祚荣骁勇，善用兵，靺鞨之众及高丽余烬，稍稍归之。"[4]《唐会要》云："泊咄、安居骨、室等部，亦因高丽破后，奔散微弱，今无闻焉。纵有遗人，并为渤海编户。"[5]隋代靺鞨七部[6]中粟末、白山、伯咄（泊咄）、安车骨（安居骨）、号室五部的大部分靺鞨部民，

1　胡秀杰、刘晓东:《渤海陶器类型学传承渊源的初步探索》,《北方文物》2001 年第 4 期。

2　郑永振:《渤海文化考古学新探——以陶器为中心》,《东疆学刊》2008 年第 4 期。

3　震国，又作振国。《旧唐书》卷 199 下《渤海靺鞨传》载"自立为振国王"（第 5360 页）。学界一般认为"震"与"振"为同音异写。近年又有学者提出渤海建立政权初期号为"靺鞨国"。参见王承礼《中国东北的渤海国与东北亚》，第 32~36 页。此后又有多位学者撰文指出渤海初年国号为"靺鞨"，但尚未得到学界的普遍认同。

4　（宋）王钦若等编《册府元龟》卷 956《外臣部·种族》，第 11078 页。

5　（宋）王溥:《唐会要》卷 96《靺鞨》，第 1723 页。其中"泊咄、安居骨、室等部"，"室"前脱"号"字，见下注。

6　《隋书》卷 81《靺鞨传》载:"靺鞨，在高丽之北，邑落俱有酋长，不相总一。凡有七种:其一号粟末部，与高丽相接，胜兵数千，多骁武，每寇高丽中。其二曰伯咄部，在粟末之北，胜兵七千。其三曰安车骨部，在伯咄东北。其四曰拂涅部，在伯咄东。其五曰号室部，在拂涅东。其六曰黑水部，在安车骨西北。其七曰白山部，在粟末东南。"（第 1821 页）

经隋入唐，到震国（渤海）建立后，成为震国（渤海）民户。

关于渤海建国的时间，《旧唐书·渤海靺鞨传》云：武则天圣历中，大祚荣"自立为振国王"。圣历为两年（698~699），黄维翰《渤海国记·自叙》曰：渤海"始唐武后圣历二年己亥，讫后唐明宗天成二年丁亥"。在下编"年表上"中则将"振国王、渤海太祖大祚荣天统元年"记为武后久视元年（700）庚子。[1]金毓黻认为黄氏之说前后抵牾，而且无论将圣历二年还是久视元年认定为渤海建国年份皆误。[2]他认为日本菅原道真等撰《类聚国史》卷193所载"文武天皇二年，大祚荣始建渤海国，和铜六年，受唐册立"尤为可信，该书成于唐昭宗景福元年（892），是日本径自渤海得来的极其珍贵之史料，文武天皇二年即圣历元年（698），和铜六年即玄宗开元元年（713）。[3]此后学界皆以698年为渤海建国之年，金先生的观点几乎成定说。但赵评春在考察大祚荣建国前后的历史事件之后，提出唐将李楷固度天门岭与大祚荣靺鞨兵作战的时间当在长安元年（701），震国立号年代应是703年，认为史籍中的"圣历中"当为"长安中"之误。[4]郑永振提出渤海建国者是乞乞仲象，不是大祚荣的观点。[5]但这些在有充分材料加以论证之前，还不能颠覆传统看法。705年，唐中宗复位，对震国的政策由围剿转变为招抚，《旧唐书·渤海靺鞨传》载：

> 中宗即位，遣侍御史张行岌往招慰之。祚荣遣子入侍，将加册立，会契丹与突厥连岁寇边，使命不达。睿宗先天二年，遣郎将崔䜣往册拜祚荣为左骁卫员外大将军、渤海郡王，仍以其所统

---

1 黄维翰《渤海国记》己巳年（1929）撰《自叙》，然1931年黄维翰去世时，该书尚未写定，后由友人鲍奉宽编辑成书。参见唐晏、黄维翰、金毓黻《渤海国志三种》，第57、137页。

2 金毓黻：《渤海国记校录》，唐晏、黄维翰、金毓黻：《渤海国志三种》，第172页。

3 金毓黻：《渤海国志长编》卷19《丛考》，第470~471页。

4 赵评春：《震国立号年代考》，《北方文物》1989年第4期。

5 郑永振：《对渤海的建国年代和建国地的讨论》，《北方文物》2010年第2期。

为忽汗州，加授忽汗州都督，自是每岁遣使朝贡。[1]

　　中宗派侍御史张行岌前往震国招慰大祚荣及靺鞨部众。大祚荣对此求之不得，立刻向唐朝称臣，并主动派遣其子大门艺随张行岌赴长安，充唐帝宿卫。[2]中宗虽欲马上对大祚荣进行正式册封，但契丹与突厥连年寇抄边郡，阻绝道路，致使册命无法送达。直到睿宗时，突厥向唐称臣，东北边地才逐渐恢复了与唐朝内地的正常交通。713年，唐玄宗派郎将崔忻摄鸿胪卿，为持节宣劳靺鞨使，由山东经辽东半岛到达震国都城，《旧唐书》记载册封大祚荣为"左骁卫员外大将军、渤海郡王，仍以其所统为忽汗州，加授忽汗州都督"。《新唐书·渤海传》记载唐授大祚荣的官号为"左骁卫大将军"。据《唐六典》卷24《诸卫》："左、右骁卫，大将军各一人，正三品。"左骁卫员外大将军，据两《唐书》是专授少数民族首领的官号，所授之人仅见四位，大祚荣在其中。《册府元龟》云："开元七年，祚荣卒，玄宗遣使册立其嫡子桂娄郡王大武艺袭父为左骁卫大将军、渤海王、忽汗州都督。"[3]这里称"袭父为左骁卫大将军"，故大祚荣的官号似乎以《新唐书》记载为是。翌年，崔忻回国，途经辽东半岛时，在今旅顺黄金山脚下新凿的两口井旁刻石纪念，[4]铭文为："敕持节宣劳靺鞨使鸿胪卿崔忻，井两口，永为记验，开元二年五月十八日。"[5]此刻石见于明代《辽东志》著录，现在日本东京皇

1 《旧唐书》卷199下《渤海靺鞨传》，第5360页。《旧唐书》卷7《睿宗纪上》：延和元年"八月庚子，帝传位于皇太子，自称太上皇帝……甲辰，大赦天下，改元为先天"。皇太子李隆基（玄宗）即位后改元先天。此处"睿宗先天二年"为"玄宗先天二年"之误。

2 《新唐书》卷219《渤海传》，第6180页。

3 （宋）王钦若等编《册府元龟》卷967《外臣部·继袭第二》，第11202页。唐册封大祚荣的同时以其嫡子"武艺为桂娄郡王"。见同书卷1000《外臣部·强盛》，第11572页。

4 〔日〕渡边谅《鸿胪井考》（姚义田译，《辽海文物学刊》1991年第1期）认为这两口井是崔忻初到辽东半岛时提议打新井，完成使命再次路过这里时井已竣工，为纪念这两件事而在井边立碑。

5 罗福颐辑《满洲金石志》卷1《唐·井阑题名》，中国东方文化研究会历史文化分会编《历代碑志丛书》第23册，江苏古籍出版社，1998，第16页。

宫内。

渤海与唐朝建立臣属关系始于唐中宗神龙元年即渤海建国后的第八年（705），大祚荣送王子入唐为质，可视为初始的朝唐活动。又八年之后，大祚荣才得到唐玄宗的册封，"自是始去靺鞨号，专称'渤海'"，"每岁遣使朝贡"。[1] 渤海国被纳入唐朝羁縻府州体系后，朝唐制度随之初步建立（表7-1）。

表7-1　渤海国朝唐制度初建期对唐朝贡与唐朝册封一览

唐帝	王朝纪年	渤海纪年	月份	朝贡活动	文献出处
中宗	神龙元年（705）	高王八年		遣子大门艺留宿卫	《新唐书》卷219
玄宗	先天二年（713）	十六年	十二月	遣郎将崔忻往册拜祚荣为左骁卫员外大将军、渤海郡王，加授忽汗州都督，以子武艺为桂娄郡王。门艺自唐归国。遣子朝唐，请就市交易，入寺礼拜	《旧唐书》卷199下；《册府元龟》卷1000
	开元四年（716）	十九年	闰十二月	靺鞨遣大首领朝唐	《册府元龟》卷971
	开元五年（717）	二十年	五月	靺鞨遣使朝唐	《册府元龟》卷971
	开元六年（718）	二十一年	二月	靺鞨渤海郡王大祚荣遣其男述艺来朝，授怀化大将军、行左卫大将军员外置，留宿卫。靺鞨遣使来朝，授守中郎将，还蕃	《册府元龟》卷974
	开元七年（719）	武王仁安元年	六月	靺鞨渤海郡王大祚荣卒，赠特进，赐物五百段，遣左监门率上柱国吴思谦摄鸿胪卿持节充使吊祭。册立其嫡子桂娄郡王大武艺袭父为左骁卫大将军、渤海郡王、忽汗州都督	《册府元龟》卷974、967

---

1 《新唐书》卷219《渤海传》，第6180页；《旧唐书》卷199下《渤海靺鞨传》，第5360页。

唐帝	王朝纪年	渤海纪年	月份	朝贡活动	文献出处
玄宗	开元八年（720）	二年	八月	册渤海郡王左骁卫大将军大武艺嫡男大都利行为桂娄郡王	《册府元龟》卷964
	开元九年（721）	三年	十一月	渤海郡靺鞨大首领俱来朝，并拜折冲，放还蕃	《册府元龟》卷971
	开元十年（722）	四年	十一月	渤海遣其大臣味勃计来朝，并献鹰。授大将军，赐锦袍、金鱼袋，放还蕃	《册府元龟》卷971、975
	开元十二年（724）	六年	二月	渤海靺鞨遣其臣贺作庆来贺正，赐帛五十匹，放还蕃	《册府元龟》卷971
	开元十三年（725）	七年	正月	渤海遣大首领乌借芝蒙来贺正，献方物	《册府元龟》卷971、975
			四月	渤海首领谒德……来朝，并授果毅，放还蕃	
			五月	渤海王大武艺之弟大冒勃价来朝，授左威卫员外将军，赐紫袍、金带、鱼袋，留宿卫	
	开元十四年（726）	八年	四月	渤海王子大都利行来朝，授左武卫大将军员外置，留宿卫	《册府元龟》卷975、971；《曲江集》卷9
			十一月	渤海靺鞨遣其子义信来朝，并献方物	
	开元十五年（727）	九年	四月	先是渤海王大武艺遣男利行来朝，并献貂鼠。至是乃降书与武艺慰劳之，赐彩练一百匹	《册府元龟》卷975、971
			八月	渤海王遣其弟大宝方来朝	
	开元十六年（728）	十年	九月	渤海靺鞨檠夫须计来朝，授果毅，放还蕃	《册府元龟》卷975
	开元十七年（729）	十一年	二月	渤海靺鞨王大武艺使其弟大胡雅来朝，授游击将军，赐紫袍、金带，留宿卫 渤海靺鞨遣使献鲻鱼，赐帛二十五匹，遣之	《册府元龟》卷975、971
			八月	渤海靺鞨王遣其弟大琳来朝，授中郎将，留宿卫	

续表

唐帝	王朝纪年	渤海纪年	月份	朝贡活动	文献出处
玄宗	开元十八年（730）	十二年	正月	靺鞨遣其弟大郎雅贺正，献方物，各赐帛有差	《册府元龟》卷975
			二月	渤海靺鞨遣使智蒙来朝，且献方物，马三十匹，授中郎将，赐绢三十匹，绯袍、银带，放还蕃	
			五月	渤海靺鞨遣使乌那达利来朝，献海豹皮五张，貂鼠皮三张，玛瑙杯一，马三十匹，授以果毅，赐帛，放还蕃	
	开元十九年（731）	十三年	二月	渤海靺鞨遣使来朝正，授将军，赐帛一百匹，还蕃	《册府元龟》卷975、971；《曲江集》卷9
			十月	渤海靺鞨王其大姓取珍等百二十人来朝，并授果毅，各赐帛三十匹，放还蕃 遣使李尽彦朝唐	
	开元二十三年（735）	十七年	三月	渤海靺鞨王遣其弟来朝，授太子舍人员外，赐帛三十匹，放还蕃	《册府元龟》卷971、975；《曲江集》卷9
			八月	遣大戊庆朝唐，上表悔过 遣多蒙固送水手及承前没落人等来	
	开元二十五年（737）	十九年	正月	渤海靺鞨大首领木智蒙朝贡	《册府元龟》卷971、975
			四月	渤海遣其臣公伯计来献鹰鹘，授将军，放还蕃	
			八月	渤海靺鞨大首领多蒙固来朝，授左武卫将军，赐紫袍、金带及帛一百匹，放还蕃	

二　渤唐纷争期间的朝唐制度

　　大祚荣二十二年（唐开元七年，719）三月，大祚荣卒，嫡子大武艺袭王位。渤海遣使赴唐告哀，六月丁卯，唐玄宗赠已故靺鞨渤海郡王大祚荣"特进","赐物五百段,遣左监门率上柱国吴思谦摄鸿胪卿持节充使吊祭","抚立其嫡子桂娄郡王大武艺袭为左骁卫大将军、渤海郡王、忽汗州都督"。翌年八月,又"册渤海郡王左骁卫大将军大武艺嫡男大都利行为桂娄郡王"。[1]

渤海国纳入唐朝羁縻府州的朝贡体系之后,仍具有较大的自主权。《新唐书·渤海传》载:"武艺立,斥大土宇,东北诸夷畏臣之,私改年曰仁安。"渤海自第二代王大武艺起开始自立年号,[2] 为保证拓土行动不受干扰,大武艺一面积极遣使朝贡,不断派质子入京师留宿卫,一面积极准备向东南新罗国北部边地、向北黑水靺鞨之地拓展。然而,唐朝为维护东北边地的稳定,不愿意看到渤海国坐大,继唐太宗朝设黑水州[3]之后,玄宗开元十年(722)因黑水靺鞨酋长倪属利稽入唐朝贡,请求归属,唐于其地设置勃利州,以倪属利稽为刺史。[4] 开元十三年(725),"安东都护薛泰请于黑水靺鞨内置黑水军。续更以最大部落为黑水府,仍以其首领为都督,诸部刺史隶属焉。中国置长史,就其部落监领之"。[5] 唐相继在黑水靺鞨地区设置了黑水军、黑水都督府,直接遏止了渤海北拓疆土的计划。大武艺对此十分不满,他认为:"黑水途经我境,始与唐家相通。旧请突厥吐屯,皆先告我同去。今不计会,即请汉官,必是与唐家通谋,腹背攻我也。"[6] 欲以弟大门艺为将出兵攻打黑水靺鞨。

---

1 (宋)王钦若等编《册府元龟》卷974《外臣部·褒异第一》,第11278 页;卷964《外臣部·封册第二》,第11172 页。史籍仅见唐朝册封了两位渤海王的储嗣,即册封大祚荣嫡子大武艺与大武艺嫡子大都利行为桂娄郡王。金毓黻认为:"桂娄郡王为渤海王嫡子应封之爵。武艺嗣父袭位,固无论矣。都利行以入唐宿卫早卒,不得嗣立,其弟钦茂以次嫡嗣王位,而不言封桂娄郡王者,史籍阙略故也。以下诸王之嫡子,皆当以此为例。"参见金毓黻《渤海国志长编》卷19《丛考》,第472 页。

2 大武艺—仁安、大钦茂—大兴、大嵩璘—正历、大元瑜—永德、大言义—朱雀、大明忠—太始、大仁秀—建兴、大彝震—咸和。后四王的年号佚。

3 《唐会要》卷96《靺鞨》曰:唐太宗贞观十四年(640),"黑水靺鞨遣使朝贡,以其地为黑水州"(第1723 页)。

4 《新唐书》卷219《黑水靺鞨传》,第6178 页。

5 《旧唐书》卷199下《靺鞨传》,第5359 页。

6 《旧唐书》卷199下《渤海靺鞨传》,第5361 页。

大门艺是大祚荣时期派到唐朝的首位质子，自 705 年入唐，到 713 年唐遣使册封大祚荣时回渤海国，在唐都长安居住了八年，他反对与唐朝为敌，曰："黑水归唐而击之，是背唐也。唐国人众兵强，万倍于我，一朝结怨，但恐自取灭亡。昔高丽全盛之时，兵三十余万，抗敌唐家，不事宾伏，唐兵一临，扫荡俱尽。今日渤海之众，数倍小于高丽，乃欲违背唐家，事必不可。"[1]大武艺不从，固遣之，门艺又上书谏，武艺怒，遣其从兄大一夏代门艺统兵，命左右杀门艺，门艺闻之，逃往唐朝，玄宗诏授门艺左骁卫将军。[2]渤海国与唐廷的矛盾升级，发生了渤海史上唯一一次与唐廷的军事冲突。《册府元龟》记载：

> 武艺遣使朝贡上表，极言门艺罪状，请杀之。玄宗遣使往安抚，报武艺曰："门艺来归投义，不可杀。今流向岭南，已遣去。"讫乃留其使马文轨，别遣使报之。俄有泄其事者，武艺又上书曰："大国示人以信，岂有欺诈之理？今闻门艺不向岭南，伏请杀之。"于是责鸿胪少卿李道邃、源复以不能督察官属，致有漏泄。出道邃曹州刺史，复为泽州刺史；遣门艺暂往岭南，以信之。二十年，武艺率海贼攻登州，杀刺史韦俊。诏门艺往幽州征兵以讨之，仍令新罗发十万人应接。属山阻寒雪，竟无功而还。武艺怀怨不已，密遣使至东都厚赂刺客，遮门艺于天津桥，格之不死。诏河南府捕获其贼，尽杀之。[3]

在大门艺逃亡唐朝之后，大武艺遣使朝贡，上表极言大门艺罪状，请杀之。唐玄宗《敕渤海王大武艺书》曰：

> 敕忽汗州刺史、渤海郡王大武艺：卿于昆弟之间，自相忿阋，

---

1 （宋）王钦若等编《册府元龟》卷 1000《外臣部·仇怨》，第 11572 页。

2 《旧唐书》卷 199 下《渤海靺鞨传》，第 5361 页。

3 （宋）王钦若等编《册府元龟》卷 1000《外臣部·仇怨》，第 11572 页。

门艺穷而归我，安得不容？然处之西陲，为卿之故，亦云不失，颇谓得所，何则？卿地虽海曲，常习华风，至如兄友弟悌，岂待训习？骨肉情深，自所不忍。门艺纵有过恶，亦合容其改修，卿遂请取东归，拟肆屠戮。朕教天下以孝友，岂复忍闻此事。诚惜卿名行，岂是保护逃亡？卿不知国恩，遂尔背德，卿所恃者远非能有他。朕比年含容，优恤中土，所未命将，事亦有时。卿能悔过输诚，转祸为福，言则似顺，意尚执迷。请杀门艺，然后归国，是何言也？观卿表状，亦有忠诚，可熟思之，不容易尔。今使内使往，宣谕朕意，一一并口具述。使人李尽彦，朕亦亲有处分，皆所知之。秋冷，卿及衙官、首领、百姓平安好，并遣崔寻把同往，书指不多及。[1]

然大武艺没有听从唐玄宗的劝说，《册府元龟》记载开元十九年（731）十月，"渤海靺鞨王其大姓取珍等百二十人来朝"，[2]便是代表大武艺与唐廷说辩，要求斩杀大门艺。遭到唐玄宗拒绝，于是这场战争便不可避免了。开元二十年（732）八月，大武艺"遣其将张文休率海贼攻登州"，杀刺史韦俊。玄宗"命左领军将军盖福顺发兵讨之"。大武艺遣密使雇人刺杀门艺于东都不成，又从陆路"引兵至马都山，屠城邑"。[3]玄宗诏门艺往幽州，征兵以讨之。金毓黻考证马都山在今河北古渝关附近。[4]渤海出兵海路仅攻破登州，陆路在马都山遭到唐军阻截，平卢先锋乌承玼"窒要路，堑以大石，亘四百里，虏不得入。于是流民

1　（唐）张九龄：《曲江集》卷9《敕书》，《四库唐人文集丛刊》本，上海古籍出版社，1992，第66页。

2　（宋）王钦若等编《册府元龟》卷975《外臣部·褒异第二》，第11286页。

3　《旧唐书》卷199下《渤海靺鞨传》、卷8《玄宗纪上》，第5361、198页；《新唐书》卷136《乌承玼传》，第4597页。（唐）韩愈著，马其昶校注《韩昌黎文集校注》卷6《乌氏庙碑铭》载："渤海扰海上，至马都山，吏民逃徙失业。尚书领所部兵塞其道，壐原累石，绵四百里，深高皆三丈，寇不得进，民还其居，岁罢运钱三千万余。黑水室韦以骑五千来属麾下，边威益张。"（上海古籍出版社，2014，第445页）

4　金毓黻：《东北通史》，第266页。

得还，士少休，脱铠而耕，岁省度支运钱"。[1] 似乎战事规模并不大，但玄宗令新罗发兵十万攻渤海南界以应援唐军，这与开元十八年到二十一年间东北西部的契丹、奚反复叛唐有密切关系。幽州节度使薛楚玉、张守珪率军征讨契丹、奚，开元二十二年平定了叛乱，[2]这对大武艺有较大的震慑作用。

开元二十三年（735）三月，大武艺"遣其弟蕃来朝"，[3]向唐朝认罪归附，唐玄宗连降三道敕书，现录于下：

第一道敕书

敕渤海郡王、忽汗州都督大武艺：不识逆顺之端，不知存亡之兆，而能有国者，未之闻也。卿往年背德，已为祸阶，近能悔过，不失臣节，迷复非远，善又何加？朕记人之长，忘人之短，况此归伏，载用嘉叹，永祚东土，不亦宜乎！所令大戊庆等入朝，并已处分，各加官赏，想具知之。所请替人，亦令还彼。又近得卿表云，突厥遣使求合，拟打两蕃奚及契丹。今既内属，而突厥私恨，欲仇此蕃，卿但不从何妨？有使拟行执缚，义所不然，此是人情，况为君道？然则知卿忠赤，动必以闻，永保此诚，庆流未已。春晚，卿及衙官、百姓并平安好，遣书指不多及。

第二道敕书

敕忽汗州刺史、渤海郡王大武艺：卿往者误计，几于祸成，而失道未遥，闻义能徙，何其智也！朕弃人之过，收物之诚，表卿洗心，良以慰意。计卿既尽诚节，永固东蕃，子孙百代，复何忧也？近使至，具知款曲，兼请宿卫及替，亦已依行。大朗雅等，

---

1 《新唐书》卷136《乌承玼传》，第4597页。

2 详情参见本书第九章。

3 （宋）王钦若等编《册府元龟》卷971《外臣部·朝贡第四》，第11241页；又卷975《外臣部·褒异第二》载：唐玄宗开元二十四年（736）三月，"渤海靺鞨王遣其弟蕃来朝，授太子舍人员外，赐帛三十匹，放还蕃"（第11287页）古畑彻认为，唐玄宗开元二十四年（736）三月可能是渤海王弟大蕃归朝的时间（参见古畑彻『渤海国と東アジア』第382页）。

先犯国章，窜逐南鄙，亦皆舍罪，仍放归蕃，卿可知之，皆朕意也。夏初渐热，卿及首领、百姓等并平安好，遣书指不多及。

第三道敕书

敕渤海郡王、忽汗州都督大武艺：多蒙固所送水手，及承前没落人等来表，卿输诚无所不尽，长能保此，永作边捍，自求多福，无以加也。渐冷，卿及衙官、百姓已下并平安好，遣书指不多及。[1]

日本学者古畑徹认为三道敕书的时间都是开元二十三年（735），前两道敕书分别是三月和四月，最后一道为八九月。[2]从玄宗给大武艺的敕书内容可以看到，大武艺为了与唐廷重修旧好，接连遣使朝贡，将俘获的水手、没落人送归唐朝，并上表报告"突厥遣使求合，拟打两蕃奚及契丹"的情报。玄宗指责他"不识逆顺之端，不知存亡之兆，而能有国者，未之闻也。卿往年背德，已为祸阶"，"卿往者误计，几于祸成"，但并未再追究他的过错，"迷复非远，善又何加？"敕曰："卿往者误计，几于祸成，而失道未遥，闻义能徙，何其智也！朕弃人之过，收物之诚，表卿洗心，良以慰意。计卿既尽诚节，永固东蕃，子孙百代，复何忧也。"此后，历代渤海统治者一直谨守臣礼，岁时朝贡，未再发生叛乱。

三　朝唐使、质子、贡品、贡道

大祚荣建国于靺鞨故地，其时靺鞨诸部尚处于前国家形态，建国之初既要与周边各种政治势力建立交往关系，又要安抚当地部民，各种国家制度皆在草创中。唐玄宗先天二年（713）大祚荣受唐朝册封的当年，

1　（唐）张九龄：《曲江集》卷9《敕书》，第66~67页。

2　中外学界关于敕书的时间有各种不同的看法，古畑徹在对各说进行考辨的基础上提出了新看法（参见古畑徹『渤海国と東アジア』第359~385页）。

便遣子朝唐，[1]这应是渤海国正式与唐朝建立朝贡关系之年，之后渤海国的朝唐制度逐步建立起来，下面从朝唐使、质子、贡品、贡道四个方面进行考察。

1. 朝唐使

唐渤朝贡关系确立后，大祚荣时期，史籍明确记载渤海遣使朝唐只有一次，《册府元龟·外臣部》记载：开元六年（718）二月，"靺鞨渤海郡王大祚荣遣其男述艺来朝，授怀化大将军、行左卫大将军员外置，留宿卫"。[2]这与《旧唐书·渤海靺鞨传》所载"每岁遣使朝贡"不合。笔者注意到《册府元龟·外臣部》记载靺鞨遣使朝唐则有多次，如"开元元年十二月，靺鞨王子来朝，奏曰：'臣请就市交易，入寺礼拜。'许之"。[3]此时靺鞨人所建的王国只有渤海国，所谓"靺鞨王子"当是"渤海王子"，即是渤海王大祚荣之子。又，开元十八年（730）正月，"靺鞨遣其弟大郎雅来朝贺正，献方物"，[4]渤海王室为大氏，大郎雅即是渤海王大武艺之弟。现将自713年到719年大祚荣去世期间，《册府元龟》关于靺鞨朝贡活动的记载统计如下（表7-2）。

表7-2　713～719年靺鞨朝贡活动一览

唐帝	王朝纪年	月份	朝贡活动	文献出处
玄宗	开元元年（713）	十二月	靺鞨王子来朝，奏曰："臣请就市交易，入寺礼拜。"许之	《册府元龟》卷971
	开元二年（714）	二月	拂涅靺鞨首领失异蒙、越喜大首领乌施可蒙、铁利部落大首领阆许离等来朝	《册府元龟》卷971
		十二月	拂涅来朝	

---

1 （宋）王钦若等编《册府元龟》卷971《外臣部·朝贡第四》，第11237页。
2 （宋）王钦若等编《册府元龟》卷974《外臣部·褒异第一》，第11277页。
3 （宋）王钦若等编《册府元龟》卷971《外臣部·朝贡第四》，第11237页。
4 （宋）王钦若等编《册府元龟》卷971《外臣部·朝贡第四》，第11240页。

续表

唐帝	王朝纪年	月份	朝贡活动	文献出处
玄宗	开元四年（716）	闰十二月	靺鞨部落、拂涅部落皆遣大首领来朝。并赐物三十段，放还蕃	《册府元龟》卷974
	开元五年（717）	三月	拂涅靺鞨遣使献方物	《册府元龟》卷971
		五月	靺鞨遣使来朝并献方物	
	开元六年（718）	二月	靺鞨渤海郡王大祚荣遣其男述艺来朝，授怀化大将军、行左卫大将军员外置，留宿卫 靺鞨、钱利、鞨涅蕃守并遣使来朝	《册府元龟》卷974、971
	开元七年（719）	六月	靺鞨渤海郡王大祚荣卒，赠特进，赐物五百段，遣左监门率上柱国吴思谦摄鸿胪卿持节充使吊祭	《册府元龟》卷974

可以发现，《册府元龟》对这一时期朝贡的黑水靺鞨各部名称记载得很清楚，其中有若干处不载部名的"靺鞨"，很有可能是"靺鞨渤海郡"，即渤海国。如果这个推测不误，至少自716年始，渤海每岁遣使朝贡。这时渤海的朝贡使没有明确的名称和专门的目的，与黑水靺鞨诸部的朝贡活动无明显不同，渤海国的朝唐制度可能还在筹建中。

第二代王大武艺时期，国家制度初步建立起来，朝唐制度也逐步确立。据表7-1统计，大武艺在位（719~737）的18年间，有5年未遣使朝贡，其中有3年（732~734）是唐渤开战期间，其他13年间有5年各遣使一次，8年多次遣使，共计朝贡25次。这一时期渤海朝唐使有贺正使、质子使、告哀使、谢恩使、通报边情使、认罪使和临时入唐使。使团的人数，据表7-1，只见一例，大武艺仁安十三年（玄宗开元十九年，731），大取珍率120人来朝。其后史籍记载渤海国各个时期朝唐使团人数均没有超过这次，估计这是渤海朝唐使团人数的上限。

贺正使　"贺正"，是中国古代朝贡制度中最为重要的内容，具有政治臣服的含义。《公羊传》开篇云：隐公"元年，春，王正月……何言乎王正月？大一统也"。进而言："王者无外。"汉何休注曰："王者以天下为家。"[1] 秦汉以后，每岁正旦王朝举行盛大仪式，不仅朝中文武百官参加，而且边疆族群与周边藩属国朝贡使团也有代表参加，是古代王朝彰显正统地位、君主权威与四海一统的重要仪式。在唐代边疆羁縻府州对中央王朝的朝贡活动中，"贺正旦"占有十分重要的地位，是羁縻府州朝贡成员向唐廷表示"永作藩服"的一种重要仪式。渤海国首次派遣朝唐贺正使是在大武艺仁安六年（唐开元十二年，724），"渤海靺鞨遣其臣贺作庆……来贺正。各赐帛五十匹，放还蕃"。[2] 此时渤海国纳入唐朝羁縻府州体系已有 11 年。大武艺后期"贺正"逐渐成为渤海国朝唐的重要内容，但渤海国尚未建立起规范的朝唐贺正制度。

这一时期派遣的贺正使有大臣贺作庆（开元十二年，724）、大首领乌借芝蒙（开元十三年，725）、王弟大郎雅（开元十八年，730）、佚名（开元十九年，731）。此外，王弟大胡雅（开元十七年，729）、大首领木智蒙（开元二十五年，737）虽没有明言为"贺正"使，但从朝贡的月份看，应为贺正使。王弟大郎雅、大胡雅同时还是质子使。渤海国首次派出贺正使团的正使贺作庆，应是从营州跟随大祚荣来的建国集团成员之一，从姓名看可能是汉人，即原高句丽统辖下的汉人。以他为贺正使，可能是出于汉人官员知晓唐朝礼仪的考虑，唐"赐帛五十匹，放还蕃"。另外五位贺正使，大胡雅、大郎雅是渤海王弟，即渤海国王室贵族，唐授大胡雅游击将军，赐紫袍、金带（《唐六典·尚书兵部》："从五品下曰游击将军。"）；赐大郎雅帛若干。乌借芝蒙、木智蒙两位号称"大首领"，是渤海国统治下靺鞨人的大首领。一位名佚，其身份亦应属于上面三种身份中的一员，唐"授将军，赐帛一百匹，还蕃"，唐对其赐帛的数量高于大臣贺作庆，说明他的地位或官职高于贺作庆。

---

1 （汉）公羊寿传，（汉）何休解诂，（唐）徐彦疏《春秋公羊传注疏》卷1，隐公元年，（清）阮元校刻《十三经注疏》，第 2196、2199 页。

2 （宋）王钦若等编《册府元龟》卷 971《外臣部·朝贡第四》，第 11239 页。

质子入唐使　使团的正使，是质子本人，共六人：王弟大冒勃价（725）、王子大都利行（726）、王弟大胡雅（729）、王弟大琳（729）、王弟大郎雅（730）、王弟大蕃（735）。详见下文。

告哀使　名佚。开元七年（719）大祚荣卒，渤海遣使告哀，玄宗遣吴思谦摄鸿胪卿持节充使吊祭。

谢恩使　在唐朝遣使册封渤海国王之后，渤海国应遣使谢恩。713年，大祚荣受唐册封为左骁卫大将军、渤海郡王，加授忽汗州都督，随后遣子（名佚）朝唐（参见表7-2），这位渤海王子应是"谢恩使"。开元七年（719），大祚荣去世后，唐玄宗遣吴思谦吊祭，并"抚立其嫡子桂娄郡王大武艺袭为左骁卫大将军、渤海郡王、忽汗州都督"。[1] 尽管史籍未见记载，但按常例渤海亦应遣使谢恩。

通报边情使　通报边情是羁縻府州朝贡成员的职责。开元二十三年（735）大武艺遣使向唐廷通报"突厥遣使求合，拟打两蕃奚及契丹"的情报，得到玄宗称赞"知卿忠赤，动必以闻，永保此诚"。从朝贡制度本身具有经营边疆、守卫边疆的功能上看，通报边情有其特殊意义。

认罪使　开元二十三年（735），唐渤纷争结束，大武艺遣大戊庆朝唐，上表悔过。大戊庆应是王室贵族。

其他遣使或称"来朝"或称"贡方物"（献鹰、海豹皮、貂鼠皮、鲻鱼、马匹）等。其中有大武艺之子大义信、王弟大宝方、大蕃，唐授大蕃为"太子舍人员外，赐帛三十匹，放还蕃"。[2] 唐朝对大武艺之子大义信、王弟大宝方的授官和赏赐不见记载，从唐授予王弟大胡雅"游击将军"（从五品下）、大蕃为"太子舍人员外"（正六品上）看，二人的授官与之应大致相当。首领佚名"拜折冲"，[3] 首领谒德"授果

1　（宋）王钦若等编《册府元龟》卷964《外臣部·封册第二》，第11172页。

2　（宋）王钦若等编《册府元龟》卷975《外臣部·褒异第二》，第11287页。《唐六典》卷26《太子三师三少詹事府左右春坊内官》："太子舍人四人，正六品上。"（第671页）

3　《唐六典》卷25《诸卫府》："折冲都尉各一人（注：上府正四品上，中府从四品下，下府正五品下）。"（第644页）

毅”，[1]大首领多蒙固“授左武卫将军，赐紫袍金带及帛一百匹”。大臣味勃计“授大将军，赐锦袍、金鱼袋”；茷夫须计“授果毅”；智蒙“授中郎将，赐绢三十匹，绯袍银带”；乌那达利“授以果毅，赐帛”；大取珍“授果毅，各赐帛三十匹”；公伯计“授将军”。这部分朝唐使的身份同样是既有王族、大臣，也有靺鞨首领。从唐朝授官和赏赐的绢帛看，靺鞨大首领多蒙固的地位比较高，其他使臣的地位大致相当。

自唐中宗神龙元年（705）大祚荣首次派质子入唐，到唐玄宗开元二十五年（737）大武艺卒，大祚荣时期6次遣使朝唐，朝唐正使中有3人为王之子，1人为靺鞨大首领，2人为大臣；大武艺时期29次遣使朝唐，有身份可考的朝唐正使中有王族10人，其中王之子2人，王弟6人，大氏王族2人；靺鞨首领5人，其中3位大首领；渤海大臣10人，从姓名看，有汉人，也有东北边地族群人。王族共13人，在朝唐使中占有相当大的比重，其中有大祚荣时期的3位质子、大武艺时期的6位质子。靺鞨大首领较高的政治地位引人瞩目，但史籍没有记载渤海大臣的具体官职，这也反映了此时渤海政权的建设尚不成熟。

2. 质子

纳质作为控制边地民族的统治手段，在中国古代王朝的边疆统治中由来已久，唐朝统治者同样将纳质制度作为对藩属政权和较大地方政治势力进行羁縻统治的辅助手段之一。唐太宗贞观四年（630）灭东突厥后，太宗诏群臣议如何统治突厥降户，温彦博建言曰：“全其部落，顺其土俗，以实空虚之地，使为中国扞蔽。”“授以生业，教之礼义，数年之后，悉为吾民。选其酋长，使入宿卫，畏威怀德，何后患之有！”太宗用其策。[2]渤海归附唐朝后，唐对其也实行纳质制度。早在震国时期，唐中宗“遣侍御史张行岌往招慰之。祚荣遣子入侍”。[3]首位质子是大祚荣

---

1 《唐六典》卷25《诸卫府》：“左、右果毅都尉一人（注：上府从五品下，中府正六品上，下府从六品下）。”（第644页）

2 （宋）司马光：《资治通鉴》卷193《唐纪九》，唐太宗贞观四年（630）四月，第6076页。

3 《旧唐书》卷199下《渤海靺鞨传》，第5360页。

之子大门艺，[1]大祚荣以遣子纳质来表示对唐朝的诚心归附。

大祚荣、大武艺时期史籍明确记载作为质子留在京师，称为"留宿卫"的共 7 人。大祚荣时期派遣的 3 位质子皆为王子：大门艺、佚名（靺鞨王子）、大述艺。大武艺时期派遣的 4 位质子，其中 3 位王弟，1 位王子：弟大冒勃价、子大都利行、弟大胡雅、弟大琳。但唐玄宗《敕渤海王大武艺书》中云："近使至，具知款曲，兼请宿卫及替，亦已依行。大朗雅等，先犯国章，窜逐南鄙，亦皆舍罪，仍放归蕃。"此敕书是大武艺反叛后，再次臣服唐朝遣使上表谢罪时，唐玄宗赐给大武艺的敕书，时为开元二十三年（735）。《册府元龟》记载：玄宗开元十八年（730）正月，"靺鞨（王）遣其弟大郎雅来朝贺正，献方物"。[2]并未言大朗雅留宿卫。然开元二十三年大朗雅作为质子在唐都长安因犯罪被流放南疆，由此推之，开元十八年大朗雅作为贺正使朝唐时，出使任务完成后并没有回渤海，又作为质子留在了长安。[3]又，敕书中云"兼请宿卫及替，亦已依行"，说明这年大武艺已派来新质子替换大朗雅。查表 7-1 在开元二十三年前后仅有王弟大蕃奉使朝唐，《册府元龟》卷971《外臣部·朝贡第四》记载：开元二十三年（735）三月，"渤海靺鞨王遣其弟蕃来朝"。然卷 975《外臣部·褒异第三》记载："（开元）二十四年三月，乙酉，渤海靺鞨王遣其弟蕃来朝，授太子舍人员外，赐帛三十匹，放还蕃。"年份相差一年。按上面的敕书所言，此时渤海国遣使请"宿卫及替，亦已依行"。显然渤海的新质子已经到达长安。质子首选渤海王的子弟，在开元二十三年前后朝唐使中只有王弟大蕃的身份最为合适，因此渤海靺鞨王遣其弟大蕃来朝的时间应是开元二十三年，而且并没有"放还蕃"，而是作为质子留在了长安。这说明在大武

1　魏国忠《渤海质子侍唐述略》(《求是学刊》1986 年第 1 期) 一文认为这年中宗复位，武后去世，唐朝内部矛盾激烈，无暇顾及震国之事，大祚荣首次遣子入侍的时间应在 707 年。

2　(宋) 王钦若等编《册府元龟》卷 971《外臣部·朝贡第四》，第 11240 页。

3　魏国忠据此推论渤海入唐质子共计十二人，并认为其他前来朝贡的王室子弟中必有留宿卫者。参见魏国忠《渤海质子侍唐述略》，《求是学刊》1986 年第 1 期。

艺时至少派遣了 6 位质子入长安，其中 5 位王弟，1 位王子，而且还是
王位继承人嫡子桂娄郡王大都利行。

从质子入朝时间看，一般是一位质子在唐朝京师住两年，再换新
的质子。但在大武艺时期，存在两个质子同在京师的现象，《册府元
龟·外臣部》记载：开元十三年（725），"五月，渤海王大武毅［艺］
之弟大昌勃价来朝，授左威卫员外将军，赐紫袍金带、鱼袋，留宿卫"。
十四年，"四月乙丑，渤海靺鞨王（子）大都利（行）来朝，授左武卫
大将军员外置，留宿卫"。十五年，"四月丁未，敕曰：渤海宿卫王子大
昌勃价及首领等久留宿卫，宜放还蕃。庚申，封大昌勃价襄平县开国
男，赐帛五十匹，首领已下各有差"。渤海王弟大昌勃价于开元十三年
到十五年在唐为质子，王子大都利行于开元十四年入唐为质子，十六年
卒于长安，曾有一年时间渤海有两位质子在长安。大都利行为大武艺嫡
子，在来长安之前，开元八年（720）唐朝册封其为"桂娄郡王"，是
渤海质子中唯一一位储嗣，身份尊贵。两位渤海质子同时在长安，其中
一位还是储嗣，与当时渤海与唐廷关系开始出现不和谐状况有关。开元
十三年（725），唐朝于黑水靺鞨地区设置了黑水都督府，大武艺不满
唐廷遏制渤海北向发展的意图，也担心唐廷怀疑自己臣服的诚意。开元
十四年（726）大武艺遣嗣子大都利行入唐为质子，是向唐廷表明渤海
向黑水靺鞨地区扩展势力并不是要反唐，希望唐廷不要干涉他北拓辖
区的行为。唐廷对渤海储嗣大都利行入质很重视，开元十五年（727）
唐玄宗以"先是渤海王大武艺遣男利行来朝，并献貂鼠。至是乃降书
与武艺慰劳之，赐彩练一百匹"。[1] 天有不测风云，开元十六年（728）
四月，"癸未，渤海王子留宿卫大都利行卒"。唐廷以较高的规格办理
了大都利行的丧事，玄宗"赠特进兼鸿胪卿，赐绢三百匹，粟三百
石，命有司吊祭，官造灵輀归蕃"。[2] 在古代羁縻统辖关系中，尤其是

---

1 （宋）王钦若等编《册府元龟》卷 975《外臣部·褒异第二》，第 11283 页。
2 （宋）王钦若等编《册府元龟》卷 975《外臣部·褒异第二》，第 11284 页。

非常时期质子的作用十分重要，这也是大武艺时期频繁遣质子入朝的原因所在。

　　唐朝对于居住在京师的渤海质子和前来朝贡的渤海王子、王弟、王侄等很重视。开元十三年（725）十一月，玄宗封禅泰山，"壬辰，玄宗御朝觐之帐殿，大备陈布。文武百僚……戎狄夷蛮羌胡朝献之国……靺鞨之侍子及使……咸在位"。[1]渤海王的王子、王弟等充宿卫，除了以其作为人质牵制渤海王廷，使其恪守藩礼之外，还具有培养渤海王族中亲唐势力的作用。如大武艺欲起兵攻打黑水靺鞨时，曾在唐朝做过质子的大门艺坚决反对，曰："黑水请唐家官吏，即欲击之，是背唐也。唐国人众兵强，万倍于我，一朝结怨，但自取灭亡。"[2]在羁縻府州体制下，质子制度对于双方都具有特殊的政治意义。

3. 贡品

　　渤海国每次遣使朝唐时都要献上贡品，贡品皆为渤海国的土特产品。纳贡是渤海作为臣子之礼，表示忠诚；同时又是一种特殊形式的经济行为，唐廷给予渤海丰厚的赏赐，以表示怀柔政策和皇室的权威。现将《册府元龟》相关记载摘录如下：

> 开元十年，十一月，渤海遣其大臣味勃计来朝，并献鹰。
>
> 开元十三年，正月，渤海遣大首领乌借芝蒙……来贺正，
> 　　　　　且献方物。
>
> 开元十四年，四月，渤海王大武艺遣男利行来朝，并献貂鼠。
> 　　　　　十一月，渤海靺鞨遣其子义信来朝，并献方物。
>
> 开元十七年，二月，渤海靺鞨遣使献鹰。是月，渤海靺鞨遣使
> 　　　　　献鲻鱼。
>
> 开元十八年，正月，靺鞨王遣其弟大郎雅贺正献方物。

---

1 《旧唐书》卷23《礼仪志三》，第900页。

2 《旧唐书》卷199下《渤海靺鞨传》，第5361页。

五月，渤海靺鞨遣使乌那达利来朝，献海豹皮五张，

貂鼠皮三张，玛瑙杯一，马三十匹。

开元二十五年，四月，渤海遣其臣公伯计来献鹰鹘。[1]

上述贡品中引人注目的是鹰鹘。在东北东部沿海地区出产一种善于捕猎的俊鹰——海东青，"有俊鹘号海东青者，能击天鹅，人既以俊鹘而得天鹅，则于其嗉得珠焉……自海东而来者谓之海东青，小而俊健，爪白者尤以为异"。[2]靺鞨人善于渔猎，视鹰鹘为珍禽。唐长安流行鹰狩，大武艺初期就开始向唐朝皇帝进贡鹰鹘。此后很长一段时期，鹰鹘都是渤海国的主要贡品。

渤海国地处中国东北的东部，有高山、河流、平原、湿地，渤海居民因居住地的自然环境从事农业、牧业、渔猎业等各种生产，贡品中的貂鼠皮、海豹皮、鲻鱼是渤海人的渔猎产品，马匹是畜牧业产品。所供"玛瑙杯"，似不是渤海国自己生产制作的，而是与周边政权交往贸易中获得的珍贵器物，献给唐帝以表忠心。唐朝对渤海使臣的回赐主要为绢帛，回赐的数量不是视贡品的多少或贵贱，而是根据渤海使者的官职、地位、身份进行赏赐，分别为绢帛二十匹、三十匹、五十匹、一百匹。渤海储嗣桂娄郡王大都利行地位尊贵，"赐彩练一百匹"；渤海王大祚荣去世，"赐物五百段"。

渤海国向唐朝贡纳方物，唐朝给予朝唐使物质赏赐，这种经济关系是王朝国家与边地羁縻府州统治关系的重要表现。基于这种政治统辖关系，唐廷有责任保护羁縻府州不受侵害，羁縻府州则有义务出兵协助中央王朝维持边疆地区社会稳定。开元八年（720）九月，玄宗"遣左骁卫郎将摄郎中张越使于靺鞨（渤海），以奚及契丹背恩，议讨之也"。[3]对于唐廷调遣渤海军队攻打反叛的契丹、奚人，大武艺作为忽汗州都督

1　史料具体出处参见表7-1。

2　（宋）徐梦莘：《三朝北盟会编》卷3，第20~21页。

3　（宋）王钦若等编《册府元龟》卷986《外臣部·征讨第五》，第11416页。

当遵从唐令出兵助战，但由于史籍记载缺失，对大武艺是否出兵、出兵
多少等具体细节无从得知。

4. 贡道

渤海国朝唐的地点在京师长安，唐朝中央以鸿胪寺掌管其朝贡事
务，羁縻府州的朝贡事务同时受地方边州、都督府、节度使司管理。
唐太宗贞观年间，管理东北民族羁縻府州朝贡事务的是营州都督，检
校东夷校尉。[1] 唐玄宗时期，开始在幽州、营州地区设置节度使，开元
二年（714），"置幽州节度、诸州军管内经略、镇守大使，领幽、易、
平、檀、妫、燕六州，治幽州。置营平镇守，治太平州"。[2] 开元二十年
（732）以幽州节度使兼领安东都护及平卢节度。营州、幽州具有掌领
忽汗州都督府的职责，如唐玄宗开元二十九年（741）以"安禄山为营
州刺史，充平卢军节度副使，押两番、渤海、黑水四府经略使"。[3] 渤海
朝唐使由营州进入唐州县地区。《新唐书·地理志》引贾耽《道里记》
记载了唐使出营州入渤海、靺鞨的道路：

> 营州东百八十里至燕郡城。又经汝罗守捉，渡辽水至安东都
> 护府五百里。府，故汉襄平城也。东南至平壤城八百里；西南至
> 都里海口六百里；西至建安城三百里，故中郭县也；南至鸭渌江
> 北泊汋城七百里，故安平县也。自都护府东北经古盖牟、新城，
> 又经渤海长岭府，千五百里至渤海王城，城临忽汗海，其西南
> 三十里有古肃慎城，其北经德理镇，至南黑水靺鞨千里。[4]

贾耽《道里记》撰写于唐德宗贞元年间（785~805），当时渤海王

1　《旧唐书》卷69《薛万彻传》记载，薛万淑，"贞观初，至营州都督，检校东夷校尉，封梁郡
　　公"（第2519页）。

2　《新唐书》卷66《方镇表三》，第1832页。

3　《旧唐书》卷9《玄宗纪下》，第213~214页。

4　《新唐书》卷43下《地理志七下》，第1146~1147页。

城在上京龙泉府（今黑龙江宁安东京城）。渤海初年王城在东牟山（今吉林敦化境内），进入渤海国境内的路线应有所不同。

大祚荣、大武艺时期，渤海朝唐使赴长安的主要朝贡道：从渤海王城（今吉林敦化境内）出发，沿牡丹江西南行，出渤海境，进入辉发河流域，过南北水系分水岭，顺浑河西南而下，到唐新城（今抚顺高尔山城），经古盖牟城（今沈阳陈相屯塔山山城），西南行至安东都护府治所（今辽宁辽阳市），渡辽河，经汝罗守捉（今辽宁义县南开州城村以东大凌河西岸的老君堡一带）、燕郡城（今辽宁义县南七里河乡开州城村古城），到营州治所（今辽宁朝阳市），经幽州（今北京）前往长安。[1]

当辽西发生契丹、奚人叛乱时，渤海国通往营州的道路受到阻截，渤海朝唐使也可能从渤海王城向东南行，至鸭绿江泊汋口，乘船走海路至山东半岛的登州，再取道前往长安，即走唐玄宗先天二年（713）持节宣劳靺羯使崔忻奉命前往震国册封大祚荣时走的路线。

第二节　朝唐制度发展期

渤海国第三代王大钦茂时期，开始仿照唐制建立具有渤海特色的三省六部制度，朝唐制度由草创阶段进入发展期。从大钦茂袭渤海王位到第九代王大明忠卒（737~818），80 余年间，唐朝爆发了安史之乱，渤海国也经历了权力之争。由于政治事件和政治因素的影响，这期间渤海对唐朝贡活动出现波折。然随着渤海政权建设的发展，朝唐制度也日臻完善。

1　参考王绵厚、李健才《东北古代交通》，沈阳出版社，1990，第 141~144、167 页。

一　渤海郡王晋爵渤海国王时期的朝唐制度

唐玄宗开元二十五年（737），大武艺病卒，"其国私谥武王。子钦茂立，改年大兴"。[1] 玄宗"诏遣内侍段守简往册钦茂为渤海郡王，仍嗣其父为左骁卫大将军、忽汗州都督"。[2]《册府元龟》记载：

> 帝（玄宗）降书册且吊之曰："念卿亡父素励诚节，与善无征，奄至殂谢。兴言求往，轸念良深。卿是长嫡，当袭父位，宜全忠孝，以继前踪。今故遣使持节册命，兼申吊祭。"册曰："皇帝若曰：於戏！王者宅中，守在海外，必立藩长，以宁遐荒。咨尔故渤海郡王嫡子大钦茂，代承绪业，早闻才干。昔在尔考，忠于国家。爰逮尔躬，当兹负荷。岂惟立嫡，亦乃择贤。休问可嘉，宠章宜及。是用命尔为渤海郡王。尔往钦哉，永为藩屏，长保忠信，效节本朝，作范殊俗，可不美欤！"[3]

唐朝对大钦茂的册封与其祖、父相同，为左骁卫大将军、忽汗州都督、渤海郡王，玄宗对大钦茂的要求是"永为藩屏，长保忠信，效节本朝，作范殊俗"。经过大武艺时期的唐渤纷争后，渤海统治集团将"臣服唐朝，谨守臣礼"作为基本国策，终唐一代未曾有变。

1. 渤海郡王时期的朝唐制度

大钦茂即位后，燃眉之急是建立健全从中央到地方的各种制度。在大祚荣、大武艺时期先后派遣九位质子入长安，质子不仅具有王族贵种的身份，而且回去后往往出任渤海重要官职。朝唐使一般到达唐京师处理完朝贡事务后就返回，在长安停留一两个月，对唐朝的了解多是表面

1　《新唐书》卷 219《渤海传》，第 6181 页。
2　《旧唐书》卷 199 下《渤海靺鞨传》，第 3562 页。
3　（宋）王钦若等编《册府元龟》卷 964《外臣部·封册第二》，第 11173~11174 页。

现象。质子与其不同，他们一般在长安居住两年，与高官显贵有一定交往，而且参加朝廷的某些礼仪活动。他们对唐文明耳濡目染，从欣赏到主张学习唐朝礼仪制度和文化，他们的政治主张对大钦茂产生了重要影响。

大钦茂即位第二年，唐玄宗开元二十六年（738），"渤海遣使求写《唐礼》及《三国志》《晋书》《三十六国春秋》，许之"。[1]《新唐书·渤海传》记载："初，数遣诸生诣京师太学，习识古今制度。"赴唐学习的诸生回到渤海后，开始仿效唐朝制度建立具有渤海特色的政治制度，中央设立三省六部制度，即宣诏省、中台省、政堂省，忠部、仁部、义部、智部、礼部、信部，其下设有台、寺、院、监、局等。[2]朝唐制度是渤海最为重要的制度，管理朝唐事务的机构应是较早设立的机构之一。渤海的司宾寺相当于唐朝的鸿胪寺，唐鸿胪寺"掌宾客及凶仪之事，领典客、司仪二署，以率其官属，供其职务"，[3]管理属部、属国、邻国的朝贡事务。渤海的司宾寺除了管理渤海与相邻政权、部族的交聘事务外，最重要的职能当是管理朝唐事务，如唐文宗大和七年（833），大彝震派司宾卿贺守谦聘问幽州，《张建章墓志》载"渤海国王大彝震遣司宾卿贺守谦来聘"[4]可证之。

大钦茂时期，渤海朝唐制度进入全面发展时期。天宝年间，唐玄宗对大钦茂"累加特进，太子詹事"。[5]按唐制：特进，文散官正二品；太子詹事，从三品。[6]唐朝对渤海国主的册封从武职转向文职。现将大钦茂晋爵渤海国王前渤海对唐朝贡活动整理如下（表7-3）。

1　（宋）王溥：《唐会要》卷36《蕃夷请经史》，第667页。

2　详见本书第一章。

3　《旧唐书》卷44《职官志三》，第1885页。

4　佟柱臣：《〈渤海记〉著者张建章〈墓志〉考》，《黑龙江文物丛刊》1981年第1期。

5　（宋）王溥：《唐会要》卷96《渤海》，第1724页。

6　《旧唐书》卷42《职官志一》，第1784、1792页。

表7-3 大钦茂晋爵渤海国王前渤海朝唐与唐朝册封活动一览

唐帝	王朝纪年	渤海纪年	月份	朝贡活动	文献出处
玄宗	开元二十五年（737）	文王大兴元年		武艺病卒，其子钦茂嗣立，遣使，告哀。玄宗诏遣内侍段守简往册钦茂。遣使随守简入朝贡献	《旧唐书》卷199下
	开元二十六年（738）	二年	六月	渤海遣使求写《唐礼》及《三国志》《晋书》《三十六国春秋》。许之	《唐会要》卷36 《册府元龟》卷971
			闰八月	渤海靺鞨遣使献貂鼠皮一千张，干文鱼一百口	
	开元二十七年（739）	三年	二月	渤海王弟大勖进来朝，宴于内殿，授左武卫大将军员外置同正，赐紫袍、金带及帛一百匹，留宿卫。遣使献鹰	《册府元龟》卷975、971
			十月	渤海遣使其臣优福子来谢恩，授果毅，赐紫袍、银带，放还蕃	
	开元二十八年（740）	四年	十月	渤海靺鞨遣使献貂鼠皮、昆布	《册府元龟》卷971
	开元二十九年（741）	五年	二月	渤海靺鞨遣其臣失阿利来贺正，授郎将，放还蕃	《册府元龟》卷975、971
			四月	渤海靺鞨遣使进鹰及鹘	
	天宝二年（743）	七年	七月	渤海王遣其弟〔叔〕蕃来朝，授左领军卫员外大将军，留宿卫	《册府元龟》卷975
	天宝五载（746）	十年	三月	渤海遣使来贺正	《册府元龟》卷971
	天宝六载（747）	十一年	正月	渤海遣使来贺正，献方物	《册府元龟》卷971
	天宝八载（749）	十三年	三月	渤海遣使献鹰	《册府元龟》卷971
	天宝九载（750）	十四年	三月	渤海遣使献鹰	《册府元龟》卷971
	天宝十二载（753）	十七年	三月	渤海并遣使贺正	《册府元龟》卷971

唐帝	王朝纪年	渤海纪年	月份	朝贡活动	文献出处
玄宗	天宝十三载（754）	十八年	正月	渤海遣使贺正	《册府元龟》卷971
	天宝中			加大钦茂特进、太子詹事，又进太子宾客	《唐会要》卷96
肃宗	乾元二年（759）	二十三年		杨承庆送日本使高元度入唐	《续日本纪》卷21

据表7-3，自唐玄宗开元二十五年（737）大钦茂继任渤海郡王、忽汗州都督后，到天宝十三载（754）安史之乱前夕，渤海的朝贡活动正常有序地进行，临时遣使数量少，这应是渤海政治稳定，社会有序发展的体现。前九年间仅在渤海大兴三年（739），[1] 五年（741）两次派遣贺正使，说明渤海"贺正"尚未制度化。大兴十年（746）以后，渤海每岁遣贺正使规律化，明确记载为贺正使的有四次，至长安的时间两次为一月，两次为三月，另有两次虽未记载"贺正"，但从遣使的月份看，极有可能也是贺正使。据此推测，大钦茂大兴十年渤海国确立了朝唐贺正制度。作为贺正制度的一部分，渤海使臣要向唐廷进奉贺正表，《松漠纪闻》录了一份渤海贺正表：

> 三阳应律，载肇于岁华；万寿称觞，欣逢于元会。恭惟受天之祐，如日之升。布治惟新，顺夏时而谨始。卜年方永，迈周历而垂休。臣幸际明昌，良深抃颂。远驰信币，用申祝圣之诚；仰冀清躬，茂集履端之庆。[2]

这是目前仅存的一份渤海国贺正表，其具体年代不详，从内容看可

1　这年渤海王弟大勗进来朝，没冠有"贺正"名称，但从朝贡月份为二月看，有可能为贺正使。
2　（宋）洪皓：《松漠纪闻续》，李澍田主编《长白丛书（初集）》，吉林文史出版社，1986，第48页。

能是渤海国中后期唐化较深，国势昌明时期渤海文官的作品。

唐玄宗时期，开始在幽州、营州地区设置节度使。开元五年（717），"营州置平卢军使。七年升平卢军使为平卢军节度，经略河北支度管内诸蕃及营田等使，兼领安东都护及营、辽、燕三州"。[1]《清边郡王杨燕奇碑文》载，杨燕奇"烈考文海，天宝中实为平卢衙前兵马使，位至特进检校太子宾客，封弘农郡开国伯，世掌诸蕃互市，恩信著明，夷人慕之"。[2]开元二十八年（740），以"平卢军节度使兼押两蕃、渤海、黑水四府经略处置使"。[3]二十九年以"安禄山为营州刺史，充平卢军节度副使，押两番、渤海、黑水四府经略使"。[4]到天宝初年，平卢节度使已逐渐取代营州都督府统辖东北的军政地位。唐在营州设有与边疆民族的互市，《唐六典》记载："诸互市监各掌诸蕃交易之事；丞为之贰。凡互市所得马、驼、驴、牛等，各别其色，具齿岁、肤第，以言于所隶州、府，州、府为申闻……其营州管内蕃马出货，选其少壮者，官为市之。"[5]宋庆礼任营州都督时"招辑商胡，为立店肆"，[6]"二十年内，部落不耸，安农互商，金帛山积"。[7]营州互市较为繁荣，包括渤海忽汗州都督府在内的各羁縻府州，以本地的土产在互市中换取唐朝的绢帛、手工业品，用以解决自身农副产品不足，一些日常生活所需物品不足且单调的问题。

天宝十四载（755）爆发了安史之乱，唐朝陷入前所未有的动乱中，唐玄宗仓皇逃往四川，叛军先后占领洛阳、长安，中原陷入战乱，渤海国的朝唐活动被迫停止。在安史之乱期间，渤海国仅有一次朝唐活

1 《新唐书》卷66《方镇表三》，第1832~1833页。

2 （唐）韩愈著，马其昶校注《韩昌黎文集校注》卷6《清边郡王杨燕奇碑文》，第399~400页。

3 《新唐书》卷66《方镇表三》，第1836页。

4 《旧唐书》卷9《玄宗纪下》，第213~214页。

5 （唐）李林甫等：《唐六典》卷22《诸互市监》，第580页。

6 《旧唐书》卷185下《宋庆礼传》，第4814页。

7 （唐）樊衡：《为幽州长史薛楚玉破契丹露布》，（清）董诰等编《全唐文》卷352，上海古籍出版社，1990，第1578页。

动。《续日本纪》记载：日本淳仁天皇天平宝字三年（759），日本以从五位下高元度为"迎入唐大使使"，取渤海道，随渤海使杨承庆等往于唐朝。时值安史之乱时期，渤海中台省致日本政府牒曰："迎藤原河清使等九十九人。大唐禄山先为逆命，思明后作乱常，内外骚荒，未有平殄。即欲放还，恐被害残。又欲勒还，虑违邻意。仍放头首高元度等十一人，往大唐迎河清，即差此使，同为发遣。其判官全成等并放归乡，亦差此使随往，道报委曲。"[1] 遣唐大使藤原河清为日本皇室外戚，前年入唐。杨承庆出使日本回来时，送日本"迎入唐大使使"高元度赴唐京师迎藤原河清。[2] 据《续日本纪》，杨承庆出使日本时的官职为"辅国大将军、兼将军、行木底州刺史、兼兵署少正、开国公"。[3] 唐肃宗上元二年、日本天平宝字五年（761）八月，"迎藤原河清使高元度等至自唐国"。[4] 这是一次特殊的朝唐活动，大约是因安史之乱时期朝贡道上不安全，遂由渤海使护送日本遣唐使入京，这也显示了羁縻府州成员是唐朝臣子的身份。

2. 渤海国王时期的朝唐制度

宝应元年（762）春，玄宗（太上皇）和肃宗几乎同时晏驾，太子李豫即位为代宗，借回纥兵收复洛阳，平定了安史之乱。代宗即位后，"诏以渤海为国，钦茂王之，进检校太尉"。[5] 大钦茂由渤海郡王晋爵为"渤海国王"，授官进"检校太尉"，按唐制：太尉，正一品。安史之乱刚刚平定，代宗就将渤海郡王大钦茂晋爵为渤海国王，大历中"又累拜司空、太尉"。[6] 这与渤海国的地理位置有很大关系。安禄山起兵于河北，叛军曾占领黄河流域大片州县地区，虽然唐平定了叛乱，但为稳定

1　菅野真道等『続日本紀』卷22、日本淳仁天皇天平宝字三年（759）冬十月、第373页。

2　菅野真道等『続日本紀』卷23、日本淳仁天皇天平宝字五年（761）八月、第393页。"初，元度奉使之日，取渤海道，随贺正使扬［杨］方［承］庆等往于唐国。"

3　菅野真道等『続日本紀』卷21、日本淳仁天皇天平宝字二年（758）九月、第359页。

4　菅野真道等『続日本紀』卷23、日本淳仁天皇天平宝字五年（761）八月、第393页。

5　《新唐书》卷219《渤海传》，第6181页。

6　（宋）王溥：《唐会要》卷96《渤海》，第1724页。

对北方的统治，唐朝需要位于东北一隅的渤海国尽忠于朝廷。古畑徹认为对渤海郡王的晋爵与代宗即位之时普遍晋升内外群臣的官爵也有一定关系。[1]金子修一认为在唐代，"郡王"是异民族内属时赐予的爵号，"王"或"国王"则一般是赐予外臣的封号。"渤海"不是本来的国名，而是中国由来已久的郡县名，唐赐予渤海王的"郡王"号是中国国内臣下的爵号，更值得注意的是"渤海"爵号同时也是授予中国内臣的爵号。渤海的内臣化倾向十分明显，由"郡王"晋爵为"国王"。以新罗为例，从晋爵的角度看，"国王"略低于"王"，高于"郡王"。[2]渤海王大钦茂受到唐廷晋爵的恩赐，本应立刻遣使谢恩，但广德元年（763）吐蕃兵又一度打进长安。二年（764）初，代宗才返回长安，这一年渤海遣使朝贡谢恩。

安史之乱以后，渤海朝唐活动出现了一个高潮，但渤海上层的政治斗争对渤海朝唐活动产生了不小的影响。现将大钦茂晋爵渤海国王之后到大明忠时期渤海对唐朝贡活动整理如下（表7-4）。

表7-4　大钦茂晋爵渤海国王之后到大明忠时期渤海国朝唐与唐朝册封活动一览

唐帝	王朝纪年	渤海纪年	月份	朝贡活动	文献出处
代宗	宝应元年（762）	二十六年		进封大钦茂渤海国王，进检校太尉	《唐会要》卷96；《新唐书》卷219
	广德二年（764）	二十八年		遣王诞朝唐	《全唐诗》卷245
	大历二年（767）	三十一年	七月	渤海遣使朝贡	《册府元龟》卷972
			八月	渤海遣使朝贡	
			九月	渤海遣使朝贡	
			十一月	渤海遣使朝贡	
			十二月	渤海遣使朝贡	

1　古畑徹『渤海国と東アジア』第486頁。
2　金子修一『古代東アジア世界史論考』八木書店、2019、第463~483頁。

唐帝	王朝纪年	渤海纪年	月份	朝贡活动	文献出处
代宗	大历四年（769）	三十三年	三月	渤海靺鞨遣使朝贡	《册府元龟》卷972
			十二月	渤海靺鞨遣使朝贡	
	大历七年（772）	三十六年	十二月	渤海靺鞨遣使朝贡	《册府元龟》卷972
	大历八年（773）	三十七年	四月	渤海遣使来朝，并献方物	《册府元龟》卷972
			六月	渤海遣使贺正，并引见于延英殿	
			十一月	渤海遣使朝贡	
			闰十一月	渤海并遣使来朝	
			十二月	渤海并遣使来朝	
	大历九年（774）	三十八年	正月	渤海来朝	《册府元龟》卷972、996
			二月	渤海质子大英俊还蕃，引辞于延英殿	
			十二月	渤海遣使来朝	
	大历十年（775）	三十九年	正月	渤海遣使朝贡	《册府元龟》卷972
			五月	渤海遣使朝贡	
			六月	渤海遣使朝贡	
			十二月	渤海遣使朝贡	
	大历十二年（777）	四十一年	正月	渤海遣使来朝，并献日本国舞女一十一人及方物	《册府元龟》卷972
			二月	渤海遣使献鹰	
			四月	渤海并遣使来朝，各献方物	
			十二月	渤海靺鞨并遣使来朝，各献方物	
	大历中			加册大钦茂司空、太尉	《唐会要》卷96
德宗	建中元年（780）	四十四年	十月	渤海并遣使朝贡	《册府元龟》卷972
	建中三年（782）	四十六年	五月	渤海国并遣使朝贡	《册府元龟》卷972

续表

唐帝	王朝纪年	渤海纪年	月份	朝贡活动	文献出处
德宗	贞元七年（791）	五十五年	正月	渤海遣使来朝	《册府元龟》卷972、976；《旧唐书》卷199下
			五月	以渤海贺正使大常靖为卫尉卿同正，令归国	
			八月	王子大贞翰来朝，请备宿卫	
	贞元八年（792）	五十六年	闰十二月	渤海押靺鞨使杨吉福等三十五人来朝贡	《唐会要》卷96
	贞元十年（794）	成王中兴二年、康王正历元年	二月	以来朝渤海王子太［大］清允为右卫将军同正，其下拜官三十余人 钦茂卒，族弟元义立一岁，猜虐，国人杀之，推宏临子华屿为王，卒。钦茂少子嵩邻［璘］立	《册府元龟》卷976；《新唐书》卷219
	贞元十一年（795）	二年	二月	令内常侍殷志瞻将册书，册大嵩璘为渤海王、忽汗州都督 有诏授右骁卫大将军，嗣王	《册府元龟》卷965；《新唐书》卷219
	贞元十四年（798）	五年	？	加大嵩璘银青光禄大夫、检校司空，进封渤海郡［国］王	《旧唐书》卷199下；《唐会要》卷96；《册府元龟》卷976
			十一月	遣大能信、茹富仇朝唐。以渤海国王大嵩邻［璘］侄能信为左骁骑卫中郎将，虞候娄蕃长都督茹富仇为右武卫将军，并放还蕃	
	贞元二十年（804）	十一年	十一月	渤海遣使来朝	《册府元龟》卷972
	贞元二十一年（805）	十二年		遣使来朝，顺宗加嵩璘金紫光禄大夫，检校司空	《旧唐书》卷199下

续表

唐帝	王朝纪年	渤海纪年	月份	朝贡活动	文献出处
宪宗	元和元年（806）	十三年	十二月	加大嵩璘检校太尉渤海遣使朝贡	《旧唐书》卷199下;《册府元龟》卷972
	元和二年（807）	十四年	十二月	渤海遣使朝贡。杨光信进奉端午,逃归国	《册府元龟》卷972、997
	元和四年（809）	十六年、定王永德元年	正月	帝御麟德殿,引渤海使谒见,赐物有差嵩璘卒,子元瑜嗣,命中官元文政往渤海充吊祭册立使以嵩璘男元瑜为银青光禄大夫、检校秘书监、忽汗州都督,依前渤海国王	《册府元龟》卷976、967、980;《旧唐书》卷199下
	元和五年（810）	二年	正月	渤海遣使高才南等来朝	《册府元龟》卷972
			十一月	渤海王遣子大延真等来献方物	
	元和七年（812）	四年、僖王朱雀元年	正月	帝御麟德殿,对渤海等使,赐物有差。赐渤海使官告三十五通,衣各一袭	《册府元龟》卷976;《唐会要》卷96
			十二月	渤海遣使朝贡元瑜卒,弟言义嗣位	
	元和八年（813）	二年	正月	授元瑜弟权知国务言义银青光禄大夫、检校秘书监、都督、渤海国王,遣内侍李重旻充渤海册宣慰使	《旧唐书》卷199下;《册府元龟》卷980、967、972、976
			十二月	渤海王子辛文德等九十七人来朝。帝御麟德殿宴渤海使,赐以锦彩	
	元和九年（814）	三年	正月	渤海使高礼进等三十七人朝贡,献金银佛像各一	《册府元龟》卷972、976
			十一月	渤海遣使献鹰鹘	
			十二月	渤海遣使大孝真等五十九人来朝	

续表

唐帝	王朝纪年	渤海纪年	月份	朝贡活动	文献出处
宪宗	元和十年（815）	四年	正月	诏赐渤海使者卯贞寿等官告，放还蕃	《册府元龟》卷976、972
			二月	赐渤海使大吕庆等官告，归之	
			三月	赐渤海使者官告，归之	
			七月	渤海王子大庭俊等一百一人来朝贡	
	元和十一年（816）	五年	二月	授渤海使国信以归。授高宿满等二十人官告，赐锦彩银器	《册府元龟》卷980、976；《唐会要》卷96
			三月	渤海靺鞨遣使朝贡	
			十一月	渤海遣使朝贡	
	元和十二年（817）	六年、简王太始元年	二月	渤海遣使朝贡	《册府元龟》卷972、976
			三月	以锦绵赐渤海使大诚慎等	
				大言义卒，其弟大明忠嗣立	
	元和十三年（818）	太始二年	三月	渤海国遣使李继常等二十六人来朝	《册府元龟》卷980

渤海恢复对唐朝贡后，没有恢复安史之乱前常态的朝唐活动，而是或一年内多次遣使朝唐，或间隔三年、五年朝唐一次，大钦茂四十六年，即唐德宗建中三年（782）渤海遣使朝贡后，停止了八年，到德宗贞元七年（791）又遣使朝贡。如果不是因为史籍记载缺失，[1] 渤海国八年间没有遣使朝贡，极有可能与其国内政治权力斗争有关。

两年后，唐贞元九年（793），渤海大兴五十七年三月，大钦茂

---

[1] 目前所见古籍关于渤海朝唐活动的记载主要见于《册府元龟》，现存的《册府元龟》是残本，其中有可能存在缺失的情况。

卒,[1] 渤海出现争夺王位的内乱。《新唐书·渤海传》记载："钦茂死，私谥文王。子宏临早死，族弟元义立一岁，猜虐，国人杀之，推宏临子华玙为王，复还上京，改年中兴。死，谥曰成王。钦茂少子嵩邻[璘]立，改年正历。"大钦茂的长子早卒，但还有其他儿孙，然王位继承者却是其族弟大元义，显然元义是采取非正常手段攫取了王位。一年后钦茂子孙再次夺回王位，由钦茂的嫡长孙大华玙继承王位，华玙在位时间虽短却做了件大事，将王都由东京龙原府迁回上京龙泉府,[2] 迁都可能与摆脱大元义势力干扰有关，此后渤海一直以上京为都。大华玙在位一年而卒，大嵩璘即王位。《新唐书·渤海传》称嵩璘为大钦茂少子，金毓黻据《续日本纪》所载，嵩璘致日本国书云"上天降祸，祖大行大王，以大兴五十七年三月四日薨……孤孙嵩璘顿首……"认为似当以国书为正，《新唐书》所云或有疑误。[3] 唐德宗于"（贞元）十一年二月，令内常侍殷志瞻将册书往渤海，册大嵩璘为渤海王、忽汗州都督"。[4] 据《旧唐书·渤海靺鞨传》，德宗授大嵩璘的爵位为渤海郡王，恢复到大钦茂晋爵前的爵号。所授官职，《新唐书·渤海传》记载为"右骁卫大将军"；《册府元龟》记载为"左骁卫大将军"（表7-5）。若是前者，官职则低于大祚荣以后渤海王的官职。于是，"嵩璘遣使叙礼"。德宗于"十四年三月，加渤海郡王兼左骁卫大将军忽汗州都督大嵩璘银青光禄大夫、检校司空，册为渤海国王"。[5]

1　菅原道真『類聚国史』卷193「殊俗部·渤海上」日本桓武天皇延暦十五年（796）四月、第1272页。嵩璘致日本国书云："上天降祸，祖大行大王，以大兴五十七年三月四日薨。"

2　大祚荣建国之初，立都于东牟山城，称为"旧国"，唐玄宗天宝年间（742~756），文王大钦茂迁都于中京显德府（今吉林和龙西古城），天宝末年（755年左右），大钦茂又将王城迁至上京龙泉府，唐德宗贞元前期（785~792），大钦茂第三次迁都于东京龙原府。

3　金毓黻：《渤海国志长编》卷19《丛考》，第477~478页。

4　（宋）王钦若等编《册府元龟》卷965《外臣部·封册第三》，第11181页。

5　（宋）王钦若等编《册府元龟》卷965《外臣部·封册第三》，第11181页。

表 7-5　唐朝册封渤海王大嵩璘、大元瑜、大言义一览

唐帝	渤海王	唐使	册封	文献出处
德宗 贞元十一年 （795）	大嵩璘 正历 二年	内常侍殷 志瞻	册封大嵩璘为右（左）骁 卫大将军、渤海郡王	《册府元龟》卷 965； 《新唐书》卷 219
贞元十四年 （798）	五年		加大嵩璘银青光禄大夫、 检校司空，册为渤海国 王，依前忽汗州都督	《册府元龟》卷 965
顺宗永贞元 年（805）	十二年		五月加忽汗州都督渤海王 大嵩璘金紫光禄大夫、检 校司徒	《册府元龟》卷 965
宪宗元和 元年 （806）	十三年		十月加忽汗州都督、渤海 国王大嵩璘检校太尉	《册府元龟》卷 965
元和四年 （809）	大元瑜 永德 元年	中官元文政 充吊祭册 立使	正月，以大元瑜为银青光 禄大夫、检校秘书监，充 忽汗州都督，册为渤海 国王	《册府元龟》卷 965、980
元和八年 （813）	大言义 朱雀 二年	内侍李重旻 充册立宣 慰使	正月，以大言义为银青光 禄大夫、检校秘书监、忽 汗州都督，册为渤海国王	《册府元龟》卷 965、980

德宗对大嵩璘加官晋爵为银青光禄大夫、检校司空、渤海国王之后，又经顺宗、宪宗两次加官，大嵩璘的官爵与其父大钦茂基本相同了。大元瑜、大言义袭爵为渤海国王，但官位略低，皆为银青光禄大夫、检校秘书监。按唐制，银青光禄大夫为从三品武散官，秘书监为从三品。[1] 自大祚荣以后，无论历代渤海王的官爵如何变化，"忽汗州都督"一职始终没有任何变化。

在大钦茂末年到大嵩璘即位之间渤海内部发生政治变故之后，经过二十余年的调整和发展，渤海终于走上正轨，渤海对唐的朝贡活动也进入稳定时期。

---

1 《旧唐书》卷 42《职官志一》，第 1785、1792 页。

二　朝唐使、质子、贡品、贡道

渤海文王大钦茂时期，随着各种制度的建立，朝唐制度得以健全和发展，直到唐玄宗天宝十四载（755）爆发安史之乱之前，渤海国的朝贡活动按部就班地进行。安史之乱后，唐代宗广德二年（764）渤海国恢复朝贡活动后，文王大钦茂末年到康王大嵩璘时期，渤海国内部可能出现了围绕王权的政治斗争，渤海对唐朝贡活动出现波折，既存在长达八年或五年不来朝贡的现象，也存在连续几年一年中朝贡 4~5 次的现象。从大钦茂继渤海王位（737 年）到简王大明忠卒（818 年），80 余年间，渤海朝唐 78 次，在朝唐使、质子、贡品、贡道等方面有一定的变化。

1. 朝唐使

这一时期渤海国朝唐制度逐步健全，由常使制度和泛使制度两部分构成，并为此后渤海诸王所遵循。常使是王国按照定例派出的朝唐使团，有贺正使、告哀使、谢恩使；泛使是王国根据需要随机派出的朝唐使团，使团的名称在不同时期有一定的变化。泛使有质子入唐使、进奉端午使、入唐求学使、押靺鞨使、送日本使团使，以及大量的临时入唐使。使团的人数，据表 7-3、表 7-4 统计，共有 9 例，其中 30 人的使团有 4 次，20 多人的使团有 2 次，59 人、97 人、101 人的使团各 1 次。人数较多的 2 次，一次是大言义二年（宪宗元和八年，813），渤海王子辛文德率 97 人来朝，另一次是大言义四年（宪宗元和十年，815），渤海王子大庭俊率 101 人来朝贡。据《旧唐书》，唐朝对契丹、奚人朝贡入京人数有明确规定，"每岁朝贺，常各遣数百人。至幽州，则选其酋渠三五十人赴阙，引见于麟德殿，锡以金帛遣还，余皆驻而馆之，率以为常也"。[1]唐朝这种规定也应适用于渤海朝贡使团。渤海使团的规模

1　《旧唐书》卷 199 下《奚传》，第 5356 页。

应与前期大致相同，从渤海王子辛文德率 97 人、大庭俊率 101 人的使团看，渤海使团的人数当是百人左右，一般情况下只有 30~50 人到达京师，其他人留在营州或登州驿馆，在当地进行贸易活动，等到赴京师的使团返回后，再一同回渤海。

贺正使　这一时期，见于记载的有二十多次朝唐贺正活动。文王大钦茂即王位后，前九年间仅派遣两次贺正使。大兴十年（746）渤海国建立了朝唐贺正制度，到安史之乱之前，渤海国共派出六次贺正使。安史之乱之后，明确记载为"贺正使"的仅有大兴五十五年（791）派遣的大常靖一人，《册府元龟·外臣部·褒异第三》唐贞元七年（791）"五月戊辰，以渤海贺正使太［大］常靖为卫尉卿同正，令归国"。[1] 五月，是唐朝赐官渤海贺正使大常靖的时间。同书《外臣部·朝贡第五》记载这年正月渤海遣使来朝。[2] 这两处记载的当是同一人，即渤海贺正使大常靖。这表明《册府元龟·外臣部》的"朝贡篇"与"褒异篇"记载的侧重点不同，"褒异篇"记载的不是渤海使初到唐京师的时间，而是唐帝赏赐准备返回的渤海朝唐使的时间。贺正使大常靖在长安至少停留了五个月才返回渤海，"褒异篇"所载二、三月受唐朝赏赐的渤海使，便极有可能是贺正使，故本书将这部分朝唐使推认为贺正使。又，渤海定王大元瑜永德二年（810）冬派遣的使者王子大延真，据《册府元龟·外臣部·朝贡第五》，大延真到长安的时间是宪宗元和五年（810）十一月，该卷元和六年的事迹缺载，推测渤海王子大延真此行的主要任务是参加元和六年的贺正大典。

安史之乱以前，有八位贺正使，只有一人有较为具体的记载，开元二十九年（741）二月，"渤海靺鞨遣其臣失阿利来贺正，授郎将，放还蕃"。安史之乱之后，十多位贺正使中有八人有较为具体的记载。德宗贞元七年（791）"以渤海贺正使太［大］常靖为卫尉卿同正，令归国"。

1　（宋）王钦若等编《册府元龟》976《外臣部·褒异第三》，第 11295 页。
2　《册府元龟》卷 972《外臣部·朝贡第五》："七年正月回鹘大首领史勃羡、渤海、黑衣大食……并遣使来朝。"（第 11249 页）

唐制，卫尉卿从三品。[1] 十年（794）二月，"以来朝渤海王子太［大］清允为右卫将军同正，其下拜官三十余人"。唐制，右卫将军从三品。[2] 宪宗元和五年（810）正月，"渤海遣使高才南等来朝"；十一月，"渤海王遣子大延真等来献方物"。元和九年（814）正月，"渤海使高礼进等三十七人朝贡，献金银佛像各一"。十年（815）正月，"诏赐渤海使者卯贞寿等官告，放还蕃"。十一年（816）二月，"授渤海使国信以归。授高宿满等二十人官，赐锦彩银器"。十二年（817）三月，"以锦绵赐渤海使大诚慎等"。从上述九位贺正使的族属与身份看，有四位渤海王族，其中两位渤海王子大清允（794）、大延真（810），两位王族出身的官员大常靖（791）、大诚慎（817）；有五位非王族的官员，其中三位为高句丽裔渤海人高才南（810）、高礼进（814）、高宿满（816），另两位为失阿利（741）、卯贞寿（815），从姓名上看，不好判断其族属，此时靺鞨裔渤海人逐渐脱离有名无姓的阶段，不排除是靺鞨裔渤海人的可能。此时不再见地位很高的靺鞨首领，而是高句丽裔、靺鞨裔或其他北方民族裔的渤海大臣。遗憾的是，贺正使的官职史籍无载，但从渤海王以王子为贺正使来看，上述贺正使可能是地位较高的渤海官员。

朝唐贺正制度确立后，渤海贺正使与质子使二者明确分开，不再有合一的现象，《册府元龟》记载：大历九年（774）二月，"渤海质子大英俊还蕃，引辞于延英殿"。[3] 这年正月，渤海遣使朝贡，贺正使佚名。[4] 贞元七年（791）八月，"其（渤海）王子大贞翰来朝，请备宿卫"。[5] 这年渤海派遣的贺正使是大常靖（见前文）。王室出身的质子与贺正使分开，这也是大钦茂时期贺正使中王弟、王子数量较少的原因。

告哀使 当渤海王去世，新王即位之时，渤海必遣使诣阙告哀，同时请求朝廷对新王进行册封。此一时期，渤海国先后派出四位告哀使。

---

1 《旧唐书》卷44《职官志三》，第1879页。

2 《旧唐书》卷44《职官志三》，第1898页。

3 （宋）王钦若等编《册府元龟》卷996《外臣部·纳质》，第11529页。

4 （宋）王钦若等编《册府元龟》卷972《外臣部·朝贡第五》，第11249页。

5 《旧唐书》卷199下《渤海靺鞨传》，第5362页。

第一位在成王大华屿卒后，贞元九年（793）文王大钦茂卒，渤海国内发生王位之争，大钦茂的族弟大元义夺得王位，翌年被国人所杀，推大钦茂的嫡孙大华玙即王位，大华玙仅数月而卒，大嵩璘即王位，遣使朝唐告哀。十一年（795）二月，德宗"令内常侍殷志瞻将册书，册大嵩璘为渤海王、忽汗州都督"。[1] 第二位在康王大嵩璘卒后，唐宪宗元和三年（808）渤海遣使告哀。四年（809）正月，宪宗"命中官元文政往渤海充吊祭册立使"，"以嵩璘男元瑜为银青光禄大夫、检校秘书监、忽汗州都督，依前渤海国王"。[2] 第三位在定王大元瑜卒后，元和七年（812）渤海遣使告哀。八年（813）正月，宪宗"命内侍李重旻充渤海册立宣慰使"，"授元瑜弟权知国务言义银青光禄大夫、检校秘书监、都督、渤海国王"。[3] 前三位告哀使的姓名与官职不见记载。第四位在僖王大言义卒，其弟大明忠嗣立后，元和十三年（818）渤海遣使李继常告哀，《册府元龟·外臣部·通好》载"十三年三月，渤海国遣使李继常等二十六人来朝"。[4] 虽然没有记载来朝的目的，但从该卷所载的四条渤海事迹看，前两条为唐朝派遣对渤海王的吊祭、册立使：元和四年正月，"命中官元文政往渤海充吊祭册立使"；八年正月，"命内侍李重旻充渤海册立宣慰使"。第三条为"十一年二月授渤海使国信以归"。这里仅单纯记载渤海使李继常来朝，与本卷篇名不符，推测此处有脱文，如果推测成立，李继常很可能是告哀使。从姓名看，李继常可能是汉裔或高句丽裔渤海人。

谢恩使 当朝廷遣使至渤海吊祭、行册封礼之后，以及在唐帝对渤

---

1 （宋）王钦若等编《册府元龟》卷965《外臣部·封册第三》，第11181页。

2 （宋）王钦若等编《册府元龟》卷980《外臣部·通好》，第11347页；《旧唐书》卷199下《渤海靺鞨传》，第5362页。学界一般认为大嵩璘卒于元和四年（809），据《册府元龟》卷980《外臣部·通好》宪宗于元和四年正月遣使吊祭大嵩璘，从渤海都城上京龙泉府到长安至少需要数月，渤海遣使时间当在前一年。

3 （宋）王钦若等编《册府元龟》卷980《外臣部·通好》，第11348页；《旧唐书》卷199下《渤海靺鞨传》，第5363页。"权知国务"又作"权知渤海国王务"，为渤海王即位后，尚未得到唐朝册封时的自称。

4 （宋）王钦若等编《册府元龟》卷980《外臣部·通好》，第11348页。

海王加官晋爵或有赏赐时，渤海都要遣使谢恩。

开元二十五年（737），玄宗诏遣内侍段守简往册大钦茂，大钦茂"遣使随守简入朝贡献"，[1] 这应是渤海派遣的谢恩使。二十七年（739），"渤海遣使其臣优福子来谢恩，授果毅，赐紫袍、银带，放还蕃"。[2] 谢恩的原因不见记载。果毅，据《唐六典·诸卫府》："左、右果毅都尉一人（注：上府从五品下，中府正六品上，下府从六品下）。"

贞元十一年（795）二月，德宗册封大嵩璘为渤海郡王、忽汗州都督时，未见遣使谢恩的记载。或是史书缺载，抑或大嵩璘对唐帝册封其为"渤海郡王"不满意，未遣使谢恩。为此，"嵩璘遣使叙理，故加册命焉"。[3] 十四年（798），德宗再加册命大嵩璘，"加银青光禄大夫、检校司空，进封渤海国王"。大嵩璘遣谢恩使大能信、茹富仇朝唐，十一月，德宗"以渤海国王大嵩邻［璘］侄能信为左骁骑卫中郎将，虞候娄蕃长都督茹富仇为右武卫将军，并放还蕃"。[4] 两位谢恩使一是王侄贵种，一是虞候娄蕃长都督，说明大嵩璘对唐朝这次加官晋爵十分重视。元和元年（806）唐宪宗即位，加大嵩璘"检校太尉"。渤海遣使朝贡，应为"谢恩使"。

元和四年（809）渤海王大嵩璘卒，大元瑜即王位，唐朝遣使册封其为银青光禄大夫、检校秘书监、忽汗州都督、渤海国王。唐德宗在大嵩璘即王位之初曾册封其为"渤海郡王"，大元瑜即王位时宪宗直接册封其为"渤海国王"，元和五年（810）十一月，"渤海王遣子大延真等来献方物"。[5] 大元瑜派遣王子大延真朝唐并献方物，当是向唐朝表示感恩和效忠。[6]

---

1 《旧唐书》卷 199 下《渤海靺鞨传》，第 5362 页。

2 （宋）王钦若等编《册府元龟》卷 975《外臣部·褒异第二》，第 11288 页。

3 （宋）王溥：《唐会要》卷 96《渤海》，第 1725 页。

4 《旧唐书》卷 199 下《渤海靺鞨传》，第 5362 页；（宋）王钦若等编《册府元龟》卷 976《外臣部·褒异第三》，第 11295 页。

5 （宋）王钦若等编《册府元龟》卷 972《外臣部·朝贡第五》，第 11250 页。

6 大延真使唐的任务，一是谢恩，二是参加翌年的贺正大典，后者当是主要任务。

元和八年（813），宪宗遣使册封新即位的渤海王大言义，渤海遣"王子辛文德等九十七人来朝"，[1]应为"谢恩使"。

从上述载有姓名、官职的五位谢恩使看，有三位王室贵族：王子大延真（810）、大辛文德（813）、王侄大能信（798）；两位官员：优福子（737）、虞候娄蕃长都督茹富仇（798）。除谢恩原因不详的优福子的官职不详外，另外四位皆是在唐帝对渤海王册封或加官晋爵后派出的谢恩使，其身份或为渤海王的子侄，或为位高权重的高官。

质子入唐使　有明确记载的四位质子入唐使，均在文王大钦茂时期。一位王弟大勖进（739）、一位王叔[2]大蕃（743），一位王子大贞翰（791），还有一位大英俊（774），[3]没有明确记载其身份。详见下文。

进奉端午使　仅见一条记载，《册府元龟》云："渤海以宪宗元和二年进奉端午使杨光信逃归，潼关吏执以至，鞫于内仗。"[4]端午使是唐朝内臣向朝廷进奉的行为，如"文宗太和元年五月戊辰，对诸道端午使于麟德殿，宴赐有差"。[5]唐朝对于擅自逃归的进奉端午使杨光信的处置，与内臣无二，这也印证了日本学者金子修一关于唐朝把渤海置于内臣之位的观点。[6]表7-4统计的诸多简要记载为"渤海遣使朝贡"活动中，或许也有进奉端午使。

入唐求学使　学习唐文化是渤海朝贡活动的重要内容之一。大钦茂即位第二年首次派遣入唐求学使，请求抄录汉文典籍，开元二十六年（738）六月二十七日，"渤海遣使求写《唐礼》及《三国志》《晋书》《三十六国春秋》，许之"。[7]此外，《玉海·唐渤海遣子入侍》中有一则

1　（宋）王钦若等编《册府元龟》卷972《外臣部·朝贡第五》，第11250页。

2　关于大蕃的身份，《册府元龟》记载为王弟，有误，实为王叔，见下文考证。

3　前3位标注的都是入质时间，大英俊入质时间缺载，这里标注的是放归还蕃时间。

4　（宋）王钦若等编《册府元龟》卷997《外臣部·悖慢》，第11541页。

5　（宋）王钦若等编《册府元龟》卷111《帝王部·宴享第三》，第1206页。

6　金子修一『古代東アジア世界史論考』第483页。

7　（宋）王溥：《唐会要》卷36《蕃夷请经史》，第667页。

记载:"开元二年三月,令生徒六人入学,新罗七人。"[1] 开元二年(714)为大祚荣受唐册封、更国号为"渤海"的第二年,此时渤海政权尚处于草创阶段,当地统治基础尚不足以支撑复杂的统治机构。推测此处的纪年有误,有可能是大钦茂时期,或下一阶段大仁秀时期,渤海派遣的入唐求学使。

押靺鞨使 《唐会要·渤海》载,德宗贞元八年(792)闰十二月,"渤海押靺鞨使杨吉福等三十五人来朝贡"。这是一次以渤海统治下靺鞨部首领为主的朝贡使团,不是以靺鞨首领为正使,而是以管理靺鞨部的官员为正使。这表明靺鞨部归附渤海后,在一定时间内还保留了朝唐权利。安史之乱期间,黑水靺鞨诸部失去唐朝的庇护,渤海趁机向北部靺鞨地区扩张。安史之乱平定后,靺鞨各部重新恢复对唐朝贡时,靠近渤海北部的铁利靺鞨与拂涅靺鞨再也没有出现于靺鞨的朝贡队伍中,这表明大钦茂统治了这两部靺鞨。其后,大嵩璘时期,又统治了渤海东部的越喜靺鞨与虞娄靺鞨,《册府元龟》载,贞元十八年(802)正月"虞娄、越喜等首〔领〕钦见"。[2] 这是越喜部与虞娄部最后一次对唐朝贡。但是,没有再次见到以押靺鞨使为正使的朝唐使团。

临时入唐使 据表7-3、7-4统计,有四十余人,其中五人姓名见于记载。一位是安史之乱期间,唐肃宗乾元二年(759)渤海送"日本使"使,渤海辅国大将军、兼将军、行木底州刺史、兼兵署少正、开国公杨承庆[3]出使日本回来后,送"迎入唐大使使"日本五位下高元度入唐。兵署少正,为渤海中央兵器寺下设机构兵署官员。[4] 一位是安史之乱后首位渤海朝唐使,见于韩翃作《送王诞渤海使赴李太

---

1 (宋)王应麟:《玉海》卷153《朝贡·外夷来朝·唐渤海遣子入侍》,第2912页。
2 (宋)王钦若等编《册府元龟》卷972《外臣部·朝贡第五》,第11250页。
3 菅野真道等『続日本紀』卷21、日本淳仁天皇天平宝字二年(758)九月丁亥、第359頁。
4 参见本书第一章。

守行营》诗。[1]这两位从姓名看可能是汉裔渤海人。另外三人都是王族，其中有一位王子：

> 元和九年（814）十二月，渤海遣使大孝真等五十九人来朝。[2]
> 元和十年（815）二月，赐渤海使大吕庆等官告，归之。[3]
> 七月，渤海王子大庭俊等一百一人……来朝贡。[4]

　　大孝真、大吕庆、大庭俊三人朝唐时间集中在元和九年十二月到十年七月，八个月的时间内连续派出一位王子和两位王族贵族朝唐，应该是渤海国发生了不寻常的事情。可惜史无详载，不得而知。

　　这一时期渤海各类朝贡活动达 78 次，在各类朝唐使中有较为具体记载的 25 人中，渤海王子、弟、叔、侄共 9 人，大氏贵族 4 人，大臣 12 人。前一期受人瞩目的政治地位较高的靺鞨大首领，在这一时期已经不见，在新的政治制度建立起来后，这些地位较高的靺鞨大首领应出任了各类机构的长官。王室与大氏贵族在朝唐使中仍占有较高比例。

　　2. 质子

　　这一时期，只有文王大钦茂曾派质子入唐，前后共派出四位质子，见表 7-6。

1　（唐）韩翃：《送王诞渤海使赴李太守行营》，（清）彭定求等编《全唐诗》卷 245，中华书局，1980，第 2751 页。"少年结客散黄金，中岁连兵扫绿林。渤海名王曾折首，汉家诸将尽倾心。行人去指徐州近，饮马回看泗水深。喜见明时钟太尉，功名一似旧淮阴。"
2　（宋）王钦若等编《册府元龟》卷 972《外臣部·朝贡第五》，第 11251 页。
3　（宋）王钦若等编《册府元龟》卷 976《外臣部·褒异第三》，第 11296 页。
4　（宋）王钦若等编《册府元龟》卷 972《外臣部·朝贡第五》，第 11251 页。

表7-6　大钦茂时期质子入唐一览

唐帝	时间	渤海质子入唐
玄宗	开元二十七年（739）	二月，渤海王弟大勖进来朝，宴于内殿，授左武卫大将军员外置同正，赐紫袍、金带及帛一百匹，留宿卫
	天宝二年（743）	七月，渤海王遣其弟［叔］蕃来朝，授左领军卫员外大将军，留宿卫
代宗	大历九年（774）	二月，渤海质子大英俊还蕃，引辞于延英殿
德宗	贞元七年（791）	八月，渤海王遣其子大贞翰来朝，请备宿卫

资料来源：本表内容的文献出处参见表7-3、表7-4。

安史之乱之前派二人：弟大勖进、叔大蕃。大钦茂即王位两年后，开元二十七年（739）二月，"渤海王弟大勖进来朝，宴于内殿，授左武卫大将军员外置同正，赐紫袍、金带及帛一百匹，留宿卫"。四年后，天宝二年（743）七月，"渤海王遣其弟［叔］蕃来朝，授左领军卫员外大将军，留宿卫"。[1] 大蕃曾于大武艺时作为质子入唐，身份是王弟（见前文）。大钦茂是大武艺之子，大蕃应是大钦茂的叔父，此处记载有误。大勖进"留宿卫"四年后大蕃入唐"留宿卫"，这与大武艺时期两年更换一个质子的规则不同。此后直到安史之乱爆发，未再见渤海派质子入唐，大蕃何时返回渤海亦不得而知。大钦茂大兴十年（唐天宝五载，746），此时渤海仿照唐制已建立起一定规模的政权机构，渤海谨守臣礼，唐渤君臣关系融洽，渤海与唐帝之间不需要以质子作为效忠和制约的手段，推测在天宝五载前后，大蕃返回了渤海国。

安史之乱之后，大钦茂又派遣了两位质子入唐。唐代宗大历九年（774）二月，居住在长安的渤海质子大英俊回渤海，大英俊与渤海王大钦茂什么关系，什么时间入唐为质的，史籍均无记载，但从以往质子的身份看，他应是大钦茂的至亲。大钦茂再次派质子入唐或许与安史之乱之后，唐朝对地处东北边地的渤海国有所防范有关，在加官晋爵加以笼

1　（宋）王钦若等编《册府元龟》卷975《外臣部·褒异第二》，第11289页。

络的同时，一度又要求渤海纳质。大钦茂时期最后一位质子入唐时间是唐德宗贞元七年（791），史载：渤海王遣"王子大贞翰来朝，请备宿卫"。[1] 这次是渤海王主动"请备宿卫"，这透露出两点信息：一是之前唐朝已经不再要求渤海纳质，这恐怕是在大英俊返回渤海十余年后，渤海才又送一位质子入唐的原因；二是渤海内部政治斗争不断升级，大钦茂派遣王子入质可能是希望得到唐朝的支持。或许正是大贞翰入唐为质，才暂时稳定了渤海的局势。两年后大钦茂寿终正寝，渤海才爆发王位争夺战，大钦茂族弟大元义夺得王位。可见质子对唐廷控制边疆和渤海统治者依靠朝廷稳固自己在国内的统治地位都具有特殊的作用。

3. 贡品

唐朝羁縻府州不交纳定额的赋税，以朝贡的形式进奉一定数量土贡（土特产），其中珍稀物品诣阙贡献给朝廷，"不足进者州县留之"，[2] 即贡纳到边州都督府或节度使官府。按唐制：诸蕃朝贺进贡使有下从，留其半于边地府州。[3] 随从人员由边地府州负责安置，进行互市等经济活动，等待进京朝贡人员回来后，一起返回原住地。安史之乱之前，唐朝先后以营州都督府、幽州都督府、平卢节度使管理渤海国的朝贡活动。安史之乱后期，唐肃宗上元二年（761）营州失陷，平卢节度使由辽西迁到山东青州（今山东青州市），"肃宗因以（侯）希逸为平卢、淄青节度使。自是淄青常以平卢冠使"。[4] 平卢淄青节度使兼任押渤海使，掌领渤海朝贡事宜。如唐大历年间（766~779），平卢淄青节度观察海运押新罗、渤海两蕃等使李正己，"市渤海名马，岁不绝"。[5] 改由平卢淄青节度使统辖后，渤海使团在山东半岛的青州一带互市，互市中既有官方贸易，亦有民间交易。

1 《旧唐书》卷 199 下《渤海靺鞨传》，第 5362 页。

2 《新唐书》卷 48《百官志三》，第 1258 页。

3 《新唐书》卷 48《百官志三》，第 1257 页。

4 《新唐书》卷 144《侯希逸传》，第 4703 页。

5 《新唐书》卷 213《李正己传》，第 5990 页。

　　唐朝对渤海所纳物品的种类和数量一般没有明确规定，忽汗州都督府每次贡纳的物品或多或少，无一定数。见于记载的贡品有鹰鹘、貂鼠皮、昆布、鱼产品、马匹、佛像、人口以及各种方物。大武艺时期，开元十八年（730）五月，"渤海靺鞨遣使乌那达利来朝，献海豹皮五张，貂鼠皮三张"。这应是渤海朝唐使贡纳方物的一般数额，这一时期应与之大致相当。大钦茂继任王位后，大兴二年（738）首次向唐朝派遣的贡方物使，"献貂鼠皮一千张，干文鱼一百口"。[1] 所贡方物的数额很大，比较特殊。

　　鹰鹘仍然是渤海向唐朝供奉的主要贡品，其间见于记载的有五次：

> 开元二十九年（741）四月，渤海靺鞨献鹰及鹘。
>
> 天宝八载（749）三月，渤海遣使献鹰。
>
> 天宝九载（750）三月，渤海遣使献鹰。
>
> 大历十二年（777）二月，渤海遣使献鹰。
>
> 元和九年（814）十二月，渤海遣使献鹰鹘。[2]

　　渤海朝唐使实际贡纳鹰鹘的次数远多于五次。大历十四年（779）五月，德宗即位，"诏曰：天下州府及新罗、渤海，岁贡鹰鹞者皆罢，既来者所在放之"。[3] 由此看来，在大历十四年以前，渤海经常向唐朝贡纳鹰鹘。从表 7-4 统计看，安史之乱以后，渤海频繁朝唐，代宗广德二年（764）到大历十四年（779）15 年间，渤海朝贡 20 多次，尽管仅有一次记载"渤海遣使献鹰"，四次记载为"贡方物""献方物"，实际上渤海使每次入唐必要贡方物，其中应有一定数量的鹰鹘，如此德宗才会有此诏。在德宗下诏罢贡鹰鹞之后，宪宗朝的元和九年（814）十二月，渤海又有一次遣使献鹰鹘。金子修一认为唐廷命渤海与新罗和一般

1　（宋）王钦若等编《册府元龟》卷 971《外臣部·朝贡第四》，第 11242 页。

2　文献出处参见表 7-3、表 7-4。

3　（宋）王钦若等编《册府元龟》卷 168《帝王部·却贡献》，第 1868 页。

府州一样贡进鹰鹘，这是唐朝将渤海内郡化的一个表现。[1]

渤海朝唐使还将与日本交往时得到的日本舞女献给唐帝，大历十二年（777），"渤海使献日本国舞女十一人"。[2] 此外，元和九年（814）正月，"渤海使高礼进等三十七人朝贡，献金银佛像各一"。这表现了在宗教信仰方面渤海与唐朝内地的交流。

唐朝鸿胪寺等部门接待前来朝贡的各方使臣俱有定例，开元四年（716）正月，"敕靺鞨、新罗、吐蕃，先无里数，每遣使给赐，宜准七千里以上给付也"。[3] 唐朝对渤海使的赏赐有三方面：一是唐帝赐宴；二是授官、赐官服；三是赐物。如开元二十七年（739）二月，"渤海王弟大勖进来朝，宴于内殿，授左武卫大将军员外置同正，赐紫袍、金带及帛一百匹，留宿卫"。赐物最为常见，主要是绢帛类丝织品，还见有锦彩（813）、银器（816）。唐帝召见、赐宴渤海使，玄宗在内殿，代宗在延英殿，宪宗在麟德殿。授官与赐官服是视渤海使的身份和官职而定，如贞元十年（794）二月，"以来朝渤海王子太［大］清允为右卫将军同正，其下拜官三十余人"。[4] 正使以下授官达三十多人，所授官职与前期大致相同。宪宗元和年间开始向渤海使赐官告，史籍记载：

> 元和七年（812），正月，帝御麟德殿，对南诏、渤海、牂牁等使，宴赐有差。甲申，赐渤海使官告三十五通，衣各一袭。
>
> 元和十年（815），正月，诏赐渤海使者卯贞寿等官告，放还蕃。
>
> 　　二月，赐渤海使大吕庆等官告，归之。
>
> 　　三月，赐渤海使者官告，归之。
>
> 元和十一年（816），二月，赐回鹘、渤海使锦彩银器有差。庚戌，

1　金子修一『古代東アジア世界史論考』第 480 頁。

2　《旧唐书》卷 11《代宗纪》、卷 199 下《渤海靺鞨传》，第 310、5361 页。

3　（宋）王溥：《唐会要》卷 100《杂录》，第 1798 页。

4　（宋）王钦若等编《册府元龟》卷 976《外臣部·褒异第三》，第 11295 页。

授渤海使高宿满等二十人官〔告〕。[1]

三月，渤海靺鞨遣使朝贡，赐其使二十人官告。[2]

　　宪宗赐给渤海大使二三十通"官告"，但不是逐一地对使团成员授官，这使朝廷对朝贡者的赏赐更加形式化。这些"官告"是写明了受赐者的姓名，还是无姓名的"官告"？在下一个时期，唐文宗赐渤海王大彝震的敕书中有曰："今因王子大昌辉等回国，赐卿官告及信物，至宜领之。"[3]这似乎可说明所赐官告是无姓名的官告，这便有了一定空间，是由使团的正使、副使定夺分发，还是回去后由渤海王来分发，抑或回渤海后又有其他用处？因缺乏史料这些问题尚无法解决。

　　唐朝对渤海君臣的册封和授官（赐官告），拉近了唐廷与羁縻府州的君臣关系。渤海国作为唐朝的忽汗州都督府需服从唐廷的诏令，在唐朝有军事行动时，作为上级管理机构的边地府州有权征调渤海的兵马助战。肃宗至德元载（756），时值安史之乱，"平卢留后事徐归道，遣果毅都尉、行柳城县兼四府经略判官张元涧来聘渤海，且征兵马，曰：'今载十月，当击禄山，王须发骑四万来援平贼。'渤海疑其有异心，且留未归"。[4]由于安禄山时任营州都督、平卢节度使，兼押两番、渤海、黑水四府经略使，是忽汗州都督府的长官，而张元涧为四府经略判官，渤海王怀疑张元涧有谋乱嫌疑，将其暂时扣留在渤海，不久放归。渤海王在弄明情况之前，不敢轻易出兵。至德三载（758）四月，权知平卢节度使王玄志"遣将军王进义来聘渤海，且通国故，曰：'天子归于西京，迎太上天皇于蜀，居于别宫，弥〔弭〕灭贼徒，故遣下臣来告命矣。'渤海王为其事难信，且留进义，遣使详

1　以上分别见（宋）王钦若等编《册府元龟》卷976《外臣部·褒异第三》，第11296、11297页。

2　（宋）王溥：《唐会要》卷96《渤海》，第1725页。

3　（宋）李昉等编《文苑英华》卷471《与渤海王大彝震书》，中华书局，1966，第2406页。

4　菅野真道等『続日本紀』卷21、日本淳仁天皇天平宝字二年（758）十二月、第361頁。

问"。[1] 此时河北陷于一片混乱，安东都护王玄志自称权知平卢节度使，[2] 遣使通告国情，是否也有意调集忽汗州都督府的渤海军队参加平定叛乱战争，不得而知。但渤海王仍然采取了谨慎态度，从乾元二年（759）渤海遣使杨承庆送日本使入唐之事看，渤海是效忠唐朝的。

4. 贡道

这一时期，渤海王城曾几次迁徙。唐玄宗天宝年间（742~756），文王大钦茂迁都于中京显德府，天宝末年（755 年左右），大钦茂又将王城迁至上京龙泉府，唐德宗贞元前期（785~792），大钦茂第三次迁都于东京龙原府，贞元十年（794）成王大华玙即位，当年还都于上京，从此定都于上京龙泉府。

以安史之乱爆发为时间断限，之前渤海朝唐使主要是从王城出发经由营州、幽州往来于渤海王城与唐京师之间的。由于文王大钦茂于天宝年间迁都于中京显德府，渤海朝唐使从都城到营州的路线也有一定变化。迁都之前，贡道与前一期大致相同，从渤海旧国出发，沿牡丹江西南行，至渤海长岭府出渤海境，进入辉发河流域，过南北水系分水岭，顺浑河西南而下，到唐新城，再往营州。迁都后，从中京出发，至神州，由此乘船行鸭绿江，至鸭绿江北泊汋城（今辽宁宽甸县虎山山城），改由陆路东北行，至安东都护府故城，[3] 取道营州、幽州至长安。

安史之乱之后，唐以平卢淄青节度使管理渤海国朝贡、互市事务，渤海朝贡使主要走海路入唐朝贡。随着王城的迁徙，渤海朝唐使从上京或东京出发，从海路取道登州，经由登州、青州前往京师长安。乾元

1　菅野真道等『続日本紀』卷 21、日本淳仁天皇天平宝字二年（758）十二月、第 361~362 頁。《旧唐书》卷 10《肃宗纪》载："改至德三载为乾元元年。"『続日本紀』"至德三载四月"，应为"乾元元年四月"。

2　《旧唐书》卷 124《侯希逸传》，第 3533 頁。

3　在这条朝贡道上和通往新罗的驿道上，今吉林省境内和朝鲜咸镜北道发现的二十四块石遗址，有人认为是渤海时在主要交通要道上修建的驿站。参见延边博物馆编《延边文物简编》，延边人民出版社，1988，第 69 頁；李健才《二十四块石考》，《北方文物》1992 年第 2 期。但近年考古工作者在对二十四块石进行考察时，发现一些金代文物，却不见渤海文物，因此对其年代和用途提出质疑。

二年（759）渤海遣使杨承庆送日本使入唐时，无论是从日本直接赴唐，
还是从渤海国境内赴唐，所走路线都应是海路。淄青幕府韩翃作《送王
诞渤海使赴李太守行营》诗记下了安史之乱后渤海的首次朝贡活动，金
毓黻考证该诗作于代宗广德二年（764），[1]显然渤海使王诞是由海路至登
州入唐的。《新唐书·地理志》引贾耽《道里记》记载了唐使由海路入
渤海的路线：

> 登州东北海行，过大谢岛、龟歆岛、末岛、乌湖岛三百里。
> 北渡乌湖海，至马石山东之都里镇二百里。东傍海壖，过青泥
> 浦、桃花浦、杏花浦、石人汪、橐驼湾、乌骨江八百里……自鸭
> 渌江口舟行百余里，乃小舫溯流东北三十里至泊汋口，得渤海之
> 境。又溯流五百里，至丸都县城，故高丽王都。又东北溯流二百
> 里，至神州。又陆行四百里，至显州，天宝中王所都。又正北如
> 东六百里，至渤海王城。[2]

从渤海王城上京龙泉府出发，至显州（即中京显德府），再至神
州（即渤海西京鸭渌府），由此乘船行于乌骨江（今爱河）二百里至
原高丽王城丸都城（今吉林集安）。又行五百里到泊汋口，出渤海境
进入唐朝州县地区。又行三十里至乌骨江口换乘大船，行于鸭绿江百
余里，出鸭绿江口沿辽东半岛海岸西行，经橐驼湾（今大鹿岛与大洋
河河口之间海域）、石人汪（今石城岛之北庄河口附近）、杏花浦（今
碧流河口东北侧）、桃花浦（今清水河口东北侧）、青泥浦（今大连
市），至马石山（今辽宁旅顺老铁山）东之都里镇（今旅顺），南渡乌
湖海（今渤海海峡），经过乌湖岛、末岛、龟歆岛、大榭岛，皆属今
庙岛群岛，抵达登州（今山东蓬莱），由登州取道至长安。这条朝贡

1　金毓黻：《渤海国志长编》卷 19《丛考》，第 491 页。
2　《新唐书》卷 43 下《地理志七下》，第 1147 页。

道在渤海对唐朝贡史上使用时间最长，发挥作用最大，《新唐书·渤海传》在分述渤海各条交通线时，称其为"朝贡道也"。

第三节　朝唐制度完善期

宣王大仁秀时期，渤海国进入全盛时期，各项制度健全，朝唐制度完善，朝贡活动稳定运行，呈现显著的宪象唐制的景象，社会经济发展，文化繁荣，号称"海东盛国"。

一　全盛时期的朝唐制度

唐宪宗元和三年（808）康王大嵩璘卒后，其子元瑜、言义、明忠相继嗣位，大明忠仅"立一岁死，谥简王"。[1]元和十三年（818），大仁秀继王位，改年号建兴。这年五月，宪宗遣使册封新即位的渤海国王，"以知国务大仁秀为银青光禄大夫、检校秘书监、都督、渤海国王"，这一封爵与宪宗册封大元瑜、大言义的封爵相同（大明忠不及唐册封而卒）。元和十五年（820），唐宪宗卒，穆宗即位，渤海遣使来朝。闰正月，穆宗"加大仁秀金紫光禄大夫、检校司空"。[2]此与顺宗对大嵩璘的加封大致相同。

渤海王位实行嫡长子继承制，大元瑜卒传位于王弟大言义，大言义卒弟大明忠即王位不足一年而卒，大仁秀立为渤海王。大仁秀是明忠的从父，"其四世祖野勃，祚荣弟也"。[3]渤海王位从大祚荣一系转为祚荣弟野勃一系，这在渤海国应是一件大事，背后很可能与政变有关。大嵩璘之后，九年间（809~818）三位渤海王相继去世，王位传承为兄弟相

1　《新唐书》卷 219《渤海传》，第 6181 页。
2　以上引文见《旧唐书》卷 199 下《渤海靺鞨传》，第 5363 页。
3　《新唐书》卷 219《渤海传》，第 6181 页。

及，说明渤海国政局不稳，尤其是大明忠在位时间不足一年，很可能是死于非命，大仁秀凭借手中的权力夺取了王位，但这仅是推测。大仁秀即王位后，渤海政局并没有出现混乱，而是很快进入全盛时期，由此来看大仁秀是一位能文能武的优秀统治者。

安史之乱以后，唐朝逐渐走下坡路，对东北地区羁縻府州的管理日渐松弛。9世纪初，渤海国开始蚕食吞并北部黑水靺鞨，《唐会要·靺鞨》载：“唯郡利、莫曳皆三两部未至。及渤海浸强，黑水亦为其所属。”[1]宪宗元和年间，靺鞨越喜部、虞娄部、黑水部相继停止了对唐朝的朝贡活动。[2]大仁秀时期，“颇能讨伐海北诸部，开大境宇”。[3]黑水都督府大部分地区并入渤海忽汗州都督府的统辖范围，致使唐黑水都督府废止。渤海在新占领的黑水靺鞨地区设置东平、铁利等七府州，府州下统辖的黑水靺鞨部落仍保持原有的首领制度，其社会形态还处于原始社会末期阶段，并保持相对的独立性。[4]《新唐书·渤海传》记载此时渤海“南比新罗，以泥河为境，东穷海，西契丹”，“尽得扶余、沃沮、弁韩、朝鲜海北诸国”。地有5京15府62州，“大抵宪象中国制度”。渤海国势蒸蒸日上，“至是遂为海东盛国”。[5]

文宗大和四年（830），“仁秀死，谥宣王。子新德蚤死，孙彝震立，改年咸和”。[6]大仁秀嫡子早亡，传位给孙大彝震，此后渤海王位在大仁秀一系内传承。大和五年（831）正月，文宗“以权知渤海国王务大彝震为银青光禄大夫、检校秘书监，兼忽汗州都督，册为渤海国王”，[7]命内臣王宗禹为册立使赴渤海。大和六年（832）十二月，“内养王宗禹渤

1　（宋）王溥：《唐会要》卷96《靺鞨》，第1724页。

2　参见程妮娜《古代东北民族朝贡制度史》，第262页。

3　《新唐书》卷219《渤海传》，第6181页。

4　参见本书第六章。

5　《新唐书》卷219《渤海传》，第6179~6182页。

6　《新唐书》卷219《渤海传》，第6181页。

7　（宋）王钦若等编《册府元龟》卷965《外臣部·封册第三》，第11183页。

海使回，言渤海置左右神策军、左右三军一百二十司，画图以进"。[1]看来王宗禹此次去渤海，大约停留了一年有余，不仅奉旨册立渤海王大彝震，还对渤海国情进行了考察。大彝震继承了大仁秀的治政方针，政治稳定，经济发展，继续派遣学生入唐学习唐制，政权的礼仪制度全面唐化。唐文宗《与渤海王大彝震书》曰：

> 敕渤海王大彝震、王子大昌辉等自省表陈贺，并进奉事具悉。卿代袭忠贞，器资仁厚，遵礼义而封部和乐，持法度而渤海晏宁。远慕华风，聿修诚节。梯航万里，任土之贡献俱来，夙夜一心，朝天之礼仪克备。龙庭必会，鲲域何遥。言念嘉猷，岂忘寤叹。勉弘教义，常奉恩荣。今因王子大昌辉等回国，赐卿官告及信物，至宜领之。妃及副王、长史、平章事等，各有赐物，具如别录。[2]

从文宗敕书的内容看，渤海历代王对朝廷忠贞，大彝震治理有方，渤海晏宁。远慕华风，不远万里，任土献贡，朝唐礼仪完备。从大仁秀即王位到大彝震九年，渤海每年遣使朝贡，一般是一年一次，朝贡时间基本在年末或年初，即每年派出贺正使，以尽臣礼，对唐朝贡活动呈现稳定的制度化状态。

安史之乱以后直到唐末，唐朝一直以平卢淄青节度使押领渤海忽汗州都督府，在此期间，幽州仍负有一定的统领忽汗州都督府的职责，"幽州节度府与相聘问"。[3]《唐故殿中监张君墓志》记述了代宗大历年间，张光祚受幽州节度副使朱希彩派遣，"委充入勃［渤］海，使外门辟远傲［徼］通，还加银青光禄大夫、试殿中监"。[4]据欧潭生、王大松考

---

1 《旧唐书》卷 17 下《文宗纪下》，第 547 页。

2 （宋）李昉等编《文苑英华》卷 471《与渤海王大彝震书》，第 2406 页。

3 《新唐书》卷 219《渤海传》，第 6183 页。

4 欧潭生、王大松：《唐代张光祚墓志浅释》，《文物》1981 年第 3 期。

证，张光祚受命往聘渤海的时间是在大历三年到七年（768~772）期间，据前一节表7-4统计，大历四年（769）十二月到七年（772）十二月之间，渤海有三年没来朝贡，张光祚出使渤海后，"使外门辟远傲〔徼〕通"，渤海恢复了朝贡活动，大历八年（773）渤海遣使朝贡五次。张光祚因出使有功，加银青光禄大夫、试殿中监，按唐制，银青光禄大夫为从三品武散官，殿中监，从三品。[1]

文宗大和年间，忽汗州都督、渤海王大彝震遣使来幽州聘问，幽州都督遣使还聘。《张建章墓志》记载了这次双方交聘的过程：

> 渤海国王大彝震遣司宾卿贺守谦来聘。府选报复，议先会主假瀛洲司马朱衣使行。癸丑秋，方舟而东，海涛万里。明年秋杪，达忽汗州，州即挹娄故地。彝震重礼留之，岁换而返。□王大会，以丰货、宝器、名马、文革以饯之。九年仲秋复命。凡所笺、启、赋、诗，盈溢缃帐。又著《渤海记》，备尽岛夷风俗、宫殿、官品，当代传之。[2]

癸丑年（833）为唐文宗大和七年，这年张建章出使渤海。那么大彝震派遣的贺守谦是哪年到达幽州聘问的？中外学界的看法不一，在墓志铭中，这段文字之前涉及时间的内容有："大和四载，博陵歉尤……逾年，李公入觐……星纪（冉）周……"关于大和四年、逾年（为五年），无异议；有争议的是如何理解"星纪（冉）周"。佟柱臣认为是

---

1 《旧唐书》卷42《职官志一》，第1792页。

2 墓志盖刻篆书"唐蓟州刺史兼御史大夫张府君墓志铭"，简称《张建章墓志》。见徐自强《〈张建章墓志〉考》，《文献》1979年第5期。又，李鸿彬《北京出土的（唐）张建章墓志》所录《张建章墓志》中"丰"为"礼"字，故断句不同，为"岁换而返□。王大会以礼，货宝器名马文革以饯之"（《学习与探索》1980年第4期）。张中澍《关于〈张建章墓志〉考释的几点辨析》认为"丰"字误认作"礼"，"货"字成了动词，意转为买宝器、名马、文革赠给张建章，为之践行，恐未必得当（《黑龙江文物丛刊》1983年第3期）。

再过一年，即渤海聘使贺守谦到达幽州府的时间是大和六年（832）。[1]
日本学者古畑徹认为"再周"在唐代的丧制中是"满二年"，"星纪
（冉）周"是过两年，贺守谦到达幽州府的时间是大和七年。[2]笔者采用
后一种看法。大和七年（833），渤海国王大彝震遣司宾卿贺守谦到幽州
来聘，渤海司宾寺相当于唐朝鸿胪寺，管理渤海朝唐事务，以及与相邻
政权、部族的交聘事务。与幽州交聘是渤海朝唐事务中的一部分。司宾
卿贺守谦，从姓名看可能是汉裔渤海人。幽州节度府选张建章假瀛洲司
马为渤海忽汗州都督府还聘使。徐自强认为幽州府还聘渤海需经皇帝批
准，幽州府在纳聘上报后一经批复就即刻还礼。[3]笔者认为幽州府作为
统领忽汗州都督府的地方管理部门，《新唐书·渤海传》所载"幽州节
度府与（渤海）相聘问"是其职权范围内的工作之一，幽州府无论是纳
聘还是还聘都可自主行事。前面所论及的张光祚奉使聘问渤海，是幽州
节度府先遣使聘问渤海，随后，渤海亦当遣使还聘幽州。

癸丑年（833）即唐文宗大和七年秋，张建章由幽州（今北京）出
发，之后"方舟而东，海涛万里"，经由海路到渤海国。佟柱臣认为张建
章大概从幽州府出发，陆行至登州，再"方舟而东"，在旅顺登陆，即走
当年持节宣劳靺鞨使崔忻赴震国的路线。[4]这段水路并不十分遥远，"海涛
万里"当是文学修饰之语。大和八年（834）秋末，张建章到达渤海上京
龙泉府即忽汗州都督府治所。

张建章受到渤海王大彝震的隆重礼遇，第二年才离开，临行时，大
彝震"以丰货、宝器、名马、文革以饯之"，大和九年（835）仲秋张建
章回到幽州。张建章在渤海国停留了数月，回来后，据所见所闻撰写了

---

1 佟柱臣：《〈渤海记〉著者张建章〈墓志〉考》，《黑龙江文物丛刊》1981年第1期。张中澍《张
　建章墓志铭文考释》："以星纪代岁月，星纪再周即又过了一年。"（《博物馆研究》1982年创
　刊号）中国学界多取此说。
2 古畑徹『渤海国と東アジア』第186頁。日本学界多取此说。
3 徐自强：《〈张建章墓志〉考》，《文献》1979年第5期。
4 佟柱臣：《〈渤海记〉著者张建章〈墓志〉考》，《黑龙江文物丛刊》1981年第1期。

《渤海记》一书，其中"备尽岛夷风俗、宫殿、官品"。[1] 宋人撰写《新唐书》《五代会要》等皆从中取材。

　　唐文宗大和四年（830）大彝震即王位，翌年，改年号"咸和"。[2] 大和六年或七年便遣使至幽州府聘问。这透露出一个非常重要的信息，即渤海新王继立后，需遣使至幽州府聘问告知。这可能是安史之乱以后，渤海朝唐制度中的一个组成部分。现将渤海朝唐制度完善期即大仁秀、大彝震时期渤海朝唐活动与唐朝对渤海王的册封统计如下（表 7-7）。

表 7-7　渤海国朝唐制度完善期朝贡活动与唐朝册封一览

唐帝	纪年	渤海王	月份	朝贡活动	文献出处
宪宗	元和十三年（818）	宣王建兴元年	五月	以知国务大仁秀为银青光禄大夫、检校秘书监、都督、渤海国王	《旧唐书》卷 199 下
穆宗	元和十五年（820）	三年	闰正月	穆宗即位，于麟德殿宴赐渤海朝贡使等有差 遣使来朝，加大仁秀金紫光禄大夫、检校司空	《册府元龟》卷 976；《旧唐书》卷 199 下
			十二月	渤海复遣使朝贡，上于麟德殿，宴赐有差	

1　刘晓东《张建章〈渤海记〉卷目及其相关问题》认为《渤海记》可能分为"风俗""宫殿""官品"三卷（《北方文物》1990 年第 4 期）。古畑徹不赞同刘文的观点，认为作为使者的见闻录，首先要写奉使目的地的沿革、王系、境域、形势等，其次才是对宫殿、制度、风俗的叙述（『渤海国と東アジア』第 191 頁）。

2　金毓黻《渤海国志长编》卷 19《丛考》首次对渤海纪年进行详细考订，认为渤海诸嗣王纪年实行逾年改元（第 479~480 页）。孙玉良《渤海纪年补订》根据出土的《贞孝公主墓志》中文王纪年考证认为大钦茂是即位当年改元，提出渤海纪年为当年改元说（《社会科学战线》1982 年第 1 期）。阎万章《〈大彝震遣使聘日年代考〉商榷》通过对《咸和十一年中台省致日本太政官牒》的日期考证，发现大彝震是即位翌年改元（《北方文物》1992 年第 2 期）。对此，刘晓东《渤海纪年再考订》认为渤海仿效唐朝嗣君改元法，前期起自大武艺，止于大仁秀，实行即位当年改元法，后期起自大彝震，止于末王，实行即位翌年改元法（《历史研究》1996 年第 4 期）。本书渤海纪年采用刘说。

续表

唐帝	纪年	渤海王	月份	朝贡活动	文献出处
穆宗	长庆元年（821）	四年		遣慎能至、王侄大公则朝唐，授金吾将军，放还蕃	《元氏长庆集》卷49
	长庆二年（822）	五年	正月	对渤海使者于麟德殿，宴赐有差	《册府元龟》卷976
	长庆三年（823）	六年		遣大定顺、王侄大多英朝唐，授诸卫将军，放还藩	《元氏长庆集》卷49
	长庆四年（824）	七年	二月	渤海送备宿卫大聪叡等五十人入朝	《旧唐书》卷17上
敬宗	宝历元年（825）	八年	三月	渤海遣使朝贡	《册府元龟》卷972
	宝历二年（826）	九年	正月	渤海遣使朝贡	《册府元龟》卷972
文宗	大和元年（827）	十年	四月	御麟德殿，对渤海使者十一人，宴赐有差	《册府元龟》卷976
	大和二年（828）	十一年	十二月	渤海遣使朝贡，并诏对于麟德殿，宴赐有差	《册府元龟》卷976
	大和三年（829）	十二年	十二月	渤海遣使朝贡	《册府元龟》卷972
	大和四年（830）	十三年	十二月	仁秀卒，子新德早死，孙彝震立。渤海遣使朝贡，召于麟德殿，宴赐有差	《新唐书》卷219；《册府元龟》卷976
	大和五年（831）	大彝震咸和元年	正月	以权知国务大彝震为银青光禄大夫、检校秘书监、都督、渤海国王。派遣内养王宗禹出使册封	《旧唐书》卷199下、17下
	大和六年（832）	二年	二月	麟德殿对入朝渤海王子大明俊等六人，宴赐有差	《册府元龟》卷976
	大和七年（833）	三年	正月	渤海王遣同中书右平章事高宝英来谢策命，学士解楚卿、赵孝明、刘宝俊同行	《册府元龟》卷999、976
			二月	麟德殿对渤海王子大光晟等六人宴赐有差	
	大和中			渤海王大彝震子大昌辉等自省表陈贺并进奉事	《文苑英华》卷471

唐帝	纪年	渤海王	月份	朝贡活动	文献出处
文宗	开成元年（836）	六年	十二月	渤海遣使朝贡	《册府元龟》卷972
	开成二年（837）	七年	正月	上御麟德殿，对贺正渤海王子大明俊等一十九人，赐宴有差	《册府元龟》卷976
	开成三年（838）	八年	二月	上御麟德殿对入朝渤海使等，各赐锦彩、银器有差	《册府元龟》卷976
	开成四年（839）	九年	十二月	渤海王子大延广朝贡	《册府元龟》卷972
武宗	会昌六年（846）	十六年	正月	己未，渤海遣使入朝，对于麟德殿 己丑，渤海王子大之萼入朝	《旧唐书》卷18上
宣宗	大中年间（847~857）			渤海王子归国	《全唐诗》卷583

二 朝唐使、使团人数与互市

渤海朝唐制度完善期（818~857），是渤海国最为繁盛时期，但唐朝自安史之乱后开始走下坡路，对东北边地统治越来越疏松。唐朝在东北地区设置的羁縻府州，此时只有渤海忽汗州都督府还存在，其他在契丹、奚、室韦、黑水靺鞨地区设置的羁縻都督府都相继废止。从表7-7统计内容看，从大仁秀即王位（818）到大彝震咸和九年（唐文宗开成四年，839），22年间渤海几乎是每年遣使朝贡一次，个别年份有朝贡两次，十分稳定。然而，大彝震咸和十年到十五年（840~845）六年间没见到渤海朝贡的记载，直到大彝震咸和十六年（846）才见渤海遣使朝贡的一次记载，之后直到大彝震卒，这期间仅见一次渤海遣使朝贡，具体年份尚不清楚。为什么会出现这种现象？这与史籍保存的状况有关。现存关于渤海国朝唐活动的史料主要见于《册府元龟》，岑仲勉在《唐史余沈》中指出："元龟之文，多采唐代实录……唐武宗以下，实录或佚或阙，故元龟常采用他种编年以弥补之。"[1] 武宗以后《唐实录》或佚或缺，而其他史籍相关记载寥寥，导致 840 年以后渤海国朝唐活动几乎不见于《册府元龟》。显然，大彝震咸和十年（840）以后渤海朝唐贺正活动骤减，并非渤海朝唐活动锐减，而是史籍缺载。

1. 朝唐使

这一时期渤海朝唐使中常使有贺正使、告哀使、谢恩使，泛使有质子入唐使、入唐求学使，几乎不见其他临时入唐使。

贺正使　据表 7-7 的统计，渤海遣使朝贡的时间绝大多数在正月、二月、十二月，这几个月份的朝唐使应是贺正使。渤海宣王大仁秀建兴四年（821）、六年（823）两次遣使没有记载朝贡具体月份，然据唐人元稹所撰唐穆宗长庆元年（821）《青州道渤海慎能至王侄大公则等授金吾将军放还蕃制》所载"敕慎能至、王侄大公则等：洲东之国，知义之道，与华夏同风者，尔辈是也。冒越深阻，和会于庭。予嘉乃诚，命以崇秩。用奋威卫，保尔恩荣。无怠无违，永作藩服"。[2] 其中"和会于庭"可能是指贺正大典。考之《册府元龟》，元和十五年（820）"十二月，渤海复遣使朝贡"，[3] 但翌年渤海遣使朝贡的事宜缺载。从时间上推测，长庆元年放还蕃的渤海使臣慎能至、王侄大公则可能是参加元和十五年唐朝贺正大典的贺正使。《册府元龟》记载了长庆二年（822）正月渤海遣使朝贡，但贺正使佚名，同样缺载长庆三年渤海朝贡的信息，元稹所撰长庆三年（823）《青州道渤海大定顺王侄大多英等授诸卫将军放还蕃制》不仅可补《册府元龟》记载的缺失，从渤海王以大定顺、王侄大多英为使者的人员配备看，与长庆元年十分相似，故推测二人可能也是贺正使。

1　岑仲勉：《唐史余沈》卷 4《杂述》"册府元龟多采唐实录及唐年补录"条，中华书局，2004，第 235 页。

2　（唐）元稹：《元氏长庆集》卷 49《制诰》，《四库唐人文集丛刊》本，上海古籍出版社，1994，第 245 页。

3　（宋）王钦若等编《册府元龟》卷 972《外臣部·朝贡第五》，第 11251 页。

在这一时期朝唐使中贺正使占绝大多数。明确冠有"贺正"使职的渤海贺正使是"贺正王子"大明俊，他于渤海王大彝震咸和二年（832）、七年（837）两次为朝唐贺正使。另外依据朝贡时间推定贺正使中还有两位王子，为咸和九年（839）入朝的王子大延广、十六年（846）入朝的王子大之萼，他们亦应是"贺正王子"。此外，咸和三年（833）初渤海有两批使者朝唐，一是同中书右平章事高宝英来谢唐朝对大彝震的策命，二是渤海王子大光晟率领的使团，从这一时期渤海派遣王子贺正的惯例看，大光晟极可能是"贺正王子"。大彝震末年，唐宣宗大中年间朝唐的渤海王子，也不排除是"贺正王子"。

综上，渤海贺正使姓名见于记载的有八人，其中渤海贺正王子有四人（5人次），大明俊（832、837）、大光晟（833）、大延广（839）、大之萼（846）；王侄为两人，大公则（821）、大多英（823）；王室贵族大定顺（823）；渤海大臣慎能至（821）。从后大定顺、慎能至的地位高于王侄看，他们应是渤海国的高官显贵。在已知姓名的贺正使中王族占八分之七，可见贺正是渤海朝唐制度中最为重要的一环。

文宗时常在麟德殿亲自召见渤海使臣，并封官、回赏、赐宴。目前仅见三份唐穆宗长庆年间（821~824）唐帝赐予渤海使的敕书，除了前面引用的《青州道渤海慎能至王侄大公则等授金吾将军放还蕃制》外，现将另外两份兹录于下。

《青州道渤海大定顺王侄大多英等授诸卫将军放还蕃制》：

> 敕大定顺、王侄大多英等：我十有二卫将军以率其属，皆匡备左右，为吾近臣，自非勋庸，不以轻授。以汝各赞琛照，劳于梯航，俾耀远人，宜示恩宠。归抚尔类，知吾劝来。[1]

《渤海王子加官制》：

---

1 （唐）元稹：《元氏长庆集》卷49《制诰》，第245页。

　　敕：渤海王子：举国内属，遣子来朝。祗命奉章，礼无违者。
夫入修贡职，出锡爵秩。兹惟旧典，举而行之。[1]

　　长庆年间正是渤海国的鼎盛时期，唐人称其"知义之道，与华夏同
风"。这些往来于渤海与长安的渤海王子、王弟们，通常是主持渤海军
政的重臣，他们在唐朝结交了官员、文人。宣宗大中年间，温庭筠《送
渤海王子归本国》诗表达了唐朝文人与渤海王子的友谊：

　　　　疆理虽重海，车书本一家。

　　　　盛勋归旧国，佳句在中华。

　　　　定界分秋涨，开帆到曙霞。

　　　　九门风月好，回首即天涯。[2]

　　在唐朝制度和文化的熏陶下，渤海王族贵种培养了与唐朝的亲近
感和认同感，他们在全面模仿唐制改革、建设渤海的各种礼仪制度的
过程中发挥了重要作用。同时他们对渤海政权奉行臣服唐朝的国策、
承担羁縻府州的职责起到了推动作用。这也是唐朝能在渤海地区长期
保持羁縻的重要原因之一。

　　告哀使　这一时期有两位告哀使：一是唐宪宗元和十三年（818）
渤海简王大明忠卒后，《册府元龟》记载，这年五月，新继任的渤海王
大仁秀"遣使告哀。诏以知国务大仁秀为国王"；[3] 二是唐文宗大和四年
（830），渤海宣王大仁秀卒后，孙大彝震即王位，渤海遣使告哀。两位
告哀使的姓名与官职、身份无记载。

　　谢恩使　这一时期至少有三位谢恩使，宣王大仁秀即王位之初，

1　（唐）白居易：《白居易全集》卷52《中书制诰五》，第729页。

2　（唐）温庭筠：《送渤海王子归本国》，（清）彭定求等编《全唐诗》卷583，第6756页。

3　（宋）王钦若等编《册府元龟》卷967《外臣部·继袭第二》，第11202页。

唐朝有两次册封：一是在唐宪宗元和十三年（818）唐朝册封大仁秀为"银青光禄大夫、检校秘书监、都督、渤海国王"；二是元和十五年（820）闰正月穆宗即位，"加大仁秀金紫光禄大夫、检校司空"。[1]在两次册封之间，渤海有遣使朝贡：元和十五年正月渤海使正在长安，穆宗即位后，为大仁秀加官，当年十二月，"渤海复遣使朝贡"。[2]此外，大彝震时期唐朝有一次册封，唐文宗于大和五年（831）遣使册封大彝震为渤海国王。大和六年，大彝震派遣渤海王子大明俊等六人入唐朝贡。大和七年，大彝震"遣同中书右平章事高宝英来谢策命"。[3]大彝震于大和五年受唐册封，六年遣王子大明俊朝唐，七年才派谢恩使高宝英入朝，似乎不合情理。大彝震受册封官爵与大仁秀第一次受册封的官爵相同，是否之后又得到了文宗加封，再次遣使谢恩？并非不可能。

总之，有迹可循的三位谢恩使只有一位有具体记载，即同中书右平章事高宝英，高宝英可能是高句丽裔渤海人。中台省，为渤海中央三省之一，相当于唐朝中书省。高宝英的官职中"同中书"，金毓黻认为是比拟唐制的用语，"中书"即"中台"。[4]"同中书"即"同中台"，为中台省副长官。

质子入唐使　见于记载的质子入唐使只有一人，《旧唐书·敬宗纪》载长庆四年（824）二月，渤海王大仁秀"送备宿卫大聪叡等五十人入朝"。同书《渤海靺鞨传》载："（长庆）四年二月，大睿等五人来朝，请备宿卫。"[5]《渤海靺鞨传》记载的姓名有缺字，当以《纪》为是。大聪叡是王族，按以往惯例，作为质子的人非渤海王子即渤海王弟，估计大聪叡的身份也是如此。

唐朝对渤海国实行纳质，主要是为了通过制约渤海王来控制渤海政

1　《旧唐书》卷 199 下《渤海靺鞨传》，第 5363 页。

2　（宋）王钦若等编《册府元龟》卷 972《外臣部·朝贡第五》，第 11251 页。

3　《旧唐书》卷 199 下《渤海靺鞨传》，第 5363 页。

4　金毓黻：《渤海国志长编》卷 15《职官考》，第 337 页。

5　《旧唐书》卷 17 上《敬宗纪》，第 507 页；卷 199 下《渤海靺鞨传》，第 5363 页。

权。而大仁秀时期从中央到地方礼仪制度宪象唐制，官僚体系完善，已
不是简单地通过渤海王就可以统治渤海政权的国家形态，除非有特别原
因渤海主动纳质，否则唐朝不会再要求渤海纳质子。或者"送备宿卫"
为衍字，大聪叡可能是贺正王子或王弟。如果这一推测成立，自大仁秀
时期开始，渤海朝唐贺正使中王族子弟的比重大增，出现"贺正王子"
名号的原因便可明了了。

入唐求学使　自文王大钦茂时起，诸渤海王"数遣诸生诣京
师太学，习识古今制度"，[1] 到这一时期，渤海人仰慕、学习唐文
化已成风尚，派遣求学使更为频繁。《册府元龟·外臣部·请求》
记载：

> 文宗太［大］和七年春正月己亥，银青光禄大夫、检校秘书
> 监、忽汗都督国王大彝震奏：遣学士解楚卿、赵孝明、刘宝俊三
> 人附谢恩使同中书右平章事高赏英赴上都学间，先遣学生李居正、
> 朱承朝、高寿海等三人，事业稍成，请准例递乘归本国，许之。[2]

《唐会要·附学读书》记载：

> （开成）二年三月，渤海国随贺正王子大俊明［明俊］，并入
> 朝学生，共一十六人。敕渤海所请生徒习学，宜令青州观察使放
> 六人到上都，余十人勒回。[3]

文宗大和七年（833）以前，渤海已经派遣李居正、朱承朝、高寿
海三位学生入唐，入唐时间当有两三年。渤海王臣认为他们"事业稍

1　《新唐书》卷 219《渤海传》，第 6182 页。
2　（宋）王钦若等编《册府元龟》卷 999《外臣部·请求》，第 11560 页。"高赏英"，《旧唐书》
　　卷 199 下《渤海靺鞨传》作"高宝英"（第 5363 页）。
3　（宋）王溥：《唐会要》卷 36《附学读书》，第 668 页。

成"，再遣解楚卿、赵孝明、刘宝俊三位学生，随同谢恩使同中书右平章事高赏英入唐。朝唐使请求唐允许李居正等三人"准例递乘归本国"。开成二年（837）正月，渤海派出十六人的"生徒习学"队伍，随同贺正王子大明俊入唐，[1] 进入青州，唐朝仅允许六位学生随大明俊入京学习，令其他十人归国。比之前渤海每次派遣三位学生入唐，这次十六人的学生队伍超过之前数倍，唐虽仅"放六人到上都"，与大和年间相比也增加了一倍。

这些学有所成的渤海学子，成为唐文化在渤海的传播者和实践者。在渤海与日本交聘时，渤海使者因具有很高的文化水平而受到日本君臣的青睐，他们与日本接待使们以唐诗的形式唱和往来，成为一时佳话。可见渤海虽远在北疆，却发展成为与"华夏同风"的"海东盛国"。

2. 使团人数与互市

渤海朝唐使团的规模据表 7-7 统计有五例。其中大仁秀建兴七年（穆宗长庆四年，824）渤海送备宿卫大聪叡等 50 人入朝，与前一期规模相同。其他四例入朝人数都较少，6 人 2 次，11 人、19 人各 1 次，但应注意到这四次记载的都是唐帝在麟德殿召见、赐宴渤海使者的人数。从日本史籍记载渤海派往日本的使团规模看，一般在百人左右，渤海朝唐使团规模不会小于赴日使团。[2] 这种现象或是因唐朝规定渤海使团入京人数减少，或是因在京师皇宫麟德殿受到唐帝召见、赐宴渤海使者的人数为 6~10 人。唐朝对渤海入朝学生的人数也有限制，如文宗开成二年（837）三月，"渤海国随贺正王子大俊明 [明俊]，并入朝学生，共一十六人。敕渤海所请生徒习学，宜令青州观察使放六人到上都，余

1　（宋）王钦若等编《册府元龟》卷 976《外臣部·褒异第三》："（开成）二年正月癸巳，上御麟德殿，对贺正南诏洪龙君三十人、渤海王子大明俊等一十九人，赐宴有差。"（第 11298 页）

2　日本学者酒寄雅志在「渤海の遣唐使」（『專修大学東アジア世界史研究センター年報』第 4 号、2010）中认为渤海使团无定员，遣唐使的人数从 6 人到 120 人不等。然从前文的考察看，自渤海朝唐制度建立初期起，朝唐使团的人数基本在百人左右，并非没有定数。

十人勒回"。[1]在唐登州都督府城南街，东有渤海馆，[2]渤海朝贡使团的大部分人留在这里，一面等入京朝贡者回来，一面在这里进行互市贸易。

与唐互市贸易对渤海而言，具有支撑社会经济发展的重要作用。渤海朝贡使进行互市贸易的地点，一是在京师，另一是在管辖其朝贡事务的边地府州，如代宗大历年间，平卢淄青节度观察海运押新罗、渤海两蕃等使李正己，"市渤海名马，岁不绝"。[3]文宗开成元年（836）六月，淄青节度使奏："新罗、渤海将到熟铜，请不禁断。"[4]开成四年（839）八月，日本圆仁和尚在青山浦见到"有渤海交关船同泊彼浦"，[5]这应是随渤海朝贡使到青州一带进行贸易的渤海贸易船。互市作为朝贡活动的一部分，加强了双方经济往来，在客观上也强化了羁縻府州对唐廷的政治隶属关系。

第四节　朝唐制度衰落期
——附五代时期渤海国朝贡活动

9 世纪下半叶，随着唐朝衰落渤海也逐步走向衰落，受唐朝大环境的影响，渤海朝唐活动减少，朝唐制度进入衰落期。唐朝灭亡后，由于东北西部边地契丹人崛起，渤海国急切寻求外部支持，先后与北方的后梁、后唐建立朝贡关系，一度衰落的朝贡制度重新振作，直到 926 年契丹灭亡渤海。

1　（宋）王溥：《唐会要》卷 36《附学读书》，第 668 页。

2　〔日〕圆仁：《入唐求法巡礼行记》，上海古籍出版社，1986，第 86 页。

3　《新唐书》卷 213《李正己传》，第 5990 页。

4　（宋）王钦若等编《册府元龟》卷 999《外臣部·互市》，第 11562 页。

5　〔日〕圆仁：《入唐求法巡礼行记》，第 67 页。

一　衰落时期的朝唐制度

唐宣宗大中十一年（857）渤海王大彝震卒，弟大虔晃继立，遣使赴唐告哀。大中十二年，宣宗"以渤海国王弟权知国务大虔晃为银青光禄大夫、检校秘书监、忽汗州都督，册为渤海国王"。[1] 大虔晃在位 14 年而卒，唐懿宗咸通十二年（871），孙大玄锡即位。《日本三代实录》载，清和天皇贞观十五年（873）五月，"太宰府言：去岁三月十一日，不知何许人，舶二艘载六十人，漂着萨摩国甑岛郡，语言难通，问答何用。其首崔宗佐、大陈润等，自书曰：宗佐等渤海国人，彼国王差入大唐，贺平徐州。海路浪险，漂荡至此"。[2] 虽未见唐帝册封的记载，但渤海遣使入唐"贺平徐州"，说明渤海与唐朝之间保持着羁縻朝贡的隶属关系，大玄锡何时受唐朝的册封，史籍缺载。大玄锡在位 22 年而卒，唐昭宗景福二年（893）大玮瑎立，大玮瑎与大玄锡是何关系，不见记载。渤海遣使告哀，"乾宁二年（895）十月，赐渤海王大玮瑎敕书，翰林称加官合是中书撰书意，咨报中书"，[3] 但未载册封的具体官爵。大玮瑎在位 14 年而卒，唐哀帝天祐四年（907）大諲譔即位，大諲譔与大玮瑎是何关系，同样不见记载。同年，唐朝灭亡，大諲譔没有得到唐朝的册封。按照唐朝的惯例，大玄锡、大玮瑎受唐朝册封的官爵应与大虔晃相同。

唐末，北方藩镇割据，政局不稳。9 世纪中叶以后，继江淮地区以裘甫为首的反唐势力被剿灭后，黄河流域又爆发了王仙芝、黄巢领导的大规模反唐斗争。朝廷内外宦官、大臣、地方藩镇各种势力交织在一起，相互倾轧，中原地区战乱不已。在这种形势下，渤海的朝唐活动有所减少，从大虔晃元年（858）到大玮瑎十三年（906），近 50

1　《旧唐书》卷 18 下《宣宗纪》，第 643 页。
2　藤原时平等『日本三代実録』卷 23、日本清和天皇貞観十五年（873）五月、第 373 頁。
3　（宋）王溥：《唐会要》卷 57《翰林院》，第 984 页。

年见于中外史籍与渤海朝唐活动相关的记载仅数条，现统计如下（表7-8）。

表 7-8　渤海国朝唐制度衰落期的朝唐活动一览

唐帝	纪年	渤海年号	月份	朝贡活动	文献出处
宣宗	大中十二年（858）	大虔晃元年	二月	以渤海国王弟权知国务大虔晃为银青光禄大夫、检校秘书监、忽汗州都督，册为渤海国王	《旧唐书》卷18下
懿宗	咸通十三年（872）	大玄锡元年	三月	遣崔宗佐、大陈润朝唐贺平徐州。海中遇风，漂到日本	《日本三代实录》卷23
昭宗	乾宁二年（895）	大玮瑎二年	十月	赐渤海王大玮瑎敕书，翰林称加官合是中书撰书意，咨报中书	《唐会要》卷57
	乾宁四年（897）	四年		渤海贺正王子大封裔，进状请许渤海居新罗之上	《谢不许北国居上表》
懿宗昭宗	？	？		高元固中渤海宾贡	《全唐诗》卷709
懿宗昭宗	？	？		渤海人回国	《全唐诗》卷833
哀帝	天祐三年（906）	大玮瑎十三年		遣宰相乌炤度朝唐，子光赞同年及第	《高丽史》卷92

从表7-8统计的内容看，至少有四条记载可以考证出一些不见记载的渤海朝唐活动。

（1）《旧唐书·宣宗纪》记载，大中十二年（858）二月，"以渤海国王弟权知国务大虔晃为银青光禄大夫、检校秘书监、忽汗州都督，册为渤海国王"。[1] 在唐朝册封渤海新王大虔晃之前，渤海无疑已遣使入唐告哀。唐册封后，按渤海朝唐制度，渤海会遣使谢恩，如此则至少有两次渤海朝唐活动不见记载。

---

1 《旧唐书》卷18下《宣宗纪》，第643页。

（2）《日本三代实录》记载，清和天皇贞观十五年（873）五月，"太宰府言：去岁三月十一日，不知何许人，舶二艘载六十人，漂着萨摩国甑岛郡，语言难通，问答何用。其首崔宗佐、大陈润等，自书曰：宗佐等渤海国人，彼国王差入大唐，贺平徐州。海路浪险，漂荡至此"。[1] 唐懿宗咸通九年（868）爆发庞勋之乱，《旧唐书·懿宗纪》载：咸通十年（869）九月，"初，庞勋据徐州，仓库素无贮蓄，乃令群凶四出，于扬、楚、庐、寿、滁、和、兖、海、沂、密、曹、濮等州界剽牛马挽运粮糒，以夜继昼……首尾周岁，十余郡生灵，受其酷毒，至是尽平"。[2] 庞勋之乱阻断了渤海朝唐使赴长安的朝贡道，咸通十二年（871），大玄锡继位，咸通十三年（872）遣使"入大唐，贺平徐州"，或许这时渤海的朝贡道才通畅，朝唐使崔宗佐、大陈润因"海路浪险"漂荡到日本。渤海王继位后，一定要得到唐朝的册封，因此渤海还会再遣使入唐。唐朝对大玄锡的册封可能在僖宗朝，大玄锡得到册封后，同样会派谢恩使。因此，还应有两次渤海朝唐活动不见记载。

（3）唐昭宗乾宁二年（895）十月赐渤海王大玮瑎敕书，在此之前，渤海当已遣使告哀，渤海新王大玮瑎得到册封后，按惯例亦应遣使谢恩。故在此前后应有两次渤海朝唐活动不见记载。

（4）《高丽史·崔彦㧑传》记载："新罗末，年十八，游学入唐，礼部侍郎薛廷珪下及第，时淳［渤］海宰相乌炤度子光赞同年及第，炤度朝唐，见其子名在彦㧑下，表请曰：'臣昔年入朝登第，名在李同之上，今臣子光赞，宜升彦㧑之上。'以彦㧑才学优赡，不许。"[3] 渤海宰相乌炤度朝唐的时间，金毓黻考证是在唐哀帝天祐三年（906），[4] 乌炤度所上之表中曰"臣昔年入朝登第"，说明乌炤度曾作为入唐学生在唐朝科举及第。时间或在十九年之前，故有一次渤海朝唐活动漏载。

1　藤原時平等『日本三代実録』巻 23、日本清和天皇貞観十五年（873）五月、第 373 頁。

2　《旧唐书》卷 19 上《懿宗纪》，第 670 页。

3　〔朝鲜〕郑麟趾等：《高丽史》卷 92《崔彦㧑传》，第 2870 页。

4　金毓黻：《渤海国志长编》卷 10《乌炤度传》，第 226 页。

通过上文的考察，至少有七次渤海朝唐活动失载。由此推测在渤海王大虔晃、大玄锡、大玮瑎时期，近 50 年间朝贡活动应在 20 次以上。这一时期渤海的朝唐使中常使有贺正使、告哀使、谢恩使，泛使有入唐求学使等，不见质子入唐使。

贺正使 新罗人崔致远在《谢不许北国居上表》中曰："去乾宁四年（897）七月，渤海贺正王子大封裔，进状请许渤海居新罗之上。"[1] 渤海与新罗使臣争席次，请求唐廷把渤海席位调到新罗之上，没有得到唐廷的许可。此时已是唐朝末年，说明渤海始终向唐朝派遣贺正使，但在唐末动荡的形势下，如出现庞勋之乱时期，当有若干年不能遣使贺正。904 年藩镇朱温将唐昭宗迁到其控制的东都洛阳，不久弑君另立昭宗子李柷为帝，即唐哀帝。天祐三年（906）六月壬辰，哀帝诏曰："新罗、渤海外国远戎，奔程以至新都入贡，不亏于旧典。"[2] 所谓"旧典"应指"贺正"，渤海宰相乌炤度这年至洛阳朝贡，是渤海国派遣的最后一位朝唐贺正使。渤海王大玮瑎之子大封裔、宰相乌炤度任贺正使，说明渤海一直以身份尊贵的王族或高官担任贺正使。

告哀使与谢恩使 在渤海老王去世，新王即位时派遣告哀使，请求唐朝册封，在新王受唐朝册封后遣使入唐谢恩，是渤海朝唐制度的重要内容。这一时期有三位老渤海王去世，三位新渤海王继位，渤海各派三位告哀使和三位谢恩使（参见前文），但诸位告哀使和谢恩使的身份不见记载。

入唐求学使 从表 7-8 统计的内容看，有高元固、乌炤度、乌光赞三位渤海学子在唐朝中渤海宾贡。他们先是以学生身份入唐，从前一时期入唐学生通常是随贺正使一起入唐看，这一时期大致也应如此。在唐渤海学子可以参加科考，乌炤度、乌光赞父子二人先后科考中举，可

1 〔新罗〕崔致远：《谢不许北国居上表》，《崔致远全集》，第 546 页。

2 （宋）王钦若等编《册府元龟》卷 65《帝王部·发号令第四》，第 691 页。

谓一时美谈。渤海文人倾慕唐文化，与唐朝文人也结下了深厚的友谊。唐末著名诗人徐夤云："渤海宾贡高元固先辈闽中相访，云本国人写得夤斩蛇剑御沟水，人生几何赋，家皆以金书，列为屏障，因而有赠。"并赋诗赠与渤海宾贡高元固：

> 折桂何年下月中，闽山来问我雕虫。
>
> 肯销金翠书屏上，谁把刍荛过日东。
>
> 郯子昔时遭孔圣，鬷余往代讽秦宫。
>
> 嗟嗟大国金门士，几个人能振素风。[1]

据高元固所说，渤海人喜爱徐夤的诗，以金书列为屏障，可见唐文化在渤海国十分盛行。

唐朝末年局势动荡，王朝统治逐渐分崩离析，在这种形势下，渤海朝唐贡道受到阻碍，渤海的朝贡活动亦必然会受到影响。尽管渤海国仍实行朝唐制度，朝唐活动一直延续到唐朝灭亡，但这一时期朝唐活动减少，朝唐制度处于日渐衰落的状态，这在客观上影响了渤海社会经济、文化的发展。随着唐朝的没落，渤海也逐渐衰落下来。

二　五代时期渤海国对中原王朝的朝贡制度

907年唐朝灭亡，进入五代时期。907年即位的渤海末代王大諲譔开始积极遣使向中原王朝朝贡，朝贡活动一直持续到渤海灭亡的前夜。现将五代时期渤海国对中原王朝的朝贡活动统计如下（表7-9）。

---

1 （唐）徐夤：《赠渤海宾贡高元固》，（清）彭定求等编《全唐诗》卷709，第8162~8163页。

表 7-9　渤海国对后梁、后唐的朝贡活动一览

皇帝	纪年	渤海王	月份	朝贡活动	文献出处
后梁太祖	开平元年（907）	大諲譔	五月	渤海王子大昭顺贡海东物产	《册府元龟》卷972
	二年（908）	元年	正月	渤海国朝贡使殿中少令崔礼光已下，各加爵秩，并赐金帛有差	《册府元龟》卷976
	三年（909）	二年	三月	渤海王大諲譔差其相大诚谔朝贡，进儿女口及物貂鼠皮、熊皮等	《册府元龟》卷972
	乾化元年（911）	四年	八月	渤海国遣使朝贺且献方物	《册府元龟》卷972
	二年（912）	五年	正月	渤海王子大禹谟来朝贡	《册府元龟》卷972、976
			五月	渤海王大諲譔差王子大光赞景帝表，并进方物	
			闰五月	诏以分物、银器赐渤海进贡首领以下，遣还其国	
吴越太祖	太祖年间			遣使册渤海王	《新五代史》卷67
后唐庄宗	同光二年（924）	十七年	正月	渤海国王大諲譔遣使侄元让贡方物	《册府元龟》卷972、976
			五月	赐渤海朝贡使大元让等分物有差	
			八月	渤海朝贡使王侄、学堂亲卫大元谦可试国子监丞	
	三年（925）	十八年	二月	渤海国王大諲譔遣使裴璆贡人参、松子、昆布、黄明细布、貂鼠皮被一、褥六、发、靴、革、奴子二	《册府元龟》卷972、976
			五月	以渤海国入朝使政当［堂］省守和部少卿赐紫金鱼袋裴璆可右赞善大夫	
明宗	天成元年（926）	十九年	四月	渤海国王大諲譔遣使大陈林等一百一十六人朝贡，进儿口、女口各三人，人参、昆布、白附子及虎皮等	《册府元龟》卷972
			七月	渤海国使大昭佐等六人朝贡	

　　据表 7-9，907~912 年，六年间渤海向后梁遣使朝贡七次。渤海王
大谭譔即位之年（梁太祖开平元年，907）五月，"渤海王子大昭顺贡海
东物产"。这是渤海与后梁首次交往。元年、二年、五年渤海前后派出
殿中少令崔礼光、相大诚谔、王子大禹谟出使后梁，从时间看，应是贺
正使。其他三次遣使皆为贡方物使。渤海向后梁派遣的朝贡使有五人的
姓名、身份见于记载，其中王子三人：大昭顺、大禹谟、大光赞；官
员两人：相大诚谔（王族）、殿中少令崔礼光。贡纳貂鼠皮、熊皮、男
女奴婢口等。后梁对渤海使加爵秩，赐金帛、银器等物。大谭譔即王位
时，因唐朝灭亡，他没有得到唐廷的册封。从渤海向后梁派遣的朝贡使
的身份看，或贵为王子，或官至宰相、高官，其用意可能与请求册封有
关，但似乎没有达到目的。然新旧《五代史》记载吴越太祖钱镠时期，
"伪行制册，加封爵于新罗、渤海，海中夷落亦皆遣使行封焉"；[1] "遣
使册新罗、渤海王，海中诸国，皆封拜其君长".[2] 据此渤海王大谭譔受
到吴越的册封，但具体内容不详。

　　9 世纪末 10 世纪初，渤海的西邻契丹人勃兴，916 年耶律阿保机称
帝建元神册，给渤海国带来威胁。924~926 年三年间渤海向后唐遣使朝
贡五次，在渤海灭亡的当年，后唐明宗天成元年（926）"四月，渤海国
王大谭譔遣使大陈林等一百一十六人朝贡，进儿口、女口各三人，人
参、昆布、白附子及虎皮等"。七月，"渤海国使大昭佐等六人朝贡"。[3]
此时渤海已经灭亡，大陈林等 116 人，当是渤海灭亡前夕派出的最后一
批朝贡使。大昭佐等六人朝贡，则有可能是渤海灭亡后残存势力的朝
贡使。

　　渤海向后唐派出的五次朝贡正使分别是：渤海王子大元让（924）；
王侄大元谦（924）、王族大陈林（926）、大昭佐（926）；大臣政堂省

1　《旧五代史》卷 133《钱镠传》，中华书局，1976，第 1768 页。

2　《新五代史》卷 67《吴越世家第七·钱镠》，中华书局，1974，第 840 页。

3　（宋）王钦若等编《册府元龟》卷 972《外臣部·朝贡第五》，第 11254 页。

守和部少卿裴璆（925）。[1]渤海的贡品，裴璆出使时"贡人参、松子、昆布、黄明细布、貂鼠皮被一、褥六、发、靴、革、奴子二"。大陈林出使时"进儿口、女口各三人，人参、昆布、白附子及虎皮等"。[2]就渤海一次贡品的数量和种类而言，应属较为丰厚了。渤海王大諲譔接连派遣王子、王侄携丰厚贡品出使后唐，表明在契丹咄咄逼人的态势下，渤海急需得到中原王朝的支持和保护。但是，唐朝灭亡，中原陷于分裂，割据政权自顾不暇，无力顾及渤海国。926 年正月，辽太祖耶律阿保机率军攻破渤海上京龙泉府，"驾幸城中，諲譔请罪马前。诏以兵卫諲譔及族属以出，祭告天地"。[3]渤海国灭亡，渤海的朝唐（朝贡）制度随之废止。

余　论

渤海国于 698 年建国，713 年纳入唐朝羁縻府州体系，逐步建立起朝唐制度，先后经历了初建、发展、完善、衰落四个时期。渤海朝唐制度的主要部分由贺正使、质子入唐使、告哀使、谢恩使组成，在渤海国与唐廷出现纷争时期、渤海国内部发生权力之争时期、唐朝爆发安史之乱时期，渤海朝唐活动出现或多或少的现象。据不完全统计，渤海国对唐朝贡 148 次，唐朝灭亡后，又继续对后梁、后唐朝贡 11 次，总计159 次（表 7–10）。

1　裴璆在渤海末年的文坛享有盛名。（宋）王钦若等编《册府元龟》卷 976《外臣部·褒异第三》载：后唐庄宗"（同光）三年五月乙卯，以渤海国入朝使政当［堂］省守和部少卿赐紫金鱼袋裴璆可右赞善大夫"（第 11300 页）。

2　（宋）王钦若等编《册府元龟》卷 972《外臣部·朝贡第五》，第 11253~11254 页。

3　《辽史》卷 2《太祖纪下》，第 22 页。

表 7-10　渤海国向中原王朝进行朝贡活动情况（705～926）[*]

渤海王		年号	在位时间	朝贡次数
高王	大祚荣		698~719	6
武王	大武艺	仁安	719~737	28
文王	大钦茂	大兴 ^{**}	737~793	50
废王	大元义		793	0
成王	大华玙	中兴	793~794	0
康王	大嵩璘	正历	794~808	7
定王	大元瑜	永德	808~812	6
僖王	大言义	朱雀	812~817	14
简王	大明忠	太始	817~818	1
宣王	大仁秀	建兴	818~830	12
	大彝震	咸和	831~857	12
	大虔晃		858~871	2
	大玄锡		872~893	3
	大玮瑎		894~907	7
	大諲譔		908~926	11

　　* 刘晓东《渤海纪年再考订》（《历史研究》1996 年第 4 期）一文中对渤海纪年
进行考订，认为渤海仿效唐朝嗣君改元法，前期起自武艺，止于仁秀，实行继位当
年改元法，后期起自彝震，止于末王，实行继位翌年改元法。本表渤海纪年采用刘
说，西历纪年从改元之年算起。

　　** 774 年文王大钦茂曾改元"宝历"。依据渤海贞惠公主墓志碑文的内容，"宝
历"年号至少实行了 7 年，至于何时重新恢复"大兴"年号，具体时间尚不可知。
参见王承礼《敦化六顶山渤海墓清理发掘记》，《社会科学战线》1979 年第 3 期；王
承礼《唐代渤海〈贞惠公主墓志〉和〈贞孝公主墓志〉的比较研究》，《社会科学战
线》1982 年第 1 期。

　　表 7-10 中统计大彝震后期与最后四位渤海王时期（840~926）朝贡
次数有较多的缺失，主要原因是唐武宗以下诸帝实录或佚或缺，致使后
代史书相关记载寥寥。尽管这一时期仅有为数不多的几条相关史料，但
也提供了重要信息，即渤海国朝唐制度一直延续到唐末，唐朝灭亡后，
其继续向五代时期的中原王朝朝贡，直到渤海国灭亡之年。

　　渤海国朝唐制度建立初期，政权处于早期国家发展阶段，朝唐使主要由王族、跟随大祚荣从营州来的建国集团成员、靺鞨大首领构成。第三代王大钦茂时期，渤海国逐步完成了仿效唐制的政治制度建构，朝唐制度进入发展、完善期，朝唐使尤其是贺正使、谢恩使多选渤海王子侄和高官出任使团的正副使，随着渤海停止派遣入唐质子，贺正使中渤海王子的比例明显增加。目前搜集到姓名与身份有明确记载的渤海朝唐使团正副使共 62 人，其中渤海王子、王弟、王侄、王叔共 35 人（以王子居多），大氏王族高官 11 人，靺鞨裔、高句丽裔、汉裔的渤海高官 16 人，其中不乏官居宰相的重臣。渤海朝唐制度中的一项重要内容即是以王室贵种、朝廷重臣为主担任使团使副，这彰显了朝唐制度在渤海国政治制度中占有十分重要的地位。

　　渤海朝唐制度的衰落，主要原因不在渤海国，而在于唐朝。唐末北方藩镇割据，政局动荡，造成渤海朝贡道不通畅，这直接影响了渤海朝贡活动的进行，致使渤海朝唐制度衰落。唐朝灭亡后，渤海国对割据政权朝贡的热情再次高涨，但中原分裂割据的状态，无法使渤海的朝贡制度正常运作下去。最后，随着渤海国的灭亡，这一运作了两百余年的朝贡制度最终废止。

第八章　渤海国与日本交往制度

　　渤海国东濒大海，与日本遥遥相望。从 8 世纪初期开始，渤海国与日本确立了交往关系。渤海国作为唐朝东北地区的羁縻府州，与日本之间的往来，不仅是唐日关系的重要组成部分，同时也是 8 至 10 世纪前期东亚区域关系的重要环节之一。学界一般认为渤日交往关系始于渤海大武艺仁安九年、日本圣武天皇神龟四年（727）渤海首次遣使至日本，终于渤海国大谭譔十二年、日本醍醐天皇延喜十九年（919）渤海国最后一次遣使访日。也有学者将渤日交往史的时间上延至渤海大武艺仁安二年、日本元正天皇养老四年（720），下限延于渤海大谭譔十九年、日本醍醐天皇延长四年（926），[1] 或东丹国甘露四年、日本醍醐

---

1 张高、姜华昌、关颖：《渤海国管窥》，第 218 页。

天皇延长七年（929）。[1]渤海国与日本的交往延续近两百年，主要分为政治结缘（727~763）、平稳贸易（771~821）、聘期争端（823~919）三个阶段，渤海国与日本交往制度的建构与运作在各阶段呈现出不同的变化与风貌。

第一节　渤日交往关系发端背景

　　渤海国与日本之所以能够建立起往来关系，与二者所面临的国家发展需求、国内外形势紧密相关。8世纪初，渤海国与日本在客观历史局势和主观愿望两方面都具备了彼此建立交往关系的条件。

一　武王大武艺前期的政治环境与周边局势

　　渤海国与日本的交往关系始于武王大武艺时期。唐玄宗开元七年（719），大祚荣去世，"其国私谥为高王"。[2]唐玄宗遣使吊祭，[3]册立大武艺承袭渤海郡王、忽汗州都督之职。[4]武王大武艺即位后，"私改年曰仁安"。[5]对于大武艺"私谥""私改年"之举，日本学者鸟山喜一认为大武艺虽然表面上接受唐朝授予的官爵，但有明确的"独立国"态度。[6]张碧波认为这是渤海人在意识形态和礼仪制度上中原化的表现。[7]笔者认为，渤海国统治者在向唐廷称臣纳贡的基调下，在政治上只是具有相

1　《渤海、日本通聘年表》，马兴国主编《中日关系研究的新思考——中国东北与日本国际学术研讨会论文集》，辽宁大学出版社，1993，第459~471页。

2　《新唐书》卷219《渤海传》，第6180页。

3　（宋）王钦若等编《册府元龟》卷974《外臣部·褒异第一》，第11278页。

4　《旧唐书》卷199下《渤海靺鞨传》，第5360页。

5　《新唐书》卷219《渤海传》，第6180页。

6　鸟山喜一『渤海史考』第4頁。

7　张碧波：《渤海大武论》，《东北史地》2008年第3期。

对的自主性和独立性。

大武艺前期（719~727），渤海的周边局势较为复杂：北面，黑水靺鞨与唐廷关系密切，阻碍了渤海"北征黑水靺鞨"的扩土意向；西面，草原地区的突厥、契丹在这一时段积极缓和与唐廷的矛盾，对唐廷奉行相对和平友好的政策；西南面，渤海虽然保持着对唐朝的朝贡，但同时对唐廷的疑惧与抵抗倾向加剧；东南面，朝鲜半岛的新罗修筑北边防御工事，以备渤海国南下，同时积极修复唐罗关系，与唐朝共同抑制渤海的扩张与叛乱。渤海国北、西、南（西南与东南）三面的局势都不利于大武艺"斥大土宇"政策的推行，渤海陷入相对孤立无援的窘境，唯有将目光投于东向隔海相望的日本，寻找新的盟友。此前，渤海向唐朝遣使、派质子，通过与在唐都活动的日本使团、学生、僧人的接触，对日本的情况应该已经有了初步的了解，加之渤海国内高句丽遗民因素的影响，于是，大武艺仁安九年（727），渤海国第一次派遣使团东渡至日本，欲与日本缔结"亲仁结援""永敦邻好"之谊。[1]

二　日本构建区域秩序的尝试与大陆新航线的探寻

7世纪中期，日本向律令制国家转变。日本孝德天皇大化二年（646）颁布《改新之诏》，实施"大化改新"运动，效仿唐朝律令体制，削弱守旧贵族垄断势力，构筑皇权社会。至文武天皇大宝元年（701），《大宝律令》的颁布标志着日本"大化改新"运动完成。日本律令制国家与皇权社会的转型，改变了日本的政治体制格局，其对唐朝主导的东北亚封贡体系也心生慕羡，意欲构建领有藩国的"日式区域秩序"。5~9世纪，日本为了构建"日式区域秩序"进行了诸多尝试。[2] 663年，朝鲜半岛西南部爆发了白村江之战。唐日分属朝鲜半岛战争的两大阵

1　菅野真道等『続日本紀』卷10、日本聖武天皇神亀五年（728）春正月、第163頁。

2　董灏智：《五至九世纪日本构建区域秩序的尝试》，《世界历史》2017年第1期。

营：一方是新罗与唐朝；另一方是百济、高句丽与日本。这是唐日关系史上的第一次战争，日本战败后出于自身利益的考虑，加紧国防建设，在对马、壹岐、筑紫等地修筑城池。674~700 年，日本社会历经动乱与改革，战败后对唐朝仍旧存有疑惧，一度中止了与唐朝的往来。727 年，大陆东北地域渤海国的来聘，正符合了日本构建"日式区域秩序"的政治需求。

此外，8 世纪初，元明天皇和铜三年（710），日本将国都由藤原京（今日本奈良县橿原市）迁于效仿唐制所建的平城京（今日本奈良县奈良市西郊），进入奈良时代。这一时期，日本积极派遣使团、学生、学僧，加速"东迁"唐朝律令制度和儒家文明。以往，日本遣唐使船常取北路航线，以朝鲜半岛为中转站而至唐朝。白村江之战后，日本与新罗疏离。此后，唐、罗在朝鲜半岛展开了对抗，新罗虽于 668 年、669 年连续两年遣使访日示好，但是日本出于本国安全的考虑，力求在唐、罗间保持中立。于是，"新罗梗海道，（日本）更繇明、越州（今浙江宁波、绍兴）朝贡"。[1]从 8 世纪开始，日本遣唐使团主要选取南岛路航线，即沿日本南部海岛航行，再横渡东海，于长江口一带登陆。此外，日本也尝试了大陆新航线的开辟。养老四年（720）春正月，元正天皇"遣渡岛津轻津司从七位上诸君鞍男等六人于靺鞨国，观其风俗"。[2]孙玉良认为渤海国与日本的交往，当始于此。[3]魏国忠等认为日本必是到了渤海国无疑。[4]实际上，渤海国在与日本交往中从未自称"靺鞨国"，中国东北地区的靺鞨部众甚多，此"靺鞨国"是否为渤海国，并没有其他史料可以佐证。《续日本纪》的这条记述，更应理解为日本对大陆东北部航线探寻的尝试。圣武天皇天平十一年（739），日本遣唐使团平郡广成一行就曾取道渤海国而回国。[5]727 年，大陆东北地域渤海国的来聘，符

1 《新唐书》卷 220《日本传》，第 6209 页。

2 菅野真道等『続日本纪』卷 8、日本元正天皇養老四年（720）春正月、第 119~120 页。

3 孙玉良编著《渤海史料全编》，第 240 页。

4 魏国忠、朱国忱、郝庆云：《渤海国史（修订版）》，第 523 页。

5 菅野真道等『続日本纪』卷 13、日本聖武天皇天平十一年（739）十一月、第 222 页。

合了日本拓展大陆新航线的需求，因此日本对渤海国的通交采取了接纳的态度。

第二节　政治结缘阶段渤日交往制度

727~763 年是渤海国与日本交往关系发展的政治结缘阶段，双方关系的展开带有浓厚的政治色彩，主要基于渤海国对外结援的需求、唐朝安史之乱的催化、日本"新罗征讨计划"的制定、日本区域秩序构建的尝试等四方面主导因素。渤海国虽以政治结缘为目的开启了渤日往来，但武王大武艺在 727 年首次遣使之后未再通聘日本，文王大钦茂前期对通聘日本也并不积极。二王的执政重心在内部的领土扩张和制度建设之上。这是渤海国与日本交往制度的初建阶段，在遣使规模、聘期、国书、信物、赠礼、赴日本使、交通路线等方面尚未形成定制。

一　规模与聘期

《续日本纪》载，渤海国武王大武艺仁安九年、日本圣武天皇神龟四年（727）九月，"渤海郡使首领高斋德等八人来，着出羽国"。[1] 这是史籍中关于渤海国遣使与日本往来的最初记载。高斋德等呈递国书，表达了大武艺遣使的目的，即愿与日本"亲仁结援""永敦邻好"。[2] 圣武天皇肯定了渤海国"聿修曩好"之举，派遣引田虫麻吕为送渤海客使，并附送日本国书、信物及赠礼。[3] 渤海国与日本的往来关系正式建立（表8-1）。

1　菅野真道等『続日本紀』卷 10、日本聖武天皇神龜四年（727）九月、第 161 頁；阿闍梨皇円『扶桑略記』第 6、日本聖武天皇神龜四年（727）十二月、第 553 頁，其中"高斋德"作"高齐德"。

2　菅野真道等『続日本紀』卷 10、日本聖武天皇神龜五年（728）春正月、第 163 頁。

3　菅野真道等『続日本紀』卷 10、日本聖武天皇神龜五年（728）二月、夏四月、第 164、165 頁。

表8-1　渤海国与日本遣使一览（727～763）

时间					渤海国遣使					日本遣使			
公元纪年	渤海	年号	日本	年号	次序	间隔（年）	使团成员	人数（人）	船只（艘）	次序	间隔（年）	使团成员	人数（人）
727	武王大武艺	仁安九年	圣武天皇	神龟四年	1		高仁义、德周、舍那娄、高斋德等	24	1				
728		仁安十年		神龟五年						1		引田朝臣虫麻吕等	62
739		大兴三年		天平十一年	2	12	胥要德、已珍蒙、已阏弃蒙等	>40	2				
740		大兴四年		天平十二年						2	12	大伴宿祢犬养等	
752		大兴十六年	孝谦天皇	天平胜宝四年	3	13	慕施蒙等	75					
753	文王大钦茂											无送使	
758		大兴二十二年	淳仁天皇	天平宝字二年	4	6	杨承庆、杨泰师、冯方礼等	23		3	18	小野朝臣田守、高桥朝臣老麻吕等	68
759		大兴二十三年		天平宝字三年						4	1	高元度、内藏忌寸全成等	99

续表

时间			渤海国遣使					日本遣使			
公元纪年	渤海	年号	次序	间隔（年）	使团成员	人数（人）	船只（艘）	次序	间隔（年）	使团成员	人数（人）
759	文王大钦茂	天平宝字三年 大兴二十三年	5	1	高南申、高兴福、李能本、臂鹰、安贵宝等*						
760		天平宝字四年 大兴二十四年						5	1	阳侯史玲璆等	
761	淳仁天皇	天平宝字五年 大兴二十五年						6	1	高丽朝臣大山、伊吉连益麻吕等	
762		天平宝字六年 大兴二十六年	6	3	王新福、杨怀珍、达能信等	23					
763		天平宝字七年 大兴二十七年						7	2	（多治比真人小耳、平郡虫麻吕）、板振镰束等	

* 菅野真道等『続日本紀』卷23，日本淳仁天皇天平宝字四年（760）春正月，第378页记作"判官李能本、解臂安贵宝"，一作臂鹰，『安贵宝传』为官职；金毓黻《渤海国志长编》卷10《安贵宝传》，认为"解臂鹰"为人名，任中判官；孙玉良编著《渤海史料全编》，认为"解臂鹰"为人名，任中判官，第207页；佚名『日本紀略』卷10、13、16、18～19、21～24、27；阿阇梨皇円『扶桑略记』第6；第254页。

资料来源：菅野真道等『続日本紀』卷10。
金毓黻：《渤海国志长编》卷10。

　　王承礼认为渤日交往"前后 192 年间，渤海聘日 34 次，日本聘渤海 13 次，双方共交聘 47 次，平均每四年即有一次往来，比唐和日本之间的交聘往来，既多且密"。[1] 这样取平均值来判断渤日交往密切程度的研究方法并不能准确地反映渤日交往的历史原貌。本书根据渤日交往各个时段的具体特点来考察，力求得出客观的结论。

　　据表 8-1 的统计，政治结缘阶段，37 年间渤海国共向日本派遣使团六次，其中武王大武艺时期一次，文王大钦茂时期五次，聘期不固定，使团规模在 20~80 人。文献对此间渤海国使船数量记载不详，第一次高仁义使团乘船数量可考证为一艘，第二次胥要德使团乘船数量可考证为两艘。由此推断，政治结缘阶段渤海国每次派出使船数量大概在 1~2 艘。

　　727~757 年渤海国的第一至第三次遣使，间隔时间比较长，分别为相隔 12 年、13 年，渤海国与日本的交聘并不是非常密切。武王大武艺在 727 年首次遣使与日本往来后，未再遣使通聘，而是将精力集中于国土扩张和防备临边等事务之上。732 年至 735 年爆发了渤海国历史上唯一一次唐渤纷争，渤海加入与契丹、突厥、奚组成的"四蕃"联盟，将精力放在山东半岛和关外地区的对唐战争之中。战败后，大武艺放弃了原来对后突厥汗国和唐朝的双向臣属政策，选择了单向向唐朝称臣纳贡，又将注意力集中于修复与唐朝的关系上。唐玄宗开元二十五年（737），大武艺病卒。文王大钦茂嗣立，接受唐朝册封。此后，渤海国始终奉行臣属唐朝政策，朝贡不绝。大钦茂获得唐朝册立之初，渤海国已经摆脱了大武艺时期的政治困局。

　　大钦茂一改大武艺以军事扩张为主的治国方针，转而推行文治与武功并重的统治政策，锐意提升国力和建设制度，其对外交流的重心在于积极遣使朝唐，学习盛唐文明。因而，大钦茂前期对与日本交往

1　王承礼：《中国东北的渤海国与东北亚》，第 199~200 页。

的意愿并不强烈，执政几近两年，直到日本遣唐使平郡广成一行的到来，才促成了大钦茂于大兴三年（739）首次遣使赴日，[1] 这距离大武艺遣使已相隔 12 年。圣武天皇此次没有回复国书。又 13 年后，大钦茂才再次派遣慕施蒙使团赴日。孝谦天皇对渤海国来使表示迟疑，以往渤海使到达后，来年春正月即可觐见。这次直到翌年五月，慕施蒙等才拜朝、进信物，并口头转达了大钦茂对日本十余岁不通音信的疑问。足见渤海国将与日本的交往视为对等关系。而孝谦天皇则在国书中责问渤海国"但省来启，无称臣名""今岁之朝，重无上表"的不附国书和表文、不称臣名的行为，提出渤海国应该"寻高丽旧记"，同时未遣使相送。[2] 孝谦天皇要求渤海国遵守臣礼，反映出日本以上国自居并致力于构建"日式区域秩序"。政治结缘阶段末期（758~763），日本出于自身利益的考量，对渤海国的称谓皆由"渤海郡（国）"而改称为"高丽（国）"，表明了日本意欲使渤海国称臣，使其成为"日式区域秩序"下的朝贡国的愿望。但是事实上，渤海国从未明确表示过自己是高句丽的后继政权。渤海国王室并未特意去辩解，是为了利用这一点与日本拉近关系。[3] 大钦茂收到孝谦天皇的国书以后，并未派遣使节前去陈情。唐玄宗天宝十四载（755），安史之乱爆发。此时，大钦茂正忙于将都城北迁至上京龙泉府。

758~763 年渤海国的第四至第六次遣使，间隔时间比较短，分别为相隔一年和三年，这与唐朝安史之乱和日本"新罗征讨计划"有关，渤日双方出于政治目的增加了往来的频率。此间，日方的五次遣使中，有两次是主动遣使。天平宝字二年（758）春，[4] 孝谦天皇派遣小

---

1 菅野真道等『続日本紀』卷 13、日本聖武天皇天平十一年（739）秋七月、第 221 頁。

2 菅野真道等『続日本紀』卷 19、日本孝謙天皇天平勝宝五年（753）五月、六月、第 304~305 頁。

3 程尼娜：《渤海与日本交聘中"高丽国"的辨析》，《吉林大学社会科学学报》2001 年第 4 期。

4 日本孝謙天皇在位时间为天平勝宝元年（749）七月至天平宝字二年（758）八月。

野田守等 68 人出使渤海国。[1] 日本学者上田雄分析孝谦天皇遣使的目的有三：一是告知渤海国 756 年圣武天皇崩逝的消息；二是促进渤海国参与日本"新罗征讨计划"；三是打探日本遣唐使藤原清河的消息。[2] 此外，日本遣使还有第四重目的，即收集唐朝、渤海国以及安史之乱的局势情报。这是日本第一次主动遣使，而非以往的送使，是日本对大陆动向的关切。不久，淳仁天皇天平宝字五年（761），日本又以高丽大山为遣渤海使，第二次主动遣使，其用意仍与"新罗征讨计划"有关。[3] "新罗征讨计划"是日本权臣藤原仲麻吕主导的针对新罗的军事计划。759 年、763 年，藤原仲麻吕曾先后设宴款待杨承庆使团和王新福使团，给予厚礼，皆是为了拉拢渤海国并与其结为军事同盟。这与日本严苛对待 760 年、763 年到访的新罗金贞卷使团和金体信使团，形成了鲜明的对比。[4] 安史之乱期间，大钦茂政府在北迁避乱之余，对周边局势的应对是保持中立与谨慎的，虽然频繁回应着日本的主动遣使，但是对唐朝安史之乱和日本"新罗征讨计划"皆持观望态度。直至安史之乱末期，宝应元年（762）渤海国接受唐朝册封升格为国，[5] 开始加强与唐朝的合作关系，不愿再参与"新罗征讨计划"。最终日本"新罗征讨计划"亦未能实施。

1　菅野真道等『続日本紀』巻 21、日本淳仁天皇天平宝字二年（758）冬十月、第 360 页。〔日〕佚名：《万叶集》卷 20，赵乐甡译，译林出版社，2009，第 861 页，收录了孝谦天皇天平宝字二年（758）二月十日《于内相宅钱渤海大使小野田守朝臣等宴歌》一首，大伴宿祢家持为小野田守等钱行，"苍茫海上，浪平风也静；来去平安无阻，船当飞快行"。据此，小野田守使团应该是在天平宝字元年（757）被任命，次年春出使。

2　上田雄『渤海使の研究──日本海を渡った使節たちの軌跡』明石書店、2002、第 269-270 页。

3　菅野真道等『続日本紀』巻 23、日本淳仁天皇天平宝字五年（761）十一月、第 395 页。

4　菅野真道等『続日本紀』巻 23、日本淳仁天皇天平宝字四年（760）九月、第 385 页；巻 24、日本淳仁天皇天平宝字七年（763）二月、第 409 页。

5　《新唐书》卷 219《渤海传》，第 6181 页。

二　国书、信物、赠礼

政治结缘阶段，渤海国与日本交往制度在国书、信物、赠礼等方面初见端倪，但并没有形成定制（表 8-2）。

表 8-2　渤海国与日本国书、信物、赠礼一览（727~763）

时间			渤海国遣使				日本遣使			
公元纪年	渤海	日本	次序	国书	信物	赠礼	次序	国书	信物	赠礼
727	武王大武艺		1	王启	遣使时没有信物，日本送使回国后赠予信物	貂皮300张				
728		圣武天皇					1	有	有	彩帛10匹、绫10匹、绝20匹、丝100绚、绵200屯
739			2	王启	无	大虫皮、罴皮各7张，豹皮6张，人参30斤，蜜3斛				
740	文王大钦茂						2	无	无	赐渤海郡王美浓绝30匹、绢30匹、丝150绚、调绵300屯
752		孝谦天皇	3	无	有	无				
753								有	无	有赐物，无送使
758							3	无	无	无

续表

时间			渤海国遣使				日本遣使			
公元纪年	渤海	日本	次序	国书	信物	赠礼	次序	国书	信物	赠礼
758	文王大钦茂	淳仁天皇	4	无（有表文）	有	方物				
759							4	有	无	相酬土毛绢30匹、美浓绝30匹、丝200絢、绵300屯，更加优赐锦4匹、两面2匹、纐罗4匹、白罗10匹、彩帛30匹、白绵100帖。赐国王及大使以下禄有差
759			5	中台省牒	无	方物				
760							5	无	无	赐国王绝30匹、美浓绝30匹、丝200絢、调绵300屯
761							6	无	无	无
762			6	无	无	方物				
763							7	无	无	赐国王及使傔人以上禄亦有差

资料来源：菅野真道等『続日本紀』卷10、13、16、18-19、21-24、27；佚名『日本紀略』前篇10-11；阿闍梨皇円『扶桑略記』第6；金毓黻《渤海国志长编》卷10。

1. 国书制度

渤海国的六次赴日本使团带去了三份国书，包括727年、739年的两份王启以及759年的一份中台省牒。

武王大武艺仁安九年（727）致日本圣武天皇书

武艺启：

山河异域，国上〔土〕不同。延听风猷，但增倾仰。伏惟大
王，天朝受命，日本开基。奕叶重光，本枝百世。武节忝当列国，
滥〔监〕总诸蕃，复高丽之旧居，有扶余之遗俗。但以天崖路阻，
海汉悠悠，音耗未通，吉凶绝问。亲仁结援，庶叶前经，通使聘
邻，始乎今日。谨遣宁远将军、郎将高仁义，游〔击〕将军、果
毅都尉德周，别将舍那娄二十四人赍状，并附貂皮三百张奉送。
土宜虽贱，用表献芹之诚；皮弊非珍，还惭掩口之诮。主理有限，
披膳未期。时嗣音徽，永敦邻好。[1]

文王大钦茂大兴三年（739）致日本圣武天皇书

钦武（茂）启：

山河杳绝，国土敻遥。仰望风猷，唯增倾仰。伏惟天皇圣殿，
至德遐畅。奕叶重光，泽流万姓。钦武（茂）忝继祖业，滥〔监〕
总如始。义洽情深，每修邻好。今彼国使朝臣广业〔成〕等，风
潮失便，漂落投此，每加优赏，欲待来春放回。使等贪前，苦请
乃年归去。诉词至重，邻义非轻。因备行资，即为发遣。仍差若
忽州都督胥要德等充使，领广业〔成〕等令送彼国，并附大虫皮、
黑皮各七张，豹皮六张、人参三十斤、蜜三斛进上，至彼请捡
〔检〕领。[2]

1　菅野真道等『続日本紀』卷10、日本聖武天皇神亀五年（728）春正月、第163頁。
2　菅野真道等『続日本紀』卷13、日本聖武天皇天平十一年（739）十二月、第222頁。

文王大钦茂大兴二十三年（759）中台省致日本太政官牒

中台牒：

迎藤原河清使总九十九人，大唐禄山先为逆命，思明后作乱常。内外骚荒，未有平殄。即欲放还，恐被害残。又欲勒还，虑违邻意。仍放头首高元度等十一人，往大唐迎河清。即差此使，同为发遣。其判官全成等并放归乡。亦差此使随往，道〔通〕报委曲。[1]

启，是下级向上级呈交的文书，也可用作给皇太子或官府长官的文书，原则上不应用于君主致君主的国书中。[2]日本学者将"启"解释为中国王朝册封体制下国王与国王交换的往来文书形式，不同于《公式令》中的"启"。[3]日本学者堀敏一认为从严格意义上讲，"启"作为国书的格式，始于渤海国。[4]政治结缘阶段，武王大武艺于727年有王启致于圣武天皇，表达"亲仁结援""永敦邻好"的通聘意愿，此后未再遣使。而文王大钦茂也仅在大兴三年（739）首次遣使日本之时传递王启于日本天皇，此后未见有王启相传，间接地反映了大钦茂执政前期对与日本交往的兴致并不高。

中台省牒，是渤海国效仿唐制，完成三省六部一台八寺一院一监一局的官制改革后，由中台省发出的政务公文。渤海国文王大钦茂大兴二十三年、日本淳仁天皇天平宝字三年（759）冬十月，高南申使团赴日，[5]此时距离758年杨承庆使团出使仅一年。759年二月，杨承庆使团返航之时，淳仁天皇派出99人使团同行，任命高元度为"迎入唐大使

1　菅野真道等『続日本紀』卷22、日本淳仁天皇天平宝字三年（759）冬十月、第373頁。
2　〔日〕堀敏一：《隋唐帝国与东亚》，第91页。
3　新日本古典文学大系本《续日本纪》2，第188页注5，转引自〔日〕堀敏一《隋唐帝国与东亚》，第104页。
4　〔日〕堀敏一：《隋唐帝国与东亚》，第93页。
5　菅野真道等『続日本紀』卷22、日本淳仁天皇天平宝字三年（759）冬十月、第373頁。

使""迎藤原清河使"，另兼"送渤海使使"。高元度除了护送渤海使团回国以外，其最主要的任务是入唐迎接遣唐使藤原清河。[1] 日本使团到达渤海国以后，因安史之乱、时局不稳，高元度等 11 人继续入唐，其余 88 人返回日本。[2] 于是才有了半年后渤海国高南申使团短期到访日本，其目的是通报高元度等人从渤海国入唐事宜并送日本使团其余人员回国。前文提到，文王大钦茂在政治结缘阶段仅在 739 年首次遣使时传递了王启，对通聘日本也并不积极。安史之乱期间，大钦茂对周边局势的应对采取了暧昧、审慎的态度，杨承庆使团回国后再次传达了日本"新罗征讨计划"的邀请。基于上述原因，大钦茂运用政治手腕，在高南申使团出访时未付王启，但是责令中台省撰写官方牒文通告日本入唐使团的动向，以此来显示对日本的重视。这是渤海国中台省第一次对日本最高政令机构太政官传递国书公文，[3] 为聘期争端阶段（823~919）渤海国与日本交往国书制度的"启牒并举"模式埋下了伏笔。

　　比对表 8-2，渤日双方的国书在数量上虽然相同，都为三份，但在往复关系上却并不一致。渤海国与日本交往国书制度处于创设期，初见王启、中台省牒等形式。此外，758 年杨承庆使团赴日，未见有国书，翌年春正月"赍表文并常贡物入朝"，表文内容主要是哀吊圣武天皇之丧。[4] 文书形式的多样化也反映了文王大钦茂时期渤海国的政治制度在不断地发展和完善。渤海国自大钦茂时期开始进入新的历史发展阶段，旧制度已经不适应国家发展需要，面对唐朝先进文化的冲击，国家需要变革。大钦茂推行文治，"数遣诸生诣京师太学，习识古今制度"，[5] 效仿唐朝律令制度进行政治制度改革。

1　菅野真道等『続日本紀』卷 22、日本淳仁天皇天平宝字三年（759）二月、第 364 頁。藤原清河，亦作藤原河清。

2　菅野真道等『続日本紀』卷 22、日本淳仁天皇天平宝字三年（759）冬十月、第 373 頁。

3　日本淳仁天皇天平宝字二年（758）至天平宝字八年（764），唐风盛行，曾将"太政官"改称"乾政官"。

4　菅野真道等『続日本紀』卷 22、日本淳仁天皇天平宝字三年（759）春正月、第 363 頁。

5　《新唐书》卷 219《渤海传》，第 6182 頁。

2. 信物、赠礼制度

渤海国给予日本三次信物。727 年，武王大武艺首次遣使时没有附带信物，圣武天皇回赠了信物，作为双方交往的见证。大武艺收到日本信物后，又补赠信物令日本使者带回。752 年，大钦茂派遣慕施蒙等聘日时奉有信物，孝谦天皇以渤海国无国书、无上表、不守臣礼为由而没有回赠信物。758 年，杨承庆使团也曾带信物至日本，日本方面没有回馈信物。759~763 年，渤海国与日本的往来中不见关于信物的记载。这有两方面可能性：一是渤海国作为唐朝东北地区的羁縻府州，以唐朝为宗主国，大钦茂以后渤海国与唐朝的关系日益密切，对日本采取的是平等交往的原则，基于日本一直纠结于国书问题、对渤海国态度傲慢，所以渤海国没有再奉以信物；二是日本将渤海国视为日本区域秩序下的朝贡成员国，以上国自居，因此也不再赠予信物。

渤海国赠礼多为兽皮、人参、蜂蜜等方物特产。日本回礼多为彩帛、绫、美浓絁、絁、绵、丝、锦、两面、缬罗、白罗、土毛绢等纺织产品，价格更为昂贵。渤海国在渤日交往中获利较多。727~763 年间，在渤海国官方遣使之外，又有渤海国文王大钦茂大兴十年、日本圣武天皇天平十八年（746），"渤海人及铁利总一千一百余人慕化来朝，安置出羽国，给衣粮放还"。[1] 1100 多人大规模东渡日本，应该是有目的、有组织的举动。孙玉良认为 746 年渤海国已经完成了斥大土宇、畏服诸部的任务，提出了这次千人横渡是否带有"向海外伸张的一种演习性的尝试"的疑问。[2] 日本学者上田雄推断这是居住在沿海州（今俄罗斯滨海边疆区）沿岸的渤海人和铁利人的小规模的移民活动。[3] 这应与日本此前两次回赠丝帛布匹的吸引力也有一定的关联，这些人也有可能是想到日本进行贸易往来。因为渤海国物资匮乏，亟须对外贸易，这在唐朝周边地方民族政权中表现突出。金毓黻曾解释道："渤海僻处东北，其

1　菅野真道等『続日本紀』卷 16、日本聖武天皇天平十八年（746）、第 268 页。

2　孙玉良编著《渤海史料全编》，第 247 页。

3　上田雄『渤海使の研究——日本海を渡った使節たちの軌跡』第 264 页。

地濒海，气候严寒，故多产鸷禽、异兽、文石、鳞介、药材，饥不能常食，寒不能尽衣，而往往为中朝殊方之所贵。重释通使，轮蹄四达，即以所产之物辇之各国，以易米、粟、布、帛，为国人日用之需。盖立国二百余年中，无一日不如是也。虽其国之南部亦产稻、绵，中部亦产粟、麦，然为量至少，不足于用，仍有待于邻国之输将。"[1]

三　赴日本使

武王大武艺时期，渤海国使臣还没有专门的职称，而是使用原来的官职名称。这在大武艺仁安九年（727）致日本圣武天皇的国书中已有体现，"亲仁结援，庶叶前经，通使聘邻，始乎今日。谨遣宁远将军、郎将高仁义，游〔击〕将军、果毅都尉德周，别将舍那娄二十四人赍状，并附貂皮三百张奉送"。[2] 这表明大武艺时期，渤海的对外交往制度还处于待建状态。随着送渤海客使使引田虫麻吕一行的到来，渤海国开始效仿日本使团的职称封授本国使团官员。于是，从文王大钦茂时期开始，渤海国派出的使臣逐渐开始设有大使、副使、判官、录事等职称。孙玉良认为渤海国使臣之职称是袭用日本遣唐使职称。日本遣唐使中，判官一职有时两人，有时三人，有时四人。[3]

政治结缘阶段，渤海国的前五次赴日本使团的大使都以武官担任。这与武王大武艺、文王大钦茂前期奉行"斥大土宇"方针，[4] 推进疆土扩张，完备军制，重用武将的统治政策有关。大钦茂迁都上京以后，渤海国的政治局势稳定，在大钦茂的推动下，其中央官制仿唐制而建立起三省六部一台八寺一院一监一局的官僚体制。[5] 762 年渤海国第六次派往日本的使团，改由文官担任大使，以紫绶大夫、行政堂左允、开国男

1　金毓黻：《渤海国志长编》卷 17《食货考》，第 380 页。

2　菅野真道等『続日本紀』卷 10、日本聖武天皇神亀五年（728）春正月、第 163 頁。

3　孙玉良编著《渤海史料全编》，第 254 页。

4　《新唐书》卷 219《渤海传》，第 6180 页。

5　《新唐书》卷 219《渤海传》，第 6182~6183 页。

王新福为大使。[1] 此后，渤海国赴日本使团的大使几乎都是由文官担任，这是渤海国政治体制完备的另一种表现。王承礼认为渤海国大使由高规格高职务的武官改为比较低规格低职务的文官出任，说明了渤海国与日本军事往来的结束。[2] 除了正式的使臣，渤海国使团中还有一些随行人员，比如品官、首领、傔人等。

如表 8-3 所示，这一时期渤海国赴日本使团使臣的身份包括通聘使、送日本遣唐使使、告哀与告即位使、送日本遣渤海使使、吊祭使，尚未有鲜明的制度模式框架。

通聘使　武王大武艺仁安九年（727），通聘使高斋德等抵日，[3] 这是大武艺执政中期面临周边政治困局，对日本采取的一种政治军事结盟的尝试。文王大钦茂时期，通聘使是进行一般性通聘活动的使节，没有肩负其他特殊的政治使命。大兴十六年（752），大钦茂派出了一次通聘使，即慕施蒙使团，目的只是询问日本为何十余年未遣使通信，视与日本为平等往来。[4]

送日本遣唐使使　渤海国曾派出两次送日本遣唐使使，体现了其作为唐朝边地属臣的身份与义务。8 世纪初，新罗梗道北路航线，日本遣唐使遂改以南岛路航线为主入唐，同时尝试开辟大陆东北部新航线。文王大钦茂大兴三年（739），日本遣唐使平郡广成一行取道渤海回国。随行的渤海国胥要德使团的主要身份即为送日本遣唐使使。[5] 又，文王大钦茂大兴二十三年（759），高南申充任送日本遣唐使使，护送日本"迎入唐大使使""迎藤原清河使"判官内藏忌寸全成等回国，并通报迎藤原清河使兼送渤海使高元度的入唐情况，转交藤原清河表物。[6] 渤海国

1　菅野真道等『続日本紀』卷 24、日本淳仁天皇天平宝字六年（762）冬十月、第 404 頁。

2　王承礼：《中国东北的渤海国与东北亚》，第 246 頁。

3　菅野真道等『続日本紀』卷 10、日本聖武天皇神亀五年（728）春正月、第 163 頁。

4　菅野真道等『続日本紀』卷 18、日本孝謙天皇天平勝宝四年（752）九月、第 302 頁。

5　菅野真道等『続日本紀』卷 13、日本聖武天皇天平十一年（739）秋七月、第 221 頁。

6　菅野真道等『続日本紀』卷 22、日本淳仁天皇天平宝字三年（759）二月、四年（760）春正月、第 364、378 頁。

表8-3　渤海国赴日本使一览（727～763）

次序	公元纪年	身份	大使	渤海官职	日本授位	副使	渤海官职	日本授位	判官	渤海官职	日本授位	录事	其他备注
1	727	通聘使	高仁义	宁远将军、郎将		德周	游击将军、果毅都尉		舍那娄	别将			首领高斋德等八人，授正六位上
2	739	送日本遣唐使、告哀与告即位使	胥要德	忠武将军、若忽州都督	从二位	己珍蒙	云麾将军	从五位上					首领无位已阙弃蒙，授从五位下
3	752	通聘使	慕施蒙	辅国大将军	不详								授位各有差
4	758	送日本遣渤海使、吊祭使	杨承庆	辅国大将军、兼将军、行木底州刺史、兼兵署少正、开国公	正三位	杨泰师	归德将军	从三位	冯方礼		从五位下		赐位录事以下十九人各有差
5	759	送日本遣唐使	高南申	辅国大将军、兼将军、玄菟州刺史、兼押衙官、开国公	正三位	高兴福		正四位下	李能本、解臂鹰、安贵宝		从五位下		赐位录事以下各有差
6	762	送日本遣渤海使	王新福	紫绶大夫、行政堂左允、开国男	正三位	李能本		正四位上	杨怀珍		正五位上		品官着绯达能信从五位下。余各有差

资料来源：菅野真道等『続日本紀』卷10、13、16、18-19、21-24、27；佚名『日本紀略』前篇10-11；阿閣梨皇円『扶桑略記』第6；金毓黻:《渤海国志长编》卷10。

对唐、日之间的信息传递具有媒介作用。

告哀与告即位使　大钦茂最初对与日本交往的意愿并不强烈，执政几近两年，直到日本遣唐使平郡广成一行的到来，才促成了大钦茂739年首次遣使赴日。胥要德使团的主要职责虽然是护送日本遣唐使，但正是由于时间和事件的契机，这次遣使成为渤海国向日本派出的第一次告哀与告即位使，传递了大武艺之丧、大钦茂"忝继祖业"的消息。[1]告哀与告即位使后来成为渤海国与日本交往制度中的常使制度，而此时只是初见端倪。

送日本遣渤海使使　渤日交往中，通常渤海国先遣使赴日，日本再派出常规送使。渤海国聘日34次，日本聘渤海国14次。日本使团中11次为送渤海使，是在渤海国遣使之后派出的。另外3次是由日本主动发起的遣渤海使，分别在758年、761年、798年，肩负着具体的政治使命，这与渤日双方当时的政治心态和动向息息相关。与日本主动遣使相对应，渤海国赴日本使制度增加了新的规制——送日本遣渤海使使。如前文所叙，政治结缘阶段日本于758年、761年有两次主动遣使，而渤海国则相应派出杨承庆使团、王新福使团为送日本遣渤海使使。

吊祭使　758年，日本第一次主动遣使，传递了756年圣武天皇的丧讯。圣武天皇开启了渤日交往之端，对双方的关系重若丘山。因此，758年大钦茂在任命杨承庆为送日本遣渤海使使之外，还赋予其吊祭使之责。[2]

渤海国使团中常见高姓使者，如高仁义、高斋德、高南申等。《渤海国志》和《渤海国志长编》对渤海国"高氏"做出了解释。

《渤海国志·姓氏志》载：

1　菅野真道等『続日本紀』卷13、日本聖武天皇天平十一年（739）十二月、第222頁。
2　菅野真道等『続日本紀』卷22、日本淳仁天皇天平宝字三年（759）春正月、第363頁。

按：高氏为辽东望族，至今满洲汉军皆有之，而其初则出于渤海。或曰其先本高丽王朱蒙之后也，为唐所灭，遂入渤海，由渤海入辽，尚自别为渤海望族也。入满洲，为高佳氏。[1]

《渤海国志长编·族俗考·姓氏》载：

谨案：诸臣、士庶及遗裔以姓高者为多。自仁以下讫虔，凡得五十六人。愚疑高氏盖出自高句骊，高句骊王族姓高氏，故在渤海为右姓也。[2]

张碧波认为靺鞨族团与日本没有交往历史，更不见粟末族团与日本有任何关系，渤海国之所以选择以日本为外援，是受到了高句丽遗民因素的影响。[3] 这也是渤海国使团中常见高姓使者的主要原因。程妮娜认为渤海国以原高句丽遗民身份的官员出使日本，是其对日交往的一种政治手段。[4]

渤海国遣使初期，渤日双方的往来并不只是局限于政治议题，还具备经济与文化交流的作用，呈现出丰富的面貌。[5] 渤海国使者入京后参与朝拜，日本天皇会给予渤海国使团授官、赐禄、赐服、赐物、赐宴、赐乐、赐射等丰厚的赏赐（表 8-4）。通常情况下，日本天皇对渤海国使臣的授位高于日本使臣，表明了日本对渤海国使者的礼遇。渤海国使团聘日，还具有官方贸易的性质。[6] 此外，渤海国使者到达日本后还会参加射箭、音乐、诗词等文化交流活动。

1 唐晏：《渤海国志》卷2《姓氏志》，唐晏、黄维翰、金毓黻：《渤海国志三种》，第32页。

2 金毓黻：《渤海国志长编》卷16《族俗考·姓氏》，第369页。

3 张碧波：《渤海大武艺论》，《东北史地》2008年第3期。

4 程尼娜：《渤海与日本交聘中"高丽国"的辨析》，《吉林大学社会科学学报》2001年第4期。

5 〔韩〕东北亚历史财团编《渤海的历史与文化》，第162页。

6 郑永振、李东辉、尹铉哲：《渤海史论》，第314页。

表 8-4　渤海国使团在日活动与待遇一览（727～763）

次序	公元纪年	达到时间	到着地	入京时间	朝拜时间	在日活动与待遇
1	727	九月	出羽国	十二月	春正月	赐时服。高斋德等八人并授正六位上，赐当色服。宴五位以上及高斋德等，赐大射及雅乐寮之乐。赐禄有差。回国前，高斋德等八人，各赐彩帛、绫、绵有差
2	739	七月	出羽国	十月入京，十二月觐见	春正月	授位各有差，赐宴于朝堂。赐己珍蒙美浓绝二十四、绢十四、丝五十绚、调绵二百屯，自余各有差。赐宴、观大射、射箭。己珍蒙等奏本国乐，赐帛绵各有差。赠渤海大使忠武将军胥要德从二位，首领无位己阄弃蒙从五位下，并赙调布一百一十五端、庸布六十段
3	752	九月	越后国佐渡岛		五月	飨于朝堂，授位、赐禄各有差
4	758	九月	越前国	十二月	春正月	赐国王及大使以下禄有差。飨五位以上及蕃客，并主典以上于朝堂。作女乐于舞台，奏内教坊踏歌于庭，主典殿以上次之。事毕，赐绵各有差。内射，唤客亦令同射。大保藤原惠美朝臣押胜宴蕃客于田村第。敕赐内里女乐并绵一万屯。当代文士赋诗送别，副使杨泰师作诗和之
5	759	十月	对马	十二月	春正月	进献日本遣唐使藤原河清的上表、贡物。赐物大使以下各有差。赐宴于五位以上及蕃客，赐禄有差。观射礼
6	762	十月	越前国加贺郡	十二月	春正月	赐国王及使傔人以上禄亦有差。飨五位以上及蕃客。作唐吐罗、林邑、东国、隼人等乐，奏内教坊蹈歌。赐供奉蹈歌百官人及高丽蕃客绵有差。内射，客堪射者亦预于列。大师藤原惠美朝臣押胜设宴于高丽客。诏遣使赐以杂色夹衣三十柜

资料来源：菅野真道等『続日本紀』卷 10、13、16、18-19、21-24、27；佚名『日本纪略』前篇 10-11；阿阇梨皇円『扶桑略記』第 6；金毓黻:《渤海国志长编》卷 10。

四　交通路线

《新唐书·渤海传》载："龙原东南濒海，日本道也。"[1]日本道是渤海国与日本的交通路线。日本道由陆路和海路两部分组成。

陆路部分，是由渤海国王城出发，经东京龙原府（今吉林珲春东），再至盐州（今俄罗斯滨海边疆区克拉斯基诺）或南海府（今朝鲜咸镜南道北青郡青海土城），而后进入海路。

海路部分，包括筑紫线、北线两条线路，受洋流季风、航海技术等因素的影响，渤海国赴日本使团的到着地不尽相同，如图8-1所示。

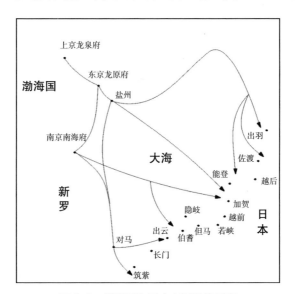

图8-1　渤海国与日本交通路线示意

资料来源：示意图是作者根据以下资料记载的内容绘制而成，包括菅野真道等『続日本紀』卷10、13、16、18-19、21-24、27、31-32、34-35、39；藤原冬嗣等『日本後紀』卷5、8、12、20-22、24；藤原良房等『続日本後紀』卷10-11、18-19；藤原時平等『日本三代実録』卷2-3、5、20-21、30-31、42-43；佚名『日本紀略』前篇10-20、後篇1；鴨祐之『日本逸史』卷4-5、7-8、17-19、22-24、27-30、31-34、36；阿闍梨皇円『扶桑略記』第6、20、23-24；藤原冬嗣等『類聚三代格』卷18；菅原道真『類聚国史』卷193-194；金毓黻《渤海国志长编》卷10。

1　《新唐书》卷219《渤海传》，第6182页。

筑紫线：从盐州出发，使船航行通过对马海峡，到达筑紫地区（今日本九州福冈县福冈市一带），这也是日本大宰府的辖地。

北线：从盐州或南海府出发，使船东南渡日本海，直达日本本州中部和北部地区的北海岸，即越前、能登、加贺、佐渡、出羽等地。据表 8-4，政治结缘阶段渤海国使团的到达的时间一般在九、十月，到着地基本在北线航路的出羽国、越前国、越后国附近。其中唯有第五次渤海国使团高南申一行因"海中遭风，漂着对马"，[1]而从南面的筑紫一线登陆。1660 年，日本宫城县多贺城市发现奈良时代的"多贺城碑"，标出多贺城距离"靺鞨国"大致为三千里。王禹浪认为这恰好与日本多贺城遗址距离渤海国上京龙泉府遗址的里数相合。[2]相较于筑紫线，北线的航路更近，是渤海国赴日本使团采用较多的海上交通路线。

第三节　平稳贸易阶段渤日交往制度

771~821 年是渤海国与日本交往关系发展的平稳贸易阶段，积极遣使进而获取更多的物质资源与贸易利益是渤海国在这一时段对日本展开联系的主题。渤海国与日本交往制度中的国书、赠礼、赴日本使、交通路线等内容进一步定制化。遣使规模扩大，聘期未有定制。渤海国赴日本使制度有了新的发展，确立为常使、泛使两种制度模式。

一　规模与聘期

据表 8-5，平稳贸易阶段，51 年间渤海国共向日本派遣使团 14 次，其中文王大钦茂时期 6 次，康王大嵩璘时期 2 次，定王大元瑜时期 2 次，

1　菅野真道等『続日本紀』卷 22、日本淳仁天皇天平宝字三年（759）冬十月、第 373 頁。

2　王禹浪：《三百余年前日本发现的多贺城碑》，《社会科学战线》1996 年第 5 期。

表8-5　渤海国与日本遣使一览（771～821）

时间					渤海国遣使					日本遣使		
公元纪年	渤海	年号	日本	年号	次序	间隔（年）	使团成员	人数（人）	船只（艘）	次序	间隔（年）	使团成员
771		大兴三十五年		宝龟二年	7	9	壹万福、慕昌禄等	325	17			
772		大兴三十六年		宝龟三年	8	2	乌须弗等	40	1	8	9	武生鸟守等
773		大兴三十七年		宝龟四年								无送使
776	文王大钦茂	大兴四十年	光仁天皇	宝龟七年	9	3	史都蒙、高禄思、高淑源、史道仙、高珪宣等	187				
777		大兴四十一年		宝龟八年						9	5	高丽朝臣殿继（嗣）等
778		大兴四十二年		宝龟九年	10	2	张仙寿等		2			
779		大兴四十三年		宝龟十年	11	1	高洋弼、高说昌等	359	≥9	10	2	大纲公广道等
786		大兴五十年		延历五年	12	7	李元泰等	65	1			无送使
787		大兴五十一年		延历六年								无送使。给船一艘，柁师、拯抄、水手而发遣
795		正历二年		延历十四年	13	9	吕定琳等	68	1			
796	康王大嵩璘	正历三年	桓武天皇	延历十五年						11	17	御长真人广岳、桑原公秋成等
798		正历五年		延历十七年	14	3	大昌泰等			12	2	内藏宿称贺万、御使宿称今嗣等
799		正历六年		延历十八年						13	1	滋野宿称船白（代）等

续表

时间					渤海国遣使					日本遣使		
公元纪年	渤海	年号	日本	年号	次序	间隔（年）	使团成员	人数（人）	船只（艘）	次序	间隔（年）	使团成员
809	定王 大元瑜	永德元年		大同四年	15	11	高南容、高多佛等					
810		永德二年		大同五年								无送使
811		永德三年	嵯峨天皇	弘仁元年	16	1	高南容等					
				弘仁二年						14	12	林宿祢东人、上毛野公继（嗣）益等
814	僖王 大言义	朱雀三年		弘仁五年	17	4	王孝廉、高英善、释仁真、乌贤德、李俊雄等					无送使
818	宣王 大仁秀	建兴元年		弘仁九年	18	4	慕感德等					无送使
819		建兴二年		弘仁十年	19	1	李承英等					无送使
821		建兴四年		弘仁十二年	20	2	王文矩等					无送使

资料来源：菅野真道等『続日本紀』卷31-32、34-35、39；藤原冬嗣等『日本後紀』卷5、8、12、20~22、24；佚名『日本紀略』前篇12~14；鴨祐之『日本逸史』卷4~5、7~8、17~19、22~24、27~30；菅原道真『類聚国史』卷193~194；金毓黻《渤海国志长编》卷10。

僖王大言义时期 1 次，宣王大仁秀时期 3 次，使团规模扩大至 40~360 人，使船数量为 1~17 艘。

771~779 年，渤海国第七次至第十一次遣使时间比较密集，相隔 1~3 年，使团规模也比较大。政治结缘阶段，渤海国从遣使日本的活动中获得了较多的物资与贸易利益，因此文王大钦茂在完成迁都上京和官制改革后，派出大规模的使团到日本，尝试攫取更多的利益。771 年，渤海国的第七次遣使，壹万福率领 325 人的使团，乘 17 艘船，到着日本出羽国附近地区。日本将渤海国使团的入京人数限制为 40 人。[1]其余的 285 人应是留在缘海诸国地区从事商业贸易活动。776 年，渤海国的第九次遣使，史都蒙出使的身份是"贺即位使"及"告哀使"，出使目的主要是恭贺光仁天皇即位并告渤海国王后（妃）之丧。按常理讲，"贺即位""告哀"并不需要 187 人如此大规模的使团，这些随行人员更多的是来到日本缘边进行贸易的渤海民众，但因途中遭遇风暴，仅存 46 人。[2]不宁唯是，779 年，渤海国的第十一次遣使，高泮弼押领的渤海和铁利 359 人使团，[3]也同样是受到了与日本贸易的既得利益的吸引。

780~795 年，渤海国的遣使活动频次减慢下来。这是因为大钦茂末年渤海国统治集团内部发生争斗。793 年，大钦茂去世，渤海国王位之争激化，君主更替频繁，先后经大元义、成王大华玙，直至 794 年冬大嵩璘即位，政局才开始稳定下来。

796~821 年，渤海国对日本遣使再次频繁起来，一般相隔 1~4 年。796 年，康王大嵩璘在致桓武天皇的第二份王启中言："傥长寻旧好，幸许来往，则送使数不过廿。以兹为限，式作永规。其隔年多少，任听彼裁。裁定之使，望于来秋许以往期，则德邻常在。"[4]大嵩璘与桓武天皇

1　菅野真道等『続日本紀』卷 31、日本光仁天皇宝龟二年（771）六月、冬十月、十二月、第 546、549、553 頁。

2　菅野真道等『続日本紀』卷 34、日本光仁天皇宝龟七年（776）十二月、第 598 頁。

3　菅野真道等『続日本紀』卷 35、日本光仁天皇宝龟十年（779）九月、第 629 頁。

4　藤原冬嗣等『日本後紀』卷 5、日本桓武天皇延曆十五年（796）冬十月、第 3-4 頁。

商讨使者人数和聘期年限的问题，期望能够限定日本送使人数、缩短聘期，目的在于增加渤海国使团的出访频率，更多地从日本获得丰厚赠礼和商业贸易利益，同时反映了其对渤海国对外交往制度建构问题的关注。798年，日本的第三回主动遣使就是派遣内藏贺万[1]告知渤海国"间以六岁，远近合宜"，以"半纪"六年为一聘期。随后双方进行了反复的交涉，这是渤日第一次"聘期之争"，最终桓武天皇同意放宽渤日聘期"半纪"之约的年限。[2]

从796~821年的遣使频率来看，渤海国与日本交往的聘期没有定制。"聘期之争"体现了渤日双方关系发展中来自政治和经济层面的矛盾与冲突。内藏贺万归国后就曾上奏，描述了"商贾之辈，漂宕海中"的场景。[3]与渤海国贸易往来的逆差、招待渤海国使团的巨额支出，日益成为日本朝廷的沉重负担。[4]弘仁二年（811），嵯峨天皇以定王大元瑜王启"不据常例"为由，[5]终止了日本向渤海国的遣使活动，这与日本减少对渤海国事务的支出有关。如表8-6所示，嵯峨天皇时期经常不对渤海国授予回赠物品，或是偶有少量回礼，一般只赐予渤海国使臣一些俸禄和赏赐。

二　国书、信物、赠礼

平稳贸易阶段，渤海国与日本交往的国书、赠礼制度开始有了定制化的发展（表8-6）。

1　菅原道真『類聚国史』卷193「殊俗部·渤海上」，日本桓武天皇延暦十七年（798）四月条作内藏宿祢贺茂麻吕，五月条作内藏宿祢贺茂、内藏祢贺万（第1275、1276頁）；藤原冬嗣等『日本後紀』卷8，日本桓武天皇延暦十八年（799）五月，作内藏宿祢贺茂麻吕（第23頁）；佚名『日本紀略』前篇13，日本桓武天皇延暦十七年（798）五月，作内藏宿祢贺万（第379頁）。

2　菅原道真『類聚国史』卷193「殊俗部·渤海上」日本桓武天皇延暦十八年（799）九月、第1277~1278頁。

3　藤原冬嗣等『日本後紀』卷8、日本桓武天皇延暦十八年（799）五月、第23頁。

4　王承礼、王巍：《从朝贡外交看渤海和日本的关系——以国书体例和聘使往还年限之争为中心》，《北方文物》1996年第4期。

5　藤原冬嗣等『日本後紀』卷21、日本嵯峨天皇弘仁二年（811）冬十月、第124頁。

表8-6　渤海国与日本国书、信物、赠礼一览（771～821）

时间			渤海国遣使				日本遣使				
公元纪年	渤海	日本	次序	国书	信物	赠礼	次序	国书	信物	赠礼	备注
771			7	国书表函（违例拒收）（有表文）	有（违例拒收）	方物					
772			8	国书表函（违例拒收）	无		8	有	无	赐国王美浓絁三十匹，绢三十匹，丝二百絇，调绵三百屯	
773			9	无	有	方物		无	无	无	无送使
776				无	有	方物					
777	文王 大钦茂	光仁 天皇					9	有	无	赐国王禄。附绢五十匹、絁五十匹、丝二百絇、绵三百屯。又缘史部蒙请，加附黄金小一百两，水银大一百两，金漆一缶，漆一缶，海石榴油一缶，水精念珠四贯，槟榔扇十枚。又吊渤海王后丧，赠绢二十匹，絁二十匹，绵二百屯	
778			10	无	无	方物	10	有	有	无	
779			11	无（有表文）	无	不详		无	无	无	无送使

续表

公元纪年	渤海	日本	渤海国遣使 次序	国书	信物	赠礼	日本遣使 次序	国书	信物	赠礼	备注
786	文王 大钦茂	桓武天皇	12	无	无	不详					
787								无	无	无	无送使。给船一艘，柂师、挟抄、水手而发遣
795	康王 大嵩璘		13	王启（有告丧启、别状）	无	方物					
796				第二份王启（有别状）			11	有	有	绢二十匹、絁二十匹、丝一百钩、绵二百屯，以充远信	归国，带回渤海第二份王启、别状、土物
798			14	王启（有别状）	有	方物	12	有	有	絁[绝]三十匹、绢三十匹、丝二百钩[約]、绵三百屯	
799				第二份王启（有别状）	无	方物	13	有	有	絁[绝]三十匹、绢三十匹、丝二百屯[約]、绵三百屯	归国，带回渤海第二份王启、别状、轻鲜之物
809	定王 大元瑜	嵯峨天皇	15	王启	无	方物					
810								有	无	无	无送使，日本国书由渤海使者带回

续表

时间			渤海国遣使				日本遣使				
公元纪年	渤海	日本	次序	国书	信物	贈礼	次序	国书	信物	贈礼	备注
810	定王大元瑜	嵯峨天皇	16	王启（有别录）	无	方物					有渤海王启，因不据常例，未带回
811				第二份王启（违例，未带回）	无	方物	14	有	无	少物	无送使
814	僖王大言义		17	王启	无	方物					
816								有	有2份	无	无送使
818			18	不详（应有，违例）				无			无送使
819	宣王大仁秀		19	王启	无	方物					
820								有	无	有	无送使
821			20	王启（有别状）	无	方物					
822								有	有	无	无送使

资料来源：菅野真道等『続日本紀』卷 31-32，34-35，39；藤原冬嗣等『日本後紀』卷 5，8，12，20-22，24；佚名『日本紀略』前篇 12-14；鸭祐之『日本逸史』卷 4-5，7-8，17-19，22-24，27-30；菅原道真『類聚国史』卷 193-194；金毓黻《渤海国志长编》卷 10。

1. 国书制度

大钦茂后期迁都上京以后，着意提升实力，为了从日本获取更多的物资与贸易利益，转变态度积极遣使日本，此后渤海国诸王皆如此般。相反，日本对通聘渤海国的热情冷却下来，一方面缘于政治结缘阶段渤海国对"新罗征讨计划"的踌躇，另一方面基于渤海国始终未向日本称臣。

771~773 年，渤海国与日本的"国书之争"达到了顶峰。光仁天皇连续两次以"违例"拒收渤海国王启。772 年光仁天皇致大钦茂的国书载：

> 天皇敬问高丽王：
>
> 朕继体承基，临驭区宇。恩覃德泽，宁济苍生。然则率土之滨，化有辑于同轨。普天之下，恩无隔于殊邻。昔高丽全盛时，其王高武，祖宗弈世，介居瀛表，亲如兄弟，义若君臣，帆海梯山，朝贡相续。逮乎季岁，高氏沦亡。自尔以来，音问寂绝。爰洎神龟四年，王之先考左金吾卫大将军渤海郡王遣使来朝，始修职贡。先朝嘉其丹款，宠待优隆。王袭遗风，纂修前业，献诚述职，不坠家声。今省来书，顿改文道：日下不注官品姓名，书尾虚陈天孙僭号。远度王意岂有是乎？近虑事势疑似错误。故仰有司，停其宾礼。但使人万福等，深悔前咎，代王申谢。朕矜远来，听其悛改。王悉此意，永念良图。又高氏之世，兵乱无休，为假朝威，被称兄弟。方今大氏，曾无事故，妄称舅甥，于礼失矣。后岁之使，不可更然。若能改往自新，实乃继好无穷耳。春景渐和，想王佳也。今因回使，指示此怀，并赠物如别。[1]

光仁天皇此前先是肯定了壹万福等人"渤海王使者"的身份，[2] 后

1　菅野真道等『続日本紀』卷 32、日本光仁天皇宝龟三年（772）二月、第 556-557 頁。
2　菅野真道等『続日本紀』卷 32、日本光仁天皇宝龟三年（772）春正月、第 554 頁。

又在国书中以"高丽王"称谓大钦茂，[1]反映出光仁天皇继承了前代构建"日式区域秩序"的东北亚政策。光仁天皇国书阐明了所谓渤海国书的违例事项：一是"日下不注官品姓名，书尾虚陈天孙僭号"；二是"方今大氏，曾无事故，妄称舅甥，于礼失矣"。自大钦茂执政以后，渤海国与唐廷关系紧密，谨守臣礼，朝贡不绝。渤海国致日本国书"不注官品姓名"，是将日本置于对等往来的地位，因此只使用渤海国的王号。日本学者广濑宪雄解释"舅甥"关系，是伴随婚姻关系的亲属关系（包括拟亲属关系），不一定与两者的力量关系一致，不能完全明确地表现出上下级关系。[2]光仁天皇提出以往高句丽对唐战争，与日本结成"兄弟"联盟，而渤海国与日本"曾无事故""妄称舅甥"是失礼的行为。这也反映出日本以上国自居的心态，将渤海国视为藩国。773年，乌须弗出使日本时，也是由于渤海国王启的体例问题，被拒绝入京、拒收国书。

此后，776~786年，大钦茂四次遣使未再附带王启，反映了其在渤日关系地位上未有妥协，始终视与日本为平等往来。但由于受到贸易既得利益的吸引，大钦茂只能寻找各种名目和契机频繁遣使。

康王大嵩璘时期是渤海国与日本交往制度成熟化、定制化的重要节点。大嵩璘即位后，为了恢复与日本的往来、获得贸易利益，在国书体例和措辞方面做出了一定的调整，渤日"国书之争"开始转淡。如表8-6所示，自795年康王大嵩璘开始，渤海国与日本交往的国书制度开始定制化，渤海国使团一般皆附呈王启，日本天皇亦会以国书回复，形成了双方国书同期往复的基本格局。另外较为特殊的是，大嵩璘在795年、798年的两次遣使皆已有王启传递，而796年、799年日本送使返

---

1 菅野真道等『続日本紀』卷32、日本光仁天皇宝龟三年（772）二月、第556頁。

2 廣瀬憲雄「日本—渤海間の擬制親族関係について—"古代東アジア世界"の可能性」『東アジア世界史研究センター年報』第3号、2009。

程时大嵩璘又另附第二份王启于日本天皇。[1]大嵩璘多次传递王启，是与桓武天皇反复协商聘期事宜，以期尽快促成渤海国使团频繁出访，进而获取更多的物资与贸易利益。又定王大元瑜永德三年（810），高南容使团访日，呈递了王启，[2]次年日本送使林东人等回国时，大元瑜也赐予了第二份王启，林东人以王启"不据常例"而拒绝带回，这也是日本对渤海国派出的最后一次送使。

2. 信物、赠礼制度

信物方面还没有形成制度化的发展。赠礼方面则开始有了定制化的发展，渤海国使团一般会携带赠礼。文献对这一阶段渤海的赠礼没有详细的记载，只见"土物""方物"之言，应与政治结缘阶段相似，以兽皮、人参、蜂蜜等特产为主，但数量较政治结缘阶段有所减少。更多的特产被渤海人用于与日本缘海诸国进行商业贸易。此外，日本方面，桓武天皇时期对渤海国回赠物品的种类和数量渐成定制。嵯峨天皇时期对渤海国鲜有回赠，根源于当时日本的财政衰退。

三 赴日本使

平稳贸易阶段，渤海国赴日本使基本以文官出任，仅有798年的渤海国大使慰军大将军、左熊卫都将、上柱将、开国子大昌泰为武官。大昌泰，不详其世，[3]姓大氏，应为渤海国王族宗室子弟，多领授武职。这一时期，由于使团规模扩大，判官、录事等官员的数量有所增加，主要是辅佐正使处理各类事宜。同时文献中出现了译语（通事）的官职，负责翻译事宜。具体情况参见表8-7。

---

1 藤原冬嗣等『日本後紀』卷5、日本桓武天皇延暦十五年（796）冬十月、第3-4頁；菅原道真『類聚国史』卷193「殊俗部·渤海上」日本桓武天皇延暦十八年（799）九月、第1277~1278頁。

2 藤原冬嗣等『日本後紀』卷20、日本嵯峨天皇弘仁元年（810）九月、第107頁；卷21、日本嵯峨天皇弘仁二年（811）冬十月、第124頁。

3 金毓黻：《渤海国志长编》卷9《大昌泰传》，第197页。

表8-7　渤海国赴日本使一览（771～821）

次序	公元纪年	身份	大使	渤海官职	日本授位	副使	日本授位	判官	日本授位	录事	日本授位	其他备注
7	771	通聘使	壹万福	青绶大夫	从三位	慕昌禄	正四位下，773年客死于日，追赠从三位	大判官 / 少判官	正五位上 / 正五位下		从五位下	录事并译语并从五位下，着绿品官以下各有差
8	773	通聘使	乌须弗										
9	776	贺即位使、告哀使	史都蒙	献可大夫、司宾少令、开国男	正三位			大判官 高禄思 / 少判官 高郁琳 / 判官 高淑源	正五位上 / 正五位下 / 正五位上	大录事 史通仙 / 少录事 高珪萱 / 少录事	正五位下 / 从五位下 / 从五位下	余皆有差。另，渤海判官高淑源及少录事一人，漂溺死，比着我岸，船死，赠淑源至是，五位上，少录事从五位下，并赗物如令
10	778	送日本送渤海使	张仙寿	献可大夫、司宾少令	有授位							加授位阶，赐禄物
11	779	通聘使	高洋弼										渤海通事高说昌，此前出使日本时，被授从五位下
12	786	通聘使	李元泰										
13	795	告哀与告即位使	吕定琳	匡谏大夫、工部郎中									

续表

次序	公元纪年	身份	大使	渤海官职	日本授位	副使	日本授位	判官	日本授位	录事	日本授位	其他备注
14	798	送日本遣渤海使	大昌泰	慰军大将军、左都督、上柱将、开国子								
15	809	告衰与告即位使	高南容									首领高多佛
16	810	贺即位使	高南容	和部少卿、兼和干苑使、开国子								
17	814	告衰与告即位使	王孝廉		从三位，815年客死于日本，追赠正三位	高景秀	正四位下	高英善	正五位下	释仁真	从五位下	译语李俊雄授从五位下
								王昇基	正五位下	乌贤思	从五位下	
18	818	告衰与告即位使	蔡感德									
19	819	告谢使	李承英	文籍院述作郎		有授位						叙位有差
20	821	通聘使	王文矩	改堂省左允								

资料来源：菅野真道等『続日本紀』卷31~32，34~35，39；藤原冬嗣等『日本後紀』卷5，8，12，20~22，24；佚名『日本紀略』前篇12~14；鸭祐之『日本逸史』卷4~5，7~8，17~19，22~24，27~30；菅原道真『類聚国史』卷193~194；金毓黻《渤海国志长编》卷10。

这一时期渤海国赴日本使的身份丰富起来，包括告哀与告即位使、送日本遣渤海使使、送日本送渤海使使、通聘使、贺即位使、告哀使、告谢使等。渤海国赴日本使制度有了新的发展，表现为常使、泛使两种制度模式。

告哀与告即位使　告哀与告即位使是渤海国向日本派出的定例性常使，肩负告旧王之哀、新王即立，延续交往的职责。自文王大钦茂起，渤海国王权更迭之际，一般会在接受唐朝册封以后，于同年或翌年遣告哀与告即位使赴日。渤海国对日本的告哀与告即位使，与其向唐朝派遣的告哀与告即位使存在本质上的区别。渤海国遣唐的告哀与告即位使，其核心目的在于请求唐廷册封。新王在得到唐廷正名以后，继而才会开始遣使向周邻传递旧王薨逝、新王即立的消息。渤海国向日本派遣告哀与告即位使的时间，皆晚于接受唐朝册封的时间，其核心目的体现在告即位之上，旨在延续与日本的对等往来关系。自康王大嵩璘开始，渤海国与日本交往的常使制度成熟化、定制化。此外平稳贸易阶段，793~794 年在位的大元义、成王大华玙以及 817~818 年初在位的简王大明忠，皆因执政时间极短，无暇顾及与周边联系，故而未向唐朝中央遣使告哀、告即位、请册立，更不用说遣使向海外远邻日本传递信息。

因事而遣的使节属于渤海国赴日本使制度中的泛使制度。泛使制度可划分为三种类型：一是送使制度，表现为派遣送日本遣唐使使、送日本遣渤海使使、送日本送渤海使使，充使送国；二是通聘使制度，即派出通聘使进行一般的交聘活动；三是偶发性使节制度，是通聘使的另一种身份的转换，包括派遣贺即位使、告哀使、吊祭使、告谢使、请客使等，皆为借端遣使，多出现于国书或聘期争端的焦灼期和日本对渤海国使团采取强硬措施的间隙里，主要是为了开展对日贸易活动。泛使的派遣，受到渤日政治动向、国书之争、聘期争端、渤海国获取对外贸易利益等多重因素的影响，派出时间未有定制。平稳贸易阶段，渤海国向日本派出的泛使如下。

送日本遣渤海使使　延历十七年（798），桓武天皇以内藏贺万为遣渤海使。日本第三次主动遣使，一方面是受到了大嵩璘的邀请，另一方面更主要是想借此显示上国地位，约以"半纪"六年为聘，推进渤海国进入"日式区域秩序"之内。同年十二月，大昌泰任送日本遣渤海使使访日。[1]

送日本送渤海使使　渤海国还派出过一位偶发性的送日本送渤海使使，因其送使性质，亦纳入送使制度内讨论。光仁天皇宝龟八年（777），高丽殿嗣为送渤海使，途中遇险，乘船破损。翌年，大钦茂以张仙寿任送日本送渤海使使。[2] 史籍对日本使团规模记载不详，一般不超过 70 人。[3] 以往未见渤海国专门遣使护送日本送使，大钦茂命造船两艘，说明张仙寿使团的规模不小。771~773 年，渤日"国书之争"达到了顶峰。光仁天皇多次以"违例"拒收渤海国书、拒绝使团入京。实际上，张仙寿使团是渤海国巧立名目，借"送使"之名开展贸易活动的偶发性遣使。这种借端遣使的现象在大钦茂后期的渤日"国书之争"高峰期并不鲜见。

通聘使　平稳贸易阶段，大钦茂、大仁秀二王于 771 年、773 年、779 年、786 年、821 年合计向日本派出了五次通聘使。在渤日"国书之争"的焦灼期，771 年、773 年、779 年的通聘使皆因"违例"，或被返却启信，或被禁止入京。[4] 然而，日本的转冷并没有减弱渤海国频繁遣使以获取贸易利益的热情。

贺即位使　渤海国派遣过两次贺即位使，皆在平稳贸易阶段。文王大钦茂大兴四十年（776），贺即位使史都蒙到达日本，"远贺皇祚"，

1　菅原道真『類聚国史』卷 193「殊俗部・渤海上」日本桓武天皇延暦十七年（798）十二月、第 1276 頁。

2　菅野真道等『続日本紀』卷 35、日本光仁天皇宝龟九年（778）九月、十年（779）春正月、第 617、621 頁。

3　日本使团可知人数的仅有第 1 次 728 年 62 人，第 3 次 758 年 68 人，第 4 次 759 年 99 人（含大量遣唐使）。

4　菅野真道等『続日本紀』卷 32、日本光仁天皇宝龟三年（772）春正月、四年（773）六月、第 554-555、570 頁；卷 35、日本光仁天皇宝龟十年（779）十一月、第 631 頁。

恭贺光仁天皇即位。[1]实际上，光仁天皇即位于770年。前文已述，187人的大规模使团中，大部分人员应该是到日本缘边进行贸易的渤海民众。这是"国书之争"高峰期渤海国巧立名目的偶发性使团，是受到贸易既得利益的吸引。另一次贺即位使是定王大元瑜永德二年（810）的高南容使团。809年，高南容曾充告哀与告即位使赴日，带回了嵯峨天皇于是年登基的信息。适逢渤、日同时改朝的特殊时刻，大元瑜又专门指派高南容充贺即位使，短期内再次赴日申贺，[2]这次遣使同样具有偶然性。

告哀使　渤海国还派遣过作为泛使的告哀使，需与奉为常使的告哀与告即位使相区别。776年，史都蒙还兼任告哀使，所告为渤海王后（妃）之丧。光仁天皇赠物哀悼。

告谢使　宣王大仁秀建兴二年（819），李承英充告谢使，感谢日本以船舶助常使慕感德等回国，又言慕感德返程时携带了日本国书。日方予以反驳，"慕感德等，还去之日，无赐敕书"。这是渤海国"言非其实"，以"兼令申谢"为借口，[3]在国书争端之际的遣使。

从可考的使臣姓氏来看，这一阶段的使臣包括大姓（1人次）、高姓（11人次）、张姓（1人次）、乌姓（2人次）、李姓（3人次）、王姓（3人次）、慕姓（2人次）、史姓（2人次）、壹姓（1人次）、吕姓（1人次）、释姓（1人次）。大氏为渤海国王族姓氏，高氏、张氏、杨氏、窦氏、乌氏、李氏为渤海国世家大族右姓，其余为庶姓。[4]渤海国使臣多任命渤海国的宗室、贵族子弟担当。高氏使者居多，表明这一时期渤海国的赴日本使仍以高句丽遗民后裔身份的官员为主。

与上一阶段相同，渤海国使者到达日本后肩负着政治、经济、文

1　菅野真道等『続日本紀』卷34、日本光仁天皇宝龟七年（776）十二月、第598頁。

2　藤原冬嗣等『日本後紀』卷20、日本嵯峨天皇弘仁元年（810）九月、第108頁。

3　菅原道真『類聚国史』卷194「殊俗部·渤海下」日本嵯峨天皇弘仁十年（819）十一月、第1283頁。

4　金毓黻：《渤海国志长编》卷16《族俗考·姓氏》，第368頁。

化交流等方面的职责。如表 8-8 所示，渤海国使者入京后参与春正月的太极殿朝觐，获得授官、赐禄、赐服、赐物、赐宴、赐乐、赐射等赏赐，参加射箭、马球、音乐、舞蹈、诗词等文化交流活动。《文华秀丽集》就记录了嵯峨天皇时期渤海国使臣和日本诗人酬酢唱和之诗。[1] 宣王大仁秀建兴四年（821），政堂省左允王文矩充使通聘日本，翌年还曾参与马球比赛。[2]

表 8-8　渤海国使团在日活动与待遇一览（771 ~ 821）

次序	公元纪年	达到时间	到着地	入京时间	朝拜时间	在日活动与待遇
7	771	六月	出羽国贼地野代凑	十二月	春正月	飨于朝堂，赐三种乐。赐物大使壹万福以下各有差
8	773	六月	能登国	不准入		不召朝廷，返却本乡。赐禄并路粮放还
9	776	十二月	越前国加贺郡	四月		赐禄史都蒙以下各有差。赐观射骑、田舞，著客奏本国之乐。事毕，赐史都蒙以下彩帛各有差
10	778	九月	越前国坂井郡三国凑	十二月	春正月	赐宴。赐禄有差。加授位阶，兼赐禄物。射箭
11	779	九月	出羽国	不准入		陆奥、出羽等国，用陆调绝、相模庸绵、陆奥税布，充渤海、铁利等禄
12	786	九月	出羽国	未入京		
13	795	十一月	出羽国夷地志理波村	四月		进日本在唐学问僧永忠等所附书。归国，转达日本太政官书于永忠等

1　孙玉良编著《渤海史料全编》，第 289 页。
2　菅原道真『類聚国史』卷 194「殊俗部·渤海下」日本嵯峨天皇弘仁十三年（822）正月、第 1284 页。

续表

次序	公元纪年	达到时间	到着地	入京时间	朝拜时间	在日活动与待遇
14	798		隐岐国智夫郡	十二月	春正月	赐宴、赐乐。赉禄有差。赐服，列庭踏歌。观射、射箭
15	809	十月			三月	飨于鸿胪馆。渤海使首领高多佛脱身留于日本，后赐姓名为高庭高雄，入籍日本
16	810	九月			春正月	赐宴。观射。日本朝臣飨渤海使于朝集院，赐禄有差
17	814	九月	出云国		春正月	赐宴，奏女乐，奏踏歌，赐禄有差。于朝集堂飨渤海使。渤海使与日本诗人唱和诗词。赐渤海副使高景秀以下、大通事以上夏衣
18	818					
19	819	十一月		十二月	春正月	赐宴，奏踏歌。赐禄有差
20	821	十一月		十二月	春正月	赐宴，奏踏歌。渤海使王文矩等打球，赐绵二百屯为赌。所司奏乐，蕃客率舞，赐禄有差。飨渤海使于朝集殿

资料来源：菅野真道等『続日本紀』卷 31~32、34~35、39；藤原冬嗣等『日本後紀』卷 5、8、12、20~22、24；佚名『日本紀略』前篇 12~14；鸭祐之『日本逸史』卷 4~5、7~8、17~19、22~24、27~30；菅原道真『類聚国史』卷 193~194；金毓黻《渤海国志长编》卷 10。

四　交通路线

渤海国文王大钦茂大兴三十七年、日本光仁天皇宝龟四年（773）六月，日本命令渤海国使臣"自今以后，宜依旧例，从筑紫道来朝"，[1]向大宰府奏报后入境，不能再取北线航路登陆日本。776 年，史都蒙一行 187 人就采用了筑紫线航路，"发自弊邑南海府吐号浦，西指对马岛

---

[1] 菅野真道等『続日本紀』卷 32、日本光仁天皇宝龟四年（773）六月、第 570 頁。

竹室之津"，[1] 但是途中"比着我岸，忽遭恶风，拖折帆落，漂没者多。计其全存，仅有四十六人，便于越前国加贺郡安置供给"。[2] 史都蒙以筑紫线为交通路线，受到了光仁天皇的嘉许。

虽然日本规定渤海国使者需由筑紫线入境，但从表 8-8 的统计来看，受洋流季风、航海技术的影响，渤海国使团大部分是漂至中北面的出羽国、能登国、越前国沿岸登陆。《日本后纪》记载延历二十三年（804）夏四月，桓武天皇因渤海国使团多在能登国着陆，敕令"比年渤海国使来着，多在能登国，停宿之处，不可疏陋，宜早造客院"。[3] 渤海使团实际上究竟选取了哪条交通航路，无法得到细致考证。

第四节　聘期争端阶段渤日交往制度

823~919 年是渤海国与日本交往关系发展的聘期争端阶段，渤日"聘期之争"冲突的激化，影响了渤海国与日本在政治层面的进一步往来，双方关系主要是从经济、文化的角度展开。渤海国与日本的交往制度在遣使规模、国书、信物、赴日本使、交通路线等方面形成了较为完整的定制化体系，赠礼制度中出现了使臣携带"私礼"的现象，聘期依然未有定制。

一　规模与聘期

聘期争端阶段，97 年间渤海国共向日本派遣使团 14 次，其中宣王大仁秀时期 3 次，大彝震时期 2 次，大虔晃时期 2 次，大玄锡时期 4 次，

1　菅野真道等『続日本紀』卷 34、日本光仁天皇宝亀八年（777）春正月、第 600 頁。

2　菅野真道等『続日本紀』卷 34、日本光仁天皇宝亀七年（776）十二月、第 598 頁。

3　藤原冬嗣等『日本後紀』卷 12、日本桓武天皇延暦二十三年（804）夏四月、第 38 頁。

大玮瑎时期 1 次，大諲譔时期 2 次。使团规模在 100~105 人，从 860 年开始保持为 105 人，应是双方交涉后在使团人数上形成了定制。使船数量文献无载，推算为一艘。[1] 具体情况参见表 8-9。

表 8-9　渤海国与日本遣使一览（823 ~ 919）

时间					渤海国遣使				
公元纪年	渤海	年号	日本	年号	次序	使团成员	间隔（年）	人数（人）	船只（艘）
823	宣王大仁秀	建兴六年	淳和天皇	弘仁十四年	21	高贞泰、□璋璆等	2	101	1
825		建兴八年		天长二年	22	高承祖、高如岳、王文信、高孝英、高成仲、陈崇彦、李隆即、李承宗等	2	103	1
827		建兴十年		天长四年	23	王文矩等	2	100 余	1
841	大彝震	咸和十一年	仁明天皇	承和八年	24	贺福延、王宝璋、高文暄、乌孝慎、高文宣、高平信、安宽喜、季宪寿、高应顺、王禄升、李朝清、晋昇堂等	14	105	1
848		咸和十八年		嘉祥元年	25	王文矩、乌孝慎、马福山、高应顺、高文信、多安寿、李英真等	7	100	1
858	大虔晃	大虔晃元年	清和天皇	天安二年	26	乌孝慎、周元伯等	10	104	1
860		大虔晃三年		贞观二年	27	李居正等	2	105	1

1　上田雄『渤海使の研究——日本海を渡った使節たちの軌跡』第 450-578 頁。

续表

时间				渤海国遣使				
公元纪年	渤海	年号	日本	年号	次序	使团成员	间隔（年）	人数（人）	船只（艘）
871	大玄锡	大虔晃十四年	清和天皇	贞观十三年	28	杨成规、李兴晟、李国度、贺王真、高福成、高观、李孝信等	11	105	1
876		大玄锡五年	阳成天皇	贞观十八年	29	杨中远等	5	105	1
882		大玄锡十一年		元庆六年	30	裴颋、高周封等	6	105	1
891		大玄锡二十年	宇多天皇	宽平三年	31	王龟谋等	9	105	1
894	大玮瑎	大玮瑎元年		宽平六年	32	裴颋等	3	105	1
907	大讠缏讈	大玮瑎十四元年	醍醐天皇	延喜七年	33	裴璆等	13	105（推断）	1
919		大讠缏讈十二年		延喜十九年	34	裴璆等	12	105	1

资料来源：藤原良房等『続日本後紀』卷 10~11、18~19；藤原時平等『日本三代実録』卷 2~3、5、20~21、30~31、42~43；佚名『日本紀略』前篇 14~20、後篇 1；鸭祐之『日本逸史』卷 31~34、36；阿闍梨皇円『扶桑略記』第 20、23~24；藤原冬嗣等『類聚三代格』卷 18；菅原道真『類聚国史』卷 194；都良香『都氏文集』卷 4；藤原明衡『本朝文粋』卷 12；《咸和十一年渤海国中台省致日本太政官牒》；金毓黻《渤海国志长编》卷 10。

《类聚三代格·夷俘并外蕃人事·改定渤海国使朝聘期事》载：

太政官符

改定渤海国使朝聘期事

右捡［检］案内，太政官去延历十八年（799）五月廿日符称："右大臣宣，奉敕渤海聘期，制以六载。"而今彼国遣使太［大］昌泰等，犹嫌其迟，更事覆请。乃纵彼所欲，不立年限，宜随其来，令礼待者。诸国承知，厚加供备，驰驿言上者。今被右大臣

宣称，奉敕小之事大，上之待下，年期礼数，不可无限。仍附彼

使高贞泰等还，更改前例，告以一纪。宜仰缘海郡，永以为例。

其资给等事，一依前符。

天长元年（824）六月廿日。[1]

823 年高贞泰出使日本，日本对渤日之间的聘期进行了延长，要求渤海国以"一纪"十二年为限，这是继康王大嵩璘时期的"半纪"六年聘期之争后，渤海国与日本在聘期问题上的第二次交涉高峰。自此以后，渤海国和日本的关系进入了漫长的聘期争端阶段。从遣使频次来看，渤海国并没有遵从日方的要求，大部分时间里其遣使是从本国的利益和主观意愿出发。

第 21 次至第 23 次遣使频率高，823~827 年，每相隔两年，渤海国便会派出赴日本使团。实际上，宣王大仁秀在位期间，分别于818 年、819 年、821 年、823 年、825 年、827 年派出了六次赴日本使团，间隔时间都是 1~2 年。823 年、827 年的两次使团都被日本拒绝入京。823 年高贞泰使团被拒绝入京的理由是"比年不稔，百姓弊，又疫病发。时丰时临，送迎，百姓苦有依"，[2]受日本灾荒的影响，高贞泰一行未能入京。825 年，高承祖使团的入京也受到日本右大臣藤原绪嗣的反对，认为渤海国的遣使是"寄言灵仙，巧败契期"的行为，同时认为渤海国使团"实是商旅，不足邻客"，请求停止渤海客入京，要求渤海国使团"依期入朝，须用古例"。[3]但是，淳和天皇最终允许了高承祖等入京并将其安置于鸿胪馆。827 年，日本又以"违期"拒绝了王文矩使团入京。

1　藤原冬嗣等『類聚三代格』卷 18「夷俘并外蕃人事·改定渤海国使朝聘期事」第 966~967 頁。

2　菅原道真『類聚国史』卷 194「殊俗部·渤海下」日本淳和天皇天長元年（824）二月、第1285 頁。

3　菅原道真『類聚国史』卷 194「殊俗部·渤海下」日本淳和天皇天長三年（826）三月、第1286~1287 頁。

　　日本淳和天皇时期开始的对渤海国使团聘期的限制主要是出于两方面经济因素的考量。一是渤海国使团的随行人员在日本频繁私自贸易，日本本土经济外流逆差严重。《类聚三代格·夷俘并外蕃人事·应禁交关事》载，日本国人"爱远物，争以贸易"，政府严令禁止私相买卖，"若违之者，百姓决杖一百；王臣家遣人买，禁使者言上；国司阿容及自买，殊处重科，不得违犯"。[1]渤海国使团常在日本从事商业贸易，其货品深受当地人喜爱。872年，杨成规使团入京，"内藏寮与渤海客回易货物"，"京师人与渤海客交关"，"诸市人与客徒私相市易"。[2]渤日双方虽然展开了互市贸易，但就此后清和天皇"官钱四十万，赐渤海国使等，唤集市廛人，卖与客徒此间土物"的行为来看，[3]日渤此前的交易中出现了巨额逆差，清和天皇想以此来改变财政外流的局面。二是频繁接待渤海国使团劳民伤财，增加了日本政府的财政负担。宽平七年（895），宇多天皇罢遣唐使，禁止唐使入朝，也与日本国内的财政危机有关。但日本并未禁止渤海国使团入境，这仍然是与日本构建"日式区域秩序"有关。

　　相较之下，大彝震咸和十一年（841）贺福延使团相隔14年后赴日本，受到了日本"惟王奉遵明约，沿酌旧章。一纪星回，朝觐之期不爽"，"福延等来修聘礼，守一纪之龙信"的赞赏。[4]

　　此后，日本天皇国书、太政官牒都反复强调以"一纪为聘"的原则，并对渤海国使团违期而来进行诘责和推拒。例如，849年，天皇遣存问使等询问王文矩违期而来的缘由。大彝震王启言"修聘使还，算年未纪。今更遣使，诚非守期。虽然自古邻好，凭礼相交。旷时一岁，犹恐情疏"。[5]861年，日本以渤海国"违先皇制，

1　藤原冬嗣等『類聚三代格』卷18「夷俘并外蕃人事·應禁交関事」第968頁。原文题名"应禁交开事"，"开"应作"关"。

2　藤原時平等『日本三代実録』卷21、日本清和天皇貞観十四年（872）五月、第355頁。

3　藤原時平等『日本三代実録』卷21、日本清和天皇貞観十四年（872）五月、第355頁。

4　藤原良房等『続日本後紀』卷11、日本仁明天皇承和九年（842）夏四月、第310、311頁。

5　藤原良房等『続日本後紀』卷19、日本仁明天皇嘉祥二年（849）三月、第411頁。

辄以吊来，亦令看启案，违例多端"为由，拒绝李居正等人入京，并拒收王启和信物。[1] 又 892 年，宇多天皇以聘期未到，不许王龟谋使团入京。[2]

总的来看，大仁秀、大彝震、大虔晃、大玄锡四王遣使依然频繁，日方则以聘期违例先后六次拒绝了 823 年、827 年、858 年、860 年、876 年、891 年的渤海使团入京（表 8-12）。大玮瑎、大諲譔时期，国力衰退，对日遣使热情转淡。渤海国与日本的"聘期之争"在一定程度上影响了渤海国与日本交往制度的发展，在聘期制度上没有形成定制，同时双方在政治层面上的合作进入冰冻期，以经济、文化交流为主。这在契丹建立政权以后，渤海国首先向新罗结缘而未向日本求助的行为上就已经有所体现。程妮娜提出"一纪"之限"迫使渤海与日本的交往由经济贸易为主，转向以文化交流为主，或者说在文化交流的旗号下进行经济贸易"。[3]

二　国书、信物、赠礼

聘期争端阶段，渤海国在与日本交往的国书、信物制度方面形成了较为完整的体系，在赠礼方面也有了新的变化。

1. 国书制度

823~919 年，渤海国对日本交往中的国书制度趋于完善并形成定制，确立为"启牒并辔"模式。如表 8-10 所示，渤海国使团一般会同时携带王启和中台省牒赴日。王启是呈于日本的国家首脑天皇的文信书函。中台省牒是致于日本的最高政令机构太政官的政务公文。而日本方面也会对应地回复天皇国书和太政官牒。这体现了渤海国与日本双方在

1　藤原時平等『日本三代実録』卷 5、日本清和天皇貞観三年（861）五月、第 88 頁。

2　紀長谷雄「贈渤海国中台省牒　入覲使文籍院少監王亀謀等一百五人」藤原明衡『本朝文粹』卷 12、第 26-27 頁。

3　程妮娜：《唐朝渤海国朝贡制度研究》，《吉林大学社会科学学报》2013 年第 3 期。

表8-10　渤海国与日本国书、信物、赠礼一览（823～919）

时间（公元纪年）	时间（渤海）	时间（日本）	次序	渤海国 国书	渤海国 信物	渤海国 赠礼	渤海国 正使私礼	渤海国 副使私礼	日本 国书	日本 信物	日本 赠礼
823	宣王大仁秀	淳和天皇	21	不详	有	有	契丹大狗二口、猝[矮]子二口，其他	有（日本返却拒收）			
824					无				国书	无	有物赐。国王赐禄
825			22	王启		有					
826			23	王启、中台省牒（日本拒收启、牒）					国书	无	有
827					有						
828			24	王启、中台省牒（有别状）			私献方物		无		
841	大彝震	仁明天皇			有	有					
842			25	王启、中台省牒	有				国书、太政官牒	有	国王赐禄
848				王启、中台省牒							
849									国书、太政官牒	有	国王赐禄

续表

公元纪年	时间 渤海	时间 日本	次序	渤海国 国书	信物	赠礼	正使私礼	副使私礼	日本 国书	信物	赠礼
858			26	王启、中台省牒	有		别进土宜，得赐东绢五十匹，绵四百屯				
859									国书、太政官牒	有	
860	大虔晃	清和天皇	27	王启、中台省牒（日本拒收后，留牒）	有（日本拒收）						
861			28						太政官牒		
871				王启、中台省牒	有*		私以壤奠于天皇及皇太子				
872	大玄锡		29			有			国书、太政官牒	有	
876		阳成天皇		王启、中台省牒（日本拒收后，留牒）	有（日本拒收）		珍玩伏眉酒杯等奉献天子（日本拒收）		国书、太政官牒		
877									太政官牒		

续表

公元纪年	时间 渤海	时间 日本	次序	渤海国 国书	信物	赠礼	正使私礼	副使私礼	日本 国书	信物	赠礼
882	大玄锡	阳成天皇	30	王启、中台省牒（不详，推断有）	有		别进方物				
883									国书、太政官牒		
891		宇多天皇	31	王启（不详，推断有）、中台省牒							
892									国书、太政官牒（牒2通）		
894	大玮瑎		32								
895											

续表

时间			次序	渤海国					日本		
公元纪年	渤海	日本		国书	信物	赠礼	正使私礼	副使私礼	国书	信物	赠礼
907	大諲譔	醍醐天皇	33	不详，推断有王启、中台省牒	有						
908									国书、太政官牒	有	赐物国王
919			34	王启、中台省牒	有		别进物				
920									国书（不详，推断有）、太政官牒	有	

＊ 藤原时平等『日本三代实录』卷 21，日本清和天皇贞观十四年（872）五月，记载其信物）大虫皮 7 张、豹皮 6 张、熊皮 7 张、蜜 5 斛，第 354 頁。

资料来源：藤原时平等『日本三代实录』卷 10-11、18~19；藤原时平等『日本三代实录』卷 2-3、5、20~21、30~31、42~43；佚名『日本纪略』前篇 14~20、后篇 1；鸭祐之『日本逸史』卷 31~34、36；阿闍梨皇円『扶桑略记』第 20、23~24；菅原冬嗣等『类聚三代格』卷 18；菅原道真『类聚国史』卷 194；都良香『都氏文集』卷 4；藤原明衡『本朝文粹』卷 12；《咸和十一年渤海国中台省致日本太政官牒》；金毓黻《渤海国志长编》卷 10。

律令体制下对外交往制度的完善。双方国书、牒的往复关系是基本一致的。其中 860 年，李居正使团携带王启、中台省牒赴日。日本以渤海国使团违期，拒收王启和信物，但接受中台省牒。李居正返程时，也只收到了太政官致于渤海国中台省的牒文。[1] 876 年，杨中远使团也以"违期"受到同样的待遇。日本拒收王启、信物以及杨中远的私礼，[2]仅留存中台省牒，回复日本太政官牒，再次强调"事须守前期于盈纪，修旧好而更来"，要求渤海国遵守聘期时限。[3]

2. 信物、赠礼制度

信物方面有了定制化的发展，这一阶段渤海国使团通常会携带信物。

赠礼方面，823~919 年，渤海国使团附带的礼物不及政治结缘阶段、平稳贸易阶段，只是偶赠方物、土物。这一时期渤海国与日本交往的赠礼制度有了新的变化，如表 8-10 所示，使团的正使、副使会携带"私礼"奉献于天皇或皇太子。渤海国使者的私礼主要是用于联络与日本皇室的私人感情。同时渤海国使者也有因为进私礼而得到更大的恩赏利益的情况。859 年，渤海国大使乌孝慎别进土宜，得赐东绝五十匹、绵四百屯。[4]

三　赴日本使

《延喜式·主税·渤海客食法》载：

凡渤海客食法

1　藤原时平等『日本三代実録』巻 5、日本清和天皇貞観三年（861）五月、第 88~89 頁。

2　藤原时平等『日本三代実録』巻 31、日本陽成天皇元慶元年（877）六月、第 465 頁。

3　都良香『都氏文集』巻 4「日本国大政官牒渤海国中台省　放還謝恩并請客使事政堂省孔目官楊中遠等壹佰伍人」塙保己一集『群書類従』巻 129「文筆部八」日本帝国図書館藏本、第 26 頁。

4　藤原时平等『日本三代実録』巻 3、日本清和天皇貞観元年（859）六月、第 39 頁。

大使、副使日稻各五束。

判官、录事各四束。

史生、译语、天文生各三束五把。

首领、梢工各二束五把。[1]

《类聚三代格·夷俘并外蕃人事·应充客徒供给事》记载了 827 年渤海国王文矩使团的人员构成情况：

太政官符

应充客徒供给事

大使、副使，日各二束五把。

判官、录事，日各二束。

史生、译语、医师、天文生，日各一束五把。

首领已下，日各一束三把。

…………

天长五年（828）正月二日[2]

《咸和十一年中台省致日本太政官牒》（图 8-2）详细记载了渤海国大彝震咸和十一年（841）贺福延使团的人员构成与数目。

根据前文的研究以及《延喜式》《类聚三代格》《咸和十一年中台省致日本太政官牒》的记载，渤海国赴日本使臣由大使、副使（嗣使）、判官、录事、译语、史生、医师、天文生等组成，形成定制，此外使团还有首领、品官、傔人、梢工等随行人员。

1　藤原忠平等『延喜式』卷 26「主税上·渤海客食法」第 798 頁。

2　藤原冬嗣等『類聚三代格』卷 18「夷俘并外蕃人事·應充客徒供給事」第 967~968 頁。

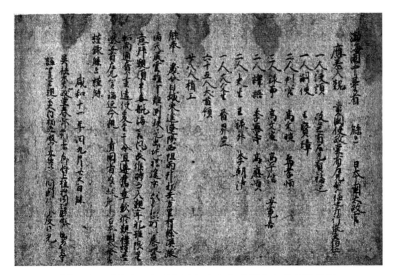

图 8-2　咸和十一年（841）中台省致日本太政官牒状写

资料来源：上田雄『渤海使の研究——日本海を渡った使節たちの軌跡』宮内厅书陵部提供、第 476 頁。

　　大使，一人，是渤海国使团的长官。聘期争端阶段，渤海国大使仍多以文官出任。其中政堂省、文籍院官员参与最多。政堂省是渤海国中央最高行政机构，相当于唐朝的尚书省。823~876 年是渤日聘期争端的焦灼时期，以政堂省官员出使日本为主，使臣多肩负告哀、告即位、与日本政府交涉、吊祭、告谢等政治职责。882~919 年是渤日关系缓和时期，双方的文化交流有了显著的发展，这一时段以文籍院官员出使日本为主。文籍院类似唐朝的秘书省，主要负责经籍图书事宜。文籍院官员都富有文才，促进了渤海国与日本的文化交流。

　　副使（嗣使），一人，是渤海国使团的佐贰官，协助大使处理对日交往和使团内部事宜。

　　判官、录事，各二至三人，是渤海国使团的幕职官。判官是完成具体任务的官员。录事是缮写文件的职员。从日本对渤海国使团判官和录事的授位来看，判官的职位高于录事的职位。

　　译语、史生，各二人，是渤海国使团的随行职官。译语负责翻译、沟通的工作。史生负责查询、记录史事等事宜。弘仁六年（815），嵯峨天皇授渤海国"译语李俊雄从五位下"。[1] 天长三年（826），淳和天皇授渤海国"译语李隆即、李承宗二人从五位下"。[2] 承和九年（842），仁明天皇授渤海国"自外译语已下、首领已上十三人随色加阶焉"。[3]

　　医师，约一人，是负责使团医疗事务的官员。

　　天文生，一人，是负责观测天象、推算时日，协助使船顺利航行的官员。聘期争端阶段，渤海国使团鲜少有遇难情况出现，应与天文生的加入有关。"及天文生以上，随位阶各赐朝服"，[4] 说明天文生也是渤海国使团的正式官员。

　　首领，无定数，是地方官员或部落首领。首领制是渤海国地方行政体系的一种特殊制度。就渤海国与日本的贸易往来而言，这些首领可能是羁縻府州的靺鞨首领。[5]

　　品官，无定数，有文官亦有武官。

　　傔人，无定数，是渤海国使臣的随从仆侍。

　　梢工，无定数，是船员。

　　如表 8-11 所示，这一时期渤海国赴日本使团的派遣仍以常使、泛使两种制度模式进行，使臣的身份包括告哀与告即位使、通聘使、吊祭使、告谢使、请客使等。

　　告哀与告即位使　聘期争端阶段，大虔晃、大玄锡、大玮瑎、大諲譔四王皆在得到唐廷册封以后向日本派遣常使（告哀与告即位

――――――――――――

1　藤原冬嗣等『日本後紀』卷 24、日本嵯峨天皇弘仁六年（815）春正月、第 152 頁。

2　菅原道真『類聚国史』卷 194「殊俗部·渤海下」日本淳和天皇天長三年（826）五月、第 1287 頁。

3　藤原良房等『続日本後紀』卷 11、日本仁明天皇承和九年（842）四月、第 310 頁。

4　藤原時平等『日本三代実録』卷 21、日本清和天皇貞観十四年（872）五月、第 355 頁。

5　参见本书第六章"渤海国羁縻统辖制度"。

表8-11　渤海国赴日本使一览（823～919）

次序	公元纪年	身份	大使	渤海官职	日本授位	副使	渤海官职	日本授位	判官	日本授位	录事	日本授位	其他备注
21	823	通聘使	高贞泰			口璋璿			姓名不详		姓名不详		译语李隆即，李承宗授位从五位下，又授六位以下十一人。为送日本在唐学问僧灵仙表物
									姓名不详		姓名不详		
22	825	通聘使	高承祖	政堂省信部少卿	正四位上	高如岳		正三位	王文信	正五位上	高成仲	从五位上	为转送日本黄金于灵仙
									高孝英	正五位上	陈崇彦	从五位上	
23	827	通聘使	王文矩	政堂省左允									为言大唐淄青节度康志睦[睦]交通之事，先前日本转附渤海使团黄金之事
24	841	通聘使	贺福延	政堂省左允	正三位	王宝璋		正四位下	高文暄	正五位下	高文宣	从五位下	译语以下，首领色以上十三人随色加阶。再答次复金失之由
									乌孝慎	正五位下	高平信	从五位下	
											安宽喜	从五位下	

续表

次序	公元纪年	身份	大使	渤海官职	日本授位	副使	渤海官职	日本授位	判官	判官日本授位	录事	录事日本授位	其他备注
25	848	通聘使	王文矩	永宁县丞	从二位	乌孝慎		从四位上	大判官 马福山；少判官 高应顺	正五位下	大录事 高文信；中录事 多安寿；少录事 李英真	从五位下	自余品官并首领等，授位有阶
26	858	告衰与告即位使	乌孝慎	政堂省左允		周元伯							
27	860	吊祭使	李居正										
28	871	告衰与告即位使	杨成规	政堂省左允正品、慰军大将军、赐紫金鱼袋	从三位	李兴晟	右猛贲卫少将正五品、赐紫金鱼袋	从四位下	大判官 李国度；少判官 贺王真	正五位下	大录事 高福成；中录事 高观；少录事 李孝信	从五位上	品官以下并首领等授位各有等级
29	876	告谢使、请客使	杨中远	政堂省孔目官						五位		五位	
30	882	通聘使	裴颋	文籍院少监正四品、赐紫金鱼袋	从三位	高周封	正五品、赐绯银鱼袋	正四位下		五位		五位	其次叙六位，以下各有等级

续表

次序	公元纪年	身份	大使	渤海官职	日本授位	副使	渤海官职	日本授位	判官	日本授位	录事	日本授位	其他备注
31	891	通聘使	王龟谋	文籍院少监									
32	894	告哀与告即位使	裴颋		有								叙位阶
33	907	告哀与告即位使	裴璆	文籍院少监	从三位								
34	919	通聘使	裴璆	政堂省信部少卿	正三位								

资料来源：藤原良房等『続日本後紀』巻 10~11、18-19；藤原時平等『日本三代実録』巻 2~3、5、20~21、30~31、42~43；佚名『日本紀略』前篇 14~20、後篇 1；藤佑之『日本逸史』巻 31~34、36；阿闍梨皇円『扶桑略記』第 20、23~24；藤原冬嗣等『類聚三代格』巻 18；藤原忠平等『延喜式』巻 26、30；菅原道真『類聚国史』巻 194；都良香『都氏文集』巻 4；《咸和十一年中台省致日本太政官牒》；金毓黻《渤海国志长编》卷 10。

使）。[1]此外还有一个特例，即大彝震。唐文宗大和四年（830），大彝震立，遣使朝唐。翌年正月，唐廷册之为检校秘书监、忽汗州都督、渤海国王。[2]大彝震在得到唐廷承认以后，并未依制向日本派遣常使。究其缘由，归因于渤日"聘期争端"问题。淳和天皇在天长元年（824），以比岁不稔、疫病多发为由，拒绝宣王大仁秀所遣使团入京，并要求改以"一纪"十二年为聘期。[3]这是渤日在聘期问题上的第二次交涉高峰。为了获取贸易利益，大仁秀并未应允，又于825年、827年先后以转送日本在唐学问僧灵仙表物、言大唐淄青节度康志睯[睦]交通之事为借口，遣使赴日，使团因违期受到日方责难。日本更是对827年的王文矩使团罚以供应减半、不准进京，严禁国民与之私自贸易。[4]渤海国使团在日本遭受多番冷遇，导致大彝震称王后，未依制向日本遣告哀与告即位使，直到咸和十一年（841）才派贺福延使团出访，此时距离前次已相隔14年，日本因以赞其"守一纪之龙信"。[5]但是848年，大彝震又再次遣使，依旧未循一纪之约。可见，大彝震在841年的"守期"遣使，只是对大仁秀后期渤日聘期争端激烈状态的一种缓和。

通聘使　聘期争端阶段，渤海国派出了八次通聘使。

吊祭使　大虔晃三年（860），李居正担任吊祭使，哀悼文德天皇之丧。这是聘期争端时期，渤海国借故派遣的临时性使节。日方以聘期违例，未准其入京，同时拒收启、信。[6]

告谢使　大玄锡五年（876），告谢使杨中远等出使，申谢日本

1　宣王大仁秀于平稳贸易阶段已经向日本派遣了告哀与告即位使。

2　《旧唐书》卷17下《文宗纪下》，第540页。

3　藤原冬嗣等『類聚三代格』卷18「夷俘并外蕃人事・改定渤海国使朝聘期事」第966~967页。

4　菅原道真『類聚国史』卷194「殊俗部・渤海下」日本淳和天皇天长三年（826）三月、第1286~1287页；藤原冬嗣等『類聚三代格』卷18「夷俘并外蕃人事・應充客徒供給事」第967页。

5　藤原良房等『続日本後紀』卷11、日本仁明天皇承和九年（842）夏四月、第311页。

6　藤原時平等『日本三代実録』卷5、日本清和天皇貞観三年（861）五月、第88页。

救助渤海国遣唐贺捷使之事。这是渤海国在聘期争端时期以告谢为托词的遣使。日本以违期不准杨中远等入京，并拒收启、信以及杨氏私礼，[1] 再次强调"事须守前期于盈纪"，要求渤海国遵守聘期时限。[2]

请客使　杨中远还兼任请客使之职，邀请日本聿修先例、再度遣使。此时距离日本最后一次遣使已相隔 65 年，聘期争端阶段日本对渤海国态度冷淡，很难再启遣使之门。

从可考的使臣姓氏来看，这一阶段的使臣包括高姓（14 人次）、杨姓（2 人次）、乌姓（3 人次）、李姓（8 人次）、王姓（6 人次）、裴姓（4 人次）、贺姓（2 人次），陈、安、季、晋、马、多、周、佚姓各 1 人次。渤海国使团大使多以宗室贵族或有出使经验的官员担任。王文矩、乌孝慎、裴颋、裴璆等人曾多次奉行出使任务。这些渤海国官员经过几次的交往，与日本官员成为知己，使渤日关系更加顺利、亲密。[3]

聘期争端阶段，渤海国遣使具有政治、经济、文化交流等多重目的。相较于前两个阶段，渤海国使团在聘期争端阶段不再有春正月太极殿朝觐事宜。渤海国使团被准许入京的时间一般在四、五月，入京后于八省院献王启和信物等。日本太政官一般会遣使慰劳，渤海国使团递交中台省牒。日本因为聘期之争的问题对渤海国使者的态度冷淡，唯有阳城天皇、醍醐天皇因欣赏裴颋的风仪文采，而对裴颋、裴璆尤加礼遇。渤海国使团在日期间，接受赐官、赐禄、赐服、赐物、赐宴、赐乐、赐舞、赐射等赏赐，并从事骑射、音乐、舞蹈、诗词等文化交流活动（表 8-12）。《延喜式》编纂于醍醐天皇时期。《延喜式·大藏省·赐蕃客

1　藤原时平等『日本三代実録』巻 31、日本陽成天皇元慶元年（877）春正月、六月、第 447、465 頁。

2　都良香『都氏文集』巻 4「日本国大政官牒渤海国中台省　放還謝恩并請客使事政堂省孔目官楊中遠等壹佰伍人」塙保己一集『群書類従』巻 129「文筆部八」第 26 頁。

3　上田雄『渤海使の研究——日本海を渡った使節たちの軌跡』第 491 頁。

例》详细记载了日本对渤海国使团的回赐制度："渤海王绢卅匹、绝卅匹、丝二百绚、绵三百屯，并以白布裹束。大使绢十匹、绝廿匹、丝五十绚、绵一百屯。副使绝廿匹、丝卅绚、绵七十屯。判官各绝十五匹、丝廿绚、绵五十屯。录事各绝十匹、绵卅屯。译语、史生及首领各绝五匹、绵廿屯。"[1]

虽然渤海国与日本在聘期问题上争执不下，但是双方之间的文化交流却呈现良好的发展态势。858年，渤海国第26次遣使日本，副使周元伯颇娴文章，清和天皇"诏越前权少掾从七位下岛田朝臣忠臣假为加贺权大掾"与周元伯唱和诗文。[2]文籍院少监裴颋诗歌成就最大，他于882年、894年两次出使日本，轰动日本诗坛。日本平安时代著名学者菅原道真赞其有"七步之才"。[3]除此之外，渤海国使者在传播唐朝文化方面也起到了中介作用。乌孝慎将唐代《宣明历》传至日本，太政官符"渤海大使乌孝慎新贡《长庆宣明历经》，言是大唐新用经也……方今大唐开元以来三改历术，而我国天平以降，犹用一经。静言事理，实不可然。望请停旧用新"。[4]日本自清和天皇贞观三年（861）至灵元天皇贞享元年（1684）的824年间均行此历。李居正将梵本《尊胜咒》传入日本，促进了唐日的佛教文化交流。[5]

表 8-12　渤海国使团在日活动与待遇一览（823～919）

次序	公元纪年	达到时间	到着地	入京时间	朝拜时间	在日活动与待遇
21	823	十一月	加贺国	不准入		赐渤海客徒大使以下、录事以上六人冬衣服料。赐宴、赐物

1　藤原忠平等『延喜式』卷30「大藏省・賜蕃客例」第878頁。

2　藤原時平等『日本三代実録』卷2、日本清和天皇天安三年（859）三月、第25頁。

3　菅原道真『菅家文草』卷7「鴻臚贈答詩序」第22頁。

4　藤原冬嗣等『類聚三代格』卷17「文書並印事・應用長慶宣明暦経事」第928頁。

5　稲葉岩吉『満洲発達史』大阪屋号出版部、1915，参考孙玉良编著《渤海史料全编》，第326页。

续表

次序	公元纪年	达到时间	到着地	入京时间	朝拜时间	在日活动与待遇
22	825	十二月	隐岐国	五月		入京后鸿胪馆安置。转达日本在唐学问僧灵仙表物
23	827	十二月	但马国	不准入		大使以下、梢工以上，赐绢绵有差。赐供给，日本帮助修船
24	841	十二月	长门国	三月		入京后鸿胪馆安置、遣使慰劳、赐宴、赐时服、赐禄各有差。遣朝臣飨客
25	848	十二月	能登国	四月		入京后鸿胪馆安置、遣使慰劳、赐时服、观射、赐宴、赐酒、赐药玉。遣朝臣宴飨
26	858	翌年正月	能登国珠洲郡	不准入		副使周元伯与日本官员对诗。乌孝慎别进私礼，获赐东绝五十匹、绵四百屯
27	860	翌年正月	隐岐国	不准入		令出云国给绢一百三十五匹、绵一千二百二十五屯，颁赐渤海客徒一百五人。别赐大使李居正绝十匹、绵四十屯
28	871	十二月	加贺国	五月		入京后鸿胪馆安置、遣使慰劳。赐时服、天文生以上随位阶各赐朝服。贸易。赐渤海国使团官钱四十万。遣朝臣飨宴。赐禄。赐曲宴、赐御衣，诗词唱和。杨成规等拜舞
29	876	十二月	出云国岛根郡	不准入		饮食粮飨供给
30	882	十一月	加贺国	四月		加贺国飨宴、赐冬时服。入京后安置于鸿胪馆。使团在京期间允许带禁物。遣使慰劳。使团随其所赐位阶受朝服、拜舞。赐宴、赐乐、赐舞。别赐御余枇杷子一银碗。赐禄各有差，观骑射。赐续命缕、菖蒲蔓。遣朝臣宴飨。裴颋题送诗章，获御衣
31	891	翌年正月	出云国	不准入		造舶给粮
32	894	十二月	伯耆国	五月		入京后鸿胪馆安置。赐飨。参议左大辨菅原朝臣道真向鸿胪馆赐酒馔于客徒、唱和诗文

续表

次序	公元纪年	达到时间	到着地	入京时间	朝拜时间	在日活动与待遇
33	907	次年正月	伯耆国	五月		领客使设曲宴。骑马入京，鸿胪馆安置。赐宴、赐装缪御衣。遣朝臣宴飨。与文士唱和诗词
34	919	十一月	若狭国丹生浦	五月		入京安置于鸿胪馆。使团在京期间允许带禁物，每日鲜鹿两头。赐时服、赐宴、赐舞、赐乐。遣朝臣宴飨。唱和诗文

　　资料来源：藤原良房等『続日本後紀』卷 10~11、18~19；藤原時平等『日本三代実録』卷 2~3、5、20~21、30~31、42~43；佚名『日本紀略』前篇 14~20、後篇 1；鴨祐之『日本逸史』卷 31~34、36；阿闍梨皇円『扶桑略記』第 20、23~24；藤原冬嗣等『類聚三代格』卷 18；藤原忠平等『延喜式』卷 26、30；菅原道真『類聚国史』卷 194；都良香『都氏文集』卷 4；《咸和十一年中台省致日本太政官牒》；金毓黻《渤海国志长编》卷 10。

四　交通路线

　　773 年，日本光仁天皇命令渤海国使臣"自今以后，宜依旧例，从筑紫道来朝"，[1] 向大宰府奏报后入境，不能再取北线航路登陆日本。从表 8-12 的统计来看，渤海国使团的登陆地点有加贺国、隐岐国、但马国、长门国、能登国、出云国、伯耆国、若狭国。如前文图 8-1 所示，其中加贺国（今日本石川县南部）、能登国（今日本石川县北部）、若狭国（今日本福井县西南）属于北线航路的登陆地，而但马国（今日本兵库县北部）、隐岐国（今日本岛根县之外岛）、出云国（今日本岛根县东部）、伯耆国（今日本鸟取县中部及西部）、长门国（今日本山口县西北部）距离筑紫线较近。可见，渤海国使团在赴日航海路线上兼取了北线、筑紫线两条通路。

1　菅野真道等『続日本紀』卷 32、日本光仁天皇宝亀四年（773）六月、第 570 頁。

823~919 年，渤海国的 14 次赴日本使团鲜有大规模的遇难事故，可见渤海国的航海技术已经较为成熟，降低了使团在海上遭遇风险的系数。但是，渤海国使团也难免有偶遇风难的情况。827 年、848 年王文矩两次出使皆不顺利，船舶破损严重。827 年，王文矩出使并未被准许入京。王文矩上言："又拟却归，船破粮绝，望请陈贵府，舟楫相济者，且安置郡家，且给粮米者。"[1] 太政官令但马国协助王文矩修理船事。[2] 848 年，王文矩再次出使，"船破物亡，人命才活"，日本"造舟船，及时发遣"。[3]

余　论

渤海国武王大武艺执政前期（719~727），由于"北征黑水靺鞨"受阻以及"大门艺事件"，对唐朝产生了疑惧与抵抗倾向。北边的黑水靺鞨、西部的契丹、东南面的新罗俱被纳入唐朝羁縻府州体系之下，草原地区的后突厥汗国亦向唐遣使请和，周边政权皆呈现与唐朝交好的走势。渤海国不得不将战略结盟的橄榄枝延伸至隔海相望的日本。727~919 年，渤海国共向日本遣使 34 次。渤海国与日本交往制度在双方关系的政治结缘（727~763）、平稳贸易（771~821）、聘期争端（823~919）三个阶段中逐渐建立与完善。

赴日本使制度方面，政治结缘阶段渤海国使臣设有大使、副使、判官、录事等，效仿自日本遣唐使之职称，多以武官充任，身份包括通聘使、送日本遣唐使使、告哀与告即位使、送日本遣渤海使使、吊祭使，尚未显现鲜明的制度模式框架。使臣多以渤海国的宗室、贵族子弟担任，其中多见高句丽遗民后裔身份的官员，这一特点贯穿于渤日关系的

1　藤原冬嗣等『類聚三代格』卷 18「夷俘并外蕃人事·應充客徒供給事」第 967 頁。
2　藤原冬嗣等『類聚三代格』卷 18「夷俘并外蕃人事·應修理船事」第 968 頁。
3　藤原良房等『續日本後紀』卷 19、日本仁明天皇嘉祥二年（849）五月、第 417、418 頁。

各个阶段。平稳贸易阶段使臣基本以文官出任，使团规模扩大，判官、录事等官员的数量增多，出现了译语（通事）官职。渤海国赴日本使制度有了新的发展，确立为常使、泛使两种制度模式。告哀与告即位使是渤海国向日本派出的定例性常使，肩负告旧王之哀、新王即立，延续交往的职责。因事而遣的使节属于渤海国赴日本使制度中的泛使制度，可划分为三种类型：一是送使制度，表现为派遣送日本遣唐使使、送日本遣渤海使使、送日本送渤海使使，充使送国；二是通聘使制度，即派出通聘使进行一般的交聘活动；三是偶发性使节制度，是通聘使的另一种身份的转换，包括派遣贺即位使、告哀使、吊祭使、告谢使、请客使等，皆为借端遣使，多出现于国书或聘期争端的焦灼期和日本对渤海国使团采取强硬措施的间隙里，最终目的主要是开展对日贸易活动。泛使的派遣，受到渤日政治动向、国书之争、聘期争端、渤海国获取对外贸易利益等多重因素的影响，派出时间未有定制。聘期争端阶段渤海国赴日本使制度形成定制，由大使、副使（嗣使）、判官、录事、译语、史生、医师、天文生等组成，此外还有首领、品官、傔人、梢工等随行人员。使臣仍基本以文官出任，以常使、泛使两种制度模式进行派遣，身份包括告哀与告即位使、通聘使、吊祭使、告谢使、请客使等。渤海国使团在日本期间获得赐官、赐禄、赐服、赐物、赐宴、赐乐、赐舞、赐射等赏赐，还参加射箭、马球、音乐、舞蹈、诗词唱和等文化交流活动。政治结缘与平稳贸易阶段，渤海国使臣入京后参与春正月的太极殿朝觐。聘期争端阶段渤海国使臣不再有春正月太极殿朝觐的事宜，一般四、五月入京，后于八省院献王启和信物等，日本太政官一般会遣使慰劳，渤海国使团递交中台省牒，这与日本因"聘期之争"冷遇渤海国使者有关。

　　国书制度方面，政治结缘阶段渤海国致日本的国书初见王启、中台省牒等形式，渤海国使团间断性地附带国书，其王启、中台省牒并不同时出现，渤日双方的国书往复关系也不一致。平稳贸易阶段，771~773年渤日之间的"国书之争"达到了顶峰，此后文王大钦茂没有再附赠国书。康王大嵩璘时期是渤海国与日本交往制度成熟化、定制化的重要节点。自康王大嵩璘开始，795 年以后渤海国使团基本皆带有王启，遂为定制，同时渤日双方形成了国书同期往复的基本格局。聘期争端阶段渤海国对日本交往的国书制度完成了"启牒并署"模式的构建，使臣一般皆会同时附带王启、中台省牒，渤日双方国书、牒的往复关系基本一致。

聘期方面，渤海国对日本遣使始终未确立固定的聘期。政治结缘阶段渤海国与日本交往制度尚在初建期，武王大武艺、文王大钦茂前期的执政重心在于内部的领土扩张和制度建设之上，对通聘日本并不积极，聘期不固定。平稳贸易阶段渤日出现第一次"聘期之争"，最终聘期未有定制。"聘期之争"体现了渤海国与日本双方关系发展中来自政治和经济层面的矛盾与冲突。聘期争端阶段渤日进入漫长的第二次"聘期之争"时期，这在一定程度上影响了渤海国与日本交往制度的发展，聘期依旧未形成定制。

信物制度方面，政治结缘阶段渤海国给予了日本 3 次信物，其中759~763 年渤海国对日本交往中不见信物的记载。平稳贸易阶段信物制度尚未有制度化的发展。聘期争端阶段信物制度有了定制化的发展，渤海国使团通常会携带信物。

赠礼制度方面，渤海国的赠礼多为兽皮、人参、蜂蜜等特产，并从日本获得了丰厚的纺织产品等礼物。渤海国物资缺乏，亟须对外贸易，对日本交往能够获得更多的物资与贸易利益，这促使渤海国在平稳贸易阶段和聘期争端阶段频繁遣使日本。此外，聘期争端阶段赠礼制度出现了使臣携带"私礼"的新变化。

遣使规模方面，政治结缘阶段渤海国遣使 6 次，使团规模在 20~80人，使船数量为 1~2 艘，遣使的疏密程度与政治局势的发展紧密相连。平稳贸易阶段渤海国遣使 14 次，使团规模扩大至 40~360 人，使船数量为 1~17 艘，这与渤海国积极获取对日交往的物资与贸易利益有关。聘期争端阶段渤海国遣使 14 次，使团规模在 100~105 人，从 860 年开始固定为 105 人，形成了定制，使船数量大概为一艘。

交通路线方面，政治结缘阶段渤海国使团以北线航路为主。平稳贸易阶段，773 年日本光仁天皇规定渤海国使团由南面筑紫线航行至日本，向大宰府奏报后入境。然而这一阶段渤海国使团的登陆地多在日本中北部。聘期争端阶段渤海国使团兼取了北线、筑紫线两条通路。

第九章　渤海国与突厥、契丹、新罗交聘制度

　　《说文解字》言："交，交胫也"，"聘，访也"。[1]
交聘是一种古代民族或政权之间遣使往来的交往方
式，是一种政治行为。7 世纪末至 10 世纪初，渤海国
逐渐崛起为"海东盛国"，在保持对唐朝朝贡的总体
基调下，出于政治、经济、军事、文化等多重因素，
与周边的部族或政权契丹、室韦、靺鞨诸部、突厥、
回纥（回鹘）、新罗等都有密切的联系。从政治制度
史层面来看，渤海曾与西边草原地区的后突厥汗国、
契丹（辽朝）以及东南界朝鲜半岛的新罗等政权建立
了交聘制度。

1　（汉）许慎撰，（清）段玉裁注《说文解字注》卷 19《说文解字第十篇
　　注下》，第 357 页；卷 23《说文解字第十二篇注上》，第 426 页。

第一节　与后突厥汗国交聘制度

后突厥汗国，又作突厥第二汗国、后突厥国、后东突厥汗国。[1] 其在 7 世纪后期至 8 世纪前期的动向，对渤海国早期的政治意向和对外交涉都起到了一定程度的影响，是渤海国展开对外交聘的首选对象。

一　与后突厥汗国交聘制度的创设

渤海立国后，最先选择遣使交聘的对象是西边草原地区的后突厥汗国。《旧唐书·渤海靺鞨传》云："祚荣……圣历中，自立为振国王，遣使通于突厥。"[2]《新唐书·渤海传》曰："祚荣即并比羽之众，恃荒远，乃建国，自号震国王，遣使交突厥。"[3] 新罗人崔致远代国君孝恭王撰写向唐昭宗进奉的《谢不许北国居上表》，有言"其首领乞四〔比〕羽及大祚荣等……辄据荒丘，始称振国"，"始与契丹济恶，旋于突厥通谋"。[4] 渤海国之所以最早选择后突厥汗国为盟友，遣使"通""交""通谋"，主要是由渤海国自身、突厥、唐朝（武周）、契丹四方面因素所促成的。

首先是渤海国自身因素。学者们大多认为乞乞仲象、乞四比羽等最初参与了契丹叛乱。武则天进行招抚，但并没有得到"东奔"队伍的回应，大概与他们因参与叛乱而感到不安以及不信任唐朝（武周）招抚有关。"比羽不受命，后诏玉钤卫大将军李楷固、中郎将索仇击斩之。"[5] 而

1　薛宗正：《突厥史》，中国社会科学出版社，1992，第 431 页。西方学者称之为"突厥第二汗国"（The Second Turkish Empire），中国学者则谓之"后突厥汗国"，薛宗正认为"后东突厥汗国"更为准确。

2　《旧唐书》卷 199 下《渤海靺鞨传》，第 5360 页。

3　《新唐书》卷 219《渤海传》，第 6179~6180 页。

4　〔新罗〕崔致远：《谢不许北国居上表》，《崔致远全集》，第 546 页。

5　《新唐书》卷 219《渤海传》，第 6179 页。

乞乞仲象已死，其子大祚荣率残部继续东奔，与李楷固在天门岭交战，"楷固败还"。而后，"契丹附突厥，王师道绝，不克讨"。[1]武则天没有继续再派兵征讨，大祚荣得到了喘息的机会，"恃荒远，乃建国"。[2]通往中原的道路被契丹、突厥阻挠，突厥和契丹势力集结所带来的压迫感，天门岭之战后渤海国对中原的疑惧，都促使渤海国最早选择了西部草原地区势力强劲的后突厥汗国进行遣使通聘。

其次是突厥因素。渤海国698年建国之际，时值后突厥汗国默啜可汗统治时期。唐高宗永淳元年（682），阿史那骨咄禄叛唐，自立为颉跌利施可汗，在原东突厥汗国之域复国，建立后突厥汗国。颉跌利施可汗、默啜可汗执政期间（682~716）在漠北大肆攻伐，并不断南下袭扰唐朝北境。[3]默啜可汗继立后除了制定寇南、戡北、征西的策略之外，也将目光投于东方。契丹"营州之乱"恰好给了后突厥汗国插手东北事务的机会。默啜可汗遣使上言请求派兵讨击契丹，[4]表面上是帮助武则天平定边地动乱，实质上是其东向拓展的战略计划之一。契丹、奚原本附于东突厥，后臣服唐朝，有很好的招抚基础。《旧唐书·突厥传》言"契丹及奚自神功之后，常受其征役"，[5]当指武则天神功元年（697）以后契丹、奚一度依附于后突厥汗国。招抚渤海国亦是后突厥汗国介入东北事务的预设之一。因此，当渤海国遣使通聘之时，后突厥汗国立即给予了正向的回应，促成了双方交聘制度的创设。

再次是唐朝（武周）因素。薛宗正提出在默啜可汗同期，唐朝先后易高宗、武后、中宗、睿宗、玄宗五主，正是唐朝第一期盛世终结，第二期盛世未启的国势衰退阶段。[6]这导致北边的后突厥汗国势力迅速发展。武则天在位期间（690~705）面临来自西、北、东北三方的军事压

1 《新唐书》卷219《渤海传》，第6179页。
2 《新唐书》卷219《渤海传》，第6179页。
3 《旧唐书》卷194上《突厥传上》，第5172页。
4 《旧唐书》卷194上《突厥传上》，第5168页。
5 《旧唐书》卷194上《突厥传上》，第5172页。
6 薛宗正：《突厥史》，第463页。

力。其西线纠缠于对吐蕃的战争之中，将大批的军事力量投入西部地区。北面受到后突厥汗国的连连寇扰，牵扯了不少精力。因此，当东北面契丹叛乱时，武则天不得不借用后突厥汗国的力量，从而给予了默啜可汗介入东北地区事务的可乘之机。

最后是契丹因素。契丹与突厥关系渊源甚深。唐初，契丹依附东突厥汗国，直到唐太宗贞观三年（629）才转而附唐，频繁朝贡。贞观二十二年（648），唐朝在契丹地设置松漠都督府。但耐人寻味的是，契丹被纳入唐朝羁縻府州体系之后，对唐朝中央的朝贡热情反而急速冷却。据统计，唐高宗、武则天执政时期（649~705），半个世纪里契丹仅朝贡一次。[1]这是因为契丹部落联盟在发展的过程中，增强了民族意识和凝聚力，由是引发了此间多次的契丹反叛。同时，唐高宗在660年松漠都督阿卜固叛乱之后，也未再任命新的松漠都督，双方关系进入冰冻期。"营州之乱"失败后，契丹依附后突厥汗国，不仅成为东北地区民族与中原交往的阻碍，同时也成为东北地区民族交聘突厥的便利媒介。

二 乞乞仲象"舍利"之号

《五代会要·渤海》言："契丹李万荣反，攻陷营府。有高丽别种大舍利乞乞仲象，与靺鞨反人乞四比羽走保辽东，分王高丽故地。"[2]《新唐书·渤海传》云："契丹尽忠杀营州都督赵翙反，有舍利乞乞仲象者，与靺鞨酋乞四比羽及高丽余种东走。"[3]传世文献中，渤海国"舍利"名称仅见乞乞仲象的"舍利"之号，它是解析渤海国与突厥、契丹关系的重要线索之一。

宋人王溥对"大舍利乞乞仲象"做了解释，指出"大姓，舍利官，

1　程妮娜：《古代东北民族朝贡制度史》，第304页。

2　（宋）王溥：《五代会要》卷30《渤海》，第473页。

3　《新唐书》卷219《渤海传》，6179页。

乞乞仲象名也"。[1]《辽史·国语解》将"舍利"解读为"契丹豪民要裹头巾者，纳牛驼十头，马百匹，乃给官名曰舍利。后遂为诸帐官。以郎君系之"。[2]《契丹国志·兵马制度》载："有渤海首领大舍利高模翰兵，步骑万余人，并髡发左衽，窃为契丹之饰。"[3]金毓黻认为渤海人高模翰后仕于契丹，被授官"大舍利"。[4]《辽史·圣宗纪》记载了辽圣宗太平九年（1029）渤海人东京舍利军详稳大延琳起义建立兴辽国之事。[5]基于上述记载，学界对于乞乞仲象"舍利"之号，持有"契丹授予官职说""借自突厥兼贵族身份说""姓氏说""首领说"四种观点。

其一，契丹授予官职说。多数学者赞同此说，但在论及渤海建国集团的族属问题上又存在差异。金毓黻提出"舍利"为契丹先世特定之官，是以契丹语为名。乞乞仲象附于契丹而被授职"大舍利"，其子大祚荣遂以大氏为姓，大氏不是其固有之姓，而是源于"大舍利"之称。"舍利"是官名，"大舍利"是"官之尊者"。[6]日本学者鸟山喜一认为李尽忠反叛之际，乞乞仲象为契丹豪民，任舍利之职。[7]宋玉祥认为乞乞仲象身为一族之长，迫于形势向契丹妥协，纳物捐得"舍利"官。[8]韩国学者宋基豪曾提到乞乞仲象是因参与契丹叛乱，被契丹授以"舍利"称号，强调乞乞仲象和大祚荣的"高句丽化"。[9]张碧波认为契丹有"舍利"而无"大舍利"之称，赞同乞乞仲象曾被契丹授官"舍利"，是其徙居营州期间以牛马所捐之官，属闲散贵族性质，但认为大氏出于东夷

1　（宋）王溥：《五代会要》卷30《渤海》，第473页。

2　《辽史》卷116《国语解》，第1536页。

3　（宋）叶隆礼：《契丹国志》卷23《兵马制度》，第249页；《宋史》卷264《宋琪传》有同样的记述，中华书局，1977，第9126页。

4　金毓黻：《渤海国志长编》卷19《丛考》，第466页。

5　《辽史》卷17《圣宗纪八》，第203页。

6　金毓黻：《渤海国志长编》卷19《丛考》，第466页。

7　鸟山喜一『渤海史上の諸問題』第31页。

8　宋玉祥：《渤海与契丹"世仇"之浅见》，《北方文物》1995年第4期。

9　〔韩〕宋基豪：《渤海的建国过程和建国集团》，严长录译，《历史与考古信息·东北亚》1996年第2期。

之大庭氏，而非金氏所言因官为姓。[1] 魏国忠等认为“舍利”是乞乞仲象卷入营州之乱后由李尽忠所授的契丹官职。[2] 苗威认为“舍利”源于突厥语，为突厥之要姓，突厥以类似中原王朝赐姓于归附者的形式而恩赐给契丹、回纥的贵族首领。契丹并没有以“舍利”为姓氏，而是一度将其作为契丹首领一系之子弟夷离堇以外的官职名称，属于贵族的标志。乞乞仲象在契丹大贺氏联盟时期被授予“舍利”一职，足见其是契丹贵族出身。渤海国内契丹人居于主导地位，致其国俗也类契丹。[3] 冯恩学等赞同“舍利”为乞乞仲象所捐的名义之职、闲职，认为契丹未把“舍利”看作特别重要的职务，捐舍利官爵的做法早在唐代就已经存在，到了辽代早期更为普遍，乞乞仲象并非契丹人，考古资料并没有证实渤海国有源于契丹文化的现象。[4] 倪屹赞同“舍利”既是尊号，也是官职，只能是授自契丹，认为具有契丹化倾向的乞乞仲象并非契丹人，而是粟末靺鞨人。[5]

其二，借自突厥兼贵族身份说。孙昊探讨了突厥、契丹、靺鞨（渤海）三族“舍利”号的渊源关系，认为靺鞨“大舍利”并非源于契丹授职，渤海国“舍利”是由粟末靺鞨借自突厥，其引入时间早于契丹从回鹘系统借用的时间，后发展为渤海国自身的名号。“舍利”在靺鞨（渤海）社会不是承担具体职能的官号，而是贵族的身份称号，这与突厥、契丹社会对舍利的使用方式相同。乞乞仲象“舍利”号体现了其贵族身份。辽代已经存在一定规模的渤海舍利群体，高模翰称“大舍利”为沿袭了渤海国传统称号，大延琳率领的“舍利军”应属于东丹国渤海体制

1　张碧波：《渤海大氏考》，《学习与探索》1998 年第 5 期；张碧波：《渤海大氏续考》，《北方文物》2001 年第 3 期；张碧波、张军：《渤海国外交史研究》，黑龙江人民出版社，2011，第 368~369 页。

2　魏国忠、郝庆云：《渤海建国前史事考》，《学习与探索》2001 年第 1 期；魏国忠、朱国忱、郝庆云：《渤海国史（修订版）》，第 25 页。

3　苗威：《大祚荣族属新考》，《中国边疆史地研究》2013 年第 3 期。

4　冯恩学、王春委：《渤海国大祚荣族属的探讨》，《边疆考古研究》第 26 辑，科学出版社，2019，第 241~244 页。

5　倪屹：《乞乞仲象“舍利”称谓辨析》，《吉林省教育学院学报》2021 年第 1 期。

内的组织，独具特点。[1]

其三，姓氏说。唐晏《渤海国志·姓氏志》认为乞乞仲象本姓"舍利"，至祚荣始称大氏。舍利，女真语泉水也。大者，女真语尊长之称。[2]刘承干为李氏朝鲜人徐相雨所辑《渤海疆域考》作序，其言"渤海，古肃慎氏之墟，舍利氏建国于唐初，大盛于开元、天宝间……后翳于契丹，迁其州县寄治辽东。《辽史》遂以辽东之土壤冒渤海之旧称，舍利氏之故封因失其真"，认为"舍利"为姓氏。[3]金毓黻进一步解释为"靺鞨人以其方言为姓，祚荣或初姓舍利，继以大为姓，习汉化也。盖仲象父子徙居营州，附于契丹，曾与李尽忠同党叛唐，故必曾受其大舍利之职，后乃以官为氏"，"祚荣因其父官大舍利，因以大为氏"。[4]韩世明、都兴智赞同金毓黻"大舍利说"，以官为氏，又根据1991年出土的契丹字和汉文墓志资料，认为渤海国王族原来的姓氏是"迷里吉"。[5]

其四，首领说。日本学者滨田耕策认为"舍利"是渤海国当地的首长，是"首领"的同音异字。[6]河内春人对此提出质疑，认为唐朝也将"首领"之语用于国内地域集团及新罗的领导者，中国人（史家）很难会将"首领"写作"舍利"。[7]

此外，日本学者津田左右吉认为乞乞仲象与大祚荣为同一人，在讨论其出自白山靺鞨的过程中，对《新唐书·地理志》所载"高丽降户州十四，府九……舍利州都督府……右隶安东都护府"进行解读时，[8]提到无法判断舍利州是否起因于"舍利乞乞仲象"的"舍利"，如果将"舍

1　孙昊：《说"舍利"——兼论契丹、靺鞨、突厥的政治文化互动》，《中国边疆史地研究》2014年第4期。

2　唐晏：《渤海国志》卷2《姓氏志》，唐晏、黄维翰、金毓黻：《渤海国志三种》，第32页。

3　〔朝鲜〕徐相雨：《渤海疆域考》，序，第1页。

4　金毓黻：《东北通史》，第261页。

5　韩世明、都兴智：《渤海王族姓氏新考》，《中国边疆史地研究》2015年第2期。

6　濱田耕策『渤海国興亡史』第6頁。

7　河内春人「渤海と契丹・奚」佐藤信編『日本と渤海の古代史』山川出版社、第29頁。

8　《新唐书》卷43下《地理志七下》，第1128~1129页。

利"视为靺鞨部落名，则也难以断言乞乞仲象的故乡是"舍利州"，而且也不知道它所在的具体位置。[1]

渤海的民族成分复杂，以粟末靺鞨为主的建国集团，统辖了靺鞨诸部、高句丽、契丹、奚、汉等多个民族。从考古学的研究结果来看，渤海国文化是一种多元复合型的文化类型，其中的草原文化因素主要是源自突厥文化的影响，基本不见有契丹文化的影响。[2] 日野开三郎认为南北朝末年、隋初，突厥汗国已经控制了粟末靺鞨，曾率领伊通河流域的粟末靺鞨、伯咄部，在辽东地区向高句丽的要地新城方面展开攻击。[3] 孙昊也提出 6~7 世纪突厥汗国已经在与高句丽争夺粟末靺鞨的控制权，认为"舍利"名号应在突厥羁縻靺鞨时期传入粟末靺鞨地区，并逐渐演变为粟末靺鞨自身的语汇。"粟末靺鞨附高丽者"大舍利乞乞仲象一族保留了原有的"舍利"之号的传统。[4]

"舍利"之号为突厥、契丹、靺鞨（渤海）所共有的称号。目前没有更有力的证据能够证明粟末靺鞨曾役属于契丹，受到契丹文化的过多影响，"契丹授予官职说"是有待商榷的。乞乞仲象"舍利"之号非官职而是仿效突厥贵族身份称号的可能性更大。基于上述讨论，学界关于乞乞仲象"舍利"之号的四种观点中，兹以为"借自突厥兼贵族身份说"更为可信。渤海国建国集团先世早期与突厥的互动与联系，也成为考察渤海国最先遣使通聘突厥问题时需要考量的可能性动因之一。

1 津田左右吉「安東都護府考」『満鮮地理歴史研究報告』第 1、第 77 頁；津田左右吉「渤海考」『満鮮地理歴史研究報告』第 1、第 119 頁。

2 武松：《渤海文化来源研究——以考古资料为中心》，博士学位论文，吉林大学，2019，第 213~214 页。

3 日野開三郎「粟末靺鞨の対外関係——高句麗滅亡以前」『日野開三郎東洋史学論集』第 15 巻 『東北アジア民族史（中）——靺鞨・渤海関連篇』三一書房、1991、第 152 頁。

4 孙昊：《说"舍利"——兼论契丹、靺鞨、突厥的政治文化互动》，《中国边疆史地研究》2014 年第 4 期。

三　请突厥吐屯

考察渤海国与后突厥汗国交聘制度的另一条线索，是渤海国"请突厥吐屯"的问题。

《旧唐书·渤海靺鞨传》载：

> （唐玄宗开元）十四年（726），黑水靺鞨遣使来朝，诏以其地为黑水州，仍置长史，遣使镇押。武艺谓其属曰："黑水途经我境，始与唐家相通。旧请突厥吐屯，皆先告我同去。今不计会，即请汉官，必是与唐家通谋，腹背攻我也。"[1]

《新唐书·渤海传》载：

> 黑水靺鞨使者入朝，帝以其地建黑水州，置长史临总。武艺召其下谋曰："黑水始假道于我与唐通，异时请吐屯于突厥，皆先告我，今请唐官不吾告，是必与唐腹背攻我也。"[2]

吐屯（Turtun 或 Tudun），为突厥语的音译，是突厥派往附属国或附属部族的监察官员。《唐御史台记》言，"突厥号御史为吐屯"。[3] 王国维《高昌宁朔将军麹斌造寺碑跋》中提到"吐屯本监统之官……吐屯职掌与唐御史略同，御史亦以监察为职者也"。[4] 韩儒林赞同此说。[5] 马长寿认为吐屯是突厥武官，由突厥可汗派往附属国进行监统和督征赋税。[6]

1　《旧唐书》卷 199 下《渤海靺鞨传》，第 5361 页。
2　《新唐书》卷 219《渤海传》，第 6180 页。
3　（宋）李昉等编《太平广记》卷 250《诙谐六·侍御史》，中华书局，1961，第 1935 页。
4　王国维：《观堂集林》卷 20《高昌宁朔将军麹斌造寺碑跋》，中华书局，1959，第 988 页。
5　韩儒林：《突厥官号考释》，《穹庐集》，上海人民出版社，1982，第 322 页。
6　马长寿：《突厥人和突厥汗国》，广西师范大学出版社，2006，第 43 页。

林幹认为吐屯是专主驻节附属的外族或外国，以监领该族或该国的官员。[1] 林恩显认为吐屯是突厥可汗派到被统治部族来监视其族长并征收赋税的官称，属于"地方政府"体系，职能类似中原的州郡县官。[2] 薛宗正提出吐屯是被可汗家族阿史那氏垄断的爵位，主要职责为监国异邦、属部，地位不高，但实权很大，可世袭，受其监领的属国、属部，皆听其号令。[3] 吴景山认为吐屯是突厥官名，作为被突厥可汗派驻到附属国家或部族的监统特使，实际上是集兵马征调、征收赋税等各种事权于一身的最高军事行政长官。派遣吐屯的行为在突厥汗国和东突厥汗国时期已经存在，是突厥统治者对附属国家或部族实施的一种定制和惯例。[4] 蒋莉也有相似的论述，同时认为突厥吐屯并不是可汗家族所独有。[5]

突厥在控制东北地区的契丹、室韦等族时，都曾派出吐屯进行监管。例如，"突厥沙钵略可汗遣吐屯潘垤统之（契丹）"，又"突厥以三吐屯总领之（室韦）"。[6] 可见，突厥在经营东方时依然采用了其汗国体制内定式化的对外派遣吐屯的管辖方式。黑水靺鞨在渤海国的东北部，地处偏远，与西边草原地区和南面中原地区交通时，经常借道于渤海国。从两《唐书》关于黑水靺鞨"旧请突厥吐屯，皆先告我同去""异时请吐屯于突厥，皆先告我"的记录可知，渤海国和黑水靺鞨都曾作为后突厥汗国的属臣，依附并接受后突厥汗国的监察，一同往请吐屯。这也进一步说明了渤海国早期与后突厥汗国存在交聘往来，而且二者间的交聘制度是带有羁縻意味的。至于渤海国早期对后突厥汗国的臣属，是出于自愿，或是迫于威胁，抑或源于后突厥汗国的武力征伐，见仁见智。

---

1 林幹：《突厥史》，内蒙古人民出版社，1988，第 54 页。

2 林恩显：《突厥研究》，台北：台湾商务印书馆，1988，第 88~91 页。

3 薛宗正：《东突厥汗国的政治结构》，《新疆社会科学》1986 年第 2 期。

4 吴景山：《吐屯考》，《民族研究》1997 年第 6 期。

5 蒋莉：《突厥官号研究——以正史所见突厥官号为中心》，《西安文理学院学报》2012 年第 5 期。

6 《北史》卷 94《契丹传》，第 3128 页；卷 94《室韦传》，第 3129 页。

四　与后突厥汗国交聘的时间断限

渤海国与后突厥汗国交聘的时间上限是在高王大祚荣 698 年建国以后，那么时间下限又在何时呢？这一点可以从渤海国与后突厥汗国、唐朝的关系中来进行考察。

金毓黻曾对"渤海通于突厥"做出考释：

> 当武后之世，突厥既强，契丹及奚，皆曾降附，而渤海高王祚荣，亦与之通，观武艺所称"黑水旧请突厥吐屯，皆先告我同去"之语，可以知之。吐屯者，突厥所置以领附从诸国之官也，是祚荣曾服属突厥，至武艺时尚未之改，开元五年复营州，奚、契丹皆内属，是时渤海已受唐封，而未与突厥绝，至是突厥结渤海，欲攻两蕃，武艺既拒其请，又表上之，是则已脱去突厥之羁绁矣。
>
> 渤海自斯役后，则始终亲附于唐，朝贡不绝，兹为避繁。[1]

金毓黻的观点即是认为渤海国对后突厥汗国的依附到武王大武艺时期仍然没有改变，即使在接受唐朝册封以后，也没有与后突厥汗国断绝来往，直到拒绝了后突厥汗国合攻契丹、奚的请求后，才正式结束了对后突厥汗国的依附关系，而后始终亲附于唐朝。

日野开三郎认为渤海国对突厥、唐朝存在两属关系，在后突厥汗国毗伽可汗时期（716~734），大武艺更倾向于突厥，因而对唐朝强硬，渤唐关系转为和睦与毗伽可汗的去世存在关联。[2]黄约瑟认为大武艺意欲出兵黑水靺鞨，其背后是有突厥支持的可能性存在的，同时认为"北征

1　金毓黻：《东北通史》，第 270~271 页。

2　日野開三郎「突厥毗伽可汗と唐・玄宗との対立と小高句麗国」『日野開三郎東洋史学論集』第 8 巻『小高句麗国の研究』三一書房、1984、第 175 頁。

黑水靺鞨"引生出的"大门艺事件"，或可视为亲突厥派与亲唐派的冲突。[1] 马一虹也持相同观点，认为当唐朝与突厥关系相对平稳时，渤海国可能有过两属的短暂时期。[2]

大武艺因"北征黑水靺鞨"受阻、"大门艺事件"，对唐朝生怨。大武艺对黑水都督府设置的过激反应，也引起了唐朝的不满，一度将大武艺由忽汗州都督降格为忽汗州刺史，双方关系恶化。[3] 开元二十年（732），大武艺遣将领张文休率海贼进攻山东半岛，作"登州之乱"，唐玄宗"诏遣门艺往幽州征兵以讨之，仍令太仆员外卿金思兰往新罗发兵以攻其南境"。[4] 大武艺又"遣客刺门艺于东都，引兵至马都山，屠城邑"，[5] 唐平卢先锋乌承玼领兵"塞其道，堙原累石"，阻挡了渤海的进攻。开元二十三年（735）三月，大武艺遣使朝唐求和，向唐朝认罪归附，[6] 并报告了此前"突厥遣使求合，拟引两蕃奚及契丹"，渤海欲执缚突厥使于唐的情况，[7] 表明渤海国拒绝了后突厥汗国的请求。马一虹认为"据此不难推定渤海对突厥或者突厥对渤海采取相同的方式取得联络"。[8] 唐玄宗在敕渤海王大武艺书中回复："近得卿表云，突厥遣使求合，拟

1 黄约瑟：《读〈曲江集〉所收唐与渤海及新罗敕书》，刘健明编《黄约瑟隋唐史论集》，中华书局，1997，第 87 页。

2 马一虹：《渤海与后东突厥汗国的关系——兼及渤海建国初期的周边环境》，《民族研究》2007 年第 1 期。

3 赤羽目匡由「渤海王大武芸への官爵授与をめぐる二、三の問題」『メトロポリタン史学』第 12 号、2016。

4 《旧唐书》卷 199 下《渤海靺鞨传》，第 5361 页。

5 《新唐书》卷 136《乌承玼传》，第 4597 页。马都山，《旧唐书》卷 199 下《契丹传》第 5353 页，作渝关都山；《旧唐书》卷 8《玄宗纪上》第 199 页、《新唐书》卷 5《玄宗纪》第 137 页及卷 219《契丹传》第 6171 页、《资治通鉴》卷 213《唐纪二十九》唐玄宗开元二十一年（733）闰三月第 6801 页，皆作都山。金毓黻：《东北通史》认为马都山一作都山，又作乌鹩都山，为卢龙之镇，近于渝关，"马都山战役"是渤海国由营州一路进犯幽州的证据，时间晚于开元二十年（732）九月，第 270 页；古畑徹「唐渤紛争の展開と国際情勢」『集刊東洋学』第 55 号、1986，认为"马都山战役"即开元二十一年（733）闰三月的"榆关都山战役"。

6 参见本书第七章"渤海国朝唐制度"。

7 （唐）张九龄：《曲江集》卷 9《敕书》，第 67 页。

8 马一虹：《渤海与后东突厥汗国的关系——兼及渤海建国初期的周边环境》，《民族研究》2007 年第 1 期。

打两蕃奚及契丹。今既内属，而突厥私恨，欲仇此蕃，卿但不从何妨？有使拟行执缚，义所不然，此是人情，况为君道？然则知卿忠赤，动必以闻，永保此诚，庆流未已。"[1]"今既内属"反映出此时渤海国对唐朝的紧密关系。石井正敏认为渤海还通过使者和商人收集到了后突厥汗国衰落的信息。[2]随后，大武艺又连续向唐朝朝贡。唐玄宗开元二十五年（737），文王大钦茂嗣立，唐玄宗遣使册封，大钦茂承诏并遣使入朝贡献。[3]自此，渤海国与唐朝一直保持着长时段的相对和平且友好的臣属关系。

渤海国在对唐朝和后突厥汗国的关系上采取了"亲疏因其强弱，服叛在其盛衰"的方针。[4]高王大祚荣、武王大武艺时期，渤海国曾经短暂地维持对唐朝、后突厥汗国的两属关系。渤海国与后突厥汗国交聘的结束时间是在大武艺拒绝后突厥汗国合攻契丹、奚的提议之后，其遣使朝唐求和之前。此后，史籍中再无渤海国与后突厥汗国遣使通聘的记载。又734年毗伽可汗去世，后突厥汗国逐渐衰落，无力于对周边的控制，最终于745年为回纥汗国所灭。这样来看，将渤海国与后突厥汗国交聘的时间下限定在734年为宜。

综上所述，渤海国与后突厥汗国交聘的时间断限在渤海国高王大祚荣建国至后突厥汗国毗伽可汗去世前后。

第二节　与契丹（辽朝）交聘制度

渤海国的兴起与消亡皆和与其西界为邻的契丹的动向息息相关，二者之间的关系呈现阶段性的发展变化。受限于史料，我们无法妄加推

1　（唐）张九龄：《曲江集》卷9《敕书》，第67页。

2　石井正敏「渤海と西方社会」『アジア遊学』第6号、1999。

3　《旧唐书》卷199下《渤海靺鞨传》，第5362页。

4　《隋书》卷84《北狄传》，第1884页。

测 7~9 世纪渤海国与契丹部落联盟是否建立起交聘关系，但可以肯定的是，渤海与契丹（辽朝）在 10 世纪初期曾建立起交聘关系。

一　与契丹关系的展开

渤海于 698 年立国，这与万岁通天元年（696）契丹李尽忠等举兵作"营州之乱"有直接的关系。学界已有研究成果对渤海国建国过程的叙述较多，这里不再赘述。

渤海国国祚将近 230 年，其在大部分时间内与契丹保持着一定程度上的合作共存或和平稳定的关系。7 世纪末至 8 世纪前期，渤海国、契丹作为唇齿之邻，[1] 二者在政治选择上的步调几乎一致，于唐朝、后突厥汗国两大势力之间斡旋摇摆。《谢不许北国居上表》言，大祚荣建国后，"始与契丹济恶，旋于突厥通谋"。[2]"济恶"乃"相助作恶"之意。"营州之乱"后，渤海国、契丹皆依附于后突厥汗国。随着默啜可汗后期的政衰与混乱，渤海国和契丹又在相近的时间里转而依附于唐朝。渤海国于 713 年领受了唐朝的册封敕令，成为唐朝羁縻府州体系下的忽汗州都督府。契丹在开元二年（714）再次依附于唐朝。[3] 开元四年（716），唐玄宗恢复松漠都督府建置，又设置"押蕃落使"以"督军镇抚"，[4] 强化了对契丹诸部的监管。从开元二年（714）到开元十九年（731），契丹每年都遣使朝贡。[5] 此间，开元八年（720），契丹发生内乱。静析军副使遥辇氏可突于擅权，松漠都督李娑固欲除之。"可突于反攻娑固，娑

1　（宋）叶隆礼：《契丹国志》卷 1《太祖大圣皇帝》，第 7 页。

2　〔新罗〕崔致远：《谢不许北国居上表》，《崔致远全集》，第 546 页。

3　关于契丹再次归附唐朝的时间，《新唐书》卷 219《契丹传》作唐玄宗开元二年（714），第 6170 页；《旧唐书》卷 199 下《契丹传》作开元三年（715），第 5351 页；《资治通鉴》卷 211《唐纪二十七》，作开元四年（716），第 6720 页；《旧唐书》卷 185 下《宋庆礼传》作开元五年（717），第 4814 页。

4　《新唐书》卷 219《契丹传》，第 6170 页。

5　程妮娜：《古代东北民族朝贡制度史》，第 299 页。

固奔营州"，营州都督许钦澹令薛泰、奚族首领李大酺、李娑固合力讨伐可突于。双方经过激战，可突于杀死李娑固、李大酺，生擒押蕃落使薛泰，"营府震恐"，可突于改"立娑固从父弟（李）郁于为主"。[1]检校并州大都督府长史张说上《并州论边事表》，谏言唐玄宗先申敕契丹、奚两蕃，若不服从则可派军讨伐，亦可以"东召靺羯，西举九姓"兵力共举，或者舍弃契丹、奚两蕃，严兵备塞。[2]"东召靺羯"即指征召渤海国兵力。开元八年（720）夏，契丹寇边，唐玄宗征调军队讨伐，九月又"遣左骁卫郎将摄郎中张越使于靺羯，以奚及契丹背恩义，讨之也"，[3]征召渤海国出兵夹击。渤海国武王大武艺作为忽汗州都督，负有接受唐朝调遣、出兵助战的臣子之责。史书中并没有关于大武艺出兵契丹之叙，这存在两种可能性：一是未待渤海国出兵，可突于"俄又遣使请罪"，唐玄宗赦免其过，册立李郁于为松漠都督；[4]二是大武艺并未应召，不欲与契丹交恶。

　　这场风波过后，渤海国与契丹又同步进入与唐朝对抗的阶段。契丹方面，唐玄宗对720年可突于叛乱的不咎既往，虽然符合唐朝的羁縻政策，但也是对羁縻体制内强酋的纵容，为契丹后续的叛离埋下了隐患。[5]开元十八年（730），可突于杀害李邵固，改立遥辇氏屈列为长，反叛唐朝，"率部落降于突厥，奚部落亦随西叛"。[6]开元二十二年（734），李

1　《旧唐书》卷199下《契丹传》，第5352页；《新唐书》卷219《契丹传》，第6170页。关于此次契丹内乱的时间，《旧唐书》卷199下《契丹传》记于唐玄宗开元六年（718）李娑固继任之后，第5352页；《新唐书》卷219《契丹传》记于开元七年（719）李娑固与公主唐之后，第6170页；《资治通鉴》卷212《唐纪二十八》记于开元八年（720），第6743页。张晓舟《唐朝与渤海宗藩关系中的征召——开元八年张越征召"靺羯"事件考释》（《北方文物》2019年第3期）根据《旧唐书·奚传》载奚族首领李大酺死于开元八年（720）、《册府元龟·外臣部·朝贡》载开元七年（719）李大酺贺正、《辽史·世表》载开元七年（719）李娑固携永乐公主来朝，进而认为《资治通鉴》记载的开元八年（720）更为可信。

2　（唐）张说著，熊飞校注《张说集校注》卷27《并州论边事表》，中华书局，2013，第1285页。

3　（宋）王钦若等编《册府元龟》卷986《外臣部·讨伐第五》，第11416页。

4　《旧唐书》卷199下《契丹传》，第5352页；《新唐书》卷219《契丹传》，第6170页。

5　程妮娜：《古代东北民族朝贡制度史》，第300页。

6　《旧唐书》卷8《玄宗纪上》，第195页。

过折因斩杀可突于之功，被唐玄宗册立为契丹王。[1] 翌年，可突于的余党泥礼击杀李过折，拥立李怀秀为契丹阻午可汗。契丹再次依附于后突厥汗国。

渤海国方面，唐玄宗开元七年（719），武王大武艺即位，锐意加强君主集权，积极推进领土扩张，开元二十年（732）以后先后发起"登州之乱"和"马都山战役"。开元二十一年（733）闰三月，归附于后突厥汗国的可突于"以突厥兵来"寇唐边地，幽州长史薛楚玉率领万余精骑和奚人降众进行追击，双方在渝关都山之下交战。[2] 据唐人樊衡所撰《为幽州长史薛楚玉破契丹露布》，可突于"西连匈奴（突厥），东构渤海，收合余烬，窥我阿降奚"，"四蕃云屯十万"，[3] 其目的是讨伐降附唐朝的奚人所部。《毗伽可汗碑》也记述了这一史实，"当我五十岁时，奚人民脱离契丹去……郭（Qugh）将军领四万军而来。我在 Tüngär 山袭击之"。[4] Tüngär 山即都山，可突于凭借契丹、后突厥汗国的军队与薛楚玉的副将郭英杰等交战于此。又《高丽史·太祖世家》言"契丹尝与渤海连和"，[5] 也印证了契丹与渤海国之间曾经有联合行动。日本学者古畑徹认为"四蕃"即指契丹、突厥、奚、渤海，渤海国加入了契丹一方的阵营。[6] 大祚荣、大武艺时期，渤海国两属于唐朝、后突厥汗国。此前，"北征黑水靺鞨"的滞碍、"大门艺事件"的挫折，使大武艺对唐朝充满疑惧和抵抗情绪。因此，大武艺遣兵发起"登州之乱"和"马都山战役"，俱

---

1 《旧唐书》卷 8《玄宗纪上》，第 202 页；《新唐书》卷 219《契丹传》，第 6171 页。

2 《旧唐书》卷 8《玄宗纪上》，第 137 页；卷 199 下《契丹传》，第 5353 页；《新唐书》卷 219《契丹传》，第 6171 页；（宋）司马光：《资治通鉴》卷 213《唐纪二十九》，唐玄宗开元二十一年（733）闰三月，第 6801 页。

3 （唐）樊衡：《为幽州长史薛楚玉破契丹露布》，（清）董诰等编《全唐文》卷 352，第 1578 页。

4 耿世民：《古代突厥文碑铭研究》，中央民族大学出版社，2005，第 165~166 页

5 〔朝鲜〕郑麟趾等：《高丽史》卷 2《太祖世家二》，第 42 页。

6 古畑徹「唐渤紛争の展開と国際情勢」『集刊東洋学』第 55 号、1986。

是在战略上配合契丹进行东西夹击的联合军事行动，与唐朝相峙。[1]
四蕃联军战败后，与契丹不同的是，渤海国"慑惧势未敢出"，[2]不再
与唐朝对战，舍弃了对后突厥汗国的依附，选择了对唐朝的单向性
臣属，未再脱离唐朝的羁縻府州体系。

《为幽州长史薛楚玉破契丹露布》并没有言明契丹"东构渤海"的
具体细节，其过程存在三种可能性：一是契丹遣使于渤海国商谈四蕃联
军事宜；二是渤海国武王大武艺主动遣使契丹，以报复对唐朝的积怨；
三是契丹没有遣使，渤海国因后突厥汗国的授意而加入四蕃联军。但是
限于史料，渤海国与契丹在7世纪末至8世纪前期是否存在交聘往来，
无法得到考证。

此外，7世纪末至8世纪前期，渤海国与契丹的边界没有相交，尚
未成为真正意义上的"唇齿"之邻，两者之间空隙地带还有靺鞨部族
存在。《旧唐书·渤海靺鞨传》载，渤海国"其地在营州之东二千里，
南与新罗相接。越憙靺鞨东北至黑水靺鞨"。[3]《册府元龟·外臣部·土
风》云，"振国，本高丽，其地在营州之东二千里，南接新罗，西接越
喜靺鞨，东北至黑水靺鞨"，记载了渤海国建国前期越喜（憙）靺鞨在
其西境。[4]又《通典·州郡》安东府条言，"东至越喜部落二千五百里，
南至柳城郡界九十里，西至契丹界八十里，北至渤海一千九百五十
里……西北到契丹衙帐一千里，东北到契丹界八十里"。[5]关于越喜
靺鞨相对于渤海国的方位，学界的观点大致可分为"西方说""东方
说""东北方说"，同时，持有各说的学者对越喜靺鞨的具体所在地也

1　马一虹：《渤海与后东突厥汗国的关系——兼及渤海建国初期的周边环境》，《民族研究》2007
　　年第1期；孙昊：《靺鞨族群变迁研究——以扶余、渤海靺鞨的历史关系为中心》，《史林》
　　2017年第5期。
2　（唐）樊衡：《为幽州长史薛楚玉破契丹露布》，（清）董诰等编《全唐文》卷352，第1579页。
3　《旧唐书》卷199下《渤海靺鞨传》，第5360页。
4　（宋）王钦若等编《册府元龟》卷959《外臣部·土风第一》，第11112页。
5　（唐）杜佑：《通典》卷180《州郡十》，第4776页。

存在不同的看法。[1] 另外，孙昊认为渤海国在大武艺时期受制于扶余（浮渝）靺鞨、黄头室韦、达姤诸部，其控制领域尚未达到伊通河下游以西与契丹直接邻境。[2]

　　8 世纪中后期至 9 世纪，渤海国与契丹在政治选择上的步调不再同步，渤海国对唐朝始终保持着和睦友善的臣属关系，契丹则对唐朝时叛时附，且一度受到回纥汗国（788 年改称回鹘汗国）的控制。唐武宗不再授予契丹首领松漠都督之职，松漠都督府由是废罢。[3]9 世纪后期，唐朝经济、政治日益衰退，契丹则逐渐崛起，但一直保持着对唐的臣属关系。

　　目前，文献中可以追寻的 8 世纪中后期至 9 世纪渤海国与契丹关系的痕迹，主要见于以下三条史料。

　　《新唐书·渤海传》载：

> 扶余故地为扶余府，常屯劲兵捍契丹，领扶、仙二州……龙原东南濒海，日本道也。南海，新罗道也。鸭渌，朝贡道也。长岭，营州道也。扶余，契丹道也。[4]

1　"西方说"，参见池内宏「铁利考」『满鲜史研究』中世第 1 册、第 35~36 页；孙进己《渤海疆域考》，《北方论丛》1982 年第 4 期；张锡彤、王锺翰、贾敬颜、郭毅生、陈连开等《〈中国历史地图集〉释文汇编·东北卷》，第 88 页；孙进己、冯永谦等主编《东北历史地理》第 2 卷，第 253~254 页；李美子「渤海の遼東地域の領有問題をめぐって——拂涅·越喜·鉄利等靺鞨の故地と関連して」『史淵』第 140 号、2003；赤羽目匡由「唐代越喜靺鞨の住地とその移動について」『メトロポリタン史学』第 6 号、2010；『渤海王国の政治と社会』吉川弘文館、2011、第 82~93 页。"东方说"，参见金毓黻《渤海国志长编》卷 14《地理考》，第 312 页；魏国忠《渤海疆域变迁考略》，《求是学刊》1984 年第 6 期；都兴智《唐代靺鞨越喜、铁利、拂涅三部地理位置考探》，《社会科学辑刊》2003 年第 4 期。"东北方说"，参见和田清「渤海国地理考」『東洋学報』第 36 卷第 4 号、1954；鸟山喜一『渤海史上の諸問題』第 210 页；程妮娜主编《东北史》，第 103 页；马一虹《靺鞨部族分布地域考述》，《中国文化研究》2004 年第 2 期；魏国忠、朱国忱、郝庆云《渤海国史（修订版）》，第 217 页。

2　孙昊：《靺鞨族群变迁研究——以扶余、渤海靺鞨的历史关系为中心》，《史林》2017 年第 5 期。

3　程妮娜：《古代东北民族朝贡制度史》，第 303 页。

4　《新唐书》卷 219《渤海传》，第 6182 页。

《辽史・耶律辖底传》载：

> 辖底……遥辇痕德堇可汗时……自立为夷离堇。与于越耶
> 律释鲁同知国政。及释鲁遇害，辖底惧人图己，挈其二子迭里
> 特、朔刮奔渤海，伪为失明。后因球马之会，与二子夺良马奔
> 归国。[1]

《高丽史・太祖世家》王氏高丽太祖二十五年（942）条载：

> 冬十月，契丹遣使来，遗橐驼五十四。王以契丹尝与渤海连
> 和，忽生疑贰，背盟殄灭，此甚无道，不足远结为邻，遂绝交聘，
> 流其使三十人于海岛，系橐驼万夫桥下，皆饿死。[2]

　　渤海国自武王大武艺时期至文王大钦茂时期完成了在西境与契丹的接壤。9世纪初期"渤海盛，靺鞨皆役属之，不复与王会矣"，[3] 靺鞨诸部并入渤海国的统治之下。[4] 8世纪中后期至9世纪，渤海国与契丹有了恒常的接触环境。[5] 双方关系展开的路径主要是契丹道，又称作扶余道，从渤海国王城出发，经张广才岭，至扶余府（今吉林农安），[6] 再折向西南至契丹腹地（今内蒙古巴林左旗一带）。二者凭借扶余府契丹道这条交通道路展开了较为平稳的往来。但是此间，渤海国与契丹的交往没有官方的遣使通聘，大体局限于民间的贸易或往来。

1　《辽史》卷112《耶律辖底传》，第1498页。

2　〔朝鲜〕郑麟趾等：《高丽史》卷2《太祖世家二》，第42页。

3　《新唐书》卷219《黑水靺鞨传》，第6179页。

4　马一虹：《靺鞨、渤海与周边国家、部族关系史研究》，中国社会科学出版社，2011，第96页。

5　赤羽目匡由「契丹と渤海との関係」『アジア遊学』第160号、2013。

6　尹铉哲《渤海国交通运输史研究》，认为农安是1020年从怀德东部移过来的，因此渤海时期扶余府所在地是吉林省长春市公主岭市怀德镇（华龄出版社，2006，第149页）。

　　扶余府不仅是渤海国与契丹的交通要道，也是二者之间的军事要冲。随着契丹势力的发展壮大，渤海国"常屯劲兵捍契丹"于此，同时利用高句丽长城来防范契丹。现存文献未记录 8 世纪中后期至 9 世纪渤海国与契丹之间是否曾发生战争。925 年，辽太祖耶律阿保机东征时亦是通过契丹道，先取扶余府，后攻上京龙泉府，直至灭亡渤海国。日本学者河内春人认为契丹道与营州道基本上是属于军事通道，而不似朝贡道、日本道那样和平的对外交往通道。[1]

　　考察渤海国与契丹的关系时还应该关注二者间物品和人员的流通问题。《类聚国史·殊俗部·渤海》对日本淳和天皇天长元年（824）渤海国使团的出访情况有这样的记载：

　　　　（天长元年）四月丙申，览越前国所进渤海国信物，并大使（高）贞泰等别贡物，又契丹大狗二口、猝［矮］子二口，在前进之。庚子，返却渤海副使璋璠别贡物。辛丑，幸神泉苑，试令渤海狗逐苑中鹿，中途而休焉。[2]

　　渤海国大使高贞泰给日本淳和天皇的私人贡物里有"契丹大狗二口"，可知渤海国与契丹是存在民间的交流与贸易往来的。遥辇氏痕德堇可汗时期，耶律辖底东逃于渤海国而后又重返契丹，[3]也表明渤海国与契丹的交通是通畅的。

　　日本学者赤羽目匡由提出 8 世纪中叶至 910 年，渤海国在与契丹接壤地区的军事防御中处于优势，双方关系是在渤海国占据优势的背景下展开的，二者之间长期维持的交往关系是通过渤海国集权体制的成熟和契丹诸部权力分立这一微妙的力量关系来保持平衡的，认为

1　河内春人「渤海と契丹・奚」佐藤信编『日本と渤海の古代史』第 41 页。
2　菅原道真『類聚国史』卷 194「殊俗部・渤海下」日本淳和天皇天长元年（824）四月、第 1285 页。
3　《辽史》卷 112《耶律辖底传》，第 1498 页。

《高丽史·太祖世家》所言"契丹尝与渤海连和"，在高丽人眼中渤海国与契丹是同盟关系。[1]这一说法值得商榷。8世纪中叶，契丹已经进入遥辇氏部落联盟时期，开始了契丹国家的早期发展。如前文所述，契丹在8世纪中后期至9世纪对唐朝是时叛时附，一度受制于回纥汗国（回鹘汗国），寻衅唐朝边郡。唐武宗会昌二年（842），契丹再次恢复对唐朝的隶属关系，但是松漠都督府被废罢，唐朝对契丹地区的控制力减弱。9世纪后期，契丹日益崛起，虽然对唐朝保持一定的朝贡关系，但亦常寇扰边州。唐僖宗光启年间（885~888），契丹就曾入寇幽、蓟二州。[2]契丹在8世纪中后期至9世纪的军事和战斗实力是不容小觑的，因此赤羽目匡由所做出的此间渤海国与契丹的交往是以渤海国占据优势为背景、高丽人眼中渤海国与契丹为同盟关系的相关推断存在错误。《高丽史·太祖世家》所言"契丹尝与渤海连和"描述的是渤海国与契丹在8世纪前期的关系状态。此外，现存文献的寥寥几笔以及渤海本国纪事史籍的不存于世，都使我们无法断言8世纪中后期至9世纪渤海国与契丹交往的密切程度。各个民族或政权之间的关系发展也不能轻易地根据其地域连接的紧密性、力量的对比性、习俗的关联性去做断言。

二　渤契"世仇说"

契丹与渤海国的"世仇说"出自《辽史·太祖纪》所记辽太祖天赞四年（925）十二月，耶律阿保机兴兵东征渤海国之前发表的言论："所谓两事，一事已毕，惟渤海世仇未雪，岂宜安驻！"[3]《辽太祖纪功碑》残片有"耻未雪"的对应记载（图9-1，1.T3：8-1）。《高丽史·太祖世家》也记有"渤海国……邻于我境，而与契丹世仇。至

1　赤羽目匡由「契丹と渤海との関係」『アジア遊学』第160号、2013。
2　《新唐书》卷219《契丹传》，第6172页。
3　《辽史》卷2《太祖纪下》，第21页。

是，契丹主谓左右曰：'世仇未雪岂宜安处。'"[1]耶律阿保机所言"两事"，一指西讨党项，二指东灭渤海国。实际上，耶律阿保机在天赞三年（924）就已经开始谋划吞并渤海国之事，后听从耶律铎臻的上谏"陛下先事渤海，则西夏必蹑吾后。请先西讨，庶无后顾忧"，[2]而将征讨计划改为先西征党项，再东攻渤海国。《辽史·太祖纪》载天赞三年（924）六月，辽太祖大举亲征"吐浑、党项、阻卜等部。诏皇太子监国，大元帅尧骨从行"，四年（925）"春正月壬寅，以捷报皇后、皇太子。二月丙寅，大元帅尧骨略党项……辛卯，尧骨献党项俘"。[3]彼时，党项人尚未建立西夏政权，《辽史·耶律铎臻传》所记耶律铎臻谏言中的"西夏"为谬记，应更改为"党项"。至辽太祖天赞年间，契丹（辽朝）的迅猛扩张威慑周邻。《辽史·太祖纪》辽太祖天赞四年（925）条又记载了四月至十一月，回鹘、后唐、日本、高丽、新罗等遣使于契丹（辽朝）的情况。[4]十二月，耶律阿保机在征伐西面之后，敕令东征。

一些学者在解析渤海国与契丹关系的过程中，曾提到渤海国与契丹的"世仇"问题。宋玉祥认为耶律阿保机的"世仇说"是源于"营州之乱"期间乞乞仲象、乞四比羽等背叛契丹而率部东奔的事件，这种盟友的叛离对契丹来说是"釜底抽薪，足下撤梯"，致使李尽忠兵单势孤，屡战屡败，直至走逃、阵亡，使契丹的称雄进程延迟了200余年，同时认为耶律阿保机的"世仇说"之目的"一是使侵略合理化，掩世人之耳目；二是鼓舞士气，激荡民心"，是圆熟深刻的战略思考，强调"契丹与渤海民族之间的矛盾是年深日久的隔世之怨，两者势同水火，绝不相容，达到了不灭其国难解心头之恨的程度"。[5]马利清也将"世仇说"的

---

1 〔朝鲜〕郑麟趾等：《高丽史》卷1《太祖世家一》，第25页。

2 《辽史》卷75《耶律铎臻传》，第1239页。

3 《辽史》卷2《太祖纪下》，第19~21页。

4 《辽史》卷2《太祖纪下》，第21页。

5 宋玉祥：《渤海与契丹"世仇"之浅见》，《北方文物》1995年第4期。

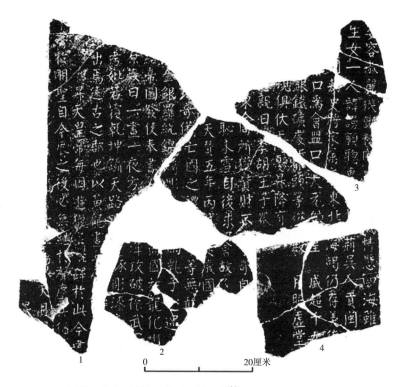

1.T3：8-1　2.T4：41-2　3.T4 西扩：41-1　4.T3：8-2
图 9-1　辽祖陵汉字碑片拓本

资料来源：中国社会科学院考古研究所内蒙古第二工作队、内蒙古文物考古研究所《内蒙古巴林左旗辽代祖陵龟趺山建筑基址》，《考古》2011 年第 8 期。

源头归于"营州之乱"中"渤海人的背弃"，但认为渤海国与契丹的关系绝不是"世仇"，二者虽然有过摩擦，但始终保持着友好邻邦关系，契丹灭渤海国，主要是为南下中原清除障碍。[1]

实际上，7 世纪末至 9 世纪，渤海国与契丹之间并没有强烈的冲突与碰撞，二者之间有过合作、交往与争斗，将 925 年耶律阿保机昭告于众的与渤海国有"世仇"之说，认为是"营州之乱"期间渤海国建国集

1　马利清：《契丹与渤海关系探源》，《内蒙古社会科学》1998 年第 5 期。

团东奔，对契丹背盟，有过分强调"营州之乱"后契丹对渤海国的嫉恨
与交恶之嫌，是不恰当的。"世仇说"并不能用来描述渤海国与契丹关
系的基本态势，仅是耶律阿保机为东征渤海国所寻找的借口与进行的战
前动员。

三　与契丹（辽朝）交聘制度的建立

渤海国的灭亡与契丹在 9 世纪下半叶至 10 世纪初的动向也有
直接的关联。此间，渤海国与契丹（辽朝）曾短暂地建立起了交聘
关系。

神册元年（916），耶律阿保机正式称帝，国号契丹，建元神册。[1]
辽太祖继续对外进行征伐，天赞年间（922~926）基本完成了对西面诸
部的征伐，在南下的征战中也取得硕果，据《阴山杂录》，"阿保机帅兵
直抵涿州，时幽州、安次、潞、三河、渔阳、怀柔、密云等县皆为所
陷，俘其民而归"。[2]耶律阿保机在稳定了西面和南面的局势之后，将目
光放于东部，欲实现对东面的统一。

早在 907 年耶律阿保机称汗以后，渤海国对契丹征伐周边邻族就已
心生忌惮，曾意欲"结援"新罗，共同抵制契丹的扩张。[3]但是此时中
原地区、朝鲜半岛皆处于混乱时期，新罗在朝鲜半岛"后三国时代"的
政局中处于劣势。新罗自身实力的衰退及其与渤海国的宿怨，都很难促
成二者"结援"关系的实现。渤海国没有能够联合到朝鲜半岛政权的力
量。这在耶律阿保机九年（915）"新罗遣使贡方物，高丽遣使进宝剑"
于契丹的事件中也得到了印证。[4]辽太祖神册三年（918）二月，"晋、吴
越、渤海、高丽、回鹘、阻卜、党项及幽、镇、定、魏、潞等州各遣使

1　《辽史》卷1《太祖纪上》，第10页。
2　（清）厉鹗：《辽史拾遗》卷1《太祖纪下》，《丛书集成初编》本，商务印书馆，1936，第14页。
3　（宋）叶隆礼：《契丹国志》卷1《太祖大圣皇帝》，第7~8页。
4　《辽史》卷1《太祖纪上》，第10页。

来贡"。[1]渤海国王大諲譔迫于国势衰落和契丹东进的压力，不得不向契丹遣使通聘示好，其交聘路线应采用了契丹道。这是渤海国与契丹交聘的唯一可见的文献记载。918~924 年，渤海国与契丹交恶，此间渤海国与契丹（辽朝）之间有过几次遣使、交聘使团的构成等，史无记载，交聘制度的具体内容尚无从得知。

自 10 世纪初契丹不断向辽东挺进，统治了许多他族民户，其中也包括渤海户。神册四年（919）二月，耶律阿保机下令再次整修辽阳故城，"以汉民、渤海户实之，改为东平郡，置防御使"。[2]天赞三年（924），渤海国与契丹发生了摩擦，契丹"徙蓟州（今天津蓟州）民实辽州（今辽宁新民辽滨塔村）地。渤海杀其刺史张秀实而掠其民"。[3]这一年，契丹已经完成了对西北诸族的征伐，占领了辽东半岛的大部分地区。[4]渤海国成为契丹对外征伐的羁绊，"时东北诸夷皆役属契丹，惟勃［渤］海未服"，[5]契丹"颇有窥中国之志，患女真、渤海等在其后，欲击渤海"。[6]于是，天赞四年（925）耶律阿保机亲征渤海国，次年（926）渤海国灭亡。

第三节　与新罗交聘制度

7 世纪末至 10 世纪初，渤海国与新罗之间共有四次遣使通聘，其中渤海国遣使两次，新罗遣使两次，间隔时间长，主要都是出于政治目的，双方的交聘制度呈现出间继性的发展态势。总体而言，渤海国与新罗在大部分时间里处于无聘、对峙的状态。

1　《辽史》卷 1《太祖纪上》，第 12 页。

2　《辽史》卷 2《太祖纪下》，第 15 页。

3　《辽史》卷 2《太祖纪下》，第 19 页。

4　程妮娜主编《东北史》，第 161 页。

5　（宋）司马光：《资治通鉴》卷 273《后唐纪二》，后唐庄宗同光二年（924）秋七月，第 8923 页。

6　《新五代史》卷 72《四夷附录一》，第 889 页。

一　与新罗交聘关系的缔结

　　渤海国与新罗交聘往来的最早记录，见于新罗人崔致远代国君孝恭王撰写并上于唐昭宗的《谢不许北国居上表》。渤海国高王大祚荣在天门岭战役之后，对唐朝充满疑惧，为了防御唐朝的再次攻伐，于是制定了与周边结援的政策。西面，渤海国、契丹依附于后突厥汗国，形成反唐联盟。南面，渤海国"初建邑居，来凭邻援"，[1]向朝鲜半岛的新罗遣使结援。这是双方交聘制度的最初缔结，从时间上来看，早于渤海国接受唐朝册封的时间，即应在 698~712 年，交聘路线选择了"南海，新罗道"，[2]由渤海国王都出发，南渡泥河（今朝鲜龙兴江），进入新罗。

　　《谢不许北国居上表》还记载了大祚荣被新罗"受臣蕃第五品大阿餐之秩"。[3]据《三国史记·职官志》，"五品大阿餐"之职"唯真骨受之，他宗则否"，[4]只有新罗王室才能担任。可见，新罗对于首次遣使通聘的渤海国给予了充分的重视和礼遇。这一方面源于唐罗战争（670~676）之后，新罗与唐朝的关系一度紧张，7 世纪后期，唐朝在朝鲜半岛的势力退至大同江以北，新罗在保持对唐朝称臣朝贡的条件下基本统一了大同江以南地区，进入"统一新罗时代"，有与周边结盟的需要。另一方面又与大祚荣建国后开疆拓土有关。大祚荣将渤海国南界扩展至原高句丽辖区内除辽东、平壤一带以外的鸭绿江、浑江地区，[5]这也使新罗对渤海国的动向非常关注。那么，大祚荣是否接受了新罗的册封呢？目前尚未有其他文献可以对此进行佐证，学界存在"没有接受"和"接受"两

1　〔新罗〕崔致远：《谢不许北国居上表》，《崔致远全集》，第 546 页。

2　《新唐书》卷 219《渤海传》，第 6182 页。

3　〔新罗〕崔致远：《谢不许北国居上表》，《崔致远全集》，第 546 页。

4　〔高丽〕金富轼：《三国史记》卷 38《职官志上》，第 454 页。

5　〔韩〕东北亚历史财团编《渤海的历史与文化》，第 154 页。

种观点。[1] 崔致远是与渤海国同期的新罗人，《谢不许北国居上表》为新罗王向唐朝的上表，其内容的真实性是应该予以肯定的。渤海国大祚荣接受"五品大阿餐"之职的可能性比较大。然而，渤海国是否曾短暂地从属于新罗，这是很难判断的，因为大祚荣的南境扩张从未停止。正如杨军认为渤海国在大祚荣时期就已经在疆土外拓方面贯彻了南下政策。[2]

二　与新罗交聘的中断和军事对峙

渤海国接受唐朝册封后，建立了与唐朝密切的羁縻关系，大祚荣对南境的迅速扩张、大武艺"北征黑水靺鞨"的扩土意向，皆引起了新罗的警觉。新罗圣德王一面连年向唐朝朝贡，求得唐朝的保护，重建唐罗联盟，一面积极地修筑并强化北边防御体系，[3] 以备渤海国。

718~789 年，渤海国与新罗的交聘中断，双方进入对向扩张的军事对峙期。732 年，渤海国与新罗几近发生直接的军事冲突，大武艺遣兵作"登州之乱"，唐玄宗"诏遣门艺往幽州征兵以讨之，仍令太仆员外卿金思兰往新罗发兵以攻其南境"，[4] 意图以新罗兵力牵制渤海国，同时间接地制造二者之间的矛盾。新罗为了寻求唐朝对其北境的庇护，出兵协助唐朝平剿渤海国叛乱，"发兵击靺鞨南鄙"，但是途中"会大雪丈余，山路阻隘，士卒死者过半，无功而还"。[5] 作为代价，735 年，唐朝正式承认新罗拥有浿江（今朝鲜大同江）以南地境。[6]

1　参见〔韩〕韩圭哲《渤海의 對外關係史》，第 99~103 页；濱田耕策「唐朝における渤海と新羅の争長事件」末松保和博士古稀記念会編『古代東アジア史論集』下卷、吉川弘文館、1978、第 341~360 頁；魏国忠、朱国忱、郝庆云《渤海国史（修订版）》，第 513 页；柏松《渤海国对外关系研究》，博士学位论文，东北师范大学，2016，第 30 页。

2　杨军：《渤海国民族构成与分布研究》，第 120~121 页。

3　〔高丽〕金富轼：《三国史记》卷 8《新罗本纪八·圣德王纪》，第 114 页。

4　《旧唐书》卷 199 下《渤海靺鞨传》，第 5361 页。

5　〔高丽〕金富轼：《三国史记》卷 8《新罗本纪八·圣德王纪》，第 117 页。

6　〔高丽〕金富轼：《三国史记》卷 8《新罗本纪八·圣德王纪》，第 118~119 页。

　　渤海国前三代君主高王大祚荣、武王大武艺、文王大钦茂皆推行
"斥大土宇"的对外政策，渤海国的辖区得到了迅速的扩展，"东北诸夷
畏臣之"，[1]南向亦有扩展。从《三国史记·新罗本纪》的记载来看，新
罗密切关注渤海国的动向，在渤海国前三代王时期（698~793），先后七
次对渤海国采取军事防御、备战行动，景德王、宣德王更是锐意经营北
境，向北部扩张（表9-1）。

表9-1　新罗对北境军事防御、备战、扩张行动一览

次序	公元纪年	渤海国		新罗		行动
1	718	高王大祚荣	二十一年	圣德王	十七年	冬十月，筑汉山州都督管内诸城
2	721	武王大武艺	仁安三年		二十年	秋七月，征何瑟罗道丁夫二千，筑长城于北境
3	733		仁安十五年		三十二年	发兵击靺鞨南鄙。会大雪丈余，山路阻隘，士卒死者过半，无功而还
4	748	文王大钦茂	大兴十二年	景德王	七年	秋八月，遣阿餐贞节等检察北边，始置大谷城等十四郡县
5	762		大兴二十六年		二十一年	夏五月，筑五谷、鹣岩、汉城、獐塞、池城、德谷六城，各置太守
6	781		大兴四十五年	宣德王	二年	秋七月，发使，安抚浿江南州郡
7	782		大兴四十六年		三年	二月，王巡幸汉山州，移民户于浿江镇
8	826	宣王大仁秀	建兴九年	宪德王	十八年	秋七月，命牛岑太守白永征汉山北诸州郡人一万，筑浿江长城三百里

　　资料来源：〔高丽〕金富轼《三国史记》卷8《新罗本纪八·圣德王纪》，第114、
117页；卷9《新罗本纪九·景德王纪》，第123、126页；卷9《新罗本纪九·宣德
王纪》，第130页；卷10《新罗本纪十·宪德王纪》，第144页。

---

1 《新唐书》卷219《渤海传》，第6180页。

三　与新罗交聘制度的间继

宣德王以后再也不见有新罗向北方扩张的记载。[1] 此后，渤海国与新罗再开交聘活动，双方的交聘制度得以间继性地发展。《三国史记·新罗本纪》记录了两次新罗遣使。元圣王六年（790）三月，"以一吉餐伯鱼使北国"。[2] 宪德王四年（812）秋九月，"遣级餐崇正使北国"。[3] "北国"即指渤海国。"一吉餐"是儒理王设位十七等的第七等官，"级餐"（级伐餐）为第九等官，[4] 职位等级不高。这是渤罗之间的第二、三次交聘，皆为新罗遣使。

随着渤海国辖区的扩大以及航海技术的成熟，渤海国与新罗交聘通道"新罗道"也发展出了陆路、海路两条路线。陆路由渤海国王都出发，经东京龙原府、南京南海府，向南渡泥河，进入新罗，峰峦叠起，相对崎岖。海路是由渤海国王都出发，至南海府吐号浦，沿半岛东南海岸南行，直达新罗各口岸，路程短、紧靠海岸，相对安全。[5]

关于新罗790年、812年两次遣使的目的，马一虹、郑永振等站在不同的角度给出了不同的结论。综合两种视角，可以更全面地看待新罗遣使渤海国的本质。

新罗元圣王790年遣使于渤海国，时值文王大钦茂末年。马一虹从渤海国的政局动乱和对外关系的角度出发，认为大钦茂末年王权受到"国人"阶层的挑战，王位之争激化，新罗遣使是趁渤海国政局动荡之机，近距离探查渤海国统治阶层与社会的实况，以确定是否可以有所

1　郑永振、李东辉、尹铉哲：《渤海史论》，第300页。

2　〔高丽〕金富轼：《三国史记》卷10《新罗本纪十·元圣王纪》，第135页。

3　〔高丽〕金富轼：《三国史记》卷10《新罗本纪十·宪德王纪》，第140页。

4　〔高丽〕金富轼：《三国史记》卷38《职官志上》，第454页。

5　程妮娜主编《东北史》，第123页。

企图。[1] 郑永振等从新罗的政局动乱和对外关系角度出发,认为这次新罗遣使与元圣王即位、新罗所处的国内外局势有关。[2] 元圣王得位不正,国内政局不稳,灾异、饥荒、贼寇不断,在周邻中相对孤立,意欲将国内矛盾转向对外,[3] 同时试图通过遣使来阻止渤海国南下,进以经营或巩固浿江地区。[4]

相隔 23 年后,新罗宪德王 812 年遣使于渤海国。马一虹认为新罗此次遣使与渤海国统治集团内部的权力争夺、渤日"国书"之争的摩擦有关。9 世纪 10 年代,新罗在罗渤关系上占据有利的国际背景,新罗使崇正到访后的两三个月内,渤海发生内乱,定王大元瑜被杀,次年正月僖王大言义即位,这些似乎存在关联性。新罗处于国势尚未转衰的"中代",遣使探听渤海国的内部情况与权力斗争,有利于新罗重新实施"北进"政策。双方关系没有得到缓解。[5] 郑永振等认为新罗宪德王遣使渤海国,与元圣王遣使的原因大同小异。809 年宪德王"作乱弑王"而即位,[6] 在位期间饥荒、盗贼迭起,822 年还爆发了熊川州都督金宪昌的叛乱。[7] 而渤海国时值宣王大仁秀统治时期,势力强劲。宪德王面临着政治危机与国势衰败的窘境,于是遣使渤海国来缓解对外矛盾,但没有取得成效。[8]

此后,大致在 813 年至 10 世纪初,渤海国与新罗又进入了漫长的无聘期和对峙期。

宣王大仁秀时期(818~830),渤海国完成了全面唐制的变革,模

1　马一虹:《靺鞨、渤海与周边国家、部族关系史研究》,第 360~362 页。

2　郑永振、李东辉、尹铉哲:《渤海史论》,第 310 页。

3　〔韩〕韩圭哲:《南北国的成立和展开过程》,《韩国史》第 3 辑,1994;参考郑永振、李东辉、尹铉哲《渤海史论》,第 310 页。

4　〔韩〕权英五:《新罗元圣王的即位过程》,《釜大史学》第 19 辑,1995;参考郑永振、李东辉、尹铉哲《渤海史论》,第 310 页。

5　马一虹:《靺鞨、渤海与周边国家、部族关系史研究》,第 368 页。

6　〔高丽〕金富轼:《三国史记》卷 10《新罗本纪十·哀庄王纪》,第 139 页。

7　〔高丽〕金富轼:《三国史记》卷 10《新罗本纪十·宪德王纪》,第 142 页。

8　郑永振、李东辉、尹铉哲:《渤海史论》,第 310~311 页。

仿唐朝制度建立起一套完备的政治、军事制度，成为"海东盛国"。大仁秀在前代君王经营发展的基础上，"颇能讨伐海北诸部，开大境宇"，[1] 加快了领土的扩张。又《辽史·地理志》兴辽县条载，唐宪宗元和年间（806~820），"渤海王大仁秀南定新罗，北略诸部，开置郡邑"。[2] 韩国学者宋基豪、日本学者酒寄雅志认为渤海国掠夺了新罗北境领土并设置了郡邑。[3] 马一虹提出反对意见，认为这是对史料的误读，宣王大仁秀的确趁着 819 年唐朝平定李师道叛乱而征调新罗三万军队和 822 年新罗熊川州都督金宪昌叛乱进行南下扩张，但并没有取得更大的成果，双方界线止于浿江一线。[4] 大仁秀应是对新罗有过军事行动。为了巩固对渤海国的防御工事、经略北境，新罗宪德王又于十八年（826）秋七月"命牛岑太守白永征汉山北诸州郡人一万，筑浿江长城三百里"。[5]

　　渤海国与新罗的交聘再次中断，但二者在唐廷的"争长"问题上却愈演愈烈（表 9-2），一是宾贡科及第的"争长"，二是朝贡使臣在唐廷位次的"争长"。这是渤海国与新罗另一种形式的对峙。张碧波等认为虽然两种"争长"的性质不同，但本质是相同的，即从文化上的高低考量进而到双方地位（国力、国势）的较量。[6]

1　《新唐书》卷 219《渤海传》，第 6181 页。

2　《辽史》卷 38《地理志二》，第 457~458 页。

3　〔韩〕宋基豪：《渤海史研究的幾個問題點》，《韓國史市民講座》5，1989；酒寄雅志「東北アジアの動向と古代日本——渤海的視角から」田村晃一、鈴木靖民編『古代の日本』新版第 2 巻『アジアからみた古代日本』角川書店、1992、第 310 頁。

4　马一虹：《靺鞨、渤海与周边国家、部族关系史研究》，第 369~370 页。

5　〔高丽〕金富轼：《三国史记》卷 10《新罗本纪十·宪德王纪》，第 144 页。

6　张碧波、张军：《渤海与新罗"争长"的背后——新罗崔致远文集读后》，《北方文物》1999 年第 3 期。

表9-2　渤海国与新罗争长事件一览

事由	公元纪年	唐朝	渤海	新罗	争长事件	文献出处
宾贡科及第	872	懿宗 咸通十三年	元年	十二年 景文王	宾贡科及第两人，渤海人乌炤度为首，新罗人李同次之。新罗人认为这是冠履倒置，深以李同为耻，既致四邻之讥，永贻一国之耻	《东文选》卷47《新罗王与唐江西高大夫湘状》《与礼部裴尚书瓚状》；《渤海国志长编》卷10《乌炤度传》；《旧唐书》卷155《崔郾传》
	874	乾符元年	大玄锡 三年	十四年	宾贡科及第，新罗人崔致远为首。新罗得雪前耻，举国怀恩	《东文选》卷47《与礼部裴尚书瓚状》；《三国史记》卷11《新罗本纪·景文王纪》；《登科记考》卷23
	877	僖宗 乾符四年	六年	宪康王 三年	宾贡科及第两人，新罗人朴仁范、金渥折桂，双飞凤里，对跃龙门。新罗人认为自古以来，斯荣无比，纵使糜躯粉骨，莫报深恩。其言"不容丑虏，有玷仙科"，当是针对渤海人之前登科居首之事	《东文选》卷47《新罗王与唐江西高大夫湘状》；《登科记考》卷23
	906	哀帝 天祐三年	大玮瑎 十三年	孝恭王 九年	宾贡科及第两人，新罗人崔彦㧑为首，渤海人乌光赞次之。乌炤度奉使朝唐，上表请求曰："臣昔年入朝登第，名在李同之上，今臣子光赞宜升彦㧑之上。"唐朝不许	《高丽史》卷92《崔彦㧑传》；《渤海国志长编》卷10《乌炤度传》
使臣位次	897	昭宗 乾宁四年	大玮瑎 四年	真圣王 十年	渤海贺正王子大封裔，进状请许渤海居新罗之上。唐昭宗拒绝了渤海王子的请求。新罗孝恭王上表致谢	《谢不许北国居上表》

渤海国与新罗的第四次交聘是渤海国遣使，时间在 907 年耶律阿保机立为契丹可汗之后至 915 年新罗遣使契丹之间，[1]《契丹国志》载：

> 先是，渤海国王大諲譔本与奚、契丹为唇齿国。太祖初兴，并吞八部，继而用师，并吞奚国。大諲譔深惮之，阴与新罗诸国结援，太祖知之，集议未决。[2]

前文曾对此做出论述，渤海国出于对契丹势力迅猛扩张的担忧，遣使至新罗寻求"结援"。渤海国与新罗之间并没有像第一次通聘时达成"来凭邻援"的友好关系。此时中原地区、朝鲜半岛发生动乱，渤海国、新罗都呈现颓败之势，加上二者之间的宿怨与对峙的积淀，都使"结援"关系无法实现。反之，新罗为了向契丹示好，参与了东征渤海国的战争，"回鹘、新罗、吐蕃、党项、室韦、沙陀、乌古等从征有功，优加赏赉"。[3] 926 年渤海国为契丹所灭，935 年新罗归附高丽，亦亡。

四　与新罗交聘的性质

《新唐书·地理志》羁縻州条载：

> 唐兴，初未暇于四夷，自太宗平突厥，西北诸蕃及蛮夷稍稍内属，即其部落列置州县。其大者为都督府，以其首领为都督、刺史，皆得世袭。虽贡赋版籍，多不上户部，然声教所暨，皆边州都督、都护所领，著于令式。[4]

1　《辽史》卷 1《太祖纪上》，第 10 页。
2　（宋）叶隆礼：《契丹国志》卷 1《太祖大圣皇帝》，第 7~8 页。
3　《辽史》卷 2《太祖纪下》，第 22 页。
4　《新唐书》卷 43 下《地理志七下》，第 1119 页。

　　程妮娜认为："唐朝在东北亚内陆和朝鲜半岛先后设置松漠、饶乐、居延、鸡林州、忽汗州、黑水、室韦等七个都督府，各政权、部落联盟、部落集团以羁縻都督府的形式进行朝贡。上述各羁縻都督府有的始终与唐朝保持稳定的朝贡关系，有的设置时间很短，有的有名无实。而且有的地区羁縻府州撤销后，转变为王朝边疆以外的朝贡国。"[1]

　　渤海国与新罗都曾接受唐朝册封，在其地分别设置了忽汗州都督府和鸡林州都督府，二者被纳入唐朝的羁縻朝贡体系之内。龙朔三年（663），唐高宗于新罗设置鸡林州都督府。[2]"大唐以我国为鸡林大都督府，以王为鸡林州大都督。"[3]新罗文武王金法敏为首任鸡林州都督。713年，唐朝于渤海国设置忽汗州都督府，渤海郡王大祚荣为首任忽汗州都督。[4]唐朝没有直接派出官员到两个都督府任职，但二者都要受到地方边州的监管。唐玄宗开元二十九年（741），"安禄山为营州刺史，充平卢军节度副使，押两番（奚、契丹）、渤海、黑水四府经略使"。[5]唐代宗永泰元年（765），"淄青平卢节度增领押新罗、渤海两蕃使"，[6]渤海国、新罗受淄青平卢节度使监管。"两蕃"最初专指奚、契丹。[7]李文澜认为唐玄宗开元之际的"两蕃使""押两蕃使"是专指处理奚、契丹事务的使职官，至唐宪宗元和、唐武宗会昌年间，"押某某、某某两蕃使"的"两蕃"不再专指奚、契丹，因此其官名必须带上两个具体的蕃名，皆由节度使充任。[8]马一虹认为"押蕃使"的设置是为了明确押领机构和押领对象，

1　程尼娜：《羁縻与外交：中国古代王朝内外两种朝贡体系——以古代东北亚地区为中心》，《史学集刊》2014 年第 4 期。

2　《旧唐书》卷 199 上《新罗传》，第 5336 页。

3　〔高丽〕金富轼：《三国史记》卷 6《新罗本纪六·文武王纪》，第 82 页。

4　《旧唐书》卷 199 下《渤海靺鞨传》，第 5360 页；《新唐书》卷 219《渤海传》，第 6180 页。

5　《旧唐书》卷 9《玄宗纪下》，第 213~214 页。

6　《新唐书》卷 65《方镇表二》，第 1805 页。

7　《旧唐书》卷 199 下《奚传》，第 5354 页。

8　李文澜：《"两蕃使"与"押某某两蕃使"》，陈国灿、刘健明主编《〈全唐文〉职官丛考》，武汉大学出版社，1997，第 208 页。

其扩大了缘边府州节度使的权力。[1] 姜清波认为"押新罗、渤海两蕃使"的设置主要是由两方面原因促成,一是基于安史之乱的平定已近尾声,以唐朝为核心的东亚政治格局需要恢复,二是平卢、淄青地理位置特殊,是东亚地区与唐朝交往的门户。[2]

"押新罗、渤海两蕃使"与"押奚、契丹两蕃使"的设置有异曲同工之处。唐朝最初是将渤海国与新罗放在了同等的地位,皆视为唐朝边地的羁縻府州,因此忽汗州都督府与鸡林州都督府的建置形态基本相似。渤海国君主基本皆领受唐朝忽汗州都督之职。依据《旧唐书·新罗传》《三国史记·新罗本纪》的记载,新罗从文武王至文圣王,共十四位王接受了唐朝授予的鸡林州都督之职。其中 800 年,昭圣王因薨逝,"其册却回",808 年由新罗使金力奇请回。[3] 僖康王、闵哀王、神武王因王位之争,在位时间短促,未得到册封。文圣王(839~857)以后不见鸡林州都督之封,盖是鸡林州都督府由是废罢。鸡林州都督府历时近 200 年。"中国古代王朝的朝贡体系分为'内圈'边疆民族的朝贡制度与'外圈'周边朝贡国的朝贡制度,二者具有两种不同的政治属性。"[4]渤海国与新罗首次交聘是在接受唐朝册封以前,即 698~712 年,第二次在 790 年,第三次在 812 年,第四次在 907~915 年。从唐朝的视角来看,渤海国与新罗的前三次交聘是唐朝朝贡体系"内圈"中羁縻都督府之间的交往。从渤海国、新罗的角度出发,二者的通聘属于两个政权之间的对外交往。因此,探讨渤海国与新罗交聘的性质,需要从不同的视域进行考量。

1　马一虹:《渤海与唐朝押蕃使关系述考》,余太山主编《欧亚学刊》第 4 辑,中华书局,2002,第 131~144 页。

2　姜清波:《试论唐代的押新罗渤海两蕃使》,《暨南学报》2005 年第 1 期。

3　《旧唐书》卷 199 上《新罗传》,第 5338 页。

4　程尼娜:《羁縻与外交:中国古代王朝内外两种朝贡体系——以古代东北亚地区为中心》,《史学集刊》2014 年第 4 期。

余　论

　　7 世纪末至 10 世纪初，渤海国与西边草原地区的后突厥汗国、契丹（辽朝）以及东南界朝鲜半岛的新罗等政权都曾有交聘关系，并形成了一定的交聘制度。

　　渤海国建国之初，在渤海本国、突厥、唐朝（武周）、契丹四方面因素的推动下，最先通聘后突厥汗国。高王大祚荣、武王大武艺时期，向后突厥汗国请吐屯，曾经短暂地两属于唐朝、后突厥汗国。渤海国与后突厥汗国的交聘时间断限在渤海国高王大祚荣建国至后突厥汗国毗伽可汗去世前后，即 698~734 年。

　　渤海国与契丹在大部分时间里保持着一定程度上的和平稳定关系。7 世纪末至 8 世纪前期，渤海国与契丹在政治选择上的步调几乎一致，在唐朝、后突厥汗国两大势力之间斡旋摇摆。武王大武艺叛唐事件平息后，渤海国与契丹在政治选择上的步调不再同步，渤海国始终保持着对唐朝的和睦友善的臣属关系，契丹则对唐朝时叛时附，一度受控于回纥汗国（回鹘汗国）。7 世纪末至 9 世纪，渤海国是否与契丹部落联盟遣使通聘，因不见史籍记载，无法得知。10 世纪初，渤海国与契丹（辽朝）曾短暂地建立起交聘关系。918 年，大諲譔迫于契丹东向的积极渗透和渤海国国势衰落的压力，向契丹遣使通聘。926 年，渤海国为契丹所灭。

　　7 世纪末至 10 世纪初，见于史籍记载，渤海国向新罗遣使两次。第一次是在 698~712 年渤海国接受唐朝册封以前，为了防备唐朝（武周）再次攻伐，高王大祚荣制定了与周邻结援的政策，在其东南面向朝鲜半岛的新罗寻求联合。大祚荣极有可能接受了新罗的“五品大阿餐”之职。第二次是在 907 年耶律阿保机自立为契丹可汗之后至 915 年新罗遣使契丹之间，大諲譔畏惧契丹的迅速扩张，遣使至新罗寻求结盟。渤、罗双方在大部分时间里处于无聘、对峙的状态。渤海国对新罗仅有的两次遣使交聘间隔了近两个世纪，皆是出于结盟的政治目的。

参考文献

一 古籍、石刻

1. 中国古籍、石刻

（晋）陈寿：《三国志》，中华书局，1959。

（南朝宋）范晔：《后汉书》，中华书局，1965。

（唐）李延寿：《北史》，中华书局，1974。

（唐）令狐德棻等：《周书》，中华书局，1971。

（唐）魏徵、令狐德棻：《隋书》，中华书局，1973。

（后晋）刘昫等：《旧唐书》，中华书局，1975。

（宋）欧阳修：《新五代史》，中华书局，1974。

（宋）欧阳修、宋祁：《新唐书》，中华书局，1975。

（宋）薛居正等：《旧五代史》，中华书局，1976。

（元）脱脱等：《辽史》，中华书局，1974。

（元）脱脱等：《宋史》，中华书局，1977。

（元）脱脱等：《金史》，中华书局，2020。

（汉）许慎撰，（清）段玉裁注《说文解字注》，四部备要影印本，中华书局，1989。

（唐）白居易：《白居易全集》，上海古籍出版社，1999。

（唐）杜佑：《通典》，中华书局，1988。

（唐）韩愈著，马其昶校注《韩昌黎文集校注》，上海古籍出版社，2014。

（唐）李林甫等：《唐六典》，中华书局，2014。

（唐）刘悚：《隋唐嘉话》，中华书局，1979。

（唐）元稹：《元氏长庆集》，《四库唐人文集丛刊》本，上海古籍出版社，1994。

（唐）张九龄：《曲江集》，《四库唐人文集丛刊》本，上海古籍出版社，1992。

（唐）张说著，熊飞校注《张说集校注》，中华书局，2013。

（唐）长孙无忌等：《唐律疏议》，上海古籍出版社，2013。

（宋）洪皓：《松漠纪闻》，李澍田主编《长白丛书（初集）》，吉林文史出版社，1986。

（宋）李昉等编《太平广记》，中华书局，1961。

（宋）李昉等编《文苑英华》，中华书局，1966。

（宋）陆游：《南唐书》，傅璇琮、徐海荣、徐吉军主编《五代史书汇编》，杭州出版社，2004。

（宋）司马光：《资治通鉴》，中华书局，1956。

（宋）王溥：《唐会要》，中华书局，1955。

（宋）王溥：《五代会要》，上海古籍出版社，2006。

（宋）王钦若等编《册府元龟》，凤凰出版社，2006。

（宋）王应麟：《玉海》，江苏古籍出版社、上海书店，1987。

（宋）徐梦莘：《三朝北盟会编》，上海古籍出版社，1987。

（宋）叶隆礼：《契丹国志》，中华书局，2014。

（宋）叶梦得:《石林燕语》,《唐宋史料笔记丛刊》本,中华书局,1984。

（宋）乐史:《太平寰宇记》,中华书局,2007。

（宋）曾公亮等:《武经总要》,中华书局,1959。

（宋）高晦叟:《珍席放谈》,朱易安、傅璇琮等主编《全宋笔记》第 3 编第 1 册,大象出版社,2008。

（宋）叶梦得:《避暑录话》卷下,朱易安、傅璇琮等主编《全宋笔记》第 2 编第 10 册,大象出版社,2006。

（宋）张舜民:《画墁录》,朱易安、傅璇琮等主编《全宋笔记》第 2 编第 1 册,大象出版社,2006。

（清）阿桂等:《满洲源流考》,辽宁民族出版社,1988。

（清）曹廷杰:《东三省舆地图说》,丛佩远、赵鸣岐编《曹廷杰集》,中华书局,1985。

（清）长顺修,李桂林纂《吉林通志》,李澍田主编《长白丛书（初集）》,吉林文史出版社,1986。

（清）董诰等编《全唐文》,上海古籍出版社,1990。

吴钢主编《全唐文补遗》第 3 辑,王京阳等点校,三秦出版社,1996。

吴钢主编《全唐文补遗》第 5 辑,王京阳等点校,三秦出版社,1998。

（清）厉鹗:《辽史拾遗》,《丛书集成初编》本,商务印书馆,1936。

（清）彭定求等编《全唐诗》,中华书局,1980。

（清）钱大昕:《廿二史考异》,上海古籍出版社,2004。

（清）阮元校刻《十三经注疏》,中华书局,1980。

（清）吴廷燮:《东三省沿革表》,文海出版社,1965。

（清）徐松:《登科记考》,中华书局,1984。

（清）徐松撰,（清）张穆校补《唐两京城坊考》,中华书局,1985。

黑龙江省文物考古工作队编《黑龙江古代官印集》,黑龙江人民出版社,1981。

罗福颐辑《满洲金石志》,中国东方文化研究会历史文化分会编《历代碑志丛书》第 23 册,江苏古籍出版社,1998。

向南、张国庆、李宇峰辑注《辽代石刻文续编》，辽宁人民出版社，
    2010。

2. 外国古籍

〔日〕圆仁:《入唐求法巡礼行记》，上海古籍出版社，1986。

〔日〕仁井田陞著，栗劲、霍存福、王占通、郭延德编译《唐令拾遗》，
    长春出版社，1989。

〔日〕佚名:《万叶集》，赵乐甡译，上海古籍出版社，2009。

藤原明衡『本朝文粋』田中長左衞門開板本、1629。

菅原道真『菅家文草』野田藤八跋本、1700。

阿闍梨皇円『扶桑略記』経済雑誌社、1897。

菅野真道等『続日本紀』経済雑誌社、1897。

藤原冬嗣等『日本後紀』経済雑誌社、1897。

藤原良房等『続日本後紀』経済雑誌社、1897。

藤原時平等『日本三代実録』経済雑誌社、1897。

佚名『日本紀略』経済雑誌社、1897。

鴨祐之『日本逸史』経済雑誌社、1897。

藤原冬嗣等『類聚三代格』経済雑誌社、1990。

藤原忠平等『延喜式』経済雑誌社、1900。

舎人親王等『日本書紀』経済雑誌社、1915。

菅原道真『類聚国史』経済雑誌社、1916。

都良香『都氏文集』塙保己一集『群書類従』日本帝国図書館藏本。

〔高丽〕金富轼:《三国史记》，吉林文史出版社，2003。

〔新罗〕崔致远:《崔致远全集》，上海古籍出版社，2018。

〔朝鲜〕郑麟趾等:《高丽史》，西南师范大学出版社、人民出版社，
    2013。

〔朝鲜〕金宗瑞等:《高丽史节要》，汉城大学奎章阁影印本。

〔朝鲜〕徐居正等『東文選』朝鮮古書刊行会編印『朝鮮群書大系』

続々第 10 輯、1914。

〔朝鲜〕韓致奫著，韓鎮書輯『海東繹史続』朝鮮古書刊行会編印『朝
　　鮮群書大系』第 23 輯、1911。

〔朝鲜〕柳得恭：《渤海考》，弘益出版社，2011。

〔朝鲜〕丁若镛：《大韩疆域考》，现代实学社，2001。

〔朝鲜〕徐相雨：《渤海疆域考》，求恕斋丛书刊本，1925。

二　考古发掘与调查报告

鳥山喜一・藤田亮策「間島省古蹟調査報告」『「満洲国」古蹟古物調査
　　報告』第 3 編「満洲帝国民生部」1942。

王承礼、曹正榕：《吉林敦化六顶山渤海古墓》，《考古》1961 年第 6 期。

刘振华：《永吉杨屯遗址试掘简报》，《文物》1973 年第 8 期。

陶刚：《牡丹江市郊南城子调查记》，黑龙江省文物博物馆学会、黑龙
　　江省文物出版编辑室编《黑龙江省文物博物馆学会成立纪念文集》，
　　1980。

黑龙江省文物考古工作队、吉林大学历史系考古专业：《东宁大城子渤
　　海墓葬发掘简报》，《考古》1982 年第 3 期。

黑龙江省文物考古工作队：《渤海上京宫城第一宫殿东、西廊庑遗址发
　　掘清理简报》，《文物》1985 年第 11 期。

延边朝鲜族自治州博物馆：《吉林汪清考古调查》，《北方文物》1985 年
　　第 4 期。

吉林市博物馆：《吉林永吉杨屯大海猛遗址》，《考古学集刊》第 5 集，
　　中国社会科学出版社，1987。

吉林省文物考古研究所编《榆树老河深》，文物出版社，1987。

张殿甲：《浑江地区渤海遗迹与遗物》，《博物馆研究》1988 年第 1 期。

吉林省文物考古研究所：《吉林永吉查里巴靺鞨墓地》，《文物》1995 年
　　第 9 期。

中国社会科学院考古研究所编著《六顶山与渤海镇——唐代渤海国的贵族墓地与都城遗址》，中国大百科全书出版社，1997。

黑龙江省文物考古研究所、吉林大学考古学系、牡丹江市文物管理站：《渤海国上京龙泉府宫城第二宫殿遗址发掘简报》，《文物》2000年第11期。

朱国忱、朱威：《渤海遗迹》，文物出版社，2002。

吉林大学边疆考古研究中心、吉林省文物考古研究所：《吉林敦化敖东城及永胜遗址考古发掘的主要收获》，《边疆考古研究》第2辑，科学出版社，2004。

黑龙江省文物管理委员会：《黑龙江友谊县凤林古城址的发掘》，《考古》2004年第12期。

黑龙江省文物考古研究所、吉林大学考古学系、牡丹江市文物管理站：《黑龙江宁安市渤海国上京龙泉府宫城4号宫殿遗址的发掘》，《考古》2005年第9期。

吉林省文物考古研究所、延边朝鲜族自治州文化局、延边朝鲜族自治州博物馆、和龙市博物馆编著《西古城——2000~2005年度渤海国中京显德府故址田野考古报告》，文物出版社，2007。

黑龙江省文物考古研究所编著《渤海上京城——1998~2007年度考古发掘调查报告》，文物出版社，2009。

吉林省文物考古研究所、延边朝鲜族自治州文物管理委员会办公室：《吉林和龙市龙海渤海王室墓葬发掘简报》，《考古》2009年第6期。

中国社会科学院考古研究所内蒙古第二工作队、内蒙古文物考古研究所：《内蒙古巴林左旗辽代祖陵龟趺山建筑基址》，《考古》2011年第8期。

赵虹光：《渤海上京城考古》，科学出版社，2012。

吉林省文物考古研究所：《2013年吉林省文物考古研究所考古发掘收获》，《东北史地》2014年第3期。

吉林省文物考古研究所、吉林大学边疆考古研究中心、珲春市文物管理所编著《八连城——2004~2009 年度渤海国东京故址田野考古报告》，文物出版社，2014。

三 中文今人著作

拜根兴、冯立君等编译《古代东亚交流史译文集》第 1 辑，中国社会科学出版社，2018。

岑仲勉：《唐史余沈》，中华书局，2004。

程妮娜主编《东北史》，吉林大学出版社，2001。

程妮娜等：《汉唐东北亚封贡体制》，中国社会科学出版社，2014。

程妮娜：《古代东北民族朝贡制度史》，中华书局，2016。

董万仑：《东北史纲要》，黑龙江人民出版社，1987。

傅朗云：《东北民族史略》，吉林人民出版社，1983。

傅熹年：《中国古代建筑史》，中国建筑工业出版社，2001。

干志耿、孙秀仁：《黑龙江古代民族史纲》，黑龙江人民出版社，1987。

耿世民：《古代突厥文碑铭研究》，中央民族大学出版社，2005。

黄维翰：《渤海国记》，唐晏、黄维翰、金毓黻：《渤海国志三种》，张中澍、王承礼点校，天津古籍出版社，1992。

黄元甲编著《长白山区开发史稿》，吉林文史出版社，1992。

吉林省地方志编纂委员会编纂《吉林省志》，吉林人民出版社，1991。

吉林省文物考古研究所编《田野考古集粹》（吉林省文物考古研究所成立二十五周年纪念），文物出版社，2009。

吉林省文物志编委会编印《珲春县文物志》，内部资料，1984。

吉林省文物志编委会编印《抚松县文物志》，内部资料，1987。

吉林省文物志编委会编印《桦甸县文物志》，内部资料，1987。

吉林省文物志编委会编印《浑江市文物志》，内部资料，1987。

吉林省文物志编委会编印《靖宇县文物志》，内部资料，1988。

金毓黻：《东北通史》，五十年代出版社，1981。

金毓黻:《渤海国志长编》,《社会科学战线》杂志社,1982。

赖瑞和:《唐代中层文官》,中华书局,2011。

赖瑞和:《唐代高层文官》,中华书局,2017。

李健才:《东北史地考略》,吉林文史出版社,1986。

林恩显:《突厥研究》,台北:台湾商务印书馆,1988。

林幹:《突厥史》,内蒙古人民出版社,1988。

刘大平、孙志敏:《渤海国建筑形制与上京城宫殿建筑复原研究》,哈尔滨工业大学出版社,2018。

刘后滨:《唐代中书门下体制研究——公文形态·政务运行与制度变迁》,齐鲁书社,2004。

刘俊文:《敦煌吐鲁番唐代法制文书考释》,中华书局,1989。

刘晓东:《渤海文化研究——以考古发现为视角》,黑龙江人民出版社,2006。

刘晓东、郝庆云主编《渤海国历史文化研究》,黑龙江人民出版社,2017。

马长寿:《突厥人和突厥汗国》,广西师范大学出版社,2006。

马兴国主编《中日关系研究的新思考——中国东北与日本国际学术研讨会论文集》,辽宁大学出版社,1993。

马一虹:《靺鞨、渤海与周边国家、部族关系史研究》,中国社会科学出版社,2011。

沈任远:《隋唐政治制度》,台北:台湾商务印书馆,1976。

孙机:《中国古舆服论丛》,文物出版社,2001。

孙进己:《东北民族源流》,黑龙江人民出版社,1989。

孙进己、冯永谦等主编《东北历史地理》第 2 卷,黑龙江人民出版社,1989。

孙进己:《东北亚研究——东北民族史研究(一)》,中州古籍出版社,1994。

孙玉良编著《渤海史料全编》,吉林文史出版社,1992。

谭其骧主编《中国历史地图集》第五册《隋·唐·五代十国时期》，中国地图出版社，1982。

唐晏：《渤海国志》，唐晏、黄维翰、金毓黻：《渤海国志三种》，张中澍、王承礼点校，天津古籍出版社，1992。

王承礼：《渤海简史》，黑龙江人民出版社，1984。

王承礼：《中国东北的渤海国与东北亚》，吉林文史出版社，2000。

王国维：《观堂集林》，中华书局，1959。

王绵厚、李健才：《东北古代交通》，沈阳出版社，1990。

王永兴：《说隋唐》，上海科学技术文献出版社，2009。

王禹浪、王宏北编著《高句丽·渤海古城址研究汇编》，哈尔滨出版社，1994。

魏存成：《渤海考古》，文物出版社，2008。

魏国忠、朱国忱、郝庆云：《渤海国史（修订版）》，黑龙江人民出版社，2014。

吴宗国主编《盛唐政治制度研究》，上海辞书出版社，2003。

向群、万毅编《岑仲勉文集》，中山大学出版社，2004。

薛宗正：《突厥史》，中国社会科学出版社，1992。

严耕望：《严耕望史学论文集》，上海古籍出版社，2009。

杨军：《渤海国民族构成与分布研究》，吉林人民出版社，2007。

杨宽：《中国古代都城制度史研究》，上海古籍出版社，1993。

杨雨舒、蒋戎：《唐代渤海国五京研究》，香港亚洲出版社，2008。

尹铉哲：《渤海国交通运输史研究》，华龄出版社，2006。

张碧波、张军：《渤海国外交史研究》，黑龙江人民出版社，2011。

张博泉、苏金源、董玉瑛：《东北历代疆域史》，吉林人民出版社，1981。

张博泉：《东北地方史稿》，吉林大学出版社，1985。

张博泉、魏存成主编《东北古代民族·考古与疆域》，吉林大学出版社，1998。

张高、姜华昌、关颖:《渤海国管窥》,中国社会科学出版社,2003。

张国刚:《唐代官制》,三秦出版社,1987。

张锡彤、王锺翰、贾敬颜、郭毅生、陈连开等:《〈中国历史地图集〉释文汇编·东北卷》,中央民族学院出版社,1988。

张修桂、赖青寿编著《〈辽史·地理志〉汇释》,安徽教育出版社,2001。

郑永振、李东辉、尹铉哲:《渤海史论》,吉林文史出版社,2011。

朱国忱、魏国忠:《渤海史稿》,黑龙江省文物出版编辑室,内部发行,1984。

朱国忱、金太顺、李砚铁:《渤海故都》,黑龙江人民出版社,1996。

四 中文论文

1. 期刊、论文集论文

陈显昌:《渤海国史概要(一)》,《齐齐哈尔师范学院学报》1983年第1期。

陈显昌:《渤海国史概要(二)》,《齐齐哈尔师范学院学报》1983年第2期。

程尼娜:《渤海与日本交聘中“高丽国”的辨析》,《吉林大学社会科学学报》2001年第4期。

程妮娜:《唐朝渤海国朝贡制度研究》,《吉林大学社会科学学报》2013年第3期。

程尼娜:《羁縻与外交:中国古代王朝内外两种朝贡体系——以古代东北亚地区为中心》,《史学集刊》2014年第4期。

楚福印:《渤海国之上京城考》,《黑龙江史志》2008年第17期。

崔绍熹:《渤海族的兴起与消亡》,《辽宁师院学报》1979年第4期。

丹化沙:《渤海历史地理研究情况述略》,《黑龙江文物丛刊》1983年第1期。

丁海斌:《中国古代陪都十大类型论》,《辽宁大学学报》2011 年第 4 期。

董灏智:《五至九世纪日本构建区域秩序的尝试》,《世界历史》2017 年第 1 期。

董玉瑛:《宽城子初探》,《博物馆研究》1985 年第 2 期。

都兴智:《唐代靺鞨越喜、铁利、拂涅三部地理位置考探》,《社会科学辑刊》2003 年第 4 期。

范恩实:《渤海"首领"新考》,《中国边疆史地研究》2014 年第 2 期。

范恩实:《渤海早期政权建设研究》,《中国边疆史地研究》2020 年第 3 期。

方学凤:《渤海以旧国、中京、东京为王都时期的佛教试探》,《延边大学学报》1986 年第 4 期。

冯恩学:《黑水靺鞨思慕部探索》,《中国边疆史地研究》2006 年第 2 期。

冯恩学、王春委:《渤海国大柞荣族属的探讨》,《边疆考古研究》第 26 辑，科学出版社，2019。

傅朗云:《渤海"土人"新释》,《黑龙江社会科学》1999 年第 3 期。

顾成瑞:《唐代典吏考》,《齐鲁学刊》2016 年第 1 期。

关金泉、魏学臣:《渤海上京龙泉府地区古城考》, 孙进己、孙海主编《高句丽渤海研究集成》第 5 册《渤海卷（二）》,哈尔滨出版社，1994。

韩明安:《关于渤海首次聘日使的姓名和官阶》,《学习与探索》1985 年第 4 期。

韩儒林:《突厥官号考释》,《穹庐集》,上海人民出版社，1982。

韩世明、都兴智:《渤海王族姓氏新考》,《中国边疆史地研究》2015 年第 2 期。

韩亚男、苗威:《渤海西京鸭绿府考》,《中国边疆史地研究》2015 年第 1 期。

侯莉闽、李强:《渤海初期通往日本陆路部分的研讨》,《北方文物》1994 年第 4 期。

胡秀杰、刘晓东:《渤海陶器类型学传承渊源的初步探索》,《北方文物》

2001 年第 4 期。

黄利平:《隋唐之际三省制的特点及尚书令的缺职》,史念海主编《唐史论丛》第 2 辑,陕西人民出版社,1987。

黄约瑟:《读〈曲江集〉所收唐与渤海及新罗敕书》,刘健明编《黄约瑟隋唐史论集》,中华书局,1997。

黄正建:《王涯奏文与唐后期车服制度的变化》,荣新江主编《唐研究》第 10 卷,北京大学出版社,2004。

姜清波:《试论唐代的押新罗渤海两蕃使》,《暨南学报》2005 年第 1 期。

姜玉珂、赵永军:《渤海国北界的考古学观察》,《北方文物》2008 年第 2 期。

蒋莉:《突厥官号研究——以正史所见突厥官号为中心》,《西安文理学院学报》2012 年第 5 期。

李殿福:《渤海咸和四年铭文佛龛考释》,《社会科学战线》1994 年第 3 期。

李鸿彬:《北京出土的(唐)张建章墓志》,《学习与探索》1980 年第 4 期。

李健才、陈相伟:《渤海的中京和朝贡道》,《北方论丛》1982 年第 1 期。

李健才:《桦甸苏密城考》,《黑龙江文物丛刊》1983 年第 2 期。

李健才:《珲春渤海古城考》,《学习与探索》1985 年第 6 期。

李健才:《唐代高丽长城和扶余城》,《民族研究》1991 年第 4 期。

李健才:《二十四块石考》,《北方文物》1992 年第 2 期。

李健才:《再论唐代高丽的扶余城和千里长城》,《北方文物》2000 年第 1 期。

李健才:《唐代渤海王国的创建者大祚荣是白山靺鞨人》,《民族研究》2000 年第 6 期。

李健才:《渤海初期都城考》,《北方文物》2002 年第 3 期。

李锦绣:《城傍与大唐帝国》,朱雷主编《唐代的历史与社会——中国唐史学会第六届年会暨国际唐史学术研讨会论文选集》,武汉大学出版社,1997。

李强、白淼:《西古城性质研究——以考古资料获取的城址形制和功能为切入点》,《北方文物》2014 年第 4 期。

李蓉:《唐代的主典》,《三峡学刊》1995 年第 1 期。

李文澜:《"两蕃使"与"押某某两蕃使"》,陈国灿、刘健明编著《〈全
　　唐文〉职官丛考》,武汉大学出版社,1997。

李正凤:《龙井英城古城——渤海卢州考》,方学凤、郑永振主编《渤海
　　文化研究》,吉林人民出版社,2000。

梁志龙:《辽代正州考》,孙进己主编《东北亚历史地理研究》,中州古
　　籍出版社,1998。

刘晓东、罗葆森、陶刚:《渤海国渤州考》,《北方文物》1987 年第 1 期。

刘晓东、祖延苓:《南城子古城、牡丹江边墙与渤海的黑水道》,《北方
　　文物》1988 年第 3 期。

刘晓东:《张建章〈渤海记〉卷目及其相关问题》,《北方文物》1990 年
　　第 4 期。

刘晓东、魏存成:《渤海上京城主体格局的演变——兼谈主要宫殿建筑
　　的年代》,《北方文物》1991 年第 1 期。

刘晓东:《渤海纪年再考订》,《历史研究》1996 年第 4 期。

刘振华:《渤海大氏王室族属新证——从考古材料出发的考察》,《社会
　　科学战线》1981 年第 3 期。

刘忠义:《东牟山在哪里?》,《学习与探索》1982 年第 4 期。

刘忠义、冯庆余:《渤海东牟山考》,《松辽学刊》1984 年第 1 期。

罗永生:《唐前期三省地位的变化》,《历史研究》1992 年第 2 期。

马冬:《唐代官僚服饰赏赐制度渊源及其流变》,《中国文化研究》2006
　　年第 3 期。

马利清:《契丹与渤海关系探源》,《内蒙古社会科学》1998 年第 5 期。

马小红:《试论唐代散官制度》,《晋阳学刊》1985 年第 4 期。

马一虹:《8 世纪中期以后黑水靺鞨与渤海关系考》,《文史哲》2001 年第
　　6 期。

马一虹:《渤海与唐朝押蕃使关系述考》,余太山主编《欧亚学刊》第 4

辑，中华书局，2002。

马一虹:《靺鞨部族分布地域考述》,《中国文化研究》2004 年第 2 期。

马一虹:《渤海与后东突厥汗国的关系——兼及渤海建国初期的周边环境》,《民族研究》2007 年第 1 期。

孟宪实:《唐代府兵"番上"新解》,《历史研究》2007 年第 2 期。

苗威:《大祚荣族属新考》,《中国边疆史地研究》2013 年第 3 期。

倪屹:《乞乞仲象"舍利"称谓辨析》,《吉林省教育学院学报》2021 年第 1 期。

宁欣:《唐后期禁军扩编述论》, 荣新江主编《唐研究》第 20 卷, 北京大学出版社, 2014。

宁志新:《唐朝宰相称谓考》,《河北师范大学学报》2008 年第 3 期。

欧潭生、王大松:《唐代张光祚墓志浅释》,《文物》1981 年第 3 期。

朴龙渊:《渤海中京考》, 方学凤主编《渤海史研究》(一), 延边大学出版社, 1990。

任士英:《唐代流外官的管理制度》,《中国史研究》1995 年第 1 期。

桑秋杰、高福顺:《渤海政权迁都考述》,《东北史地》2008 年第 2 期。

尚民杰:《唐朝的鱼符与鱼袋》,《文博》1994 年第 5 期。

宋卿:《日本接待渤海国使者的外交礼仪初探》,《北方文物》2006 年第 4 期。

宋卿:《唐代营州军事设置探究》,《中国边疆史地研究》2015 年第 3 期。

宋玉彬、王志刚、全仁学:《渤海中京显德府故址——西古城城址研究简史》,《边疆考古研究》第 3 辑, 科学出版社, 2005。

宋玉彬、曲轶莉:《渤海国的五京制度与都城》,《东北史地》2008 年第 6 期。

宋玉彬、王志刚:《考古学视角下的西古城城址》, 吉林大学边疆考古研究中心编《新果集——庆祝林沄先生七十华诞论文集》, 科学出版社, 2009。

宋玉彬:《构建渤海都城研究新平台的学术思考——〈八连城〉读后》,

《边疆考古研究》第 19 辑，科学出版社，2016。

宋玉祥：《渤海与契丹"世仇"之浅见》，《北方文物》1995 年第 4 期。

宋玉祥：《略谈渤海五京制度的渊源》，《渤海上京文荟》第 10 期，2002 年。

孙昊：《说"舍利"——兼论契丹、靺鞨、突厥的政治文化互动》，《中国边疆史地研究》2014 年第 4 期。

孙昊：《靺鞨族群变迁研究——以扶余、渤海靺鞨的历史关系为中心》，《史林》2017 年第 5 期。

孙昊：《渤海国靺鞨部族官称蠡测》，《北方文物》2019 年第 2 期。

孙进己：《渤海疆域考》，《北方论丛》1982 年第 4 期。

孙进己、朴润陆：《明坊州即海龙古城》，《社会科学战线》1982 年第 4 期。

孙进己、艾生武、庄严：《渤海的族源》，《学习与探索》1982 年第 5 期。

孙进己：《渤海民族的形成发展过程》，《北方文物》1994 年第 2 期。

孙铁山：《唐李他仁墓志铭考释》，《远望集——陕西省考古研究所华诞四十周年纪念文集》，陕西人民美术出版社，1998。

孙秀仁、干志耿：《论渤海族的形成与归向》，《学习与探索》1982 年第 4 期。

孙秀仁、朱国忱：《渤海国上京京畿南北交通道与德理镇》，《黑龙江民族丛刊》1994 年第 3 期。

孙玉良：《渤海纪年补订》，《社会科学战线》1982 年第 1 期。

孙玉良：《略述大钦茂及其统治下的渤海》，《社会科学战线》1982 年第 4 期。

孙玉良：《渤海迁都浅议》，《北方论丛》1983 年第 3 期。

谭英杰、赵虹光：《靺鞨故地上的探索——试论黑水靺鞨与粟末靺鞨物质文化的区别》，《北方文物》1990 年第 2 期。

佟柱臣：《〈渤海记〉著者张建章〈墓志〉考》，《黑龙江文物丛刊》1981 年第 1 期。

王成国：《唐代渤海国官制概述》，《学习与探索》1982 年第 5 期。

王承礼:《唐代渤海〈贞惠公主墓志〉和〈贞孝公主墓志〉的比较研究》,《社会科学战线》1982 年第 1 期。

王承礼:《唐代渤海国〈贞孝公主墓志〉研究（下）》,《博物馆研究》1985 年第 1 期。

王承礼:《记唐代渤海国咸和十一年中台省致日本太政官牒》,《北方文物》1988 年第 3 期。

王承礼、王巍:《从朝贡外交看渤海和日本的关系——以国书体例和聘使往还年限之争为中心》,《北方文物》1996 年第 4 期。

王俊铮、吴博、王禹浪:《俄罗斯滨海地区靺鞨—渤海遗存的考古学视点》,《哈尔滨学院学报》2020 第 9 期。

王培新:《渤海国东京故址珲春八连城城址布局复原考察》,吉林大学边疆考古研究中心编《庆祝张忠培先生八十岁论文集》,科学出版社,2014。

王培新:《渤海王城城址布局比较分析》,魏坚、吕学明主编《东北亚古代聚落与城市考古国际学术研讨会论文集》,科学出版社,2014。

王培新:《磨盘村山城为渤海早期王城假说》,吉林大学边疆考古研究中心编《新果集（二）——庆祝林沄先生八十华诞论文集》,科学出版社,2018。

王孙盈政:《唐代"敕牒"考》,《中国史研究》2013 年第 1 期。

王天姿、王禹浪、孙慧:《图们江流域的历史与文化——兼考靺鞨族源、渤海旧国、东牟山及相关历史地理问题》,《黑龙江民族丛刊》2008 年第 5 期。

王侠:《渤海朝贡道白山区段及相关问题》,《北方文物》1997 年第 1 期。

王禹浪:《三百余年前日本发现的多贺城碑》,《社会科学战线》1996 年第 5 期。

王禹浪:《靺鞨黑水部地理分布初探》,《北方文物》1997 年第 1 期。

王禹浪、都永浩:《渤海东牟山考辨》,《黑龙江民族丛刊》2000 年第 2 期。

魏存成:《关于渤海都城的几个问题》,《史学集刊》1983 年第 3 期。

魏存成:《渤海遗迹的发现与研究》,《社会科学战线》2001 年第 6 期。

魏存成:《渤海政权的对外交通及其遗迹发现》,《中国边疆史地研究》2007 年第 3 期。

魏存成:《渤海墓葬演变与渤海初期人口的民族构成》,《吉林大学社会科学学报》2014 年第 2 期。

魏国忠、朱国忱:《渤海国政治制度述略》,《求是学刊》1981 年第 3 期。

魏国忠:《唐代渤海五京制度考》,《博物馆研究》1984 年第 3 期。

魏国忠:《渤海疆域变迁考略》,《求是学刊》1984 年第 6 期。

魏国忠:《渤海质子侍唐述略》,《求是学刊》1986 年第 1 期。

魏国忠、郝庆云:《渤海建国前史事考》,《学习与探索》2001 年第 1 期。

吴景山:《吐屯考》,《民族研究》1997 年第 6 期。

辛时代、郭威:《韦俊墓志与渤海寇登州事件始末》,《北方文物》2018 年第 2 期。

熊伟:《唐代本阶官位的形成与勋官地位的演革》,《郑州大学学报》2014 年第 3 期。

熊伟:《隋代府兵军府机构设置与沿革释证》,《阴山学刊》2015 年第 2 期。

徐佳禧:《渤海国五京制与唐朝渊源研究》,《黑龙江史志》2013 年第 19 期。

徐建新:《古代日本律令国家的身份等级制》,《世界历史》2001 年第 6 期。

徐自强:《〈张建章墓志〉考》,《文献》1979 年第 5 期。

薛宗正:《东突厥汗国的政治结构》,《新疆社会科学》1986 年第 2 期。

阎万章:《〈大彝震遣使聘日年代考〉商榷》,《北方文物》1992 年第 2 期。

杨友庭:《三省六部制的形成及其在唐代的变化》,《厦门大学学报》1983 年第 1 期。

杨再林:《卢州小考》,方学凤主编《渤海史研究》(二),延边大学出版社,1991。

姚玉成:《俄罗斯尼古拉耶夫斯克遗址出土鱼形青铜信符考实》,《北方文物》1993 年第 3 期。

张碧波:《渤海大氏考》,《学习与探索》1998 年第 5 期。

张碧波、张军:《渤海与新罗"争长"的背后——新罗崔致远文集读后》,《北方文物》1999 年第 3 期。

张碧波:《渤海大氏续考》,《北方文物》2001 年第 3 期。

张碧波:《渤海大武艺论》,《东北史地》2008 年第 3 期。

张博泉、程妮娜:《论渤海国的社会性质》,《学习与探索》1982 年第 5 期。

张广达:《论唐代的吏》,《北京大学学报》1989 年第 2 期。

张国刚:《唐代府兵渊源与番役》,《历史研究》1989 年第 6 期。

张国刚:《唐代禁卫军考略》,《南开学报》1999 年第 6 期。

张泰湘:《唐代渤海率宾府辨》,《历史地理》第 2 辑,上海人民出版社,1982。

张泰湘、崔广彬:《铁利丛考》,《民族研究》1988 年第 2 期。

张晓舟:《唐朝与渤海宗藩关系中的征召——开元八年张越征召"靺鞨"事件考释》,《北方文物》2019 年第 3 期。

张岩、徐德源:《大钦茂王时期的渤日交往史事新探》,《日本研究》1993 年第 4 期。

张中澍:《张建章墓志铭文考释》,《博物馆研究》1982 年创刊号。

张中澍:《关于〈张建章墓志〉考释的几点辨析》,《黑龙江文物丛刊》1983 年第 3 期。

赵虹光:《渤海上京城城门建制研究》,吉林大学边疆考古研究中心编《新果集——庆祝林沄先生七十华诞论文集》,科学出版社,2009。

赵评春:《震国立号年代考》,《北方文物》1989 年第 4 期。

赵永军:《渤海中小城址的初步考察》,《北方文物》2000 年第 3 期。

赵哲夫:《关于渤海国历史的三个问题》,《北方文物》1994 年第 4 期。

赵哲夫:《渤海上京城的礼制建筑》,李陈奇主编《黑龙江省文物博物馆学会第五届年会论文集》,黑龙江人民出版社,2008。

郑惠生:《"天子"考》,《历史教学》1982 年第 11 期。

郑英德、云樵:《渤海诸城考》,《四平师院学报》1981 年第 4 期。

郑英德:《渤海国部分府州新考》,《学习与探索》1983 年第 2 期。

郑永振:《渤海的疆域与五京之地理》, 郑永振主编《渤海史研究》
　　(九), 延边大学出版社, 2002。

郑永振:《渤海文化考古学新探——以陶器为中心》,《东疆学刊》2008
　　年第 4 期。

郑永振:《论渤海国的种族构成与主体民族》,《北方文物》2009 年第 2 期。

郑永振:《对渤海的建国年代和建国地的讨论》,《北方文物》2010 年第
　　2 期。

朱国忱:《渤海龙州三县考》,《求是学刊》1986 年第 5 期。

2. 学位论文

柏松:《渤海国对外关系研究》,博士学位论文,东北师范大学,2016。

韩亚男:《渤海国城址研究》,博士学位论文,东北师范大学,2015。

华阳:《渤海墓葬研究》,博士学位论文,吉林大学,2015。

卢成敢:《渤海遗存的分区研究》,博士学位论文,吉林大学,2019。

佟薇:《空间视域下的渤海国五京研究》,博士学位论文,东北师范大
　　学,2017。

武松:《渤海文化来源研究——以考古资料为中心》,博士学位论文,吉
　　林大学,2019。

曹远航:《唐代官品服色制研究》,硕士学位论文,西北大学,2015。

戴均禄:《唐代前期南衙禁军研究》, 硕士学位论文, 辽宁大学,
　　2012。

徐佳禧:《渤海国军事制度研究》,硕士学位论文,哈尔滨师范大学,
　　2014。

曾鹏瑞:《唐代北衙神策禁军考论》,硕士学位论文,四川师范大学,
　　2010。

朱艳桐:《唐代傔人研究》,硕士学位论文,兰州大学,2013。

五　外文著作、中文译著

〔日〕鸟居龙藏:《东北亚洲搜访记》，汤尔和译，商务出版社，1926。

〔日〕堀敏一:《隋唐帝国与东亚》，韩昇、刘建英译，云南人民出版社，2002。

稲葉岩吉『満洲発達史』大阪屋号出版部、1915。

鳥山喜一『渤海史考』奉公会、1915。

小川琢治『支那歴史地理研究』弘文堂書房、1928。

池内宏『満鮮史研究』中世第 1 冊、荻原星文館、1943。

鳥山喜一『渤海史上の諸問題』風間書房、1968。

新妻利久『渤海国史及び日本との国交史の研究』東京電機大学出版局、1969。

齋藤優『半拉城と他の史蹟』半拉城址刊行会、1978。

中村裕一『唐代制勅研究』汲古書院、1991。

鈴木靖民編『古代王権と交流 1 古代蝦夷の世界と交流』名著出版、1996。

濱田耕策『渤海国興亡史』吉川弘文館、2000。

上田雄『渤海使の研究——日本海を渡つた使節たちの軌跡』明石書店、2002。

赤羽目匡由『渤海王国の政治と社会』吉川弘文館、2011。

鈴木靖民・金子修一・石見清裕・浜田久美子編『訳註日本古代の外交文書』八木書店、2014。

金子修一『古代東アジア世界史論考』八木書店古書出版部、2019。

古畑徹『渤海国と東アジア』汲古書院、2021。

〔朝〕张国钟:《渤海史研究》，社会科学出版社，1988。

〔韩〕韓圭哲:《渤海의對外關係史》，新書苑，1994。

〔韩〕宋基豪:《渤海政治史研究》，一潮閣，1995。

〔韩〕东北亚历史财团编《渤海的历史与文化》，陈文寿校译，香港社会科学出版社，2009。

〔俄〕Э.В.沙弗库诺夫等：《渤海国及其俄罗斯远东部落》，宋玉彬译，东北师范大学出版社，1997。

六　外文论文、中文译文

〔日〕驹井和爱：《渤海文化史上的两个问题》，方红象译，《黑龙江文物丛刊》1983 年第 1 期。

〔日〕津田左右吉：《勿吉考》，邢玉林译，《民族史译文集》第 13 集，1985。

〔日〕池内宏：《夫余考》，王建译，《民族史译文集》第 13 集，1985。

〔日〕铃木靖民：《关于渤海首领的基础性研究》，《渤海史译文集》，李东源译，刘凤翥校，黑龙江省社会科学院历史所，1986。

〔日〕三上次男：《八连城出土的二佛并座像及其历史意义》，《渤海史译文集》，李东源译，刘凤翥校，黑龙江省社会科学院历史所，1986。

〔日〕酒寄雅志：《渤海王权考察之一——以东宫制为中心》，今是译，《博物馆研究》1990 年第 4 期。

〔日〕渡边谅：《鸿胪井考》，姚义田译，《辽海文物学刊》1991 年第 1 期。

〔日〕砺波护：《唐代的县尉》，刘俊文主编《日本学者研究中国史论著选译》第 4 卷，夏日新、韩昇、黄建中等译，中华书局，1992。

〔日〕内藤乾吉：《唐代的三省》，刘俊文主编《日本学者研究中国史论著选译》第 8 卷《法律制度》，姚荣涛、徐世虹译，中华书局，1992。

〔日〕大隅晃弘：《渤海的首领制——渤海国家与东亚细亚世界》，李东源译，杨志军主编《东北亚考古资料译文集·高句丽、渤海专号》，北方文物杂志社，2001。

〔日〕酒寄雅志：《渤海国都和统治领域》，马一虹译，杨志军主编《东北亚考古资料译文集》第 6 辑，北方文物杂志社，2006。

〔日〕上田雄：《渤海使研究》，李凤英译，《北方文物》2007 年第 2 期。

〔日〕妹尾达彦：《东亚都城时代的诞生》，杜文玉主编《唐史论丛》第
　　14 辑，陕西师范大学出版总社有限公司，2012。

白鳥庫吉・箭内亙「漢代の朝鮮」白鳥庫吉監修、箭内亙・稲葉岩
　　吉・松井等『満洲歴史地理』第 1 巻、南満洲鉄道株式会社、1913。

松井等「渤海国の疆域」白鳥庫吉監修、箭内亙・稲葉岩吉・松井等
　　『満洲歴史地理』第 1 巻、南満洲鉄道株式会社、1913。

箭内亙「元明時代の満洲交通路」白鳥庫吉監修、松井等・箭内亙・稲
　　葉岩吉『満洲歴史地理』第 2 巻、南満洲鉄道株式会社、1913。

津田左右吉「安東都護府考」東京帝国大学文科大学編印『満鮮地理歴
　　史研究報告』第 1、1915。

津田左右吉「渤海考」東京帝国大学文科大学編印『満鮮地理歴史研究
　　報告』第 1、1915。

島田好「渤海中京顕德府即遼陽説」『満州學報』第 2 冊、満州學會、
　　1933。

森田鐵次「渤海、金の歴史・地理的考察」南満洲鉄道株式会社教育研
　　究所編『研究要報』第 10 輯、南満洲鉄道教育研究所、1937。

鳥山喜一「渤海中京考」『考古学雑誌』第 34 巻第 1 号、1944。

和田清「渤海国地理考」『東洋学報』第 36 巻第 4 号、1954。

駒井和愛「渤海中京顕德府即遼陽説について」『史苑』第 26 巻第 2・3
　　号、1966。

駒井和愛「渤海中京顕德府即遼陽説について（補）」『史苑』第 27 巻
　　第 1 号、1966。

白鳥庫吉「渤海国に就いて」『白鳥庫吉全集』第 5 巻『塞外民族史研
　　究下』岩波書店、1970。

白鳥庫吉「渤海史上の難問題に就いて」『白鳥庫吉全集』第 5 巻『塞
　　外民族史研究下』岩波書店、1970。

濱田耕策「唐朝における渤海と新羅の争長事件」末松保和博士古稀記
　　念会編『古代東アジア史論集』下巻、吉川弘文館、1978。

中村裕一「渤海国咸和一一年中台省牒に就いて──古代東アジア国際
　　文書の一形式」唐代史研究会編『隋唐帝国と東アジア世界』汲古
　　書院、1979。

礪波護「唐の三省六部」唐代史研究会編『隋唐帝国と東アジア世界』
　　汲古書院、1979。

酒寄雅志「渤海国家の史的展開と国際関係」『朝鮮史研究会論文集』
　　第 16 巻、1979。

河上洋「渤海の地方統治体制──一つの試論として」『東洋史研究』
　　第 42 巻第 2 号、1983。

大隅晃弘「渤海の首領制──渤海国家と東アジア世界」『新潟史学』
　　第 17 号、1984。

日野開三郎「突厥毗伽可汗と唐・玄宗との対立と小高句麗国」『日
　　野開三郎東洋史学論集』第 8 巻『小高句麗国の研究』三一書房、
　　1984。

酒寄雅志「渤海国中台省牒の基礎的研究」林陸朗先生還暦記念会編
　　『日本古代の政治と制度』続群書類従完成会、1985。

鈴木靖民「渤海の首領に関する基礎的研究」鈴木靖民『古代対外関係
　　史の研究』吉川弘文館、1985。

古畑徹「唐渤紛争の展開と国際情勢」『集刊東洋学』第 55 号、1986。

日野開三郎「粟末靺鞨の対外関係──高句麗滅亡以前」『日野開三郎
　　東洋史学論集』第 15 巻『東北アジア民族史（中）──靺鞨・渤海
　　関連篇』三一書房、1991。

酒寄雅志「東北アジアの動向と古代日本──渤海的視角から」田村晃
　　一・鈴木靖民編『古代の日本』新版第 2 巻『アジアからみた古代
　　日本』角川書店、1992。

鈴木靖民「战后日本的渤海史研究──研究动向与课题」『渤海的民族

形成与构成』（渤海史国际学术会议发言摘要）、高丽大学民族文化研究所、1993。

森田悌「渤海の首領について」『弘前大学国史研究』第 94 号、1993。

小嶋芳孝「蝦夷とユーラシア大陸の交流」鈴木靖民編『古代王権と交流 1・古代蝦夷の世界と交流』名著出版、1996。

石井正敏「『類聚国史』の渤海沿革記事について」『中央大学文学部紀要』第 172 号、1998。

石井正敏「渤海と西方社会」『アジア遊学』第 6 号、1999。

田村晃一「渤海の瓦当文様に関する若干の考察」『青山史学』第 19 巻、2001。

李美子「渤海の遼東地域の領有問題をめぐって——拂涅・越喜・鉄利等靺鞨の故地と関連して」『史淵』第 140 号、2003。

古畑徹「渤海の首領研究の方法をめぐって——解明のための予備的考察」佐藤信編『日本と渤海の古代史』山川出版社、2003。

河内春人「渤海と契丹・奚」佐藤信編『日本と渤海の古代史』山川出版社、2003。

廣瀬憲雄「日本の対新羅・渤海名分関係の検討——『書儀』の礼式を参照して」『史学雑誌』第 116 編第 3 号、2007。

廣瀬憲雄「日本—渤海間の擬制親族関係について——“古代東アジア世界”の可能性」『東アジア世界史研究センター年報』第 3 号、2009。

赤羽目匡由「唐代越喜靺鞨の住地とその移動について」『メトロポリタン史学』第 6 号、2010。

酒寄雅志「渤海の遣唐使」『専修大学東アジア世界史研究センター年報』第 4 号、2010。

赤羽目匡由「契丹と渤海との関係」『アジア遊学』第 160 号、2013。

田村晃一「近時における渤海都城研究の動向と課題」『青山考古』第 29 巻、2013。

王安泰「渤海國的開國爵與政治體系」『唐代史研究』第 18 号、2015。

赤羽目匡由「渤海王大武芸への官爵授与をめぐる二、三の問題」『メトロポリタン史学』第 12 号、2016。

〔朝〕社会科学院历史研究所:《渤海与后期新罗史》,《朝鲜历史》五"中世纪篇",科学百科词典综合出版社,1979。

〔韩〕李龙范:《渤海王国的社会构成与高句丽遗裔》,《韩国史》卷 3,探求堂,1981。

〔韩〕韓圭哲:《新羅와渤海의政治的交涉過程:南北國의사신파견을중심으로》,《韓國史研究》43 권,1983 년。

〔韩〕李万烈:《渤海史研究中存在的几个问题》,黄有福译,《民族史译文集》第 13 集,1985。

〔朝〕李俊杰:《关于咸镜南北道一带渤海遗物的调查报告》,《朝鲜考古研究》1986 年第 1 号。

〔朝〕朴时亨:《为了渤海史的研究》,《渤海史译文集》,李东源译,刘凤翥校,黑龙江省社会科学院历史所,1986。

〔韩〕盧泰敦:《渤海國의住民構成과渤海人의族源》,歷史學會編《韓國古代의國家와社會》,一潮閣,1987。

〔韩〕林相先:《渤海의遷都에대한考察》,《清溪史學》5 집,1988 년。

〔韩〕宋基豪:《渤海史研究의幾個問題點》,《韓國史市民講座》5,1989 년。

〔朝〕蔡泰亨:《渤海东京龙原府——珲春八连城说再议》,《历史科学》1990 年第 3 期。

〔朝〕李俊杰:《关于南京南海府的遗址和遗物》,李云铎、顾铭学译,《历史与考古信息·东北亚》1990 年第 1 期。

〔朝〕全宗赫:《青海土城及其周边的渤海遗迹》,文一介译,《历史与考古信息·东北亚》1991 年第 1 期。

〔韩〕韩圭哲:《南北国的成立和展开过程》,《韩国史》第 3 辑,1994 年。

〔韩〕权英五:《新罗元圣王的即位过程》,《釜大史学》第 19 辑,

1995 年。

〔韩〕韩圭哲：《渤海国的政治、经济和社会》，韩国史编纂委员会编印
　　《〈韩国史〉十·渤海》，1996。

〔韩〕宋基豪：《渤海的建国过程和建国集团》，严长录译，《历史与考古
　　信息·东北亚》1996 年第 2 期。

〔朝〕张国钟：《渤海国的政治制度》，朝鲜社会科学院历史研究所：《渤
　　海史研究论文集》，科学百科词典综合出版社，1997。

〔朝〕金宗赫：《我国东海岸一带调查发掘的渤海遗址和文物》，《渤海史
　　研究论文集》（二），科学百科词典综合出版社，1997。

〔韩〕宋基豪：《渤海的初期都城及其迁都过程》，常白衫译，《历史与考
　　古信息·东北亚》1998 年第 1 期。

〔朝〕柳炳兴：《关于在东海岸一带渤海遗迹发掘中取得的成果》，李云
　　铎译，《历史与考古信息·东北亚》2000 年第 1 期。

〔朝〕林浩成、金成镐：《渤海问题学术报告会》，李云铎译，《历史与考
　　古信息·东北亚》2001 年第 1 期。

〔韩〕韩圭哲：《渤海西京鸭渌府研究》，李东源译，杨志军主编《东北
　　亚考古资料译文集·高句丽、渤海专号》，北方文物杂志社，2001。

〔韩〕宋基豪：《渤海的地方统治及其实况》，李东源译，杨志军主编
　　《东北亚考古资料译文集·高句丽、渤海专号》，北方文物杂志社，
　　2001。

〔韩〕宋基豪：《渤海五京制度的渊源与作用》，金荣国译，郑永振主编
　　《渤海史研究》（九），延边大学出版社，2002。

〔朝〕河创国：《朝鲜的渤海遗迹——以咸镜南、北道为中心》，杨志军
　　主编《东北亚考古资料译文集》第 4 辑，北方文物杂志社，2002。

〔朝〕金宗赫：《渤海东海岸一带的渤海平地城和山城》，李云铎译，《东
　　北亚历史与考古信息》2003 年第 1 期。

〔朝〕金宗赫：《我国东海岸一带调查发掘的渤海遗迹与遗物》，李云铎
　　译，《历史与考古信息·东北亚》2003 年第 1 期。

〔韩〕宋基豪:《渤海国首领的性质》,杨海鹏译,《北方文物》2004 年第
　　4 期。

〔韩〕송기호:《발해의천도와그배경》,《한국고대사연구》36 권,
　　2004 년。

〔韩〕林相先:《渤海政治史的研究动向与课题》,郑永振、尹铉哲主编
　　《渤海史研究》(十),延边大学出版社,2005。

〔韩〕韩圭哲:《渤海的西京鸭渌府研究》,李东源译,杨志军主编《东
　　北亚考古资料译文集》第 6 辑,北方文物杂志社,2006。

〔韩〕金基燮、金镇光:《渤海上京的建设与迁都》,《韩国古代史研究》
　　第 45 期,2007。

〔韩〕韩圭哲:《渤海五京的性质与职能》,尹传学译,《东北亚研究论丛》
　　(长师大)第 3 辑,2009。

〔韩〕권은주:《8 세기말발해의천도와북방민족관계》,《고구려발해연
　　구》41 권,2011 년。

〔韩〕林相先:《渤海王都显州和中京治所西古城的关系》,李东辉译,
　　郑永振、李东辉、卢铉哲主编《渤海史研究》(十二),延边大学出
　　版社,2013。

〔俄〕Э.В.沙弗库诺夫:《渤海国及其在滨海边区的文化遗存》,林树
　　山译,《民族史译文集》第 13 集,1985。

〔俄〕Э.В.沙弗库诺夫:《苏联尼古拉耶夫斯克遗址出土的鱼形青铜信
　　符》,步平译,《北方文物》1991 年第 1 期。

〔俄〕Э.В.沙弗库诺夫:《论中世纪滨海地区的航运》,石岩译,杨志
　　军主编《东北亚考古资料译文集·渤海专号》,北方文物出版社,
　　1998。

〔俄〕М.А.斯托亚金:《中国与朝鲜境内的渤海国城址》,杨振福译,辽
　　宁省博物馆编著《辽宁省博物馆馆刊(2016)》,辽海出版社,2018。

后 记

　　《渤海国政治制度研究》是国家社会科学基金专项项目的结项成果，历时五年，由四位作者共同完成。本书对渤海国的中央政治制度、军事制度、地方政治制度、朝唐制度、与日本交往制度以及与突厥、契丹、新罗交聘制度进行了细致而深入的研究，在尽可能穷尽文献资料的基础上，充分运用历年出土的金石碑刻与考古学材料展开研究，同时重视搜集和吸收中、日、朝、韩、俄等国内外学界已有的研究成果，力争最大限度地接近渤海国政治制度的原貌，是迄今为止中外学界出版的第一部较为系统研究渤海国政治制度的专著。该书由项目主持人程妮娜教授设计撰写大纲，提出具体修改意见，最后统稿、定稿。具体分工如下：

　　第一、二、三章，辛时代撰写；

第四、五、六章，王万志撰写；

第七章，程妮娜撰写；

第八、九章，孙佳撰写。

程妮娜

2022 年 3 月 20 日

图书在版编目（CIP）数据

渤海国政治制度研究 / 程妮娜等著 .-- 北京：社
会科学文献出版社，2025.7.--（九色鹿）.--ISBN
978-7-5228-3994-3

Ⅰ . D691.21

中国国家版本馆 CIP 数据核字第 20241GG911 号

· 九色鹿 ·

渤海国政治制度研究

著　　者 / 程妮娜　王万志　辛时代　孙　佳

出 版 人 / 冀祥德
责任编辑 / 郑庆寰
文稿编辑 / 汪延平
责任印制 / 岳　阳

出　　版 / 社会科学文献出版社 · 历史学分社（010）59367256
　　　　　　地址：北京市北三环中路甲29号院华龙大厦　邮编：100029
　　　　　　网址：www. ssap. com. cn
发　　行 / 社会科学文献出版社（010）59367028
印　　装 / 三河市东方印刷有限公司

规　　格 / 开 本：787mm×1092mm　1/16
　　　　　　印 张：28.75　字 数：415千字
版　　次 / 2025年7月第1版　2025年7月第1次印刷
书　　号 / ISBN 978-7-5228-3994-3
定　　价 / 98. 80元

读者服务电话：4008918866